COLLECTION

COMPLÈTE

DES MÉMOIRES

RELATIFS

A L'HISTOIRE DE FRANCE.

François de Rabutin, tome 2.

Bertrand de Salignac. — Gaspard de Coligny. — La Chastre. — Rochechouart.

LEBEL, IMPRIMEUR DU ROI, A PARIS.

COLLECTION

COMPLÈTE

DES MÉMOIRES

RELATIFS

A L'HISTOIRE DE FRANCE,

DEPUIS LE RÈGNE DE PHILIPPE-AUGUSTE JUSQU'AU COMMENCEMENT
DU DIX-SEPTIÈME SIÈCLE;

AVEC DES NOTICES SUR CHAQUE AUTEUR,
ET DES OBSERVATIONS SUR CHAQUE OUVRAGE,

Par M. PETITOT.

TOME XXXII.

PARIS,

FOUCAULT, LIBRAIRE, RUE DE SORBONNE, N° 9.
1823.

COMMENTAIRES

DE

FRANÇOIS DE RABUTIN.

NEUVIESME LIVRE.

Des preparatifs pour le renouvellement de la guerre d'entre le roy Philippes et le Roy. — Des sieges et prises de Sainct-Quentin, Han et Le Castelet, et de la rencontre et routte des François, advenue le jour de Sainct-Laurent. — Ensemble de plusieurs choses depuis advenues et executées en ce temps, jusques au mois de janvier en cest an 1557.

[1557] Estant de nouveau la guerre criée et ouverte entre le roy de France et le roy Philippes en toutes les parties de l'Europe où leur puissance s'estend, sur terre et sur mer, il ne fut pareillement question que de nouveau rechercher et inventer tous moyens pour recouvrer argent et amasser gens de guerre; et en cela ne faut douter que tout le peuple en chacun Estat n'eust à grandement souffrir; car, outre les imposts ordinaires où le populaire est contribuable, nouveaux subjects, taillons, emprunts particuliers, furent mis sus, avec une grande foule et surcharge. En quoy furent semblablement compris les ministres et beneficiers en l'Eglise, cottisez par ampliation de decimes à l'équipollent du revenu de leursdits benefices. La noblesse et gendarmerie, retournant freschement de la guerre précédente, qui se promettoit avoir quelque peu de repos pour se remonter et mettre en equipage, et pour donner quelque ordre à leur mesnage et famille, fut derechef rappellée, tant pour comparoir aux rieresbans que pour se trouver ès compagnies, esquelles plusieurs gentilshommes sont enrollez. Commissions furent despechées à plusieurs capitaines pour faire nouvelles levées de gens de pied, et pour remplir les vieilles bandes qui estoient ès garnisons sur la frontiere, combien qu'adonc toute la France estoit fort destituée de la pluspart des meilleurs et plus expérimentez soldats, pour avoir esté les compagnies d'eslite envoyées en ce voyage d'Italie, et le surplus avec grand nombre de la noble jeunesse l'avoir entrepris, tant pour l'espoir d'y voir diversité de choses que pour davantage s'exerciter au faict des armes : ce qui retourna en après à nostre grande perte et dommage, comme depuis s'est veu. D'estrangers le Roy en feit peu venir de par deçà, seulement neuf ou dix mille Allemans, et huict cens ou mille pistolliers, que le Reingrave retira et amena. Le roy Philippes au contraire (comme j'ay quelque peu touché cy devant) avoit de longue main mis ordre et pourveu à dresser ses forces autant belles et grosses qu'il luy estoit requis pour executer haute entreprise et esprouver sa premiere fortune pendant qu'elle luy en presentoit ample occasion, et sçachant bien la diminution de celles du Roy, à cause de ce voyage d'Italie; mais ce fut si cautement, qu'avec longue difficulté et doute on n'en pouvoit estre adverty : et moins encore estoit sceu où il se vouloit adresser et qu'il oseroit attenter, d'autant que l'on présumoit qu'il seroit empesché à répondre de par-delà, où tous les efforts tendoient de toutes parts. Ainsi dès la fin du mois de janvier, ce qui estoit resté de gendarmerie en France fut mandé (estant la plus prompte force que le Roy peult mettre soudainement aux champs), et fut départie ès endroits du royaume où l'on sentoit estre le besoing, et le long des frontieres que l'on cognoissoit estre foibles, mesmement en Champagne, à cause que ce sont les advenues où le plus communément l'ennemy prend sa descente en France, aussi pour favoriser l'œuvre et fortification de la nouvelle ville de Rocroy que le Roy avoit fait commencer en ce temps, pour servir de contrefort et appuy à Mariembourg et à Maubert-Fontaine, et pour de tant plus facilement mener des vivres de l'un à l'autre. Pareillement à toute diligence l'on faisoit remparer, fortifier et munir toutes les places de défense de ceste lisiere, mesmement Mesieres, à faire relever la plateforme et le pan de muraille derriere le chasteau, qui avoit prins coup et qui s'estoit avallé, rendant une entrée et ouverture facile, si de bonne heure n'y eust esté remedié. A quoy M. de Nevers, qui est en toute ceste province lieutenant general pour le Roy, se rendoit tant vigilant et attentif, que, ne s'en voulant fier à tout autre, en vouloit estre luy mesme l'oculaire examinateur. M. de Bordillon, lieutenant aussi pour le Roy en l'absence de ce prince, n'y espargnoit rien de son accoustumée solicitude et prudente conduite; de sorte que depuis s'est veu comme l'ennemy, ayant cognoissance du bon ordre qui y estoit, tourna son desseing ailleurs, où il fut adverty que moins y avoit esté pourveu.

Tout le printemps et la pluspart de l'esté se passerent sans qu'il y eust gros amas d'armée d'une part ny d'autre, et ne furent faites que courses et entreprises particulieres les uns sur les autres, entre lesquelles je n'ay voulu oublier celle que les gouverneurs des forts de Philippe-ville et de Charlemont, de Cimets et d'Avanes, firent le jour de Pasques flories, quatrieme jour d'avril, pour venir tailler en pieces les vastadours et manœuvres qui besongnoient à Rocroy, cuidans gaigner le vieil fort et ruiner ce qui estoit commencé de neuf, estant encor le rempart de deux à trois pieds hors de terre; laquelle fut si secrette, que, sans que le fils du sieur de Chambry, qui en est gouverneur, en sceust aucunes nouvelles, se présenterent en bien petite troupe assez près de ce fort; pourquoy les soldats de la garnison, pensans que ce fussent quelques coureurs seulement, sortirent à l'escarmouche, et tant espessement à la file, que peu en resta dedans; si que la grosse troupe des ennemis, s'apercevant que ce que ce fort pouvoit contenir de soldats estoit hors, essaya de traverser et leur couper le chemin de leur retraite, ce que toutes fois ne peurent si tost faire, qu'estant cogneue leur délibération, les François y redoublerent tellement leurs forces, que, après avoir longuement combattu pesle mesle, rentrerent et se retirerent dedans à la barbe des ennemis, qui, par ce moyen, n'exécuterent leur entreprise, et n'en remporterent que force canonnades et harquebusades, et perte de beaucoup des leurs. Vray est qu'il y eut quelques pionniers des nostres tuez et blessez, et non en si grand nombre qu'ils en esperoient faire carnage, à cause qu'il advint si bien que ce jour là ils faisoient leurs monstres et estoient empeschez à recevoir argent. Tant y a que ceste entreprise mal exécutée accreut encor la diligence à rendre ceste ville au plustost en défense; de sorte que le prince le plus souvent n'en bougeoit, pour par sa presence solliciter chacun à la besongne : et quand les affaires l'appelloient ailleurs, il y commettoit personnes où il avoit grande fidelité et asseurance; mesmement y envoya le sieur de Giry, lieutenant de sa compagnie, qui y fit assez long sejour, pendant qu'il donnoit ordre aux autres necessitez de la frontiere. Et pource que nous sommes encore sur ce propos, il m'a semblé estre bon de faire une brefve description de la situation et forme de ceste nouvelle ville, pour démonstrer que c'est un lieu bien propre pour y bastir une forteresse et place de guerre, autant belle, forte et convenable que l'on en pourroit choisir. En premier lieu, l'assiette est sterile à plus de deux lieues au plus près, estant tous bois de haultes futayes, marescageux et pleins de mortes; et aux lieux défrichez n'y croist que bruyeres, ronces, genestes et menuz tailliz, à cause que le terroir est argilleux et morveux ès fondrieres et plaines, comme en l'endroit où elle est située, et és autres lieux sont rochers durs et aspres, et maigres, où il n'y a aucune humidité, et n'y vient que du polliot et de la mousse : ainsi il est impossible d'y pouvoir camper en gros nombre pour l'assieger plus de vingt-quatre heures au plus, encor en y portant des vivres. Quant à la forme, elle est pentagone et à cinq fronts, couverte et defendue de quatre gros bouleverts garnis de leurs flancs, cases-mattes et plates formes, et le vieil fort qui fait le cinquieme, ayant chacun son nom particulier; à sçavoir : le Real, le Daulphin, Montmorancy pour M. le connestable, Nevers et Bordillon. Et fault dire qu'ils sont si grands et spacieux, qu'aisément en chacun l'on pourroit loger au large plus de deux mille soldats et un grand nombre d'artillerie, chose bien requise en lieu de défense, pour la commodité que l'on a de se remparer et retrancher, et de n'estre pressé : au surplus les défenses y sont si seurement couvertes et hors de batterie, qu'il est impossible de les pouvoir oster, d'autant que les talons et espaules sont si grandes et larges et espesses, qu'elles couvrent mesmement grande partie des courtines. Et quant au rampart, le gazon et la terre est si argilleuse et gluante, comme j'ay dit, qu'à si peu d'eau qu'on luy fait boire elle se conroye et endurcit d'elle mesme. Or ceste ville a esté trouvée en toutes choses si seure et commode à toutes les communes de ceste frontiere, que dix fois autant de place qu'elle contient n'eust peu suffire pour distribuer à la moitié de ceux qui demandoient lieu et permission d'y bastir; encor ceux à qui a esté permis s'y sont en si peu de temps accommodez et logez, qu'en brief l'on peult esperer d'y voir l'une des plus belles villes de ceste contrée; et croy, de ma part, que, estant parachevée selon son desseing et commencement, qu'il n'y aura point de comparaison, en toute sorte, de Mariembourg à elle.

Pendant le temps que ces deux princes preparoient leurs armées, et faisoient tout devoir de pardeçà de se pourvoir de deniers et tout équipage, l'un pour assaillir, et l'autre pour se défendre, le septieme du mois de juin, la royne d'Angleterre, Marie, envoya par un herault d'armes signifier la guerre au Roy, et se déclairer son ennemie, luy estant à Reims avec toute sa Cour et grosse assemblée de princes et grands seigneurs. Auquel la Majesté mesmes, après lui avoir esté remonstré par M. le connestable de quelle douceur le Roy usoit envers luy, ayant mérité griefve punition d'avoir passé par son royaume sans sauf conduit, fit brefve et prompte reponse que, si sans occasion et cause, sa maistresse lui vouloit estre adversaire et ennemie, s'estant tousjours monstré amy et secourant aux Anglois en leurs adversitez et troubles, Dieu, juste examinateur de toutes choses, et équitable rétributeur, luy donneroit le moyen et pouvoir de se défendre d'elle, qui n'estoit qu'une femme, autant bien et heureusement que ses prédécesseurs avoient repoulsé et battu les siens, et avec autant d'avantage qu'il luy feroit la grace d'en avoir sur elle. Puis le hérault ayant receu un honneste présent du Roy, et luy estant designé certain temps pour se retirer, s'en retourna. Il est facile à croire que ce fut à la très-grande importunité et solicitation du roy Philippes que ceste declaration et ouverture de guerre fut faite, d'autant que, peu de jours précédemment, et lors encor, l'on avoit sceu les partialitez et divisions qui estoient en Angleterre, pour la doute que la noblesse et toutes les communes de ce royaume avoient que leur nouveau roy, affoiblissant et diminuant leurs forces par les guerres, ne s'emparast tant plus facilement des forteresses, et parvint à la superintendance où il aspiroit, pour, en après, les chastier aigrement, et les matter et ranger à sa subjéction volontaire. Toutefois ils n'ont sceu si constamment continuer en ceste sage et prudente opinion, comme nation variable, que, se laissans attirer et séduire avec vaines promesses et seductions, ont experimenté l'arrogance et avaricieuse cupidité des Espagnols, et après resenti non moindre perte par les François, ainsi que cy-après sera dit. Dès ce temps venoient plus fréquentes nouvelles et advertissemens du grand amas que le roy Philippes dressoit, et du grand nombre d'hommes qui s'amassoit en tous les endroits de ses pays; mesmement le bruit couroit par tout que l'Allemagne se remuoit fort, et qu'en diverses contrées se faisoient diverses levées de gens de guere, de cheval et de pied. De nostre costé pareillement les compagnies s'assembloient peu à peu aux lieux qui leur estoient nommez, et la fanterie semblablement estoit recueillie et retirée, mais non en si grand nombre, ny en tel équipage qu'il s'est veu, pour beaucoup de causes. Davantage les Allemans, que le Reingrave avec grande difficulté tiroit d'Allemagne, se ramassoient à la file et en petites troupes en Lorraine; et sembloit, pour en parler sans dissimulation, veu le petit estat et assemblée que nous faisions, que nous fussions desjà tous asseurez de la puissance et délibération de nostre ennemy, et comme s'il ne fust question que de se garder et défendre, tant est oultrecuidée nostre nation, et coustumiere de mespriser son ennemy; ce qui luy retourne bien souvent à grand'honte et perte irréparable. Peu de jours ensuivans, environ la my-juillet, l'on sceut que le prince de Piedmont, le duc d'Ascot, comtes de Mansfel, d'Aiguemont, de Maigne (1), de Barlemont, estoient à Givetz pour y dresser camp, où desjà s'estoient jointes quelques compagnies d'Alle-

(1) *De Maigne* : de Mègue.

mans, Namurrois, Liegeois et Walons, attendans là de brief le surplus du secours d'Allemagne, avec les ducs de Brunsvich et leurs reitres, et comme aussi la gendarmerie et cavallerie de la Franche-Comté, qui devoit venir par le duché de Luxembourg. Ce qui donna opinion qu'ils en vouloient et s'attaqueroient à quelque ville de ce costé-là, comme à Mariembourg, Mesieres ou Rocroy, que le rapport de quelques espions augmenterent davantage, disans que certains regimens de gens de pied et de cavalerie, estoient passez jusques à Nimes, et que là ils charpentoient et bastissoient grande quantité d'eschelles et autres engins pour surprendre et emporter d'assault une place. Oultreplus, que contremont la riviere de Meuse montoient des Pays Bas innumerables quantitez de toutes sortes de provisions et munitions de guerre, tant vivres qu'artillerie, pouldres et boulets. Pour toutes lesquelles causes l'on tenoit pour certain que ce seroit ceste part où l'ennemy convertiroit sa furie, et surtout l'on craignoit Mesieres et Rocroy; lesquelles prises, demeuroit Mariembourg enclose et fort difficile à estre secourue, et par ainsi aisée à estre reprise et remise en son premier estat. Il ne fault douter si adonc M. de Nevers avoit peu de repos en l'esprit, et moins de sa personne, comme celuy en qui redondoit tout l'honneur et vitupere, si, par mauvais ordre, y fust advenu quelque danger; de sorte que ce gentil prince, vigilant autant qu'il est possible, et d'un travail incredible, sans intermission discouroit de lieu à autre, recognoissoit toutes choses trois et quatre fois, et, en toutes les manieres que l'on pouvoit inventer, mettoit une si seure police par tout, que ce eust esté par un merveilleux désastre s'il en fust mal advenu. Et surtout renforça Rocroy de toutes munitions et artillerie, autant qu'il étoit besoing pour soustenir un long siege. Au surplus, encore que les rempars et fortifications fussent desjà si avancés qu'elles se monstrassent bastantes pour attendre la fouldre de l'artillerie, et que l'on y besognast en toute assiduité, si est-ce qu'il la rampara encor mieux de vaillans hommes, et qui estoient armez d'un si grand et asseuré courage, qu'encor que la place eust été toute raze, il eust fallu que les ennemis les eussent tous taillez en pieces les uns après les autres, et leur passer sur le ventre, avant les faire démarcher et se rendre honteusement; ordonnant chef là dedans le sieur de Fontaines, et la compagnie de gendarmerie de M. de Montpensier, dont il est lieutenant, et les chevaux legers du capitaine Gilles de Boviers et unze enseignes de gens de pied des capitaines Chambry, gouverneur, Soleil, Le Bois, Ogier, Jacques, Le Fresne, La Malaise, Pavaillon, Babu, du seigneur de Savigny de Lorraine, et du capitaine Fontenilles, y estant pour sergent majeur le capitaine La Faye. Toutefois le Roy estant en mesme doute que si l'ennemy entreprenoit ceste nouvelle ville non encor esprouvée, et où les rampars et fortifications estoient encor fresches et non endurcies et surannées (mesmement où il y avoit à présumer qu'il y employeroit le verd et le sec, pour par ce bon commencement acharner et encourager ses soldats à entreprendre davantage (il n'advint qu'en la cuidant sauver et défendre) non seulement on en fist perte avec honte, mais aussi de beaucoup de vaillans hommes, desquels l'on avoit bien affaire ailleurs, envoya expressement un gentilhomme, nommé Sainct-Heran, enseigne de M. le connestable, pour la revoir et visiter, et pour luy faire rapport de sa valeur et suffisance. Au rapport duquel, ne sçay pour quelle cause, il escrivit à M. de Nevers qu'il avoit sceu que sa ville de Rocroy n'estoit si avancée et seure que l'on luy avoit fait entendre, comme par un mescontentement, et pourtant qu'il n'estoit point d'advis qu'attendant les efforts d'un si puissant ennemy, l'on fist perte de beaucoup de bons hommes et d'autres choses qui luy serviroient bien autre part. A quoy ce prince, estant à Mesieres comme en lieu qu'il sentoit le plus foible, et qu'il reparoit en toutes les sortes qu'il luy estoit possible; fit response qu'il savoit Rocroy, en l'estat qu'elle estoit, si assurée et bonne, qu'il avoit délibéré, si tost qu'il seroit certain que l'ennemy y tourneroit, de s'y enfermer, pour se présenter le premier à la défendre, le suppliant remettre sur luy toute la crainte qu'il en pouvoit avoir. Et est chose certaine que ce prince l'avoit ainsi résolu de s'enclorre en l'une de ses places, s'il fust advenu qu'à l'improviste et soudainement l'ennemy les eust assiégées, pour, par sa présence accroistre aux moindres le courage et affection de faire comme luy, et l'ensuivre en valeur et hardiesse, et, aux bien asseurez, de n'oublier rien de leur devoir et honneur, combien que ce ne soit chose raisonnable, et qui ne doit estre permise, que tels et si grands princes qui importent par leur perte de beaucoup à tout un royaume, soient exposez à tels dangers comme en prises et assaults de villes, où adviennent infinis inconveniens, ains doivent estre reservez à plus grand secours et besoing. Toutefois le Roy, bien adverti adonc des forces que l'ennemy avoit en campagne, manda à ce prince se retirer en lieu propice pour y assembler son armée, et fut le bourg d'Attigny designé pour y dresser le camp; auquel lieu toutes les compagnies de cheval et de pied furent mandées pour s'y trouver en toute diligence, estans desjà nos reitres et Allemans logez à l'entour. Ainsi, ayant laissé M. de Bordillon dedans Mesieres avec sa compagnie de cinquante hommes d'armes, et celle du comte de Sancerre, et le sieur de Troussebois, qui en est gouverneur, avec ses deux enseignes de fanterie, et quatre autres, se retira à Attigny.

En ces entrefaites, les ennemis s'estant de beaucoup renforcez à Givetz et à Nimes, et se voyans en assez bon nombre pour exécuter quelque entreprise, après avoir donné plusieurs et diverses allarmes et algarades à la ville de Mariembourg, de laquelle estoit gouverneur le sieur de Losses, brave et vaillant chevalier, comme par maniere de la vouloir recognoistre, en la plupart desquelles ils acquirent peu de profit et moins d'honneur, ayant une seule compagnie de gens de pied françois fait tourner visage à toute leur avant-garde, ils délibérerent avec ce grand nombre d'eschelles et autres artifices aller surprendre Rocroy, en faisant si peu de cas qu'ils l'estimoient emporter en six heures. Suyvans ceste resolution, comme je presume, que si ceste délibération succédoit comme ils se le promettoient promptement, poulser encor plus avant en païs: si autrement, que, sans s'esloigner de leur traicte, ils suivroient où ils avoient desjà prévu leur rendez-vous, pour parachever et mettre à fin leur dernier exploit. Donques ayant leur armée prins ceste route, leurs coureurs se présenterent, le vingt-cinquieme de juillet, devant ceste ville de Rocroy, pour attaquer l'escarmouche et soliciter ceux de dedans à sortir cependant que les esquadrons et leurs grosses troupes arriveroient, pour en après tout à un coup mettre toutes choses au dernier poinct. Mais, estans desjà les nostres advertis de leur venue, ne leur donnerent la peine de les aller semondre de plus près ; ains, estans sortis ceux qui estoient ordonnez pour les soustenir, si tost qu'ils les apperceurent, leur sonnerent une saluë avec telle tempeste et tintamarre, que les boulets y plouvoient aussi espessement que la gresle, et les venoient noz harquebusiers avec telle asseurance choisir de si près et en butte, que ceux sur lesquels ils couchoient se sentoient plustot morts ou blessez qu'ils n'y pensoient, de sorte qu'il ne leur fut jamais possible approcher le rampart de plus de quatre cens pas près ; car les grosses troupes estans arrivées, pensans s'approcher pour soustenir et favoriser l'escarmouche, estoient tellement pressées de forces canonnades et de notre harquebuserie, qu'à tous coups estoient contraintes se retirer en arriere, s'ouvrir et rompre d'elles mesmes : sur quoy noz gens ne failloient promptement à donner la cargue.

Ainsi, pour en parler au vray, en bref il y fut faite l'une des plus belles escarmouches qui se soit veuë depuis cent ans ençà, en laquelle firent fort bien leur devoir et donnerent grand'preuve de leur valeur et hardiesse les capitaines Bois, Ogier et Jaques, avec leurs soldats braves et vaillans : aussi feit le capitaine Gilles de Bouviers Enfin les ennemis se retirerent avec leur courte honte, ayans seulement veu de loing Rocroy, encor à leur grand interest et perte de beaucoup de vaillans hommes des leurs, entre autres d'un fort brave capitaine espagnol, comme l'on dit, délaissans pour trophées et marques de leur venue forces charongnes et corps morts. Et en ceste façon allerent camper au gué de Houssu, et de là se retirerent et retournerent camper en la vallée d'entre Nimes et un lieu appellé Haulte-Roche, auquel lieu, selon l'advertissement qu'en donna M. de Bordillon à M. de Nevers, les capitaines Saincte-Marie et La Lane les allerent recognoistre, et l'assiette de leur camp, d'où ils ramenerent quelques chevaux d'artillerie et prisonniers, qui asseuroient eux n'avoir encor d'artillerie que quinze ou seize pieces, la pluspart canons; mais qu'il en arrivoit de jour à autre de Malines, et ne pouvoient estre adonc que de quarante à cinquante enseignes de gens de pied; que toute leur cavallerie n'étoit encor assemblée. Ils disoient aussi que l'on ne parloit point en leur camp d'assieger Mariembourg, bien qu'on tenoit certain qu'estans leurs forces assemblées ils s'adresseroient à Rocroy, ce que toutefois ils ne firent; ains, au partir de là, quittans du tout ceste frontiere pour le peu d'avantage qu'ils s'y voyoient avoir, tournerent leur chemin devers la Picardie, prenans leur adresse devers Cimetz, où ils ne firent séjour, tenans le chemin de Glaion et Trelon, et de là à Montereul-aux-Dames, passans près de La Capelle, et à Vervins, qu'ils saccagerent et bruslerent, et de là tirerent à Guise où ils camperent, monstrans grandes apparences de le vouloir assieger. Or en ce lieu se rendit toute leur armée complette, estimée de trente cinq à quarante mille hommes de pied, de douze à quinze mille chevaux, tant de leur gendarmerie que de reitres et pistolliers, qui estoit toute leur plus grande force, et n'attendoient plus que huict ou dix mille Anglois, qui descendoient à Calais et au comté d'Oye, et qui les devoient venir trouver à Saint-Quentin, comme depuis s'est veu. Quant à nostre petite armée assemblée à Attigny, comme j'ai dit, montant de gens de pied au nombre de dix-sept ou dix-huit mille hommes, allemans et françois, et de cinq à six mille chevaux de gendarmerie, cavallerie et reitres, si tost que l'on sceut les ennemis marcher en campagne, aussi fit elle, les costoyans tousjours de quatre à cinq lieues près, suivant le pays de Thirasse, et fut advisé de l'aller fermer et parquer à Pierrepont, lieu fort commode pour couvrir toute ceste frontiere, et pour y departir le secours avec seureté et avantage pour nous, eu égard principalement à l'opinion qu'ils donnoient de vouloir assieger Guise, place adonc fort douteuse et non encore rendue en sa parfaite force, dedans laquelle estoit pour l'heure chef et lieutenant de roy le seigneur de Vassé, chevalier de l'ordre, et capitaine de cinquante hommes d'armes. Estans M. de Nevers, le prince de Condé, le Reingrave, le baron de Curton et le sieur de La Roche du Maine, avec nostre armée, près Nostre-Dame de Liesse et d'une belle maison appellée Marchetz, qui fut au sieur de Longueval, M. le connestable, messieurs l'Admiral et mareschal de Saint André, qui estoient lors près de la personne du Roy, manderent à ce prince qu'ils se trouveroient à Pierrepont, où l'armée alloit au partir de là, qui estoit le 28 de juillet, et que là ils adviseroient ensemble à ce qui estoit à faire pour remedier aux surprises de l'ennemy, que l'on cognoissoit adonc très fort, et que l'on prevoyoit ne se departir, ayant employé si grands fraiz à recueillir si gros nombre d'hommes de diverses contrées, sans exploiter quelque œuvre premedité et projetté d'asseurance. Toutefois il s'est dit que quelques-uns estoient encor si opiniastres, qu'il ne pouvoit tomber en leur entendement que l'ennemy osast entreprendre davantage que ce qu'il avoit fait, s'arrestans à ce que, n'ayant peu assembler son armée si tost qu'il avoit projetté, pour la distance des lieux et autres incommoditez, l'occasion luy seroit eschappée de plus attenter chose de grand effect; mesmement qu'il estoit rebouté de la frontiere de Champagne, où l'on estimoit estre son principal but, adjoustans à cela que nous estions desjà trop avant en la saison, pourtant que tous les semblans et mines qu'ils faisoient, n'estoient que pour prendre une honneste retraite. Mais autres, qui voyoient plus cler et de plus loing, selon peult-estre ou que leur bon esprit, ou que leur expérience les advertissoit, présupposoient tout le contraire, asseurans fermement que l'ennemy avoit un complot tout arresté, et un rendez-vous asseuré et preveu, où il devoit tourner et employer toutes ses forces, comme à chose qu'il tenoit desjà à demy conquise pour luy, bien adverti du default qui y pouvoit estre. Mesmement M. l'Admiral advertit M. le connestable que, par les advis qu'il avoit eu des sieurs de Senarpont et Villebon, les ennemis menassoient et devoient tourner leurs efforts en Picardie, qui estoit adonc fort mal pourvue : et ce qui en donnoit la plus grande apparence, estoit que les bandes espagnolles qui estoient dedans le nouveau Hedin, n'estoient pas deslogées, qui estoient les plus vieilles et meilleures bandes qu'ils eussent, et sur lesquelles ils faisoient plus de fondement. Or cependant que l'on estoit sur ces disputes et difficultez, estant nostre armée à Pierrepont, le prince de Piedmont, qui avoit campé deux ou trois jours devant Guise, tenant bonne mine, et demonstrant tous signes de s'y vouloir arrester, sans autre plus grand bruit envoya la plupart de sa cavalerie legere enclorre la ville de Sainct Quentin; et de mesme suite, faisant en extrême diligence marcher toute son armée, se trouva campé à l'entour avant qu'on l'eust cuidé à moitié chemin, mais si mal à poinct pour ceste pauvre ville, qu'adonc n'y avoit dedans que le sieur de Teligny, lieutenant de la compagnie de M. le Dauphin, de cent hommes d'armes, et quelques gentils-hommes de ladite compagnie qui estoient là en garnison (aussi y estoit le capitaine Brueil de Bretagne, qui en estoit gouverneur), et au surplus si mal pourvue de gens de guerre, qu'il n'y avoit ordre de recevoir toute ceste grosse armée, et moins encore d'y resister. Toutefois lesdits sieurs de Teligny et Le Brueil, et generalement tous ceux qui estoient là dedans, feirent tout devoir de mettre sus un premier appareil pour soustenir la premiere poincte, attendant le secours qui leur seroit envoyé. Ces nouvelles estans apportées à M. le connestable remplirent tout le camp de grande doute, et crainte de surprise de ceste ville par defaut d'hommes, redondant et retournant en partie la faute sur ceux de la ville, comme le bruit estoit que ne vouloient souffrir aucunes garnisons. Et aussi tost s'éleva un grand murmure des causes pour lesquelles on en pouvoit mal juger, et d'où et par qui elles provenoient : ainsi que l'on voit communément infinité d'opinions estre forgées et controuvées en une incertaine et tumultuaire commune. Enfin M. l'Admiral, à qui le cas touchoit, se délibéra mettre au dernier hazard de la secourir. Et pource que du faict de ce siege toutes les opinions sont trouvées differentes et contraires, et que de moy seul n'en pouvois sçavoir le plus certain, il m'a semblé le plus seur suivre un discours (1) que ledit seigneur Admiral, l'un des premiers de ce royaume, qui estoit chef là dedans, en a escrit luy mesme : lequel, selon le plus commun jugement, né vouldroit pour chose de ce monde contrevenir à la vérité.

Iceluy seigneur Admiral doncques partit de Pierrepont le deuxiesme jour d'aoust, après avoir de rechef communiqué à M. le connestable tout ce qui appartenoit pour le remede de ceste necessité, qui luy dist pour la derniere fois qu'il se hastast de s'aller mettre dans Sainct Quentin; et, à l'heure mesme, partit avec sa compagnie et celles des sieurs comte d'Arran, de Jarnac et de La Faiette, et les bandes de chevaux legers des capitaines Miraumont et Tenelles, françoises, et celle d'Achisson, escossoise, s'acheminant droit à La Fère pour ce qu'il ne pouvoit prendre autre chemin, à raison que les ennemis avecques toutes leurs forces estoient entre Sainct Quentin et luy, ainsi que il se descouvroit aisement par les feux qu'ils mettoient par les forts et villages : pour estre mieux asseuré du chemin qu'ils tenoient, il meit les chevaux legers, tant françois qu'escossois, de leur costé, et leur feit entendre le chemin qu'il tiendroit pour luy mander leurs nouvelles. Et pource que le capitaine Tenelles estoit du païs et qu'il le cognoissoit bien, il

---

(1) *Il m'a semblé le plus seur suivre un discours.* Cette relation du siége de Saint-Quentin, écrite par l'amiral de Coligny, trouvera sa place immédiatement après les Mémoires de Fénélon.

luy commanda donner plus avant que tous les autres.

Estant M. l'Admiral arrivé à La Fère, vint bien tost après le sieur de Coucy, qui luy dist que M. le connestable luy redoubloit mandement qu'il fist toute diligence de s'aller mettre dans Sainct Quentin. Or n'avoit il eu encor aucunes nouvelles de ses coureurs, et ne pouvoit penser où estoient donc les ennemis : qui fut cause qu'il envoya d'autres gens à cheval pour les recognoistre; et luy print résolution, avec ceux qui cognoissoient le païs seurement, de s'en aller droit à Han, pource que de là il luy estoit plus facile d'entrer à Sainct Quentin, à raison qu'il estoit malaisé qu'encor que les ennemis se fussent voulu là arrester, qu'ils l'eussent sceu si estroittement envelopper que par l'autre costé de l'eau il n'y fust entré; et davantage il leur gagnoit le devant pour couvrir Peronne et tout le reste de la frontiere. Il y avoit bien quelque apparence qu'ils ne se vouloient là arrester, car ils brusloient villages et fourrages, ce qui n'est pas accoustumé à gens qui veulent conquerir et garder un païs.

Il y avoit cinq bandes de gens de pied dans La Fere des capitaines Caumont qui en avoit deux, Sainct André, Rambouillet et Loy, ausquels il commanda partir incontinent pour s'en aller droit à Han, encor que celles desdicts Sainct André et Rambouillet fussent ordonnées pour aller au Castellet, et que pour cest effect fussent partis dès le soir, comme luy, à l'assiette de la garde; mais ils n'y pouvoient plus entrer pour estre empesché le chemin par les ennemis. Le sieur de Coucy fut present à toutes les deliberations qu'il feit; parquoy il le pria de s'en retourner devers M. le connestable pour luy faire entendre le tout, mesmement qu'il ne laissoit dedans La Fere que le sieur de Ruallon avec sa bande, considerant que nostre camp venoit coucher à trois lieuës de Pierrepont, et à demie lieuë de La Fere.

M. l'Admiral eut nouvelles par ses coureurs que les ennemis se logeoient devant Sainct Quentin, et avoient desjà veu quelques tentes dressées près la maladrerie du fauxbourg d'Isle; mais qu'il leur sembloit qu'une partie de leur armée coulast le long de l'eau, tirant à Han. Parquoy les gens de pied et le bagage, qui prenoient ce chemin, il les feit tourner à main gauche par Gentil pour aller seurement; et luy alla le droit chemin, pour estre adverty (car le païs estoit assez advantageux pour prendre tel party qui luy eust semblé le meilleur) et se demesler aisément, ou charger à tel nombre d'hommes qu'il eust voulu : enfin, sans aucun danger ny rencontre, il arriva à Han. A l'entrée il rencontra le sieur de Vaulpergue, avec une lettre de creance du capitaine Brueil, gouverneur de Sainct Quentin, qui luy feit entendre le grand estonnement qui estoit dans ceste ville, et qu'il estoit besoing la secourir promptement, ou elle estoit en grand danger. Apres s'estre informé, et qu'il luy eust dit qu'il se faisoit bien fort de le mettre dedans ceste nuict, mais qu'apres ce ne seroit sans grande difficulté, il se résolut d'y entrer ceste nuict mesmes. Et sans que personne se desarmast, il les feit tous advertir qu'ils fissent manger une mesure d'avoine à leurs chevaux, et qu'il vouloit partir dans demie heure. Les voulut aussi informer d'une chose : c'estoit qu'il prioit les capitaines et chefs se passer au moins de valets qu'ils pourroient, et, quant aux gendarmes, qu'ils n'en menassent plus d'un chacun, et entre deux archers un ; qu'il s'en alloit à Sainct Quentin pour y entrer et attendre le siege, où il ne leur feroit bailler vivres pour davantage de personnes. Et pource qu'il desiroit y conduire ceste mesme nuict ces cinq enseignes de gens de pied qu'il avoit fait partir de La Fere, s'estant enquis s'elles estoient venues, il trouva qu'il n'estoit encor arrivé que celle du capitaine Loy, estans les soldats si lassez et harassez, venuz freschement de Gascongne, que quasi la moitié estoient demeurez par les chemins. D'autre part le capitaine Caumont estoit demeuré derriere à La Fere, pour faire delivrer les armes de ses soldats, qui estoient encores encassées sur les charrois : en sorte que, tout consideré, des cinq compagnies il ne se peut servir que des deux des capitaines Sainct André et Rambouillet ; et encores qu'elles fussent fort loing derriere, il donna ordre, avant que partir, les faire marcher incontinent qu'elles seroient arrivées.

Ainsi qu'il advisoit à ordonner toutes choses avant son partement, les sieurs de Jarnac et de Luzarche l'allerent trouver pour luy dire qu'il ne leur sembloit pas bien raisonnable qu'il s'enfermast dans Sainct Quentin pource qu'il pouvoit faire plus de service dehors ; mais que s'il vouloit qu'eux et tous les autres capitaines qui estoient là avecques luy s'y en iroient, et que tous s'y accorderoient si bien, que le service du Roy n'en demeureroit point. Il leur respondit en peu de paroles qu'il les remercioit du conseil qu'ils luy donnoient, mais qu'il estoit commandé d'y entrer, et qu'à ceste occasion estoit là venu ; qu'il aymeroit mieux avoir perdu tout ce qu'il avoit vaillant que d'y avoir failli : pour le moins seroient-ils tesmoings qu'il feroit son devoir d'y entrer.

Apres que M. l'Admiral eut adverty M. le connestable de toute sa resolution par le sieur de Bouran, qui s'en retournoit vers luy de Han, il monta à cheval environ demie heure avant soleil couchant, mettant son mareschal des logis devant luy avec cinquante bons chevaux et bonnes guides, auquel il commanda marcher cent pas devant luy seulement, et, quoy qu'il trouvast en chemin, qu'il chargeast sans le marchander : comme au semblable il advertit tous les capitaines de sa resolution et de ce qu'ils avoient à faire. Il ne fut pas fort avant en païs qu'il trouva l'abbé de Sainct Pris, qui estoit sorti ce soir environ quatre heures de Sainct Quentin, lequel luy dist qu'il alloit trouver le Roy, et qu'il esperoit y estre le lendemain à son lever. Apres qu'il se fut enquis du logis des ennemis et sommairement des autres choses, il le pria presenter ses tres humbles recommandations à la bonne grace du Roy, et luy dire qu'il l'avoit trouvé avec une bonne troupe, qui faisoit son compte, Dieu aydant, d'entrer ceste mesme nuict dans Sainct Quentin, où il esperoit luy faire un bon service. Ainsi y arriva une heure après minuict, où il entra avec luy des quatre parts de la gendarmerie les trois pour le plus : les autres, ou pour s'estre perdus par les chemins à une allarme qu'ils avoient eue, ou par faute de bonne volonté, n'y entrerent point. Quant aux chevaux legers françois et escossois qui estoient partis avec luy de Pierrepont, il n'y en avoit un seul arrivé quand il partit de Han, comme il l'avoit ordonné; aussi n'entrerent-ils point dans Sainct Quentin. Des deux compagnies de gens de pied qui partirent de

Han selon qu'il l'avoit enchargé, il en entra ceste mesme nuict environ six vingts, conduits par le lieutenant du capitaine Rambouillet, s'estant la mesme nuict esgaré le capitaine Sainct André avec autant d'autres; lequel toutefois y entra le jour ensuyvant, environ quatre heures après midy. Tant y a que pour le plus desdites deux compagnies, il y en entra deux cent cinquante hommes.

Estant M. l'Admiral entré et arrivé dans Sainct Quentin, ainsi qu'il a esté dict cy dessus, sitost que le poinct du jour se monstra, s'en alla au fauxbourg d'Isle, où il trouva que noz gens avoient abandonné le boulevert qui avoit esté fait nouvellement, et s'estoient retirez à la vieille muraille; s'excusans que pour n'y avoir point de parapects audit boulevert, et estre la terre de dehors pour le moins aussi haute que celle de dedans le boulevert; et d'autre part, que pour avoir esté gagnées par les Espagnols certaines maisons sur le bord du fossé, qui estoient à cavalier et de mesme hauteur, et enfin pour le peu d'hommes qu'ils estoient à le defendre, avoient esté contraincts à ce faire. Or, sur cela faut-il savoir que la premiere entreprise que les ennemis feirent si tost qu'ils arriverent devant Sainct Quentin fut de gagner ce boulevert, qui estoit commencé, à l'entrée et defense de ce fauxbourg et de la chaussée d'Isle, encor que ceux de la ville avec ce peu de gens qu'ils estoient, et avec force canonnades, eussent fait tout effort pour les en débouter. Ce neantmoins estans adonc les plus forts, en demeurerent les maistres, et s'y logerent les seigneurs Julian Romerou et Carondelet, avec les vieilles bandes espagnoles.

Pour suivre nostre propos de l'ordre que M. l'Admiral establit là dedans, s'estant enquis quel nombre de gens de guerre y estoit, il trouva que la compagnie de M. le Dauphin y estoit quasi complette. Quant à la compagnie de gens de pied du capitaine Brueil, il luy dit que la fleur de ses hommes estoit à Bohain, où il avoit une esquadre de ses meilleurs soldats harquebusiers ; cela estoit aisé à croire, car le demeurant estoit fort pietre. Il estoit excusable pour une chose : c'estoit qu'il n'y avoit pas plus de huict ou dix jours qu'il estoit entré en ceste place, et estoit bien sceu que il avoit perdu beaucoup de gens au partir d'Abbeville.

Voyant de quelle importance estoit garder ce fauxbourg, M. l'Admiral prit l'opinion de tous les capitaines pour sçavoir ce qu'on pourroit resouldre pour le plus expédient. Il fut conclud que sur le soir on feroit faire une saillie pour mettre le feu dans les maisons qui empeschoient et portoient dommage, et qu'ayant osté les ennemis de là, l'on feroit faire une terrasse tout le long du boulevert, qui serviroit de parapect. Cependant, pour ne perdre temps, l'on feit besongner à deux flancs pour regarder la poincte dudit boulevert : ce qui estoit facile en faisant ouverture à la muraille, tant qu'il en falloit seulement pour l'embouchure d'une piece d'artillerie. Et par mesme moyen l'on feit gratter et piocher terre à relever une trenchée où le rempart avoit esté osté devant, lorsque l'on estoit d'advis de retrencher ce fauxbourg, pour autant qu'en cest endroit l'on y pouvoit faire breche en moins d'une heure, et telle qu'il n'y eust eu homme qui s'y fust osé presenter, pour estre le dehors beaucoup plus haut que le dedans, et le rempart du tout razé.

Ces choses ainsi ordonnées, M. l'Admiral s'en alla

faire le tour de toute la haute ville, pour considerer et remarquer les plus foibles endroits où premierement faudroit besongner, et pour adviser où l'on departiroit les quartiers, à ce que l'on commençast à y travailler de bonne heure sans attendre la nécessité. Cependant il manda à ceux de la ville qu'ils s'assemblassent à leur hostel commun, où ils appelleroient tous les principaux et plus notables de tous les estats pour entendre ce qu'il auroit à leur dire. Après que M. l'Admiral eut recognu et revisité tout le circuit et contour de la ville, et qu'il fut revenu au lieu où ils estoient jà assemblés, il leur meit en avant tous propos de consolation, et qui les pouvoient asseurer, comme pour lors ils en feirent grande demonstration, qui toutefois ne leur dura guieres. Et oultre cela, il feit rediger par mémoires ce à quoy luy sembloit bon de pourvoir, et qui requeroit proche diligence, entre autres de la recherche des hommes qu'ils avoient en leur ville, portans et ayans armes, et qui les pourroient porter, et pareillement besongner, tant hommes que femmes; que pour cest effect il estoit besoing rechercher et ramasser tous les outils, hottes et paniers, et le tout faire apporter en la maison de la ville, afin que plus facilement on les peust là trouver, quand on en auroit affaire. Et pource qu'en une si grande ville ne pouvoit estre autrement qu'il n'y eust grand nombre d'artisans et manœuvres qui en pourroient livrer et forger grande quantité, que ils les advertissent d'y besongner continuellement. Davantage, s'asseurant que là dedans y avoit grande quantité de bouches, et qu'il falloit sçavoir de quoy on les nourriroit, qu'ils feissent une description de tous les greniers, vins et bestail qu'ils avoient en leur ville ; que tout ce que ils trouveroient par les maisons, ils le missent en garde ès mains de ceux mesmes à qui le bien appartiendroit; et, afin qu'il ne s'en feist point de degast, il feroit faire une défense à toute personne de n'y toucher sur la vie, attendant qu'il eust mis un ordre pour la distribution ; aussi qu'ils luy sceussent à dire quelle quantité d'artillerie, pouldres et boulets il y avoit, et quelles gens pour les manier et pour en tirer. Et pource qu'en faisant la ronde par la ville, il avoit veu user grande munition sans propos, en avoit donné la superintendance au capitaine Languetot, et soubs luy deux gentils-hommes de chacune compagnie de gendarmes, qui estoient dix en tout, afin qu'il les peust departir par les quartiers pour le soulager; qu'à ceste cause ceux qui y demeureroient eussent à luy obeir, et qu'il vouloit sçavoir tous les soirs quelle quantité de pouldre auroit esté despendue le jour; semblablement, qu'ils eussent à luy monstrer toutes les pouldres qu'ils avoient, et les lieux où ils les retiroient, pour sçavoir si elles estoient en lieux dangereux. Adjoustant avec tout cela qu'il n'avoit point de cognoissance qu'en toute la ville il y eust plus de deux moulins, l'un à eauë, et l'autre à vent, cessans lesquels il désiroit sçavoir quels moyens ils avoient de mouldre et recouvrer farines. Voilà les principaux poincts de l'ordonnance que M. l'Admiral proposa à ceux de la ville de Sainct-Quentin pour le faict de la police et conservation de la ville ; délaissant encores plusieurs autres menus articles, qu'il donna plus amplement escrits en un memoire, concernans aucunes particularitez qui seroient trop prolixes à deduire.

En après, ayant esgard au faict de la fortification

et defense d'icelle, se retira en son logis, où il feit appeller tous les capitaines, et là leur déclara tout l'ordre qu'il avoit mis en tous les endroits et necessitez ci-dessus narrées. Parquoy ne luy sembloit pour lors chose plus requise que departir les quartiers et lieux de la ville où il vouloit et entendoit que chacun fust logé et se retirast advenant l'affaire, et s'employast pareillement à travailler, remparer et se fortifier. Entre autres propositions, d'une principalement M. l'Admiral requit et somma tous les capitaines et soldats, qui estoit que là où quelqu'un sçauroit quelque chose bonne et utile à executer, qu'on lui feist entendre, et qu'il l'auroit fort agreable, et le recevroit de bonne part, d'autant qu'il ne doutoit point que là dedans parmi les compagnies il n'y eust beaucoup de gens de bien qui se seroient trouvez en bons lieux, où ils auroient veu et retenu diverses ruses et inventions incognues à autres. A l'instant mesmes, au sortir de son logis, allerent departir les quartiers tout à l'entour de la ville, et aussitost feit commencer à besongner, et remuer terre, pour remparer ès lieux où il veit estre de besoing, et ordonna aux capitaines, tant de cheval que de pied, qu'ils eussent à luy bailler un roolle du nombre de leurs hommes, tant pour voir ce qu'il avoit pour le combat que pour la distribution des vivres.

Se promenant M. l'Admiral, et tournoyant la ville, il veit un grand nombre de jardins qui s'estendoient jusques sur le bord des fossez, et pleins d'arbres, principalement du costé de la porte Sainct-Jean, à l'ombre desquels les ennemis pouvoient approcher à couvert jusques sur le bord desdits fossez : encore qu'il fust desjà tard, il envoya querir tous les charpentiers qui se peurent trouver, et les feit conduire par deux archers de sa compagnie, afin d'employer le reste de la journée à coupper arbres pour faire fascines, et leur commanda qu'ils continuassent tous les jours : ce qui fut faict tant que l'on peust, mais non pas tant que ce qui demeura du costé de la porte de Remicourt ne leur ayt apporté à la fin grand dommage. Or, pource qu'il avoit esté conclud de faire une sortie pour brusler les maisons qui leur nuisoient, et pour essayer de regagner le boulevert d'Isle, il pria messieurs de Jarnac, de Teligny et de Luzarche, la dresser et ordonner ainsi, et jusques au lieu où il leur avoit monstré.

Cependant il monta au clocher de la grande eglise, pour recognoistre l'assiette du guet des ennemis, et voir par où l'on feroit venir du secours, afin qu'il le mandast, et par mesme moyen le monstrast au sieur de Vaulpergue qu'il y vouloit envoyer exprés, d'autant que cela luy sembloit le plus necessaire, et plus on attendroit et plus seroit difficile, à ce que s'il amenoit gens, il fust tout seur et informé de l'endroit où il les feroit passer sans danger. Pendant qu'il estoit sur ce clocher, ceste sortie se va faire; mais noz gens trouverent les ennemis si forts qu'ils ne peurent executer tout ce qu'ils vouloient; et encor qu'ils bruslassent quelques maisons, ce ne furent celles qui nuisoient le plus; et ainsi fallut que noz gens se retirassent, estans poursuivis des ennemis de si près, que quasi pesle-mesle ils entrerent dans la ville. Toutefois ne sceurent ils si bien faire, qu'avant partir de là noz gens ne bruslassent le tapecul par où l'entrée de ce boulevert leur estoit aisée; car il ne restoit que une petite porte qu'on eust aisement rompue d'un coup de pied : et du boulevert pour entrer dans le fauxbourg, il n'y avoit qu'une muraille d'environ sept ou huict pieds de haut, en laquelle y avoit encore deux grandes breches par où l'on portoit de la terre sur une plate forme, qui n'estoient bouchées que de claies et de quelques balles de laine. Parquoy toute la nuict, et en la plus grande diligence que se peust faire, l'on y releva une trenchée afin d'amuser les ennemis le plus long-temps qu'on pourroit, pource que M. l'Admiral vouloit temporiser et attendre le plus tard qu'il luy seroit possible à rendre et abandonner ce fauxbourg, encore qu'il eust beaucoup d'opinions contraires et contre luy, entre lesquelles il y en avoit deux principales contre lesquelles ne pouvoit contester : l'une, que par les marets l'on y pouvoit entrer en deux endroits, et prendre noz gens par derriere, en danger qu'en les voulant retirer ou secourir on perdist la ville avec le fauxbourg ; l'autre, qu'il avoit si peu d'hommes qu'il les devoit plustost conserver que hazarder, et mesmes qu'il avoit veu à ceste sortie s'y estre perdus ou fort blessez quinze ou seize des meilleurs soldats qu'il eust, du nombre desquels estoit le capitaine Sainct-André. Enfin, pour ne demeurer opiniastre en chose desraisonnable, et contre l'advis de tous les capitaines, M. l'Admiral dit que quand il verroit plus evidente occasion il se retireroit, mais que cependant aussi il falloit faire bonne mine comme si on avoit deliberé de le défendre, et ne laisser pourtant à y tenir la main avecques bonne garde, surtout par les endroits où les ennemis pouvoient arriver par les marets, afin de n'estre point surpris, et que sur la vie cela ne fust decelé ny descouvert.

Le second jour que M. l'Admiral fut entré dans

Sainct Quentin, il dit et remonstra en conseil aux capitaines, que combien que les ennemis eussent eu cognoissance de quelque secours qui y estoit entré, si estoit-il bien malaisé qu'ils fussent certains du nombre, et pourtant qu'il avoit envie de faire sortir quarante ou cinquante chevaux pour battre et descouvrir l'advenue de leurs logis qui estoient un peu plus avant que le village de Raincourt, et assez escartez des autres, et que, selon qu'ils se gouverneroient, il adviseroit à dresser quelque entreprise; et pource qu'ils avoient desjà eu cognoissance de la compagnie de M. le Dauphin, il pria M. de Teligny donner ceste charge à quelque sage homme d'armes de sa compagnie, qui surtout se donnast garde de s'attaquer ny s'amuser à combattre; que la sortie qu'il faisoit faire pour lors n'estoit que pour entreprendre en après quelque autre chose meilleure. Il le pria de s'en reposer sur luy, et qu'il y commettroit personnage si suffisant, et auquel il recorderoit si bien la leçon qu'il n'en adviendroit aucune faute.

Or adonc M. l'Admiral se trouvoit si mal d'une douleur de teste, que il fut contraint se mettre sur un lict au logis de M. de Jarnac, où il estoit lors; et cependant M. de Teligny s'en alla faire monter ses gens à cheval, et les enseigner de tout leur faict. Mais avant que partir M. l'Admiral lui repliqua une douzaine de fois qu'il ne vouloit point que ce fust luy qui sortist; ce que ledit seigneur de Teligny luy asseura, lequel, au partir de là, feit une fort prompte diligence à faire sortir ses hommes. Car M. l'Admiral ne fut point demie-heure à se reposer, qu'il se leva pour aller veoir comme tout s'estoit porté à ceste sortie, et trouva messieurs de Jarnac et de Luzarche qui retournoient de la porte par où elle avoit esté faite, et luy compterent le grand desordre qu'il y avoit eu; disans que les premiers coureurs avoient très-mal executé ce qui leur avoit esté enchargé, et que M. de Teligny cela voyant, et voulant reparer la faulte, encores qu'il ne fust point armé, sur un fort mauvais courtault y estoit voulu aller pour les faire retirer, laissant un sien gentilhomme avec cinquante ou soixante chevaux auprès du moulin qui est hors la porte Sainct Jean; que quand il fut arrivé où estoient les coureurs, les ennemis leur avoient fait une cargue où il avoit esté enveloppé et porté par terre; que l'on ne sçavoit s'il estoit mort ou vif, sinon qu'aucuns disoient qu'il n'estoit encor mort, selon qu'ils l'avoient peu appercevoir, bien que les ennemis l'eussent despouillé; qu'il estoit demeuré sur la place près du moulin.

M. l'Admiral, voyant qu'il estoit si près des murailles, dit qu'il le vouloit avoir vif ou mort, et commanda aux autres chefs de la compagnie de M. le Daulphin monter à cheval, comme il fit aussi aux autres qui se trouverent près de luy. En s'acheminant vers la porte, se presenta un soldat à pied qui luy dist, s'il lui plaisoit, qu'il essayeroit de l'aller querir. Il luy promit un bon present s'il le pouvoit rapporter; ce qu'il fit fort bien, et le rapporta avec ses compagnons. Quand ce bon chevalier, ainsi blessé qu'il estoit, vit M. l'Admiral, de premiere parole il le pria luy pardonner, sçachant bien qu'il l'avoit offensé, et luy reitera ce mesme langage par cinq ou six fois: lequel luy respondit qu'il n'estoit plus temps demander pardon aux hommes, mais bien à Dieu, car il estoit si navré et entamé sur plusieurs parties de sa personne, qu'on n'attendoit plus que luy veoir rendre l'esprit : ce neantmoins survesquit encor une heure et demie après avoir esté rapporté, et ne fut petite perte de ce gentilhomme, estant hardy, bien advisé, et s'employant volontiers pour son devoir et le service du Roy, comme depuis est apparu en ceste compagnie que le principal chef estoit mort. Ce que en cest accident fut depuis trouvé le plus mauvais, et, selon que beaucoup de gens de bien l'ont témoigné, estoit que, quand il fut blessé, les ennemis n'estoient point plus de dix-huict ou vingt à la cargue qu'ils firent ; les nostres estoient bien autant de coureurs, et celuy que Teligny y laissa n'estoit point à cent pas du lieu où il fut porté par terre ; et nonobstant il fut massacré et despouillé, sans aucunement estre secouru de nul des siens. Cestuy allegue pour son excuse qu'il avoit exprès commandement de M. de Teligny ne partir de ce lieu où il estoit, que luy mesme ne le vint querir ; aussi qu'il ne pouvoit avoir cognoissance de ce que les coureurs faisoient à cause d'un petit hault qui estoit au devant de luy.

Après cela il se passa deux ou trois jours que les ennemis ne se remuoient point fort et ne faisoient grandes choses ; seulement qu'ils pressoient et s'approchoient le plus qu'ils pouvoient du costé du faulxbourg d'Isle, et creuserent quelques tranchées au lieu des maisons qu'ils souloient tenir, où le feu avoit esté mis avec certains artifices, par l'invention d'un Escossois de la compagnie du comte d'Arran. Cependant neantmoins ne se perdoit temps dans la ville, car l'on y besongnoit à la plus grande diligence que l'on pouvoit en tous les endroits qu'il avoit esté advisé ; et dehors la ville l'on coupoit les arbres autant que la commodité le pouvoit permettre. Et de la part de M. l'Admiral, il sollicitoit ceux de la ville à toutes heures pour sçavoir quelle quantité de vivres ils trouvoient là dedans, et pour luy satisfaire sur les articles qu'il leur avoit donné par mémoires. Enfin ils luy baillerent un estat des vivres, qui luy sembla bien petit; car, à en despendre assez estroitement, à peine en pouvoient avoir pour trois sepmaines : et pource qu'il se douta qu'en ceste recherche il y avoit eu de la fraude et de l'excuse, il donna charge à un homme d'armes de sa compagnie la reprendre et recommencer de nouveau, et n'exempter pas une seule maison, et qu'il print encore deux ou trois autres de sa compagnie avec luy, de sa cognoissance des plus suffisans pour ceste charge, afin d'y estre soulagé; d'autant que, oultre ceste commission, il lui estoit enjoint faire tuer et saller le bestail qui estoit là dedans en fort gros nombre, avec si peu de moyens de le pouvoir nourrir, qu'il fut force le departir par les compagnies tant de cheval que de pied, pour certains jours qui leur furent limitez. Aussi avoit il en charge de faire departir le pain et le vin : en quoy il s'acquitta si bien, qu'au lieu que ceux de la ville n'avoient donné cognoissance à M. l'Admiral de vivres que pour trois sepmaines, il en fut trouvé pour plus de trois mois ; et si se descouvroit tous les jours quelque chose de nouveau.

Pour revenir maintenant à ce que faisoient les ennemis, après qu'ils eurent parachevé ceste tranchée (dont dessus est parlé) du costé du bourg d'Isle, une nuit ils approcherent leurs pièces pour tirer en batterie. Et ainsi que M. l'Admiral retournoit de faire la ronde à l'entour de la haute ville, ceux qui estoient en garde au bourg luy manderent que les ennemis estoient dans les fossez dudit bourg, qui sappoient, où il alla incontinent ; et, après avoir longuement escouté, entendit aisement qu'ils ne sappoient point dans le fossé, ains que c'estoient pieces qu'ils approchoient. Pourtant, suivant ce qu'avoit esté resolu par l'advis de tous les capitaines, il commença à faire retirer quelques pièces d'artillerie qui estoient là, et grande quantité de boulets de plusieurs calibres, pouldres à canon, balles de laine, picques, outils à pionniers, et plusieurs autres choses ; en sorte que les ennemis ne se pourroient vanter y avoir trouvé aucunes utensilles dont ils se soient peu aider. Et quant aux maisons, estans vuides de tous meubles, on les avoit fait si bien appareiller, que, soudainement que le feu y seroit mis, ne fauldroient aussi tost à s'enflammer et embraser.

Il n'estoit pas demie heure de jour que la premiere vollée de canons fut tirée, lorsque M. l'Admiral commença à appeler les capitaines qui y estoient en garde, et leur dist qu'ils retirassent leurs gens le plus couvertement et celément qu'ils pourroient, afin que, pour attendre plus tard, ce peu d'hommes qui estoient là n'entrassent en effroy, et que par ce moyen n'y survint quelque desordre et confusion, enchargeant au surplus qu'on ne fist faulte à mettre le feu partout ; ce qui fut fort bien exécuté diligemment, reservé en l'abbaye d'Isle où le feu ne peut prendre, encor qu'on eust mis grand'peine à l'estançonner et amorcer en tous les endroits plus subtils et secz et prompts à s'allumer.

Après avoir retiré tous les gens de guerre et tout ce

qui estoit dans ce faulxbourg en la haulte ville, on commença à remparer la porte par où on y entroit de la haulte ville, pource que cest endroit se trouvoit fort foible et mauvais. Et environ une demie heure après que l'on commença à y besongner, un homme de la ville alla dire à M. l'Admiral qu'il seroit bon oster quelques pouldres à canon qui estoient dans deux tours joignantes ceste porte, dont il n'avoit esté parlé aucunement, non pas seulement au capitaine Lanquetot à qui il avoit donné la charge de les visiter, et sur toute l'artillerie et telles munitions. Soudainement, à tel advertissement, M. l'Admiral fit lever les serrures des portes, pource que les clefs ne se trouvoient point; où fut trouvé que les caques où estoient ces pouldres, si tost qu'on les touchoit, tomboient en pieces, tant estoient pourris, de façon qu'on ne les pouvoit ainsi transporter, et fallut avoir des linceuls pour les ensacher et mettre, à les oster hors de là.

Voyant M. l'Admiral que sa presence estoit plus requise ailleurs, et que ses gentilshommes qu'il y laisseroit pourroient faire continuer ce que jà avoit commencé, après y en avoir ordonné trois ou quatre, il s'en alla faire la ronde à l'entour de la ville, à fin que les habitans ne fussent estonnez pour avoir esté ce faulxbourg quitté et abandonné. Comme il eut quasi achevé tout ce tour, ainsi qu'il estoit pres de la plateforme de la tour à l'eau, il veit le feu qui se prenoit aux pouldres estans en ceste porte; où il courut le plustost et vistement que ses jambes le peurent porter, et trouva que desjà la violence de ceste diabolique mixtion, et comme une fouldre, avoit ouvert une si large breche, qu'il y pouvoit entrer vingt ou vingt-cinq hommes de front. A cest improuveu et nouveau accident, il rallia promptement ce qu'il peut de gens aupres de luy pour la defense de ceste breche, à cause que les ennemis avoient desja gaigné ce faulxbourg, et leur eust esté des ceste heure là aisé d'en faire autant de la ville, si l'esclair du feu et la fumée des maisons qui brusloient, ne leur en eussent osté la veue et cognoissance ; car M. l'Admiral fut une bonne demie heure et plus, qu'il n'avoit que sept hommes avec luy pour defendre ceste breche s'il y fust survenu affaire. Il n'y a nulle occasion d'en imputer le tort aux gens de guerre, pour autant qu'eux ayans veu la porte fermée et remparée, chacun d'eux se retira en son logis pour repaistre et se rafreschir, et l'inconvenient qui survint estoit trop inespéré. Les uns pensoient que ce fussent les bluettes des maisons qui brusloient ; les autres disoient le feu s'y estre mis d'une piece d'artillerie qui tira au dessus de la porte ; ainsi chacun trouvoit le cas fort estrange. Il s'y perdit trente cinq ou quarante personnes, entre autres cinq gentilshommes de ceux de M. l'Admiral, fort gens de bien et de service, qu'il y avoit delaissez pour diligenter les ouvrages attendant qu'il fust de retour. Mais aussi tost que le bruit fut entendu de cest infortune, à la verité chacun y accourut à toute haste ; tellement qu'en moins de rien la breche fut bien bordée, et y fut employée telle promptitude à la reparer par hault et par bas, qu'elle se trouva aussi forte qu'auparavant.

Le jour mesme que ce faulxbourg fut abandonné, les ennemis continuerent à s'approcher encor de plus pres de la haulte ville : lesquels donnerent aussi occasion à chacun de se parforcer et esvertuer davantage à rendre les ouvrages en perfection, fust à rehausser les rempars et terreplains, fust à applanir et à niveler les platesformes; et n'y avoit adonc jusques aux moindres, tant des gens de guerre que de la ville, qui ne desployassent les bras, et qui volontairement ne courbastent les eschines pour porter la hotte et les fascines et la terre aux réparations.

De toutes ces choses, et generalement de tout ce qui se passoit dans la ville, M. l'Admiral advertissoit, au plustost qu'il en avoit le moyen, M. le connestable, à fin qu'il en fust hors de peine, et peust adviser de tous remedes necessaires. Pareillement, pour maintenir tousjours ceux de la ville en bonne volonté et asseurance, et les gratifier, il alloit ordinairement en leur hostel commun, où faisoit assembler les principaux, et là resolvoit les choses qu'il vouloit bien qu'ils sceussent : entre tous lesquels citoyens et habitans M. l'Admiral s'est grandement contenté, et a loué et eu en singuliere recommandation le maieur de la ville, nommé le sire Gibercourt, et l'a trouvé fort affectionné serviteur du Roy, tant au service de Sa Majesté que pour la conservation de la ville; mais il n'y en avoit point d'autre qui le secondast. Les ennemis adonc furent un jour ou deux qu'ils ne leur donnoient grands empeschemens. Et cependant, puisque j'ai fait assez ample narration des principaux poincts de ce siege, et des exploits et bon ordre que M. l'Admiral avoit mis au dedans de la ville, je diray maintenant quelque chose du dehors, de la solicitude de M. le connestable à y faire entrer secours, mesmement de gens de pied, la jugeant assez suffisamment garnie de cavallerie. Doncques est il à sçavoir qu'estant nostre armée arrivée à

La Fere, l'on avoit fait partir M. le mareschal de Sainct
André avec trois ou quatre cens hommes d'armes, et
le prince de Condé avec une partie de la cavallerie
legere, de laquelle il estoit lors general, et M. Dandelot avec huict ou dix enseignes de fanterie françoise,
pour s'en aller à Han, tant pour tenir l'ennemy en
doute, et luy retrancher le moyen de s'eslargir et recognoistre le pays, que pour recouvrer tousjours occasions plus prochaines d'entreprendre sur luy, et finalement essayer de tous endroits à mettre gens dans Sainct
Quentin. Sur cela ayant le sieur de Vaulpergue fait entendre à M. le connestable les endroits que M. l'Admiral
luy avoit monstré du grand clocher de la ville, comme
j'ai dit cy dessus, par où il pourroit conduire le secours
qu'il guideroit, fut advisé que n'estant le costé devers
Han fort pressé et couvert des ennemis, à cause que ce
quartier avoit esté reservé pour les Anglois, M. Dandelot, avec deux mille hommes de pied, pourroit par
ceste advenue plus seurement de nuict se jetter et entrer dans la ville, pendant que nostre gendarmerie et
cavallerie de toutes parts tiendroit les camps des ennemis en allarmes. Laquelle entreprise eust succédé
heureusement, si elle n'eust esté descouverte, comme
l'on a sceu, par quelques chevaux legers anglois des
nostres, qui avoient été pris des ennemis, lesquels,
pour se sauver d'estre penduz, promirent donner tel
advertissement qu'il seroit cause de leur faire en brief
recouvrer la ville de Sainct Quentin, et sur cela leur declairerent tout le faict. Parquoy ès lieux où ils sceurent
que noz gens devoient passer, firent fossoyer force traverses et tranchées, qu'ils remplirent de leurs meilleurs
harquebusiers, et, sans faire aucun bruit, ny se descou-

vrir, attendirent noz gens de si près, qu'ils les pouvoient
tirer en butte. En faisant ainsi tomber et mourir une
partie des premiers, le reste fut rompu et tourné en
routte : les uns se sauverent avec M. Dandelot, et les
autres furent tuez ou prisonniers. Sur ce propos je ne
veux oublier à dire ce que M. l'Admiral mesme a escrit
au discours de ce siege, que ledit sieur de Vaulpergue
ne retint et n'imprima pas bien en sa memoire les adresses et accès qui luy avoient esté monstrez et enseignez :
car, au lieu qu'il donna à la teste d'un corps de garde de
gens de pied, et en lieu fort désavantageux pour ceux
qui vouloient entrer, il eust passé entre deux corps de
garde, l'un de gens de pied, et l'autre de cheval, où
ils n'eussent trouvé que sentinelles ; et avant que les
corps de garde eussent pensé à ce qu'ils avoient à faire,
ceux qui eussent voulu entrer pouvoient gaigner une
colline le long des vignes, par où le capitaine Sainct
André estoit en plein jour entré, comme ils pouvoient
faire en despit de tout le monde, d'autant qu'estant la
nuict obscure, il eust esté malaisé qu'un corps de
garde se fust desplacé pour les venir chercher, pour le
moins qu'ils n'eussent esté en lieu de sureté, pource
que c'estoit fort près de la ville. Avant aussi que passer
plus oultre, je ne veux faillir à declairer que ce secours
d'Anglois, que la royne Marie envoya au roy Philippes son mary, et qui arriva en ces jours au siege de
Sainct Quentin, estoit estimé au nombre de neuf à dix
mille hommes de pied, et quinze cens ou deux mille
chevaux, soubs la charge des milords Pambrotz (1),
Clinthon et Grey, lesquels passans près d'Ardres firent quelque semblant de s'y vouloir attacquer ; mais

(1) *Pambrotz* : Pembrock.

M. de Sansac, qui estoit dedans, estant la place bien pourveuë et garnie, leur fit assez cognoistre et veoir qu'il ne les craignoit pas, et ainsi se rendirent au lieu où ils estoient attenduz. Or, pour maintenant retourner à la suitte du siege de Sainct Quentin, ayant le secours qu'amenoit M. Dandelot failly à y entrer, ceux de la ville commencerent à s'estonner. Mais M. l'Admiral fit tant pour ceste fois, qu'il les remit, leur remonstrant qu'il n'estoit point là venu pour se perdre, et qu'il avoit amené tant de gens de bien, que, quand il n'y en entreroit point d'autres, ils estoient suffisans pour se defendre contre toute la puissance des ennemis ; mais qu'il les asseuroit davantage que M. le connestable tenteroit tous moyens du monde pour les secourir. M. l'Admiral fut lors adverti qu'entre ceux qui s'estoient retirez dans ceste ville de l'allarme qu'avoient donné les ennemis marchans en païs, il y avoit plusieurs bons hommes de la frontiere qui avoient accoustumé de faire la guerre en des petits forts où ils se tenoient ; parquoy, pour se servir de tout ce qu'il pouvoit, il donna charge à deux gentilshommes du païs, l'un nommé Colincourt, et l'autre Avernal, d'arborer chacun une enseigne, et, comme ceux qui les cognoissoient mieux qu'autres, ils eussent à retirer soubs eux la plus grande quantité et les meilleurs hommes qu'ils pourroient, et les mieux armez ; qu'après les avoir enrollez ils les fissent assembler en la grande place, auquel lieu lui-mesme iroit faire leurs monstres, et leur feroit bailler à chacun un escu : ce qu'ils firent fort promptement, et ce mesme jour lui monstrerent tous deux deux cent vingt hommes assez bien armez et en bon équipage pour le lieu ; lesquels il fit payer comme il avoit promis, et puis loger en un quartier comme les autres compagnies.

Ainsi que M. l'Admiral discouroit et se promenoit par la ville pour tousjours considerer et entendre les affaires où il falloit remedier, il advisa plusieurs pauvres personnes qui s'y estoient sauvez et retirez des villages; lesquels, pour quelque commandement qu'on leur fist, ne vouloient travailler ny s'employer aux fortifications. Pourtant fit publier une ordonnance que toutes personnes qui s'y seroient retirez des villages, eussent à aller besongner aux remparts, sur peine d'estre fouettez par les carrefours pour la premiere fois qu'on les trouveroit défaillans, et, pour la seconde, d'estre penduz et estranglez; sinon, qu'une heure devant la nuict ils se tinssent pres de la porte de Han, qu'on leur feroit ouvrir pour les mettre dehors. Il en sortit de sept à huict cens ou environ. Ce fut autant de descharge, d'autant qu'il falloit les nourrir ou les laisser mourir de faim; qui eust peu apporter une peste et infection d'air avec plusieurs autres maladies contagieuses. Il fut pareillement de besoing que de rechef il donnast ordre à repartir et egaler les quartiers de la ville, où il y avoit grande confusion; car, encor qu'il y eust seize hommes de la ville deleguez pour ceste charge, ils y faisoient si mal leur devoir, que c'estoit temps perdu de leur en commander quelque chose. A ceste cause il renchargea à seize gentilshommes de ceux qui estoient residens ordinairement en la ville, de retenir cest esgard sur les quartiers, tant de leurs hommes que des armes qu'ils avoient en leurs logis.

Quand M. l'Admiral veit que le premier secours n'estoit pas entré, la chose où il prenoit plus garde tous les soirs et matins, estoit à l'assiette des guetz qu'ordonnoient et asseoient les ennemis, pour veoir s'il y auroit moyen d'y en faire entrer d'autres, et pour en advertir M. le connestable. Et après avoir d'un bout à autre tout consideré, il luy sembla faisable et possible, comme aussi le jugeoient tous ceux à qui il en communiquoit, principalement pour n'avoir pas encore lesdits ennemis saisi et pris le logis qui plus pouvoit incommoder et reserrer les assiegez en ce faict. Pour ceste cause il depescha trois archers de sa compagnie, qui estoient de ce païs, et leur fit bien au long entendre sa conception, leur monstrant trois endroits par l'un desquels ils ne pouvoient faillir d'entrer à trois signals qu'il leur fit voir, afin que par iceux ils peussent cognoistre le plus aisé, et l'endroit où ils pourroient plus seurement venir. Cela faisoit-il à raison que les ennemis pouvoient changer de logis, ou asseoir un nouveau guet : dequoy il ne pourroit si promptement advertir ceux qui viendroient.

Le premier soir que ces trois archers cuiderent sortir, ils ne peurent pour avoir esté descouverts des ennemis; mais le lendemain les ennemis deslogerent, et se vindrent mettre et camper ès lieux que l'on craignoit le plus, dont lesdits archers peurent avoir cognoissance. Ce nonobstant, ils furent si hardis et asseurés, que ils passerent et traverserent une partie de l'armée qui marchoit. Toutefois M. l'Admiral ne se voulant du tout fier à cela, par un autre moyen à l'instant mesme advertit M. le connestable qu'il ne le pouvoit plus secourir par les endroits qu'il lui avoit mandé par ses archers. Dès ceste heure là les ennemis commencerent leurs tranchées, et approcher de plus pres la ville du costé de la porte de Remicourt : ce qui leur estoit facile à cause de la grande quantité de hayes et arbres qu'il y avoit jusques sur le bord des fossez, où l'on n'avoit pu faire besongner pource que les ouvriers avoient esté employez en autres endroits plus douteux et à craindre que celuy là des le commencement.

M. l'Admiral apperceut que les pionniers jettoient grande quantité de terre en un mesme lieu ; et pource qu'il estoit aisé à juger que c'estoit plustost une mine qu'une tranchée, pour en avoir meilleure cognoissance il monta au grand clocher, et y mena avecques luy Lanfort, anglois, lequel aussi estoit mineur, qui fut bien d'opinion que c'estoit l'ouverture d'une mine. Mais comme, de bonne fortune, il y avoit desjà deux ou trois jours qu'il avoit commencé de contreminer en lieu si à propos, qu'apres avoir tout bien veu et considéré il luy dist qu'il ne se donnast peine de ce qu'ils faisoient, qu'il gaigneroit le devant, et pourtant qu'il pourveust au reste.

Cependant les ennemis travailloient fort à remuer terre en leurs tranchées, et commencerent de fort pres approcher les fossez ; à quoy M. l'Admiral ne pouvoit remedier, car il n'avoit pas cinquante harquebusiers dont il peust faire estat, n'estant encore entré dans la ville que ce qu'a esté dit cy-devant des compagnies des capitaines Sainct André et Rambouillet; de arquebuses à croc, quand il entra dans la ville, il n'en trouva que vingt et une, que bonnes que mauvaises ; sur cela l'on peult juger combien il en pouvoit mettre ensemble. Il n'y avoit une seule plateforme qui eust cognoissance du lieu où ils besongnoient ; parquoy d'artillerie il ne s'en pouvoit ayder en aucune sorte. Quant à faire sortir gens, il n'estoit pas non plus raisonnable, veu le petit nombre qu'il avoit; aussi qu'il eust esté besoing mettre une bonne troupe d'harquebusiers, pour soustenir ceux qui sortiroient et qui feroient l'execution, et dedans et dehors : tellement que, pour en parler briefvement, M. l'Admiral ne leur pouvoit donner grande fatigue et empeschement, dont il estoit fort marry, estant sa principale occasion de faire remparer les lieux qui en avoient besoing. Mais encore en estoit-il grandement diverti par des pieces d'artillerie que les ennemis avoient logées sur la plateforme du faulxbourg d'Isle, qui voyoient et commandoient tout au long de la courtine, où estoit la principale et plus necessaire besongne. Pour laquelle cause on ne pouvoit plus recouvrer ouvriers, si ce n'estoit à coups de baston. Et pource que tous ceux qui y avoient besongné auparavant, c'estoit de leur volonté et librement, M. l'Admiral fut lors contrainct de faire faire un rolle des pionniers auxquels il promettoit les nourrir et, outre cela, leur bailler argent chacun jour, à raison que les vivres commençoient à estre fort courts. Et pour la friandise d'un petit d'argent, cela fut cause qu'il s'en enrolla environ trois cens qui servirent assez bien pour quelque temps : toutefois on ne laissoit pas, outre ceux là, d'y amener et contraindre ceux de la ville, tant hommes que femmes : tous lesquels encor ne pouvoient satisfaire en divers lieux qui se presentoient et se retrouvoient de nouveau avoir de besoing d'y mettre la main, et d'estre reparez et fortifiez. Ainsi passoient les affaires de ce siege au dedans de la ville.

Or, l'une des choses en quoy M. l'Admiral avoit plus de pensement et l'esprit tendu, comme aussi celle qui estoit la plus nécessaire, estoit de trouver un moyen par lequel il peust estre secouru : enfin il n'en trouva point de plus certain que par un marets où il y avoit aucuns petits passages creux qu'il falloit réparer et racoustrer, pource que l'eau y estoit profonde, comme il feit. Et après qu'il fut asseuré qu'on pouvoit faire entrer gens par là, il en advertit incontinent M. le connestable, et du jour que il avoit eu cognoissance de sa cavallerie, qui estoit approchée bien près de luy. M. le connestable luy manda qu'il l'approcheroit encore de plus près dans le jour qu'il l'avoit adverty; que cependant il se pourveust de ce qui avoit donné moyen au capitaine Sainte-Roman d'y entrer, luy donnant assez à entendre que c'estoit de bateaux, desquels il ne pouvoit finer n'y en recouvrer en aucune sorte, seulement avoit deux ou trois petites nacelles où il ne pouvoit tenir que deux ou trois hommes à la fois, encore à grande difficulté. D'autre part il est facile à présumer que M. le connestable n'estoit en moindre sollicitude et travail d'entendement à rechercher et imaginer toutes ruses pour secourir ceste ville, et remédier qu'elle ne fust perdue à nostre veue, et par un seul defaut, qui estoit d'hommes, sçachant mesmement de combien elle importoit à toute l'ouverture et estonnement de toute la France. Parquoy, après avoir longuement débatu et consulté de tout ce faict, la résolution fut d'y faire entrer gens par les endroits et passages de ce marets, qu'on luy avoit dit seurs et reparez pour cest effect: et, pour traverser le courant de ce ruisseau qui y coule et abreuve ce marets, il feroit porter six ou sept bateaux dans lesquels passeroient les soldats, pendant qu'on donneroit l'allarme à tout le camp de l'ennemy ; estant ceste entreprise l'une des plus grandes et louables qui soit mémoire des hommes avoir esté practiquée, si les bateaux eussent peu aborder à rive, comme il ne fut possible à cause de la vase et de l'espesseur de la bourbe limoneuse, et que l'issue en eust esté heureuse et respondante à la délibération. En quoy l'on peult de plus en plus esprouver les incogneus jugements du Seigneur Dieu omnipotent, la disposition duquel prévient le plus souvent les pensées et propositions des hommes, et sans lequel inutilement et en vain travaille celuy qui entreprend la garde et defense des villes. Ce que dire et narrer je m'excuserois volontiers (comme d'un récit odieux et mal plaisant pour nous), si la suite et continuation de mon propos ne m'y contraignoit; lequel palliant, et n'y recitant autant l'infortune que la prosperité (selon que les Romains l'ont observé en leurs histoires), je me prouverois moy mesme menteur : en quoy, tant qu'il me sera possible, ne veux tomber de ma propre volonté et mouvement; combien qu'en cela je desire grandement et supplie un chacun m'excuser si je ne puis parler sinon de ce que puis avoir sceu certainement, et qui me touchoit de plus près; estant du surplus les opinions et rapports si differens et confus, comme de chose aussi advenue et passée confusement et au despourveu, qu'il n'y eut homme de nostre costé qui ne pensast plus à se defendre ou demesler et retirer, qu'à considerer et remarquer les choses à l'œil. Ainsi ce que j'en déduiray briefvement sera une attente et ouverture de continuation que je prépare à quelqu'un qui aura veu et sceu davantage que moy, d'y adjouster ce qu'il sçaura pour le mieux : ou bien celuy qui escrit doctement nostre histoire françoise en latin (¹), selon qu'il est parfaitement instruict de la verité, en esclaircira toute doute et difficulté, pour la publier par toutes les nations de ce monde : protestant que ce que j'en ay escrit a esté, tant pour dire mon advis promptement sur plusieurs et variables doutes qui sont sur ce faict glosez et controuvez, que pour respondre à certains escrits que les ennemis ont divulgués et publiés, aussi pour en laisser une mémoire à noz successeurs. Doncques, pour retourner à mon propos, M. le connestable, pour donner commencement à son entreprise, des le dimanche huictiesme de ce mois d'aoust, partit de La Fere et voulut luy mesme aller recognoistre les chemins et passages qu'il devoit tenir, et par où ce secours devoit estre conduict et entrer, prenant avecques luy la pluspart des princes et grands seigneurs qui estoient en son armée, et autres capitaines experimentez et de conseil, avecques environ quinze cens ou deux mille chevaux, et de trois à quatre mil hommes de pied françois et allemans, y estant le capitaine Enard maistre de camp, et quatre pieces de campagne. Arrivant avec tout cela près d'un village appellé le grand Essigny, feit là demeurer en bataille toutes les troupes, tant de cheval que de pied, et luy, ayant choisi messieurs de Nevers, prince de Condé, les comtes de Villars et de Sancerre, les sieurs de Montmorancy et Dandelot, et autres qui luy estoient propres et de jugement en cest

(¹) *Qui escrit doctement nostre histoire françoise en latin.* Il ne peut être ici question de Jacques-Auguste de Thou, qui, en 1559, époque à laquelle parurent les Mémoires de Rabutin, n'avoit que six ans. L'auteur fait sans doute allusion à Pierre Paschal dont il parle dans son épitre dédicatoire. L'ouvrage de ce dernier eut tant de succès, qu'il fut traduit en françois, en italien et en espagnol.

affaire, passa oultre, approchant le plus près de la ville qu'il peut sans estre descouvert, jusques sur la descente du marets, n'apparoissans adonc nuls ennemis. De là fut commandé au sieur de Fumet, qui avoit esté esleu pour ceste charge, d'aller et approcher encore plus près, afin de recognoistre seurement l'armée plus prochaine, campée entre la ville et le marets, qui estoit celle du prince de Piedmont, et bien contempler et mesurer en son esprit la distance depuis la ville jusques aux plus proches de ladite armée, qui estoient les Espagnols, et par mesme moyen la distance de deçà, au bout de delà du marets, et quelle largeur le ruisseau qui passoit au milieu pouvoit avoir. Avec luy furent envoyez deux gentilshommes, l'un de la maison de M. de Nevers, appellé le sieur de Montiou, et l'autre qui estoit au comte de Sancerre, que l'on disoit estre son parent. Le tout recogneu et parfaitement consideré et remarqué par le sieur de Fumet, ayant tiré et sceu l'opinion de ces gentilshommes sur la distance de ces lieux, et autres particularités concernantes sa commission, se retirerent sans aucun empeschement la part où estoit M. le connestable, nonobstant qu'il y eust deux enseignes d'Espagnols en garde dans le moulin deçà le marets, et qu'ils trouvassent plusieurs Allemans sans croix blanches ny rouges, ne pouvans sçavoir d'eux desquels ils estoient, pource qu'ils ne parloient que leur langage et n'avoient point de truchement. Ils trouverent M. le connestable qui s'estoit assemblé avec sa cavalerie, ses gens de pied et artillerie, auquel iceluy sieur de Fumet feit son rapport de tout ce qui luy avoit esté commandé, appellant à tesmoings les gentilshommes qui avoient esté envoyés avecques luy ;

lesquels respondans et alléguans raisons à M. le connestable de la distance de ces lieux, iceluy sieur de Fumet asseura qu'il ne la pensoit du camp de l'ennemy à la ville, et de la traverse du marets, si longue que la jugeoient ces gentilshommes, mais que ce pouvoit estre environ cela. Après lequel rapport, M. le connestable avecques ses forces se retira à La Fere, pour adviser et conclure du surplus.

Dès le soir ensuivant, 9 de ce mois, il fut advisé de faire acheminer et passer les gens de pied, tant françois qu'allemans, sur un petit pont qui fut basty au dessoubs de La Fere expressement, et pareillement quinze pieces d'artillerie, à sçavoir : six canons, quatre longues coulevrines, deux bastardes et deux moyennes. Et dès le matin, au poinct du jour du 10, feste de sainct Laurent, se trouverent iceux gens de pied en bataille à La Justice, estans au nombre de seize enseignes françoises et vingt deux d'Allemans, ausquels s'alla joindre et assembler toute la cavallerie et gendarmerie à la mesme heure, laquelle toute la nuict avoit passé par dedans La Fere, pour y arriver à poinct nommé. De ce lieu toute l'armée tenant ordre de bataille s'achemina droit à Sainct Quentin : auquel lieu arrivant environ huit ou neuf heures du matin, s'arresta et rangea en ordonnance, au dessus et à l'endroit de ce fauxbourg d'Isle, et au costé mesmes où estoient logées les quatorze enseignes espagnolles, qui l'avoient gagné dès le commencement. Du mesme costé, par-delà l'eau et le marets, estoit campée l'armée du prince de Piedmont, faisant grande monstre et estant de longue estendue, et pour sentinelles estoient mises en un moulin qui estoit de nostre costé, ces deux enseignes espagnolles d'harquebusiers, dont j'ay desjà parlé ci-dessus, qui gardoient une petite chaussée par laquelle l'on pouvoit passer de l'autre part. A l'arrivée, ces Espagnols cuiderent faire quelque resistance; mais, en moins de rien, les nostres les rembarrerent et chasserent de là, les menans battans à coups d'harquebuses et coups de main, jusques oultre la chaussée. Au mesme instant fut affustée et bracquée nostre artillerie, qui tiroit si impetueusement dans ce camp du prince de Piedmont, que l'on y voyoit tout le monde fuïr et s'esparpiller de tous endroits; mesmement donnoit de telle sorte dans les tentes et le pavillon où couchoit ce prince, qui avoit esté monstré par un archer de ses gardes pris ce matin par noz coureurs, que l'on a sceu depuis ne luy avoir esté le loisir d'y prendre et endosser ses armes, estant contrainct abandonner tentes et toutes autres choses, et avec son armée prendre un tour bien long au dessoubs de la ville, pour s'aller joindre à celle du comte d'Aiguemont, qui estoit campée celle part, mais je dis au plus grand desordre que l'on veit oncques. Chose qui donnoit si grand plaisir à regarder à tous ceux qui le voyoient, que le vouloir et le courage de combattre par mesme affection en redoubloient. Il y avoit un passage fort à douter et dangereux pour nous, distant de ce fauxbourg d'Isle, où nous estions, environ une lieuë. Pour lequel recognoistre et sçavoir si aucun y passoit, fut envoyé M. d'Eschenets avec un guide, lequel rapporta qu'il n'y avoit veu encore personne passer ny prendre le chemin pour y venir; mais qu'il seroit besoing y envoyer cent harquebusiers à pied. Toutefois, il fut trouvé le meilleur que ce fust plustost une cornette de pistolliers du Reingrave, là present, afin d'avoir par eux plustost nouvelles s'ils estoient forcez, que de gens de pied, qui seroient plustost perdus que secourus, aussi qu'ils se pourroient plus aisément retirer. C'estoit adonc que M. le connestable estoit au plus fort de la diligence, qu'il redoubloit et repartoit en toute sorte, pour avancer et faire entrer ce secours; mais n'y pouvans les bateaux approcher rive, tant pour l'abondance des soldats qui s'y entassoient et y entroient à la foule, dont ils estoient si chargez, que, pour la bourbe et le limon où ils estoient enfoncez, il n'estoit possible d'y en conduire et passer grand nombre; encore au sortir des bateaux, à cause de la presse, les soldats ne pouvoient suivre les addresses et sentes qui leur estoient appareillées; de façon qu'ils s'escartoient et se jettoient à costé dans les creux des marets, d'où ils ne pouvoient sortir, et demeuroient là embourbez et noyez. Cependant les ennemis, à ceste furieuse alarme, se retiroient tous à la file au camp du comte d'Aiguemont, où ils consultoient de ce qu'ils avoient à faire. Se faisant ce gros et tumultuaire amas d'hommes entendre et voir, tant par le bruit des armes et chevaux, que par les cris et diverses voix qui remplissoient l'air jusques à noz oreilles, demonstroit quelque presage de sanguinaire entreprise. Ce qu'estant apperceu de M. de Nevers, et craignant sur tout ce passage suspect dont nous avons parlé, dit à M. le connestable qu'il voyoit terre couverte d'hommes, tant de pied que de cheval, en l'armée du comte d'Aiguemont, à laquelle s'estoit allé joindre le duc de Savoye avec la sienne; qu'il estoit à douter qu'ils forçassent ce passage où avoit esté envoyé M. d'Eschenets; pourtant qu'il estoit d'advis d'y aller luy-mesme avecques plus grandes forces : ce qui fut trouvé bon, et dont le pria bien fort M. le connestable. S'estant acheminé ce prince avec son regiment de gendarmerie, à sçavoir de sa compagnie et celles des seigneurs de Curton et d'Aubigny, accompagné de M. de Vassé, ne fut pas si tost arrivé en ce lieu, qu'il trouva quinze cens ou deux mille chevaux desjà passez deçà le passage, et une si grande multitude qui passoit et vouloit passer, qu'il n'estoit possible la nombrer, estant tous les gens de pied derriere eux en bataille. Et lors, quelques uns furent d'advis (et comme il estoit facile à juger) de charger ce qui estoit desjà passé, et le renforcer sur ce qui passoit, avant qu'ils fussent plus forts. Sur quoy fut remonstré par aucuns capitaines estans là n'estre chose raisonnable, ains que plus tost l'on se devoit retirer que s'advancer davantage, pour la furieuse contenance qu'ils demonstroient, et que M. le connestable n'estoit point là venu en intention de hazarder les forces de France, qui estoient de nombre beaucoup plus petites et foibles que celles des ennemis, si une grande contrainte ne l'y forçoit ; et encore que les affections et courages fussent aussi grands et forts, si ne falloit-il precipiter et soubsmettre à l'adventure un affaire de si grande importance, sans plus advantageuse occasion. Parquoy, sur cet advis se retirant, M. de Nevers s'alla joindre à M. le prince de Condé, que M. le connestable avoit fait demeurer à un moulin à vent avec la cavallerie legere ; et eux ensemble, tenans la main gauche, feirent si bien, que, sans aucune perte, se r'allierent à l'armée de M. le connestable, qui gaignoit tousjours pays de sa retraitte. Les ennemis cependant se renforçans, s'advançoient et advantageoient sur nous, se presentans beaucoup plus forts qu'auparavant, en huict gros bataillons de cavallerie et reitres, et tant s'approcherent et recogneurent de si près à loisir nostre petite armée, qui ne montoit qu'une poignée d'hommes près de la leur, n'estant que de neuf cens hommes d'armes mal complets et quelques chevaux legers, qu'après avoir quelque peu parlementé, le comte d'Aiguemont, selon que les ennemis mesmes en ont escrit, avec deux mille chevaux chargea dans un flanc, et les comtes Henry et Ernest de Brunsvich, avec chacun mille reitres, soustenus par le comte de Horn avec mille hommes d'armes, donnerent dans l'autre. En mesme instant les comtes Mansfel, de Vuillen, d'Ostiat et de Gheldres, avec autres trois mille chevaux, vindrent enfoncer et se mesler au milieu, le tout avec une si esmerveillable furie, qu'ayans renversé les premiers rancs et ceux qui soustindrent ce premier choc, tout le surplus de soymesme tourna en routte et fuite, en si grand desordre et incredible confusion, que l'on y pouvoit juger et cognoistre une évidente punition divine, et un renversement de l'air qui jusqu'alors avoit suivy le Roy et les siens en toutes ses entreprises, plustost que la faute de ceux qui en avoient la conduite, lesquels on ne peut accuser d'indevoir ou negligence quelconque. Le comte de Schevalzbourg avoit esté commandé pour garder le passage avec son regiment de reitres, dont il fut après mal content pour n'avoir eu part au butin. Il est très-difficile declairer où et par qui commença cedésordre, pour estre advenu tout à un coup; aussi qu'il n'y a homme maintenant à qui ou le regret, ou la peur et crainte, n'en ayent effacé la memoire et souvenance. Il est vray le commun bruit estre tel, que la plus grande occasion qui esmeut les ennemis, et qui leur donna hardiesse hazarder leur charge si promptement, fut quand un grand nombre d'hommes inutiles pour le combat, comme thresoriers et marchands, et autres telles gens qui suivent une armée, ou pour leur plaisir ou pour le profit, voyans les ennemis de si près, d'eux mêmes prindrent la fuite pour se sauver de bonne heure, et leurs deniers et marchandises, et semblablement les vallets que l'on feit retirer trop tard; tous lesquels, se retirans confusement au grand galop et avec grandes crieries, feirent penser à l'ennemy que nostre armée s'esbranloit desjà et estoit heure de poulser leur fortune et charger. Le desastre fut encore si general et commun, que M. de Nevers, lequel en retournant tenoit la main gauche, lors que la premiere charge commença, de malheur se trouva en un vallon et chemin fort creux entre luy et l'armée de M. le connestable, où voulant tourner son regiment pour presenter teste et soustenir l'ennemy, fut chocqué et renversé, et ses compagnies ouvertes et rompues de la presse et de la foule, laquelle s'y trouva si confuse et meslée des ennemis et des François, qu'il ne fut plus question de tenir ordonnance, et garder son rang pour combattre; ains chacun pensoit à se sauver et détraquer des rencontres de l'ennemy, cedant la moindre partie vaincue à la plus grosse et plus forte du vaincueur. Le sieur de Givry, lieutenant de la compagnie de M. de Nevers, y fut fait prisonnier adonc, et aussi tost rencontré. Le sieur d'Espeuilles, enseigne de cette compagnie, y fut abbatu et jugé pour mort dès l'heure; toutefois Dieu luy conserva si bien l'entendement, que, sentant son cheval fort blessé, et se voyant hors d'espoir de se sauver sans estre tué ou demeurer prisonnier, donna son drapeau au sieur de Chazelles son cousin, homme d'armes de cette compagnie, pour essayer de le rendre, et qui le rendit en sauveté, et luy demeura prisonnier. Le sieur de Sainct Simon, qui en est guidon, fut aussi abbatu, et son cheval renversé sur luy; mais un gentilhomme de la compagnie, qui a accoustumé de le suivre, nommé le sieur Daverly, le vint trouver et cognoistre, et le releva et sauva, ayant tué d'un coup de pistolet celuy qui le vouloit emmener prisonnier. Quant à la personne de M. de Nevers, après divers heurs et chocquemens, après luy avoir esté tirées maintes pistolades, dont la bonne trempe de son harnois le garentit, après avoir esté abbatu, et aussi tost remonté, après, à bref dire, avoir traversé infinis dangers, le Seigneur Dieu, le tenant soubs sa protection, luy feit grace de se pouvoir retirer et r'allier en un lieu où il trouva, et fut suivy de ses meilleurs amis et serviteurs, lesquels, voyans toutes ces choses réduittes en extreme danger irrémédiable, luy conseillerent, et le conduisirent jusques à La Fere, pour subvenir au plus grand besoing de l'avenir. Je parle de ces choses plus asseurement et clairement, pour en avoir plustost sceu la verité que les autres, et aussi que celles-cy me touchoient et appartenoient de plus près. Toutefois, pour dire un mot de ce qui pourroit avoir esté fait et seroit advenu ès autres endroits de nostre armée, il n'y a aucune doute que beaucoup de gens de bien et vaillans hommes de nostre costé, ne s'y soient employez jusques aux derniers souspirs de leurs vies, comme l'ont tesmoigné, ou leur mort, ou la prison. Ce neantmoins leur nombre estoit trop petit, foible et mince pour soustenir le trop gros et trop puissant des ennemis, dont seroit advenue la victoire aux ennemis, laquelle ils doivent justement et à bonne cause attribuer à Dieu, ne l'ayans acquise par leurs armes et leurs forces. En ce jour, dy-je, il y eut beaucoup de gens de bien et vaillans hommes de nostre party, tuez, blessez et prisonniers; les noms de tous lesquels à la mienne volonté que je peusse sçavoir pour leur laisser en cest endroit le tesmoignage qui leur est deu, de perpetuelle memoire de leur vertu, ne voulant estre larron et receleur de leur honneur et mérite. Mais pource qu'il ne peult estre parfaitement sceu de moy, je nommeray les principaux, et ceux qui sont venus à ma cognoissance. Entre autres hommes de renom, y fut tué ce tant estimé prince, et tant plainct pour les vertus qui reluisoient en luy, Jan de Bourbon, duc d'Anghien, lequel après s'estre r'allié et r'assemblé avecques quelques troupes françoises, combattit tant et si longuement, qu'il fut rué par terre, avec un coup de pistolet à travers le corps, et depuis relevé et emporté au camp des ennemis, où il survesquit peu de temps ensuyvant, et après fut renvoyé à La Fere, pour y estre ensepulturé près de ses prédécesseurs, par le prince de Piedmont, avec tant d'honneur que luy peut faire adonc, estant bien fort regretté de luy et de tous les ennemis mesmes. Aussi y fut tué ce vaillant et brave jeune seigneur, le vicomte de Thuraine (1), après avoir autant bien fait et combattu que les forces humaines le pouvoient comporter. Le comte de Villars y fut fort blessé et long-temps tenu en doute de mort. Le fils du

---

(1) *Le vicomte de Thuraine* : François de La Tour d'Auvergne, vicomte de Turenne.

sieur de La Roche du Maine, les sieurs de Chandenier, enseignes de M. de Montpensier, de Guron, enseigne du prince de La Roche-sur-Yon, de Goulaines, enseigne de M. de La Roche du Maine, de Pleuvot, guidon de M. de Bordillon, de Saīnct-Gelaiz, guidon de M. le mareschal Strossy, tous ceux là y sont morts avec gloire et loz immortel, les ames desquels le Seigneur Dieu aura receu en beatitude éternelle. Quant aux prisonniers, M. le connestable, après avoir offert à sacrifier sa vie pour penser remédier à ce désordre, estant fort blessé en la hanche, fut enveloppé et emmené prisonnier, comme il en advint au duc de Montpensier, qui, après avoir rompu lances et jusques à un guidon qu'il recouvra, et s'estre exposé à tous dangers de sa vie, enfin le Tout-Puissant permit seulement qu'il restast prisonnier. Je croy qu'au semblable n'y espargnerent rien de leur force et vertu tous ceux que je nommeray cy après qui y demeurerent prisonniers, à sçavoir : M. le mareschal de Sainct-André, seigneur d'autant bonne conduitte et digne de louange qu'il en soit de ce regne ; le duc de Longueville, le seigneur Ludovic, prince de Mantoue ; les seigneurs de Vassé, le baron de Curton, de La Roche du Maine, et le Reingrave, colonel des Allemans, tous chevaliers de l'ordre de France ; le comte de La Rochefoucault, le sieur d'Aubigny, les sieurs de Rochefort en Brie, de Montbrung[1], fils de M. le connestable ; de Biron, de La Chappelle Biron ; de Saint-Heran, enseigne de M. le connestable ; de Neufvy, enseigne de M. de Bordillon ; de Bussay, lieutenant de M. le prince de La Roche-sur-Yon ; de Montereul, soubs lieutenant de ladite compagnie ; de

---

[1] *Montbrung :* Montberon.

Marçay, guidon de M. de La Roche du Maine; le capitaine l'Advernade, enseigne de M. d'Anghien; le baron de Thouarçay, de la maison du Bellay; les sieurs de Mouy, de Molinont, de Fumet, de Rezé et de Montsalez. Et plusieurs autres y furent tuez, blessez et prisonniers: les noms desquels, certainement s'ils pouvoient estre sceuz, mériteroient estre escrits en lettres d'or, et estre mis en lieux apparens, pour estre veuz et leuz de chacun, et pour servir d'exemple et de memoire à la posterité. Quant à noz pauvres soldats, tant françois qu'allemans, si tost qu'ils veirent la nuée arriver, comme gens de guerre se serrerent tous en bataillons quarrez, et bien joints pour attendre le choc: estans enfoncez et rompuz en tous endroits, fut en après fort facile à l'ennemy d'en faire un cruel carnage et boucherie, et le surplus furent emmenez prisonniers à troupeaux comme moutons, lesquels, à la venue du roy Philippes au siege de Sainct-Quentin, luy furent presentez en triomphe, avec force enseignes, tant de cheval que de pied. Chose pleine de pitié, et grandement à pleindre par nous, pour estre icelles compagnies de fanterie, en ce peu qu'elles se comportoient, autant belles, bien complettes et bien armées, que l'on l'on en avoit veu en France il y avoit long-temps. Le lieu du grand massacre et plus furieuse tuerie fut, comme chacun le tesmoigne, entre le grand Essigny et une maison de gentilhomme, appellée Rizerolles, en un grand chemin appellé Blanc-Fossé, où chacun tiroit pour se sauver, et là estoient attenduz pour y payer le dernier tribut de leurs vies. Ce piteux spectacle et très-cruel sacrifice dura pour le moins quatre ou cinq heures que le vespre commençoit, quand les ennemis poursuivirent leur victoire jusques à La Justice, distant une lieue de La Ferre, et là s'arresterent et ne passerent oultre, selon qu'il leur estoit très-facile, et comme la loy de la guerre leur ordonnoit et permettoit, pour entierement user de leur victoire, où ils eussent trouvé soudainement tout ce qui s'estoit sauvé, tant estonné et effroyé, qu'au seul bruit de leur veuë et venue ils demeuroient maistres partout où ils eussent passé sans trouver contredit. Mais il semble que le supresme dominateur dieu des victoires les arresta là tout court, et leur planta en cest endroit une barriere, pour n'entreprendre oultre ce que sa volonté l'avoit permis et le vouloit. Et en cela et ce que depuis est ensuivy, on a peu clairement cognoistre ses estranges et incogneuz jugements. Quant à l'artillerie, l'on estime qu'elle fut toute perdue et emmenée des ennemis, reservé deux ou trois pieces qui furent chassées et emmenées jusques à ceste Justice de La Fere, que M. de Bordillon retourna depuis querir.

En ce lieu de La Fere se sauverent et retirerent M. de Nevers, le prince de Condé, le comte de Sancerre, M. de Bordillon et quelques autres seigneurs, capitaines et soldats, tant de gendarmerie que des gens de pied. M. de Montmorency et aucuns autres prindrent autre adresse et retraite, estans tous ces princes et seigneurs si harassez et attenuez, qu'il leur eust esté impossible de souffrir le moindre choc du monde, tant ils avoient eu de mal pour avoir soustenu l'effort du combat si long temps, et pour veoir la desfaite des leurs, et la prise des premiers de l'armée, et le desespoir de pouvoir avitailler Sainct-Quentin. Cependant on arrivoit tousjours à la file, tant de ceux qui s'estoient escartez et cachez dans les bois ou autres endroits, que d'autres qui s'estoient sauvez et eschappez des mains des ennemis, les aucuns tous sanglans et couverts de playes, les autres tant blessez qu'aussitost estre arrivez expiroient et rendoient l'ame. En ceste tumultuaire et effroyable assemblée, s'esleva un bruit qui parvint jusques aux oreilles de ces princes, que M. le connestable n'estoit encore pris et qu'il avoit rallié beaucoup des nostres, et combattoit. A ces nouvelles s'esleverent tellement leurs esprits et courages, qu'ils recoururent incontinent aux armes, et n'oyoit-on plus partout que demander harnois et chevaux, et trompettes sonner à cheval, ayant chacun recouvert ses forces et sentimens pour venger la honte précédente ; toutefois ce murmure se trouva nul, et demeura assoupi en peu d'heure. En après peu à peu chacun commença à s'asseurer quand l'on veit que les ennemis ne faisoient plus grandes poursuites, et lesquels l'on rapporta se retirer et reprendre le chemin devers Sainct-Quentin, combien que la doute fust ambiguë et suspecte qu'ils changeassent d'advis, et ne se remuassent de ce siege, comme de chose qu'ils tenoient desjà toute acquise, pour se saisir de plus grande estendue que la fortune par ce bon commencement leur promettoit. Et craignoit-on que, partans leur armée en deux, ils ne feissent marcher l'une des parties devers Compienne, où estoit le Roy et toute la Cour, et de là à Paris, pour saccager et esbranler le cueur et fons de ce royaume, et qu'avec l'autre partie ils ne vinssent assieger La Fere, qu'ils sçavoient n'estre forte, et où ils pouvoient estre advertis s'estre retiré le surplus des forces de France, pour en parachever la totale extermination, et nous oster toute ressource et espérance de nous remettre sus. Laquelle délibération s'ils eussent suivy, je crois que, sans l'aide du Seigneur Dieu, on eust peu veoir de grandes mutations et divers maux et malheurs advenir; pour à quoy remédier, je pense que la grace divine inspira M. de Nevers, et les hommes de conseil qui estoient auprès de luy, de faire deux choses promptement : l'une, qu'il envoya en extresme diligence le sieur Descars devers le Roy, pour l'advertir de ceste infortune, afin d'y adviser et pourveoir comme il estoit temps; et l'autre qu'il depescha aussi-tost son trompette devers le prince de Piedmont, avec lettres escrites de sa main, par lesquelles il luy mandoit qu'encore qu'il eust pleu à Dieu luy donner la victoire, si ne pouvoit-elle estre si grande, qu'à cause du désordre qu'il pouvoit sçavoir y estre advenu, la meilleure part des forces du Roy ne se fust retirée et ralliée au lieu de La Fere, où aussi il avoit pleu au Tout-Puissant le retirer et sauver ; que davantage elle ne luy estoit succedée si entiere, que de son costé il n'en fust beaucoup morts ou restez prisonniers; pourtant qu'il luy envoyoit son trompette expressément pour le prier de très-bon cueur l'advertir des hommes de réputation qu'il sçauroit estre morts ou prisonniers de sa part; et qu'au semblable il en feroit faire recherche par son armée et l'en advertiroit. Cependant M. de Nevers, avec tous les chefs et capitaines qui se retrouvoient riere luy, advisoit de fournir et asseurer les places douteuses et suspectées, lesquelles l'ennemy, en ceste soudaine terreur, eust peu surprendre, et quant à luy, se resolvoit renfermer à La Fere. Toutefois, eu esgard à la grandeur et authorité de ce prince, et lequel il sembloit que Dieu eust reservé pour commander en ceste necessité, il ne s'en trouva un seul de cest advis, et qui ne le dissuadast de ceste opinion. Le comte de Sancerre volontairement s'en alla à Guise, et emmena avec luy sa compagnie et celle du prince de La Roche-sur-Yon, et les deux compagnies de gens de pied de M. d'Estrée, et une du capitaine Pisieux. M. de Bordillon demeura à La Fere avec sa compagnie, celles de M. de Lorraine, du comte de Villars, et les compagnies du capitaine Enard, maistre de camp, et cinq ou six autres. Au Castellet estoit le baron de Solignac, qui en estoit gouverneur, avec sa compagnie de gens de pied et celle du baron de Clerac. A Peronne estoit M. de Humieres, gouverneur, avec sa nouvelle compagnie de cinquante hommes d'armes, et celles de M. le mareschal Strossy et du sieur de Langey, avec cinq ou six compagnies de gens de pied. Derechef M. de Nevers y renvoya les quatre du sieur de Grammont. A Corbie estoit M. de Chaune, qui en estoit gouverneur, avec sa compagnie et celles des sieurs de Villebon et Vassé, et celles de gens de pied du jeune Bellefouriere, et les deux de Blamecourt. Depuis, le Roy y renvoya le sieur de Crevecueur. A Han estoit le seigneur de Sepois, qui en estoit gouverneur, avec sa compagnie et trois ou quatre autres de gens de pied, et depuis y fut envoyée, comme on m'a dit, la compagnie de M. le mareschal de Sainct André. A Montdidier fut envoyé le sieur de Bussy d'Amboise avec la compagnie de M. de La Roche du Maine, et une ou deux de gens de pied. A Coussy estoit adonc M. de Bouchavanes avec une compagnie de gens de pied du capitaine des Hayes, et depuis y en furent renvoyées deux autres du capitaine Porcheux. A Chauny fut envoyé le sieur de Montigny, avec la compagnie de gendarmerie de M. de Montpensier, et deux autres de gens de pied.

En ceste sorte fut soudainement et en diligence pourveu à ces places circonvoisines de Sainct-Quentin, pour oster toute occasion à l'ennemy de s'en prévaloir et les soustraire d'emblée. Oultre cela, ce prince envoya gens par tous les passages et endroits des environs, à douze, quinze et vingt lieues loing, pour advertir tous ceux qui s'estoient sauvez et retirez que ils eussent à se rendre à Laon, où il se trouveroit, pour là rassembler les forces du Roy, promettant et asseurant, pour donner à chacun meilleure volonté de retourner, qu'en ce lieu il feroit faire une reveue et monstres generales avec argent; car adonc plusieurs compagnies, tant de la gendarmerie et cavallerie que des gens de pied, n'avoient fait aucunes monstres, et n'avoient de longtemps receu leur solde. Ces choses ainsi ordonnées à la haste et selon la necessité, le lendemain de ceste desfaite, M. de Nevers, à l'importunité et general advis de tous les capitaines, se retira à Laon, et avec luy le prince de Condé et quelques autres seigneurs et capitaines, accompagnez et suyviz d'environ cinq ou six cens chevaux au plus de toute l'armée françoise. Or maintenant reviendray-je aux responses qu'eut ce prince, tant du Roy que du prince de Piedmont. Le Roy luy renvoya le sieur Descars, et par luy rescrivit qu'ayant esté adverti de ces piteuses et tristes nouvelles, ce luy estoit une autant grande infortune qu'il luy eust sceu advenir pour l'heure; toutefois, qu'il avoit si grande esperance en Dieu, qu'il ne delaisseroit et le secourroit au besoing; et que de sa part il avoit telle fiance en luy, qu'il luy feroit cognoistre le fruict de la nourriture qu'il en avoit fait, le priant mettre toute la peine qu'il pourroit à rassembler ce qui seroit sauvé de son armée, et le plus de gens qu'il luy seroit possible, laissant dans La Fere le sieur de Bordillon le mieux accompagné qu'il pourroit ; et quant à Guise, qu'il n'eust sceu mieux faire que d'y envoyer le comte de Sancerre; mais qu'il falloit aussi le secourir de ce qu'il verroit estre requis, et qu'il en auroit le moyen ; qu'il envoyoit le seigneur de Pot dans Han, pource qu'il avoit sceu n'y estre point de chef. Pareillement qu'il seroit besoing y envoyer gens davantage que ce qu'on disoit y avoir ; mais que si d'aventure se trouvoit riere luy quelque chevalier de son Ordre, il entendoit qu'il y fust chef et y commandast. Au surplus, qu'il envoyoit le seigneur de Lorges à Noyon, pour y assembler les gentilshommes de sa maison et les archers de ses gardes, et pour pourvoir en ces quartiers là à ce qu'il estimeroit devoir estre executé, selon les affaires de la guerre. Qu'il envoyoit d'autre part le sieur de Noailles à Coussy, et donnoit ordre le plus prompt qu'il estoit en sa puissance à toutes autres choses, comme luy diroit ledit seigneur Descars, suyvant la charge qu'il luy en avoit donnée. L'advertissoit que le plus aggréable service qu'il luy pourroit faire, seroit l'advertir d'heure à autre de ses nouvelles et de celles qu'il pourroit entendre des ennemis, pour selon icelles se conduire ; et que s'asseurant que luy et ses cousins le prince de Condé, de Montmorency et comte de Villars, et autres gens de bien qu'il avoit près de luy, ne luy faudroient à faire tout ce qu'il leur seroit possible pour le bien de son service, il ne luy en feroit plus longue lettre, et s'en remettoit du surplus sur le discours que luy en feroit ledit sieur Descars. Le Roy, à cest advertissement, avec toute sa cour se retira de Compienne devers Sainct-Germain-en-Laye et à Paris, tant pour adviser à recouvrer et redresser nouvelles forces pour prévenir l'ennemy en ce qu'il pouvoit adonc exécuter, que pour asseurer et remettre en bonne espérance la meilleure part de ses pays, mesmement ceste grande et très-opulente ville de Paris, alors si troublée et en crainte, que chacun ne pensoit qu'à fuir et se sauver aux extremitez de ce royaume. Mais l'admirable constance et grandeur de courage de ce grand Roy, qui ne peut oncques fléchir et varier pour aucune adversité, les retint et asseura, leur envoyant pour les consoler la Royne son espouse, pendant qu'il s'employoit ailleurs à donner ordre aux affaires, et leur faisant proposer, par la voix et organe de Jean de Bertrandy, cardinal et archevesque de Sens, son garde des sceaux, telles remonstrances, comme le Seigneur Dieu, l'ayant esleu et constitué leur roy, par mesme moyen luy avoit créé et laissé le cueur et l'affection de les regir, conserver et defendre, jusques à y exposer sa propre vie, pourtant qu'ils fussent certains qu'il ne les delaisseroit et abandonneroit non plus qu'il avoit ceste ferme crédence, que la grace divine ne l'oubliroit et ne luy defauldroit; à laquelle, s'il avoit pleu luy envoyer ceste infortune et adversité, c'estoit une admonition pour recognoistre le Tout-Puissant, qui depart toutes choses à son bon plaisir, autant aux grands qu'aux infimes; ou bien qu'il la recevoit comme punition et chastiment de ses fautes, ou peult-estre de son peuple; neantmoins que le danger n'estoit si grand et inévitable, qu'il n'eust moyen d'y remedier, moyennant le recours que tout chacun devoit requerir et esperer du dieu des victoires, et que d'eux-mesmes se voulussent aider, et luy aussi, mesmement en ceste necessité inesperée. Sur quoy ils avoient à considerer que tant que les deniers de son revenu s'estoient peu estendre pour le soustenement de ses guerres, il ne les avoit importuné ne surchargé de demandes et redoublemens de tailles et autres contributions; ains que plustost avoit voulu vendre et engager son domaine, et s'hypothequer et emprunter d'ailleurs, que les escorcher et molester; mais que maintenant il n'y pouvoit plus satisfaire, pour les affaires qui luy redoubloient tous les jours, et comme iis le pouvoient veoir et cognoistre à leurs yeux; et pourtant qu'il les prioit tous le vouloir secourir de deniers seulement, et que du surplus ils se remissent sur luy; que de sa part il ne leur manqueroit de volonté et bonne affection, ny de force et puissance pour les secourir, ne de toutes autres choses qui appartiennent à authorité et estat d'un bon roy envers ses subjects. Ceux de Paris, recognoissans le bon zele et parfaite volonté de Sa Majesté, luy accorderent volontairement trois cens mille francs, comme je croy que toutes les autres principales villes de ce royaume se cottiserent et taillerent d'elles-mesmes, pour luy fournir argent selon leur puissance et faculté. Ainsi, en ceste partie, s'estant le Roy acquitté du devoir d'un bon naturel de vray prince, à remettre ses subjects estonnez et espouvantez en bon espoir et asseurance, et s'estant pourveu et renforcé de deniers, comme de chose la plus requise et necessaire pour le faict de la guerre, employa en après toute diligence à lever et reserrer gens, envoyant vers les Suisses, ses anciens confederez et alliez, pour leur demander secours; ce qu'ils luy octroyerent franchement et de bon cueur, et fut faite levée en leurs cantons, d'un costé de six mille, soubs la charge du colonel Luc Reitre, de Basle, et d'autre costé de huict mille, soubs la conduite de Clariz, de Huriz (1). Pareillement autant en manda à ses amis et alliez d'Allemagne, où fut envoyé le colonel Reichroch (2), afin de lever et amener gens le plustost que se pourroit faire, combien que le pays estoit alors si vuide et despourveu de bons soldats, ayans esté desjà les meilleurs levez et emmenez du roy Philippes, aussi que le baron de Polleville dès-lors y faisoit une autre levée nouvelle de vingt enseignes et quelques reitres ; tellement qu'il fut fort difficile à recueillir hommes si tost qu'on eust bien voulu et eust esté nécessaire.

Oultre plus, le Roy advertit M. de Guise d'appointer toutes choses en Italie, le plus advantageusement et prudemment qu'il s'asseuroit de luy le pouvoir faire, et qu'il se retirast avec les forces qu'il avoit avec luy au plustost de par deçà, où il en avoit plus de besoing. Finalement le Roy fit crier et publier par tous ses pays que tous soldats, gentilshommes ou autres, qui avoient suivi les armes ou les pourroient suivre et porter, eussent à se retirer à Laon, où estoit M. de Nevers, son lieutenant general, où là ils seroient mis et receus ès roolles et soubs les charges des capitaines qui leur seroient deputez, pour estre employez pour son service et pour la tuition de leur patrie, famille et

---

(1) *De Huriz* : du canton d'Uri. — (2) *Reichroch* : Reckrod

biens; et que ceux qui voudroient aller à la guerre
pour leur plaisir, se retirassent la part que seroit sa
cornette, où là leur seroit dit et déclairé ce qu'ils auroient à suivre et à faire, et ce à peine d'estre declairez
rebelles et mal affectionnez à Sa Majesté, avec autres
punitions, tant corporelles qu'abolissement de noblesse. Voilà, au plus près de la verité que j'ay peu sçavoir, l'ordre que le Roy très chrestien mit partout le
royaume, promptement après ceste infortunée journée
et desfaite. Reste maintenant à dire que le prince de
Piedmont ne vouloit adjouster foy ny à la lettre que
M. de Nevers luy escrivoit, ny à ce que le trompette
juroit et affermoit qu'il se fust sauvé; opiniastrant et
ne luy pouvant tomber en l'entendement qu'il ne fust
mort ou prisonnier, pource qu'adonc le tumulte n'estoit pas encore appaisé, et n'estoit autre bruit parmy
leur camp, sinon que la noblesse de France estoit desfaite et toute ruinée, et tous les plus grands de ce
royaume ou morts ou prisonniers. De sorte que le
prince Mansfel envoya chercher le sieur de Rezé, que
l'on lui avoit dit estre de la maison de M. de Nevers,
pour sçavoir de luy, et comme luy voulant soustenir de force qu'il sçavoit bien qu'il estoit mort ou
prisonnier, toutefois que le dit sieur de Rezé luy
maintint et asseura toujours le contraire. Ce nonobstant, le prince de Piedmont, ne se fiant et ne se contentant de tout cela, le feit chercher parmy tous les morts,
et feit crier par toute l'armée que tous soldats eussent
à representer leurs prisonniers, sans les desguiser et
receler, à peine de la vie; tous lesquels prisonniers
l'on dit qu'il feit passer entre deux picques, et regarder
à la taille et au visage, pour voir si ce prince y seroit

recogneu. Enfin voyant la verité que luy avoit affermé le trompette, après s'estre enquis de luy s'il y avoit beaucoup de gens morts de nostre costé, et s'il s'en estoit beaucoup sauvé, et que le trompette lui eust asseuré que les deux parts de l'armée s'estoient sauvez à La Fere et ailleurs; que tous les jours à la file y en arrivoit, tant de ceux que l'on pensoit estre morts ou prisonniers, que d'autres nouveaux, et de plusieurs autres choses dont il l'interrogeoit pour le surprendre, le renvoya. Et depuis, les ennemis, sans attenter autre nouvelleté et changer d'advis, se remirent à la continuation du siége de Saint Quentin.

L'on a voulu dire et juger, et comme il est facile à croire, que le prince de Piedmont, présumant les forces du Roy n'estre du tout desfaites, s'estant sauvé M. de Nevers, seroient bientost rassemblées, ausquelles le Roy et luy, soudainement et en une nuict, en feroient joindre d'autres des garnisons des villes de la frontiere qui estoit derriere eux; avec cela que le lieu de La Fere et le camp, qui y estoit assis desjà, estoit fort, tant de nature comme de rivières et marescages, que d'artifice, comme fossoyé et enclos de trenchées; par ainsi que, delaissant ses premieres entreprises pour aller chercher et combattre l'ennemi desesperé en lieu desavantageux, ce seroit trop legerement hazarder la prosperité de la bonne et favorable fortune, de laquelle pour l'heure se contenter estoit assez et beaucoup; parquoy les ennemis se resolurent de poursuivre le siege de Sainct Quentin et de l'emporter à vive force, afin d'avoir en après le chemin plus ouvert et asseuré, pour enjamber et empieter plus avant. Un jour ou deux après que M. de Nevers fut arrivé à Laon, il fit une reveuë generale, tant de la gendarmerie, cavallerie et reitres, que des gens de pied, françois et allemans, qui estoient restez, et s'estoient sauvez et retirez là ; où trouva que de neuf cens à mille hommes d'armes, et de près de mille chevaux legers et harquebusiers à cheval, il n'en eust sceu alors mettre ensemble au plus douze ou quinze cens chevaux. De sept ou huict cens reitres (desquels estoit pour l'heure general le comte de Barbize) ne s'en trouvoit pas deux ou trois cens ; lesquels pouvoit-on à peine retenir qu'ils ne s'en voulussent retourner en leur pays; et ceux qui avoient esté faits prisonniers, et qui s'en revenoient sur leur foy, disoient que l'ennemy leur avoit fait faire serment de ne servir le roy de France de six mois. Quant aux gens de pied, de quinze ou seize enseignes françoises, il n'en fut trouvé adonc que quatre au plus, encore si desarmées, et les pauvres soldats, ou tant blessez et devalisez, qu'il ne pouvoit estimer s'en pouvoir servir et aider. De vingt deux enseignes d'Allemans, faisans le nombre de dix à douze mille hommes, il s'en sauva de trois à quatre mille, que le capitaine Sterne, lieutenant du Reingrave, homme de bien et bon serviteur du Roy, r'allia et rassembla ; lesquels ce prince fit loger en une petite ville nommée Bruere, à une petite lieuë près Laon. Par là on peult voir de quelles forces estoit en ce temps M. de Nevers accompagné pour faire front à l'ennemy, s'il le fust venu chercher, ou pour s'opposer s'il eust voulu entrer en pays : en cela l'on peult aussi évidemment appercevoir les miracles de Dieu, lequel tenoit la bride aux entreprises de ces grands princes. La compagnie de M. de Nevers et les autres de gendarmerie qui estoient là, furent logées à Vaulx soubs Laon, à Sainct Marcel et aux faulxbourgs au desoubs de cette montagne; la cavallerie ès villages devers Cressy, et les reitres à Noyon et ès villages d'alentour, où ils faisoient des maux presque autant que les ennemis mesmes. Sur ce propos je pourrois faire un fort ample discours, si je voulois particulariser et déduire bien au long les bienfaits, largesses et distributions charitables, que ce prince vertueux et débonnaire feit à l'endroit des pauvres soldats, gentilshommes et autres, qui estoient retournez de ceste miserable journée, blessez et desnuez de moyens de se pouvoir guerir et resouldre d'eux mesmes, oultre ce qu'ils n'avoient point esté payez de leur solde.

Mais, pour ne sembler trop affectionné et partial, j'en remettray la preuve et tesmoignage à la voix et confession publique, et au ressentiment de l'obligation dont, aujourd'huy et de leur vie, seront tenus tous ceux qui l'ont experimenté, et qui ne peuvent ou le doivent celer : pour le moins quand les hommes seront si malins que le vouloir taire, le Seigneur Dieu, scrutateur des cueurs, permettra que la verité sorte en lumiere, et luy en fera condigne retribution selon sa grace. Seulement veux-je dire ce que chacun sçait, que sa bourse ne leur a esté jamais fermée, ny les viandes de sa cuisine, ny mesme celles appareillées pour sa propre personne, espargnées ne refusées, surtout aux malades, ny le travail et solicitude de ses medecins, chirurgiens et apothicaires pour les visiter, guérir, panser et soulager. En quoy l'on peult juger l'heur avoir esté d'autant plus grand pour nous après ceste infortune, qu'un tel et si grand prince, et tant libéral, se soit trouvé pour adoulcir l'aigreur du mal, et survenir à ceste necessité commune. Or maintenant je retourneray au siege de Sainct-Quentin, et diray ce que j'ay peu sçavoir avoir esté exploitté dedans et dehors jusques à l'entière prise et saccagement d'icelle. Sur quoy faut-il sçavoir en premier lieu que, la nuict précédente l'entreprise de M. le connestable, et à l'advertissement que M. l'Admiral avoit de luy, il avoit fait tenir les passages, qu'il lui avoit mandé, prets et appareillez jusques au point du jour, à laquelle heure il les feit rompre afin que les ennemis n'en eussent cognoissance ; car, autant que le jour duroit, ils ne bougeoient de se pourmener par les marets avec les nacelles. Et à ceste charge avoit commis le capitaine Saincte-Roman, et quelques soldats avec luy, pour recueillir et conduire ceux qui luy eussent esté envoyez. Lequel Saincte-Roman lui dit à son retour que les passages qu'il luy avoit donné en charge, estoient si seurement habillez et reparez, qu'il eust pensé mettre en la ville dix mille hommes avant qu'il eust esté jour : aussi à la verité ils se trouverent si bons, que, nonobstant tous les empeschemens que j'ay dict cy-devant, M. Dandelot y entra par là, et avec luy une trouppe de quatre cens cinquante à cinq cens soldats, fort bons hommes, et cinquante ou soixante capitaines suffisans. Il y entra aussi quelques gentilshommes pour leur plaisir, mais bien peu, comme le vicomte du Mont-Nostre-Dame, les sieurs de La Curée et de Nattas : aussi y entra le seigneur de Sainct-Remy, gentilhomme fort experimenté en faict de mines, et lequel s'estoit auparavant trouvé en sept ou huict places assiegées. Aussi y entra un commissaire de l'artillerie et trois canonniers, dont ils avoient affaire là dedans ; car ils n'en avoient un seul auparavant, sinon de ceux de la ville, tels quels. Et combien que toute la troupe qui estoit deleguée pour mettre dans la ville, n'y peust entrer pour les fatigues de l'ennemy, et autres causes précédentes, si peult-on croire que ce fut l'un des plus grands plaisirs et contentemens qu'eust sceu souhaiter M. l'Admiral, d'avoir M. Dandelot son frere auprès de luy, pour y avoir un second soy-mesme, et sur lequel il se pouvoit du tout reposer et remettre. Après que M. Dandelot se fut seiché et rechauffé, pource qu'il avoit esté bien fort mouillé, et qu'il eut recogneu tout le circuit de la ville, M. l'Admiral et luy derechef repartirent les quartiers avec les gens qu'il avoit amenez. Et après que le sieur de Sainct-Remy eut bien tout veu et mesuré la contremine que Lanfort, anglois, faisoit, il monstra à M. l'Admiral des lieux où il luy sembloit que il falloit contreminer, et pourtant dès l'heure il y meit des gens en besogne. D'autre part il renvoya querir le capitaine Lanquetot, pour remettre la charge de l'artillerie entre les mains du commissaire qui estoit entré, dont M. l'Admiral se repentit puis après; car elle estoit beaucoup mieux conduite et gouvernée par ledit Lanquetot.

Deux jours se passerent avant que M. l'Admiral sceust la route de M. le connestable, et le sceut par quelques soldats qui s'estoient eschappez des ennemis, et qui se vindrent jetter dans les fossez, qui luy compterent comme le tout estoit passé. Aussi furent veues peu après quelques enseignes des nostres, que les ennemis meirent en parade sur la teste de leurs tranchées, pour en estre plus apparent tesmoignage, et pour intimider les assiegez. Et n'y a doute que ces nouvelles si fort descouragerent, non-seulement le peuple, mais, si j'ose dire, une bonne partie des gens de guerre, que M. l'Admiral avoit bien fort affaire à les asseurer et remettre, mais surtout les ouvriers; car deslors ils se cachoient dans les caves et greniers, de façon qu'il les falloit arracher et tirer à force de là dedans pour les amener aux ouvrages : mesmement qu'aux plus importans lieux l'on n'y pouvoit besongner que de nuict, à cause du grand dommage que faisoit l'artillerie; quand les ouvriers estoient mis en besongne, et encore que l'on eust mis des guets de tous costez, si ne pouvoit l'on faire en sorte qu'en moins d'une heure tous se desroboient. Entre toutes les plus grandes necessitez que les assiegez eussent, c'estoit de traverses, pource que la courtine où les ennemis adressoient leur artillerie, estoit si veuë par flanc des pieces que ils avoient logées sur la plate forme d'Isle, qu'il y avoit bien peu d'endroits où l'on ne fust descouvert depuis les pieds jusques à la teste, à quoy toutefois l'on remedioit le mieux qu'il estoit possible. Et ne se doit sur ce propos obmettre une invention de M. Dandelot, de lever une traverse, qui estoit de grand advantage et commodité : ce fut qu'il se servit de vieux bateaux qui avoient esté autrefois faicts pour passer les rivieres quand une armée marche, lesquels il arrangea les uns sur les autres à force de bras, et les faisoit remplir de terre, tellement qu'en un jour il feit ce que tous les ouvriers ne eussent pu faire en un mois. Non en cela seulement, mais en toutes autres choses il s'employoit et faisoit mettre la main, comme personne de jugement et comme chevalier sage et experimenté en toutes louables et vertueuses entreprises :

et se peult dire que sans luy M. l'Admiral à la longue
n'eust peu satisfaire, et fust demeuré soubs le faix, au
travail qu'il luy falloit supporter en ce siége. En ceste
sorte passoient les affaires là dedans. Maintenant puis-
je dire quelque chose de ce qui se faisoit au dehors:
c'est que, peu de jours après ceste malheureuse route et
desfaite, le roy Philippes arriva en son camp, et avec
Sa Majesté plusieurs princes et grands seigneurs, à l'arrivée duquel furent faites par toute son armée maintes
allégresses et salves, en signe d'aise et resjouissance,
tant de sa venue que pour le triomphe de sa victoire,
estant offert à Sa Majesté grand nombre de prisonniers
et plusieurs enseignes, et autres despouilles de guerre.
Ce qu'il eut à grand contentement et plaisir, et deslors redoubla tous efforts pour en bref se faire rendre
et obtenir ceste ville de Sainct-Quentin, renforçant
la batterie d'autre plus gros nombre d'artillerie et munitions qu'il feit amener de Cambray, et faisant en
toute diligence continuer et poursuivre les mines commencées, et en entamer autres nouvelles. Bref il ne s'y
perdoit aucun temps qu'on ne l'employast pour advancer la prise de ceste ville, afin qu'il eust moyen d'attenter
et entreprendre autre chose avant que l'armée du Roy
fust rassemblée et assez forte pour l'en divertir.

Cependant M. de Nevers estoit tousjours à Laon,
donnant ordre d'amasser gens pour munir les villes à
l'entour, depeschant nouvelles commissions à divers
capitaines pour lever soldats, car alors le Roy luy en
avoit donné toute puissance; mesmement envoya M. de
Jours pour lever la legion de Champagne, dont auparavant il avoit esté colonel; feit venir de Metz quatre
ou cinq enseignes de la garnison, et au semblable de

toutes les autres villes de la frontiere en tira quelque nombre des vieilles compagnies, et au lieu d'icelles en feit entrer d'autres nouvelles, pour s'en aider où l'affaire et la necessité le pressoit plus fort. D'autre part, le plus souvent et d'heure en heure envoyoit gens en pays pour recognoistre l'ennemy, et descouvrir ses entreprises, et pour y remedier : et faut dire qu'encore que les compagnies qui estoient à l'entour de luy, fussent desjà des précédens voyages fort harassées et desfaites, si ne leur donnoit il guéres de respit et loisir pour se reposer : mesmement le prince de Condé, avec la cavallerie légère, estoit ordinairement à cheval, et jour et nuict à la suite des ennemis, pour leur rompre les vivres, et les travailler d'infinité de fatigues. Dequoy ils estoient si irritez et faschez, que tous les jours M. de Nevers n'oyoit autres nouvelles, sinon que partie de l'armée, bien advertis du peu de gens qu'il avoit avecques luy, le venoient desfaire. Et est chose veritable que les espions luy rapporterent comme trois ou quatre mille chevaux s'estoient desbandez, sans sçavoir pour quelle cause ; et depuis l'on sceut qu'ils estoient venuz sonder les passages des rivieres qui estoient entre Sainct Quentin, La Fere et Laon. Sur lequel advertissement ce prince envoya cinquante ou soixante chevaux de sa compagnie, conduicts par un homme d'armes d'icelle, nommé La Brosse, auquel il commanda donner le plus avant qu'il pourroit, jusques à se faire prendre, pour luy en rapporter certain advis. Et d'un autre costé estoit allé M. le prince de Condé, pour les tenir de près, et pour en apprendre quelque chose.

Cependant l'on advertit chacun de se tenir prest et sur ses gardes en armes, et meit l'on bons guets sur toutes les advenues. Toutefois il n'advint rien de toute ceste doute, et fut trouvé qu'après s'estre approchez jusques sur le bord de la riviere d'Oyse, ils s'en estoient retournez. Il fut dit depuis qu'une compagnie de chevaux légers anglois, des nostres, qui s'estoit révoltée devers les ennemis, et qui avoit saccagé et emmené les chevaux et meilleures hardes de leur capitaine, nommé Crey, avoient esté autheurs et cause que les ennemis avoient attenté ceste délibération. A la vérité, et pour en faire une brefve conclusion, ce prince, estant là, s'exposoit à divers dangers, en si petite compagnie qu'il se retrouvoit pour lors, si l'ennemy le fust venu trouver : mais il ne fut jamais mal dit que *celuy est bien gardé que le Seigneur Dieu tient soubs sa main.* Le comte de Sancerre et M. de Bordillon, en leur endroit, faisoient ordinairement sorties sur le camp de l'ennemy, et le plus souvent destroussoient leurs vivres et charrois, et tailloient en pieces leurs fourrageurs, ramenans chevaux et prisonniers, desquels ils apprenoient toujours quelque chose de nouveau, combien que ce n'estoient advertissemens fort certains, et ne parloient la pluspart, sinon qu'ils vouloient aller prendre Paris : ce néantmoins en donnoient advis à M. de Nevers, qui le mandoit au Roy, lequel, de son costé, n'espargneroit rien de sa diligence et sollicitude pour avancer le secours qu'il attendoit avoir de ses alliez et amis, n'y à mettre sus celuy que de nouveau faisoit lever en ses pays. Mais les moyens les plus requis estoient adonc si courts, et les affaires se présentoient en tant d'endroits, mesmement que ce baron de Polleville, avec une grosse armée, marchoit et entroit déjà ès limites de ce royaume, sans cognoistre où il se vouloit addresser, que Sa Majesté se trouvoit quelquefois fort attediée et en doute, ausquelles le plus promptement devoit entendre.

Maintenant je pourrai retourner au siege de Sainct Quentin, pour dire que M. l'Admiral ayant eu cognoissance de ce nouveau appareil que les ennemis redressoient et de ce grand train d'artillerie qui, de renfort, estoit arrivé, et qu'ils redoubloient leurs trenchées, et rebatissoient gabionnades et terreplains, il advisa et contrepensa plus que jamais au moyen qu'il pourroit avoir de faire entrer gens de guerre là dedans, principalement de harquebusiers. Tant y a que, par l'advertissement de quelques pescheurs, il sceut qu'il y avoit un endroit dans le marest qui n'estoit gueres plus creux que jusques à la ceinture d'un homme ; et, pour en estre plus certain, il l'envoya recognoistre par des soldats, qui luy rapporterent ainsi estre : parquoy, ayant sceu qu'il se devoit addresser en ses nécessitez à M. de Nevers et au seigneur de Bordillon, il feit en sorte qu'il en advertit M. de Bordillon, pour le faire sçavoir à M. de Nevers, leur mandant la facilité de le secourir, le besoing qu'il en avoit, et que s'ils luy envoyoient gens, le moyen qu'ils avoient à tenir avec les guides qui le conduiroient. De cas fortuit, M. de Nevers se trouva à La Fere quand M. de Bordillon receut ses lettres, lequel mesmes luy feit response et luy manda qu'il luy envoyeroit trois cens harquebusiers, qui estoit tout ce qu'il pouvoit faire, l'advertissant du jour qu'il les luy envoyeroit, qui estoit, ce me semble, le vingt-deuxiesme ou vingt-troisiesme du mois d'aoust. Pour cest effect, en estant le Roy adverty, incontinent après ce prince assembla à Crecy en Valois le prince de Condé, messieurs de Montmorancy et de Bordillon, et autreschevaliers de l'Ordre, et capitaines, pour exécuter ceste entreprise et essayer d'y faire entrer ces trois cens arquebusiers; et furent ordonnez pour leur faire escorte et les soustenir, si d'adventure ils estoient forcez et chargez, du costé de Mouy, le seigneur de Sainct Simon, avec la compagnie de M. de Nevers, dont il est guidon; et, du costé devers La Fere, le seigneur de Chasteluz, avec la compagnie de M. de Bordillon, de laquelle il est lieutenant. Lesquels harquebusiers furent bien et seurement conduicts jusques sur le bord et entrée des passages qui avoient esté mandez, où ceux qui leur avoient esté donnez pour escorte attendirent tant longuement qu'ils peurent juger iceux pouvoir estre entrez; car de le voir ils ne pouvoient, à cause de la nuict et de l'allarme qui estoit par tout le camp des ennemis: toutefois depuis M. l'Admiral a dit et escrit que luy, les attendant au lieu par lequel ils devoient entrer, pour leur faire donner le signal qu'il avoit mandé quand il seroit temps, environ une heure après minuict, il ouyt l'allarme qui se donna au guet des ennemis, par où il falloit qu'ils passassent, et que sans poinct de faute messieurs Dandelot, de Jarnac et luy, qui estoient ensemble, ouyrent clairement le nombre des ennemis estre petit et avec effroy; mais après s'estre recogneus, et voyans qu'il n'y avoit personne des nommez qui les chargeassent, donnerent sur eux, et les massacrerent de telle façon, que de trois cens harquebusiers qui estoient ordonnez il n'y en entra que six vingts, encore tous désarmés et gens nouveaux, qui ne luy apportoient pas grande faveur. Quant au chef qui les conduisoit, il n'y entra point, mais un sergent seulement, ne cuidant pas qu'ils deussent venir si mal accompagnez ; à cela alleguant davantage, qu'ayant veu asseoir les guets des ennemis deux ou trois fois ensuivans, il avoit entre autres choses mandé audit sieur de Bordillon, par l'advis des capitaines qui estoient avecques luy, qu'il falloit envoyer des gens de cheval avecques des gens de pied, qui eussent donné aux ennemis à gauche et à droite du passage cependant que ceux qui devoient entrer passeroient : ce qui se pouvoit faire sans danger, car il n'y avoit point trente chevaux desdits ennemis au guet, et environ soixante ou quatre vingts hommes de pied; et si ne falloit point craindre qu'il leur vint renfort d'ennemis sur les bras, pource qu'il n'y avoit que les enseignes qui estoient logées au fauxbourg d'Isle, qui estoient six ou sept, bien loing du passage; tout le reste estoit passé l'armée : et n'eussent passé de nuict si tost les destroicts dès chaussées, que noz gens de cheval se fussent retirez; et cependant s'il y eust eu moyen d'envoyer encore plus grandes forces, tant plus aisément fussent entrez, ne trouvans aucuns empeschemens. Toutefois sur tout ce propos il ne faut douter que M. de Nevers et M. de Bordillon n'en ayent faict leur plein devoir, et n'y oublierent rien qui peust donner bonne issue à ceste conduicte ; mais en cela et en la faute qui en advint est plustost à accuser et reprendre la défaillance de cueur et couardise d'aucuns de ces soldats, qui aymerent mieux se perdre et noyer que d'entrer, et les autres se cacherent et absenterent à l'obscurité de la nuict, comme gens de mauvaise volonté. Depuis ceste heure là M. l'Admiral ne peut recouvrer à faire sçavoir de ses nouvelles à M. de Nevers, encore qu'il l'eust essayé en plusieurs sortes et par diverses personnes; mais le guet et les gardes des ennemis estoient si fortes et espesses, que nul ne pouvoit passer.

Entre les autres il y eut un gentilhomme pris, qui estoit lieutenant du capitaine Lestang, nommé Brion, homme bien asseuré et resolu, lequel lui promit, avant que partir, qu'il passeroit oultre ou qu'il seroit pris, comme il fut. Par ainsi M. l'Admiral n'avoit plus à espérer qu'en l'aide de Dieu et en sa vertu, et à se bien defendre, sans plus attendre de secours. Pourtant employa toute la peine qu'il pouvoit à faire besongner et remedier aux lieux où il estoit plus de besoing, et entre autres aux contremines, lesquelles luy servoient à deux effects : l'un pour gagner le devant des ennemis; l'autre, que par icelles il falloit essayer de trouver l'entrée d'un moineau qui estoit dans le fossé, lequel leur pouvoit beaucoup servir, et par mesme moyen l'entrée des tours, pource qu'il n'y avoit point de flancs que par le hault, lesquels estans battus, les ennemis en demeureroient plustost maistres que les assiegez ; ainsi par ce moyen il ne demeuroit point de defenses, et dont après ils s'apperceurent mieux. La contremine la plus advancée qu'ils eussent estoit celle de Lanfort, anglois, qui estoit aussi celle de la plus grande importance; mais il sembloit qu'il ne s'y feist plus telle diligence comme auparavant; et cognoissoit pareillement M. l'Admiral que ledit Lanfort commençoit à s'estonner : dequoy toutefois il ne luy demonstroit aucun semblant, ains au contraire luy disoit que de son costé il s'asseuroit qu'il luy tiendroit promesse de gaigner tousjours le devant des ennemis. Il commença à se plaindre de la grande peine qu'il supportoit, et luy demanda quelqu'un pour le soulager; dont M. l'Admiral fut fort aise, car il ne lui en osoit bailler auparavant, craignant qu'il pensast qu'il eust quelque defiance de luy. Oultre plus, il desiroit bien luy donner quelqu'un pour apprendre et retenir quelque chose de son industrie et science, encor qu'il ne se passat jour qu'il ne l'allast voir une fois pour le moins.

Le sieur de Sainct-Remy travailloit de son costé, et faisoit extresme diligence, mais il besongnoit en cinq ou six endroits : aussi estoit-il secouru des compagnies de gendarmes, au quartier desquelles il besongnoit ayant ordinairement hommes auprès de luy qui solicitoient les ouvriers; mais le pis estoit que tant plus la necessité et l'affaire de ce siege alloit en avant, et moins M. l'Admiral estoit secouru de ceux de la ville, principalement pour avoir gens pour remparer; et afin de leur donner crainte de refuser, et par mesme moyen affection de s'y employer, M. l'Admiral feit faire une reveue de ceux qui ne besongnoient point, et feit sortir à ceste fois cinq ou six cens personnes; lesquels, au veu de ceux de la ville, estoient assez mal traittés des ennemis, les asseurant qu'il en feroit autant de tous les autres qu'il cognoistroit ne vouloir besongner. Mais, quand il en eust fait escarteler et mourir en divers tourmens, aussi peu en eussent-ils fait, tant estoient defailliz de cueur, ou mal affectionnez à se fortifier et defendre.

Les ennemis arriverent devant Sainct-Quentin le second jour d'aoust; et depuis ce jour là jusqu'au vingt-et uniesme ils ne brasserent autres œuvres que grotter et creuser trenchées, tant pour la seureté de leur artillerie que pour approcher et gaigner les fossez. Les assiegez cependant ne leur pouvoient donner grands empeschemens en faisant sorties sur eux, comme dict est, à raison du petit nombre d'hommes qui estoit là-dedans; et toutes les sorties que M. l'Admiral faisoit faire estoient seulement pour prendre langue, et afin d'estre advertis de ce qu'entreprenoient les ennemis, d'autant qu'il doutoit qu'ils n'entamassent quelques mines nouvelles desquelles il ne peust avoir cognoissance. Ce jour, dès que la lueur commença à poindre, ils saluerent la ville en toute batterie; car ce qu'ils avoient tiré auparavant estoit de la plateforme du fau-bourg d'Isle, où ils voyoient besongner et contreminer; et continuerent tout le jour à canonner et recharger, non pas en un seul lieu, ne se passant gueres nuicts qu'ils ne remuassent leurs pieces de lieu à autre pour faire nouvelle batterie. Il est à presumer que l'occasion qui les feit tant differer, estoit pour attendre que les entrées et mines qu'ils fouilloient et creusoient soubs terre pour gagner les fossez fussent parachevées, car, dès le premier ou deuxiesme jour, l'on eut cognoissance qu'ils commençoient à pescher et retirer la terre du fossé de leur costé, et bientost après ils y affusterent et assirent des mantelets par dessoubs lesquels ils traversoient et entroient dans les fossez sans qu'on leur peust mal faire, pource qu'il n'y avoit aucuns flancs pour commander au fossé, et par où on les peust battre et recognoistre : et toutes les pierres qu'on leur jettoit ne les pouvoient endommager à cause de ces mantelets sur lesquels elles couloient, et qui les arrestoient.

Ils commencerent leur batterie à l'endroit du moulin à vent qui estoit près la porte Sainct-Jean; et en-

6.

treprindrent depuis cest endroit jusques à la tour à l'eau avec une telle furie, qu'il ne demeura une seule tour qui ne fust fracassée et razée, et la meilleure partie de la courtine, ayant en batterie en divers endroits de quarante à cinquante pieces.

Tous ceux qui estoient là dedans furent deceuz et trompez en une chose : c'est qu'ils pensoient la massonnerie des tours et des courtines beaucoup plus forte, et de meilleur ciment qu'elle n'estoit, estant le parement de grez, et l'espesseur des murailles fort large; mais les matieres estoient si mauvaises qu'aussitost que le dessus fut escartelé et entamé, tout le reste tomboit de luy mesme à gros monceaux et quartiers, dont il y eut beaucoup de gens tuez et blessez des mattons et esclats de parapects.

Sur le trois ou quatrieme jour de leur batterie, ils passerent dix ou douze pieces du costé du bourg d'Isle, et les logerent dans l'abbaye, dont ils battoient la porte où le feu s'estoit mis aux pouldres, ainsi qu'on a veu cy-devant. Jusques à ce que les ennemis se fussent rendus maistres des fossez, le seigneur de Sainct-Remy persevera en bonne esperance de faire quelque chose de bon; mais quand il les vit logez là dedans, il dit à M. l'Admiral qu'il ne leur pouvoit plus mal faire, d'autant que ils avoient gaigné le dessus de luy; reiterant plusieurs fois qu'il n'avoit jamais mis le pied en si mauvaise place, et qu'il y avoit long temps que il en avoit adverty le feu roy; non que pour cela ce gentil seigneur fust estonné, et qu'il en parlast de pusilanimité, ains estoit plustost fasché et marry qu'il n'y trouvoit aucun remede, et tel qu'il l'eust souhaité, estant au surplus homme resolu et sage.

Depuis le premier jour de la batterie jusques à la fin, messieurs l'Admiral et Dandelot et le seigneur de Sainct-Remy alloient tous les soirs recognoistre les dommages et ouvertures que l'artillerie avoit faict; et le jour resolvoient avec les capitaines au quartier desquels l'affaire touchoit, de ce qu'ils avoient à executer.

Après que la batterie eut continué trois ou quatre jours, il advint et s'engendra un certain effroy entre ceux de la ville et les gens de guerre mesmes, dont M. l'Admiral eut cognoissance se pourmenant de nuict que l'on ne le voyoit point, qu'il contrefaisoit le sourd et l'aveugle. Et, pour y remedier, il tint un langage commun et general à tous, en un lieu où estoient quasi tous les capitaines et plusieurs soldats : c'estoit que fermement avoit arresté et resolu en son esprit et vouloir de garder ceste place avec les hommes qu'il avoit, et que si on le voyoit varier ou tenir propos de composition, il leur permettoit qu'ils le jettassent comme lasche dans les fossez; qu'au cas semblable s'il s'en trouvoit aucun d'eux qui luy en parlast autrement il ne luy en feroit pas moins. Et, pour ceste occasion ne se passoit jour que deux ou trois fois ne se pourmenast par les quartiers, et qu'en y passant ne demandast les opinions aux capitaines, leur conferant et communiquant ce qui se faisoit ès autres endroits. D'autre part la premiere harangue qu'il leur avoit fait dès le premier jour qu'il entra dans la ville, estoit que chacun eust à l'advertir de ce qu'on jugeroit pouvoir servir à la conservation de la place.

La batterie des ennemis continua jusqu'au sixieme jour, environ deux heures apres midy, qu'ils se presenterent aussi en plusieurs endroits dans les fossez jusques aux parapets, à la longueur des piques. A ceste heure là, le guet qui estoit dans le clocher de la grande église, advertit M. l'Admiral que de toutes parts il voyoit l'armée de l'ennemy se mettre en armes, et que plusieurs gens de pied s'acheminoient aux tranchées : ce qu'il fit savoir en tous les endroits et quartiers de la ville, à fin que chacun eust à se tenir sur ses gardes, estimant que ce mesme jour ils voulussent donner l'assault; et luy mesme alla à trois ou quatre des breches les plus proches de luy pour voir l'ordre qui y estoit tenu ; où il trouva chacun monstrant semblant de vouloir faire son devoir et se bien defendre. Le semblable entendit-il de tous les autres endroits où il avoit envoyé des gentilshommes : qui fut cause qu'il s'en retourna fort content à la breche qu'il gardoit, qui estoit celle où il estimoit les ennemis adresser et tourner leur principal effort, pource qu'ils s'estoient fort opiniatrez à battre cest endroit, et à n'y laisser aucune chose qui eust pu servir de flancz, mesmement que c'estoit viz à viz de l'entrée qu'ils avoient faite au fossé.

Comme ils estoient tous attendans l'assault, les ennemis mirent le feu en trois mines, toutes lesquelles estoient soubs le rempart, dont les principales se trouverent aux quartiers de la compagnie de M. le Daulphin. Mais le dommage ne fut pas si grand comme ils l'esperoient; et croy, à mon advis, que cela fut cause qu'ils ne donnerent point l'assault ce jour là: aussi en après ne s'eschaufferent trop aigrement, ains se contenterent de venir recognoistre les bresches du costé de M. l'Admiral, et de venir descendre dans le fossé que gardoit M. Dandelot.

Apres que les ennemis se furent retirez, M. l'Admiral alla visiter les dommages qu'avoient fait ces mines, et trouva que par ceste ouverture ne pouvoient recevoir, n'encourir grand danger, toutefois qu'il y falloit besongner : ce qu'il remit à quand il seroit nuict, pource qu'on n'y osoit toucher et s'y monstrer de jour, à cause de la veue qu'en avoit l'artillerie des ennemis.

Sur cela ne fault oublier que le feu s'estoit mis en des maisonnettes couvertes de chaulme, derriere les Jacopins, et, en moins de demie heure, il y en avoit vingt ou trente bruslées; encor, de mauvaise fortune, le vent estoit fort grand ce jour là, et qui chassoit le feu et la flamme droict au cueur de la ville. A la clameur et au bruit de cest accident, M. l'Admiral y accourut avec un ou deux gentilshommes seulement, n'ayant voulu souffrir que davantage d'hommes le suivissent : mesmement, les gens de guerre qu'il rencontroit en son chemin, il les renvoyoit en leurs quartiers, craignant que, soubs ceste occasion, les ennemis ne voulussent entreprendre de faire quelque effort, combien que pour l'heure il n'y en eust pas grande apparence. Sa présence ne servit pas de peu pour remedier à ce feu, pource que tous estoient tant estonnez qu'ils ne sçavoient que faire, ny à quel bout s'y prendre. M. l'Admiral fit rompre deux ou trois maisons au devant, et fit en sorte que ce feu fut esteint et arresté.

Sur la minuict il s'en alla, comme de coustume, pour veoir ce qu'on pouvoit exploicter en chacun endroit des breches et de l'ouverture des mines, y en estant trois principales au quartier de M. le Dauphin, sans celles que M. Dandelot son frere gardoit, et celle de la porte d'Isle, où l'on travailloit fort toutes les nuicts.

Il trouva que M. de Cusieux y avoit fort bien besongné ceste nuict, car la compagnie de M. le Dauphin estoit departie en deux, et le plus grand dommage qu'eussent fait les mines estoit advenu en cest endroit, où estoit ledit seigneur de Cusieux.

Un peu après le poinct du jour levé, le seigneur de Sainct Remy alla trouver M. l'Admiral pour luy dire que, retournant de la porte d'Isle, il n'avoit trouvé qu'on y eust fort travaillé; oultre plus, qu'il luy sembloit que les gens de guerre se refroidissoient de la besongne, et qu'ils trouvoient difficile tout ce qu'on leur proposoit; enfin que leur contenance ne luy plaisoit point, luy conseillant d'aller jusques là : ce qu'il fit incontinent, et le mena avecques luy. En y allant il luy commença ce propos : qu'il le plaignoit fort de la peine qu'il prenoit jour et nuict, voire si grande et insupportable, qu'il ne luy sembloit qu'après on creust qu'il eust esté de si grande diligence, eu esgard à la debilité de la place, et pour le default principal qui estoit d'hommes; le voulant advertir en oultre que de si peu qu'il y en avoit, la pluspart perdoit cueur pour se veoir trop foibles. Ce propos fut un peu long, de sorte qu'il les peut tenir jusques à ce qu'ils arriverent à la porte d'Isle. Parquoy M. l'Admiral à l'instant ne luy en fit autre response, sinon qu'il luy dist qu'ils advisassent à ce qu'il falloit faire et besongner pour l'heure. A quoy il respondit qu'il l'avoit desjà monstré au capitaine Sallevert et aux capitaines de gens de pied qui y estoient. Et, après leur avoir fait monstrer de rechef, il fit deslors mettre la main et commencer besongne. Il y eut bien quelque capitaine qui dit à M. l'Admiral qu'aucuns des soldats se faschoient de l'artillerie qui les grevoit et endommageoit fort en besongnant : ce neantmoins, y demeurant là pour quelque temps, et devisant avecques eux, les sollicitoit et encourageoit de preposer la tuition et defense de l'honneur et de la vie à la crainte, et defaillance de courage; de façon qu'au partir de là il luy sembla les laisser en bonne volonté.

Il print son adresse, au partir de là, au quartier où estoit M. Dandelot son frère, pour luy dire qu'il seroit bon commettre quelqu'un pour commander en la compagnie du capitaine Sainct André, à cause qu'il estoit malade et ne bougeoit de son logis. Son lieutenant aussi avoit esté fort blessé ceste nuict, et son sergent tué; tellement qu'il ne s'y trouvoit homme de commandement qu'un jeune homme qui portoit son enseigne. Lequel sieur Dandelot luy fit response qu'il avoit entendu comme le capitaine Sainct André se portoit assez bien, et qu'il iroit passer en son logis, où ayant sceu qu'il n'y peust vacquer, y commettroit un autre. Et ainsi devisans ensemble, continuerent leur chemin qui estoit commun à tous deux, pour aller où chacun d'eux tiroit et se vouloit rendre.

Après que M. Dandelot eut parlé au capitaine Sainct André, pource qu'il commençoit à guerir et retourner en santé, il se fit porter en une chaire où estoit sa compagnie, pour y avoir plus d'authorité sur eux, et tirer plus d'obeissance d'eux que nul autre.

Ce jour, qui estoit le septieme que les ennemis avoient commencé leur batterie, dès que la clarté le matin commença à se monstrer, ils canonnerent de plus grande furie, et à plus grand nombre de pieces qu'ils n'avoient accoustumé : de sorte qu'il estoit facile à juger ce jour là qu'ils vouloient faire quelque grand effort. Ce que voyant et considerant M. l'Admiral, il appella M. Dandelot son frere, et le seigneur de Sainct Remy, et les retira à part; et, s'adressant au seigneur de Sainct Remy, le pria de luy dire son advis de son entreprise, et qu'il voyoit celles que les ennemis faisoient sur eux (mesmement des mines), le requerant luy declarer le moyen qu'il auroit d'y remedier. Ils luy firent response qu'ils n'estoient à cette heure là à y penser, mais qu'ils n'y trouvoient un seul remede, pource que les ennemis estoient maistres des fossez, d'où ils pouvoient pied à pied gaigner le parapect, lequel n'avoit que cinq ou six pieds d'espesseur, et lequel ils leur leveroient en moins de rien, demeurant le rempart si estroict, qu'il n'y auroit lieu pour eux retirer et couvrir, et aussi peu de moyens pour se retrencher par derrière, à cause que le rempart estoit si haut qu'il maistriseroit en beaucoup le retranchement : adjoustant sur cela le seigneur de Sainct-Remy que M. l'Admiral se pouvoit encore souvenir de ce que peu auparavant luy avoit dit, qu'il n'avoit en sa vie mis le pied en une plus mauvaise place. Quant aux contremines qu'il avoit commencé, il partoit à l'instant pour en faire fermer deux, et les tenir prestes pour y mettre le feu; mais il craignoit que l'une, qui estoit la principale, ne fist tomber le reste d'une tour, la ruine de laquelle peust servir d'eschelle à l'ennemy pour monter, combien que, s'il y voyoit quelque danger, il n'en prendroit que ce qu'il en faudroit. Et, ces choses considérées, M. l'Admiral dit qu'il voyoit que l'on luy pourroit imputer qu'il auroit eu bien peu de consideration de mettre en hazard les forces qu'il avoit, qui estoient des principales, comme de la gendarmerie, se voyant reduit en telle extremité; ce qui eust bien servi à conserver autres places, voire tout le royaume; mais qu'il avoit pensé une chose, à sçavoir: qu'ils pouvoient juger qu'après la furieuse batterie qu'ils avoient redoublée, ils s'efforceroient de les emporter d'assault; parquoy il se falloit preparer et deliberer se bien defendre; que si on les avoit bien frottez et battuz la premiere fois, apres ils essayeroient de les avoir et matter à la longue. Et cela voyant, en parlementant, ou par quelque autre expédient, il pourroit advertir et faire entendre ses necessitez au Roy, oultre ce qu'il gaigneroit autant de temps. La conclusion de son propos fut que l'on pouvoit ouyr les ennemis renforcer leur batterie, faisans penser que ce jour ils desployeroient toutes leurs forces, et mettroient toutes choses au dernier poinct pour les combattre : pourtant il prioit un chacun se disposer à les bien recevoir et repoulser ce premier coup ; et le Seigneur Dieu en apres les conseilleroit du demourant qu'ils auroient à faire. Sur cela se departirent, et s'en alla chacun pour donner ordre à ses affaires.

Avant poursuivre plus oultre ce propos, il est bien requis deduire le nombre des breches et le nombre d'hommes qui y estoient pour les garder. La premiere estoit celle du capitaine Brueil, gouverneur de la ville, qui y avoit sa compagnie; la seconde, du capitaine Humes, lieutenant de la compagnie des Escossois, du comte d'Arran où elle estoit, et en cest endroit je veux dire que M. l'Admiral a tesmoigné en ce qu'il en a escrit qu'il ne veit point, tant que ce siege dura, chefs ny soldats qui s'employassent mieux ny plus volontairement que ceux de ceste compagnie, ne qui monstrassent visages plus asseurez; la troisieme, du sieur de Cuzieux avec une partie de la compagnie de M. le Dauphin; la quatrieme, du sieur de La Garde avec une partie de ladite compagnie. La compagnie du capitaine Sainct-André estoit departie en trois, à sçavoir avec les capitaines Humes, Cuzieux et de La Garde. La cinquieme estoit celle de M. l'Admiral avec une partie de sa compagnie, et le capitaine Gourdes avec quelques harquebusiers. A la sixieme y avoit une autre partie de la compagnie de M. l'Admiral, et le capitaine Rambouillet. La septieme, celle de M. de Jarnac, où estoit sa compagnie avec le capitaine Bue et ce qu'il pouvoit avoir de la sienne. A la huitieme estoient les capitaines Forces, Ogier et Soleil, avec ce qu'ils pouvoient avoir de leurs soldats, et quatorze ou quinze hommes d'armes et archers, que M. l'Admiral avoit donné au sieur de Vaulpergue pour leur commander. A la neufvieme, M. Dandelot y estoit avec environ trente cinq hommes d'armes qui luy avoient esté baillez de toutes compagnies, et quelques gens de pied, harquebusiers de Saincte Romain, lequel se faisoit bien apparoistre entre les autres. La dixieme, du capitaine Lignieres avec ce qu'il pouvoit avoir de sa compagnie. L'unzieme, le seigneur de Sallevert avec la compagnie de M. de La Fayette, et les capitaines La Barre et Hacqueville avec ce qu'ils pouvoient avoir de leurs compagnies. Et fault noter que par toutes lesdites breches il n'y avoit point huit cens hommes de guerre pour les defendre, tant de pied que de cheval, bons et mauvais; car M. l'Admiral n'avoit point meslé ceux de la ville parmy eux, ains les avoit departi ès autres endroits, à fin que s'ils eussent esté assaillis à escalades ès endroits et lieux où l'on n'avoit point battu, ils eussent eu gens pour soustenir et en debouter l'ennemy.

Il y avoit eu precedemment beaucoup d'hommes tuez et blessez, et autres malades, lesquels ne pouvoient faire aucun secours, non plus que s'ils eussent esté morts : mesmement à la breche que gardoit M. l'Admiral, le capitaine Gourdes y avoit du commencement plus de cinquante soldats des siens, comme ils furent nombrez ce matin, et l'après disnée, quand ils furent assaillis, ne s'en trouva que dix-sept ; encor y eut il cinq de ceux là tuez en sentinelle avant que l'assault se donnast. Et fut contraint M. l'Admiral mander à M. Dandelot son frere qu'il le secourust de quelque nombre des siens, combien qu'il luy faschast fort, le sachant estre en lieu où il en avoit fort bon besoing ; si ne laissa il pourtant de luy en envoyer ce qu'il peut.

Il a esté dit cy dessus comme les ennemis redoublerent le septieme jour leurs batteries, ce qu'ils continuerent jusques environ les deux heures après midy, qu'on les voyoit ce pendant dresser tous leurs preparatifs pour donner l'assault et de toutes parts. M. l'Admiral alloit et envoyoit en tous endroits, à fin que chacun fust prest de les soustenir et repoulser. En fin, sans faire bruit et sans sonner tabourin, il veit trois enseignes au pied du parapet lors qu'il fit presenter un chacun pour combattre ; mais ils ne les enfoncerent point par cest endroit, et commencerent à couler, et à monter file à file à une tour qui avoit esté battue d'artillerie au coing du quartier du sieur de La Garde.

Quand M. l'Admiral veit qu'ils prenoient ce chemin, il fut fort aise, car ils y grimpoient et montoient fort malaisément, et si du lieu où il estoit il les voyoit un peu par le flanc, et leur donnoit le plus d'ennuy qu'il pouvoit avec trois harquebusiers qui luy restoient, pensans veritablement qu'il fust impossible les forcer par cest endroit. Finalement il veit ces enseignes qui montoient au hault de la tour et se jettoient en bas; mais il presumoit que ce fust dans une trenchée qui estoit devant le parapet, pour estre plus à couvert, jusques à ce que l'on luy alla dire que les ennemis forçoient ceste bresche. Lors, se tournant devers ceux qui l'environnoient, il leur dit qu'il la falloit secourir. Sur cela arrivant le sieur de Sarragosse, luy demanda où il vouloit aller et qu'il vouloit faire; auquel il respondit qu'il deliberoit aller aider et soustenir l'effort de ceste breche que l'on forçoit, à laquelle il falloit tous mourir ou en repousser les ennemis : et sur cela il commença à descendre du rempart; et fault sçavoir qu'adonc il n'estoit pas loing de la tour par où les ennemis entrerent; mais il y avoit une longue traverse et haulte, qui empeschoit de veoir ce qu'on faisoit. Estant M. l'Admiral descendu au bas du rempart, il veit tout ce quartier là abandonné, sans que personne y fit teste. Et ne sçay d'où vint cest effroy, ne qui en fut l'autheur, si ce n'est qu'on n'avoit peu empescher la venue à l'ennemy, pour ne le pouvoir point descouvrir lorsqu'il vint à la breche; de sorte qu'y arrivans les ennemis en abondance, et s'y appellans les uns les autres, il fut facile s'y faire maistres, n'y trouvans personne de resistance.

M. l'Admiral, seulement accompagné de trois ou

quatre, entre lesquels estoit un page, et y allant pour ramasser les troupes et faire teste aux adversaires, ne fut si tost là arrivé qu'il ne se veit enveloppé de tous costez : cognoissant donc n'estre plus en sa puissance de remedier à ce desordre, estans desjà la ville pleine de soldats ennemis, y entrans les Allemans à grandes foulles, il fit ce qu'il peut pour tomber ès mains d'un Espagnol, comme il luy advint, aimant mieux en ce lieu attendre la commune et generale fortune, et tout succès bon ou mauvais, qu'en fuyant acquerir une honte et reproche. Celuy qui le print prisonnier, après l'avoir fait un peu reposer au pied du rempart, le voulut emmener en leur camp, et le fit descendre par la bresche mesme qu'il gardoit, où il estoit seul ayant perdu toutes ses forces. De là le coula et fit entrer en l'une des mines qu'ils avoient faites pour gaigner le fossé, où il trouva à l'entrée le capitaine Alonce de Cazieres, maistre de camp des vieilles bandes espagnoles : auquel lieu survint incontinent le prince de Piedmont, qui commanda audit Cazieres le mener en sa tente. Voilà comme tout le fait du siege et de la prise de Sainct Quentin s'est passé, et a esté deduit par un discours qui m'est tombé ès mains, et que l'on m'a asseuré avoir esté redigé et mis par escrit par M. l'Admiral mesmes, et lequel j'ai mieux aimé suivre (comme prochain de la verité) que me trouver en faulte.

Maintenant il m'a semblé bon d'y adjouster ce qu'au par-dessus j'en ay peu apprendre et sçavoir : qui est que certainement à la bresche du faulxbourg d'Isle, où estoit M. de Jarnac, il y fut aussi bien et vaillamment combattu que l'on pourroit avoir jamais leu et veu estre fait : de sorte que les ennemis par les autres endroits estans entrez dans la ville, et qui desjà saccageoient et butinoient partout, les vindrent prendre et desfaire par derriere, avant qu'ils pensassent leur monstrer visage : tellement que, pour résolution, avec le defaut qui y estoit d'hommes, il y eut de la main de Dieu voulant punir nos fautes. Les ennemis mesmes ont escrit que le premier assault fut donné à ce capitaine Cazieres cy-dessus nommé, et au colonel Lazare, colonel de quinze cens Allemans, qui y furent presque tous tuez et desfaits. Le second fut assigné au capitaine Navarret avec les Espagnols, et au comte de Meigue avec les Wallons. Le troisieme au capitaine Julian Romerou, avec trois enseignes d'Espagnols et deux mille Anglois; lequel tombant du hault de la breche se rompit une jambe. Le quatrieme au capitaine Carrondelet, avec trois enseignes de Bourguignons, qui y eut une main emportée.

Enfin fut cette belle et riche ville de Sainct-Quentin conquise et prise le vingt-septieme jour d'aoust mil cinq cens cinquante sept, en laquelle ils trouverent de grands butins et richesses, pour estre icelle ville un magazin de diverses marchandises qui se transportoient ès bas pays, et qui estoient aussi de ces lieux apportées pour le commerce et trafique de pardeçà, sans y comprendre encore plusieurs bons prisonniers qu'ils y recouvrèrent, tant de ceux de la ville que des chefs et capitaines qui y estoient entrez pour la défendre. Quant à en nommer de ceux de la ville, il m'est fort difficile, pour en avoir bien peu de cognoissance. Quant aux gens de guerre, je pourray mettre içy les noms de ceux dont j'ay esté adverti, tant de ceux qui y sont morts que faits prisonniers. M. l'Admiral, comme principal chef, ainsi que l'on a peu voir cy-devant, fut emmené prisonnier : toutefois depuis a esté quelque bruit qu'il fut au hazard de se sauver par la conduite d'un Espagnol ; mais n'estant ce mystere bien dressé et entendu, il fut reserré, et l'Espagnol pendu et estranglé. M. Dandelot y fut pris aussi ; mais, se resentant encore du mauvais traitement qu'il avoit receu d'eux en sa prison d'Italie (1), aima mieux adventurer sa vie que retomber une autre fois en ceste captivité et misere : de façon que, luy aidant la grace de Dieu, il se coula par dessoubs les bords d'une tente, et de nuict, après avoir sondé divers guez et passages dans le marets, trouva moyen de sortir de leurs guetz et gardes, et se sauva à Han. M. de Jarnac y demeura prisonnier, aussi firent les seigneurs de Sainct-Remy, de Humes, de La Garde, de Cuzieux, de Moulins, les capitaines Breuil de Bretagne, de Rambouillet, Sancte Roman, Sainct-André, Lignieres et Soleil. Ceux-cy y furent tuez ; et y moururent, comme l'on m'a dit, le fils du seigneur de La Faiette, le capitaine Sallevert, enseigne de la compagnie dudit sieur de La Faiette, les capitaines Ogier, Vicques, La Barre, l'Estang et Gourdes. Plusieurs autres y ont esté tuez ou faits prisonniers, les noms desquels me sont incognuz, et ne les ay peu sçavoir pour leur faire part de quelque mémoire de leur vertu : toutefois j'ai opinion que quelqu'un cy après en pourra encore mieux escrire que moy, qui ne les laissera en

(1) *En sa prison d'Italie.* D'Andelot avoit été fait prisonnier en 1551, après la prise de Parme, dont il étoit gouverneur. On l'avoit enfermé dans le château de Milan, où il resta jusqu'à la fin de 1554. Ce fut là que, employant ses loisirs à lire des ouvrages des controverse, il embrassa la religion protestante.

oubly, et suppléra mon défault en ce que je pourrois avoir obmis.

Durant le temps de toutes les exécutions cy-devant déclarées, M. de Nevers n'estoit bougé de Laon, attendant d'y recueillir et amasser toutes les forces du Roy, et pour pourvoir aux autres entreprises que d'ailleurs les ennemis pouvoient mettre sus, et surtout de fournir et munir les villes circonvoisines de Sainct-Quentin, non seulement de soldats, selon qu'ils luy estoient envoyez et y arrivoient, mais aussi de toutes autres commoditez et provisions, afin qu'ils pussent par courses d'autant plus affoiblir et rompre l'ennemy, en luy coupant les vivres, et massacrant les soldats aux fourrages, et s'asseurassent et tinssent forts de bonne heure s'ils estoient assiegez, prévoyant mesmement l'obstinée continuation des ennemis au siege de ceste ville, laquelle il doutoit à la longue estre prise et emportée, ne pouvant estre de luy en autre sorte secourue; dont il ne fault douter qu'en son esprit il ne supportast un fort grand et triste regret, ainsi que son visage et ses gestes le faisoient paroistre. Et pourtant d'heure à autre advertissoit le Roy de tout ce qu'il sçavoit, et luy estoit rapporté estre advenu dedans et dehors ce siege: tellement que, le jour de la prise de ceste ville, le Roy luy faisoit response à ce qu'il luy avoit escrit, s'il advenoit que l'ennemy emportast Sainct Quentin, qu'il auroit à faire, lui avoit mandé que le mieux de sa charge et de son faict seroit de pourvoir Guise, La Fere et Peronne, sans oublier Corbie, où il escriroit au sieur de Villebon se retirer, et faire si diligemment travailler au remplissement du boulevert et rehaulsement du retrenchement, que bien tost ils se retrouvassent en leur perfection. Oultreplus il l'advertissoit derechef que, selon qu'il luy mandoit par le sieur de Sansac, si Sainct Quentin tenoit, qu'ils dressassent une forme de camp à Han, pour retrencher encor plus estroittement les vivres aux ennemis, et là où ils le prendroient, que, retirant des places qu'il avoit laissé derriere toutes les garnisons, il les suivist à la queuë et envoyast les lansquenetz qu'il avoit à Soissons, Villiers-Cottretz et Dommartin (¹), pour se retirer la part où il seroit; et quant aux François, que, lesdites quatre places pourvues, il les départist à Laon et à Coussy, avec quelques bons chefs, luy laissant le surplus de la charge de pourvoir à Compienne, où, oultre les quatre compagnies qu'il y avoit ordonnées des capitaines Certeau et Fontaines, il se délibéroit d'y envoyer encor celles du capitaine Buchet, et une autre du capitaine Antoine de Novion. Or, quant à ce camp dont il est fait cy-dessus mention devoir estre dressé à Han, est à sçavoir que, deux ou trois jours précédemment, entre autres memoires que le Roy avoit envoyé à ce prince, luy enchargeoit et l'advertissoit qu'il entendoit fortifier un camp à Han, où se devoient trouver, pour le considerer et entreprendre avecques luy, les seigneurs de Sansac, d'Estrée et de Villebon, et autres expérimentez capitaines, suivant ce que M. le mareschal Sainct-André en avoit desjà fait désigner pour la fortification du camp, qui un peu auparavant y estoit. Et d'autant qu'en ceste entreprise l'on craignoit que les ennemis, se mettans entre ledit Han et les vivres, et empeschassent ceste entreprise, et contraignissent ceux qui seroient là-dedans de venir à la bataille, l'on avoit

(¹) *Dommartin* : Dammartin.

pourveu d'avoir cinq cens muiz de bled en farines, que le sieur de Chaulne, gouverneur de Corbie, prestoit au Roy, pour la nourriture des forces qui entreroient dedans, suffisans pour un long-temps à vingt-cinq ou trente mille bouches, oultre laquelle quantité de farines, on en avoit encores autres quatre cens muiz. Toutefois ces délibérations n'eurent aucun effect, et fut autre changement d'advis par la prise de Sainct Quentin, plus soudaine et plutost advenue que l'on n'esperoit; car, incontinent après, M. de Nevers n'avoit autres choses aux oreilles qu'advertissemens des gouverneurs et chefs des places des environs, que l'ennemy tournoit devers eux, se plaignans de leurs defaults et nécèssitez, et demandans secours, ou d'hommes, de vivres, de pouldres, ou de quelques autres munitions : de sorte que l'on ne sçavoit ausquels premierement entendre, et là où estoit le plus proche et urgent besoing. M. de Bordillon, qui estoit à La Fere, encore que ce prince eust mis gens dans ceste place autant qu'il luy avoit esté possible, et l'eust munie au mieux que le moyen s'estoit peu recouvrer, ce néanmoins, craignant la longueur du siege, et ne voulant attendre l'extresme nécéssité, vouloit en avoir plus que moins, et demanda à M. de Nevers secours de vivres et de gens. Parquoy fut commandé au président Bourgeois, que le Roy avoit envoyé à Laon pour estre commissaire general des vivres, de luy envoyer des munitions qui estoient dans ceste ville de Laon, tant de farines que de vins, et d'un mesme train luy furent envoyées une ou deux des vieilles compagnies de gens de pied qui estoient venues nouvellement de Metz. Au comte de Sancerre, qui estoit à Guise, se plaignant d'avoir faute d'hommes, pour avoir esté ceste place accrue d'une nouvelle fortification, disant que, par la revue qu'il avoit faite de ses gens, ne se trouvoit avoir que deux mil et trois ou quatre cens hommes de pied, où il estoit nécessaire de plus de trois mil cinq cens, fallut encore luy renvoyer autres quatre des vieilles compagnies, lesquelles aussi estoient venues de Metz. Le capitaine La Motte Rouge, gouverneur de La Capelle, envoya aussi advertissement à ce prince, comme par ses espions il avoit sceu que les ennemis, après la prise de Sainct-Quentin, délibéroient aller assieger Guise ou La Capelle, et pource qu'il estoit besoing le secourir de gens. Ainsi, encore que M. de Nevers eust bien fort peu de compagnies de gens de pied auprès de sa personne, et toutes celles qui y estoient estans encore nouvelles, si fut il force luy en envoyer deux des capitaines Fouquault et Brumes. M. d'Humieres, gouverneur de Peronne, d'autre part disant avoir entendu pour vray qu'au partir de Sainct-Quentin les ennemis tiroient droit vers luy, demandoit encore plus grand nombre d'hommes qu'il n'avoit : combien que sa ville fust desjà pourvue de soldats en la sorte que j'ay dit cy-devant, l'on y renvoya les compagnies du capitaine Vezigues. Certainement il y avoit de grandes opinions et conjectures que les ennemis s'addresseroient à ceste ville, pour beaucoup de causes : entre autres pour de tant plus renforcer Sainct-Quentin, et la tenir en seureté, estans ces deux villes voisines l'une de l'autre, et pour estre maistres d'une grande partie de la riviere de Somme, qui leur serviroit comme d'une barriere. Mesmement M. de Bordillon avoit mandé à M. de Nevers qu'il avoit sceu de l'enseigne de M. l'Admiral, estant prisonnier au camp de l'ennemy, qu'ils pourparloient desjà de tirer là, ayans esté advertiz, par un Italien et un soldat du capitaine Vicques, de l'endroit où ils la devoient battre, qui estoit depuis la porte de Bourgongne jusques à une tour qui est pendente, et depuis le chasteau jusques à un flanc où le terroüer et le rempart ne valloit rien ; pour ces causes estoit bien requis y pourvoir à temps et heure. Et en cela se peult voir si ce prince avoit guères de repos, sans que je fasse ici plus ample narration d'infinité d'autres fatigues où sa personne et son esprit estoient incessamment tendus, que je laisseray à descrire à ceux qui l'ont peu voir comme moy.

Or, le roy Philippes avec son armée estoit tousjours campé à l'entour de Sainct-Quentin, sans qu'on peust sçavoir, à la vérité, ce que de nouveau il vouloit attenter. Seulement, après que ceste pauvre ville eust esté d'un bout à autre fouillée et saccagée, et vuide de tant de biens qui y estoient, commencerent à la retrencher pour donner commencement à la fortifier. Toutefois depuis, sur la fin de ce mois d'aoust, M. de Bordillon advertit M. de Nevers comme son espion luy avoit rapporté que les ennemis avoient tiré de leurs trenchées devant Sainct-Quentin quelques pieces d'artillerie, et estoit le bruit par tout leur camp que c'estoit pour aller assieger Le Castellet. Ce qui fut trouvé véritable ; car, peu de jours après, l'on sceut que pour vray il estoit enveloppé, et que le comte d'Aramberg (autrement dit le Brabanson), chef de ce siege, estoit campé avec mil ou douze cens chevaux le long du marets et devers l'abbaye de Sainct-Martin. Au-dessus de luy estoient logez trois regimens d'Allemans, à sçavoir : Monichuissen avec dix enseignes, et plus haut, sur le chemin de Sainct Quentin; un autre regiment de Poris-vanholf de sept enseignes, où se faisoit une batterie de quatre pieces. Plus haut encore, entre les chemins de Sainct-Quentin et de Cambray, s'estendoit un autre regiment de Claes Holstat de sept enseignes; et là estoit la plus grosse batterie de vingt et une pieces, qui tiroient aux deux bouleverts et à la courtine, avec une furieuse et admirable tempeste, comme les nouvelles couroient parmy nous, et aussi que le tonnerre en retentissement en estoit le plus souvent entendu. Dedans estoit gouverneur, comme j'ay desjà dit, le baron de Solignac, gentilhomme duquel la valeur et bonne opinion que chacun avoit de luy faisoit croire qu'il ne rendroit ceste place qu'à l'extremité, et esprouveroit le dernier danger avant que succomber de son honneur; mesmement tant de braves entreprises qu'il avoit executées sur les ennemis durant le siege de Sainct-Quentin (entre autres avoit destroussé quelque argent qu'on apportoit à leur camp), luy redoubloient une fort grande et loüable reputation. De quoy s'asseurant M. de Nevers, et luy estant confermée ceste confidence par les advertissemens que le baron de Solignac luy mandoit de garder ceste place tant longuement que le Seigneur Dieu luy presteroit la grace, et jusques au dernier souspir de sa vie, en donna advis au Roy, dont Sa Majesté eut grand espoir et contentement. Et ce que confirma la response que sur cela en feit M. le cardinal de Lorraine, escrivant à ce prince que le sieur de Ricourt, cousin et parent du baron de Solignac, avoit asseuré le Roy et luy que ledit de Solignac mourroit plustost dans Le

Castellet, que le rendre sans extremité irremédiable. Ceste esperance, que pour le moins il tiendroit quinze jours ou trois sepmaines, faisoit faire toute diligence d'amasser et rassembler les forces que le Roy proposoit mettre sus de nouveau : de sorte que Sa Majesté avoit mandé et fait response à M. de Nevers qu'il s'asseurast que dans ce temps-là il auroit auprès de luy une autant belle armée que la premiere pour empescher que l'ennemy n'entrast en pays. Et de faict, c'est chose certaine que l'on faisoit haster à grandes journées le secours des Suisses, et les bandes nouvelles d'Allemans que les colonels Reichroch et Reifberg amenoient. Pareillement l'on avoit sceu que M. de Guise s'achemineroit bientost de par deçà, et, d'autre part, journellement arrivoient à l'entour de Laon quelques compagnies de cavallerie et fanterie, estans toutes les autres places bien pourvues, y ayant ce prince mis un tel et si bon ordre, qu'elles estoient hors de doute, ainsi que chacun le sçait. Mais tout le rebours de tout ce qu'on proposoit advint; car dès le six ou septieme de septembre, sur le soir, vindrent autres advertissemens de M. de Bordillon, comme Le Castellet estoit rendu ; ce que M. de Nevers ne vouloit croire aucunement, pour autant que ce jour mesme le baron de Solignac luy avoit de rechef mandé qu'il n'estoit encore prest à se rendre, et qu'il déliberoit y mourir ou y faire un si grand service au Roy qu'il en auroit à jamais mémoire. Et encore que les rapports redoublassent, si en demeura il toujours en doute, et ne luy pouvoit tomber en l'entendement, jusques à ce que toute la nuict il envoya recognoistre et sçavoir la verité; et fut trouvé qu'il estoit ainsi, et que davantage, comme l'on rapporta, s'estoit rendu à bien petite occasion, veu qu'il n'y avoit autre breche raisonnable pour donner l'assaut, lequel, pour le moins, il devoit endurer, estant place de marque, encore qu'elle soit petite, autant deffensable qu'il en soit sur ceste frontiere, autant bien pourveue de munitions (comme l'on dit que M. d'Estrée l'asseura) qu'il estoit possible. Ainsi ceste reddition, si soudaine et au despourvu, fut trouvée fort estrange de chacun, veu l'espérance précédente, et que l'on n'avoit point ouy plaindre ceux qui estoient là-dedans d'aucun defaut. Pour ce mescontentement et souspeçon, estant iceluy baron de Solignac depuis à Paris, le Roy le feit arrester prisonnier; lequel, se voulant justifier, a allegué, sur ceste si soudaine reddition de la place qu'il avoit en garde, les causes cy-après declarées, à sçavoir : qu'il avoit esté frustré du secours par luy requis et nécessaire à la conservation de sa place, qui estoit de deux mille hommes de garde, comme le seigneur d'Estrée, auparavant gouverneur, attendant le siege les avoit autrefois eus. Davantage, qu'ayans trouvé les ennemis ce chasteau sans fossé du costé que ils commencerent leur principale batterie, et un bastion demeuré bas et à revestir, exploiterent tellement que les soldats ordinaires à la garde de ce bastion furent bientost contraincts l'abandonner, pour la grande quantité de bricque et terrain qui, de la courtine neufve, les endommageoit et tomboit ordinairement sur eux, estant si furieuse et violente la batterie, qu'en peu d'heure elle feit voye et chemin pour monter à cheval sur ledit bastion, estant facile pour venir de là à la bresche ; laquelle, combien que elle ne fust de tout suffisante, s'aggrandissoit dans deux vollées de canon, et s'estendoit de six vingts pas ou plus, s'inclinant et courbant desjà le mur en ceste longueur, et le terrain ouvers d'un pas en largeur, et de la longueur d'une picque en profond. Ce que voyans les soldats, qui ne se trouvoient là-dedans en nombre de trois cens, ny la moitié d'eux en force et santé, prindrent tel et si grand estonnement et desespoir de resister, que, pour quelques remonstrances que leur sceussent faire leurs capitaines avec offre de mourir avecques eux des premiers, ne les peurent assurer et remettre en volonté de combattre et attendre l'assault. Réservé quelques gentilshommes et vieux soldats qui se presenterent à toute fortune et s'offrirent à tout devoir, les autres prindrent resolution de quitter là tout, abandonnans la breche, et declarerent ouvertement au gouverneur qu'ils ne combattroient aucunement, ne cognoissans, comme ils alleguoient, moyen ny apparence aucune de pouvoir resister et garder ceste place, ny faire un seul service au Roy; et pourtant qu'il valoit mieux reserver leurs vies à un autre qui seroit de plus grande importance. Qui fut un autant plus grand desplaisir et crevecœur audit gouverneur et autres capitaines, que plus de réputation ils avoient acquis, tant ès guerres précédentes que freschement aux saillies de ceste place sur les ennemis, et jusques à renverser de leurs gabions et leur faire abandonner leurs trenchées. Durant le siege du Castellet, le quatriesme de septembre, M. de Bordillon advertit M. de Nevers qu'il avoit sceu que le roy Philippes ne deslogeroit d'auprès de Sainct Quentin, jusques après avoir veu qu'il adviendroit du siege du Castellet, selon qu'il l'avoit peu apprendre de quelques soldats qui avoient esté pris ce jour là à Vandeuil, lesquels luy avoient asseuré que la batterie devant Le Castellet commençoit le lendemain. Ces soldats là faisoient escorte à leurs fourrageurs, desquels en avoient esté tuez plus de quarante en ce lieu, et en furent emmenez force chevaux par ceux de la compagnie du comte de Villars, que M. de Bordillon y avoit envoyé, avec quelque nombre d'harquebusiers à cheval de la compagnie du capitaine Lamenaz, qu'il faisoit soustenir par deux ou trois cens harquebusiers à pied le long du marets. La compagnie de chevaux-legers du prince de Condé et une d'Escossois, estans en embuscade près du grand Essigny, feirent rencontre de quelques gens de pied qui venoient à l'escorte des fourrageurs, desquels environ vingt furent executez et mis en pieces; et, sans leurs gens de cheval qui leur vindrent à secours, estans iceux gens de pied bien cinq cens, on eust fait carnage de tout cela.

Après la reddition du Castellet, M. de Nevers eut quelque opinion que les ennemis tournassent à Guise, ayant pris ce chasteau pour s'asseurer de ce qui estoit à leur doz, et pour aussi rendre le chemin de Sainct-Quentin à leur camp libre et sans danger, afin que de l'un à l'autre on peust envoyer tout secours: toutefois, se tenant fort bien asseuré du comte de Sancerre, vaillant chevalier s'il en est point au monde, et que la place estoit seurement pourveue et munie d'autant vaillans capitaines et soldats qu'il estoit possible les eslire, et generalement de toutes les autres provisions et munitions de guerre, il en avoit un grand repos et contentement en son esprit, s'asseurant que s'ils s'y addressoient ils trouveroient de la besongne taillée pour un long sejour; et cependant luy resteroit tousjours le loisir de recouvrer gens, et si pourroit de plus en plus fortifier les autres places circonvoisines, et finalement se presenteroit quelque propre occasion pour leur appareiller une strette qui leur feroit sentir combien seroit dangereux en pays d'ennemy s'estendre et eslargir. Toutefois il n'advint rien de ce que ce prince en esperoit; car, peu de jours après la prise de ce chasteau, les ennemis, sans passer plus oultre, prevoyans, à mon advis, autant clairement que nous leurs interêts et advantage, se retirerent à Fonssomme, où jà estoit campé le roy Philippes avec l'autre partie de l'armée. Et estoient là, à mon jugement, sur le poinct de la délibération de ce qu'en après ils auroient à poursuivre; aussi que l'on disoit que le roy Philippes attendoit response de l'advertissement qu'il avoit envoyé en Espagne à l'empereur Charles son pere, pour le resjouir de sa prosperité, le suppliant en oultre luy commander et ordonner de ce qu'en après auroit à entreprendre. Il est facile à juger que, selon leurs mutations et diversitez d'entreprises, il falloit aussi que M. de Nevers changeast et accommodast les siennes; car alors ils estoient les plus forts, et noz forces encore si naissantes et petites, que c'estoit tout ce qu'on pouvoit faire que ruiner pays au devant d'eux et à l'entour, où l'on sçavoit qu'ils se vouloient eslargir et estendre, et au surplus fournir les villes où l'on craignoit qu'ils deliberassent s'attaquer, pour temporiser et les amener ou jusques à l'hiver, ou les faire consommer temps en si petits exploits, que l'on peust cependant reunir nouvelles forces pour aller au devant d'eux. Or desjà en ce temps commençoit à s'engendrer entre eux un mutinement, mesme entre les Allemans et les Espagnols, tant pour le sac et butin de Sainct Quentin, que pour les prisonniers de la journée de Sainct Laurent; de sorte qu'on disoit parmy nous que le roy Philippes et le duc de Savoye, se voulans vendiquer (1) et dire leurs les princes et grands seigneurs de France prisonniers, desquels la rançon excederoit certaine somme limitée, et les voulans retirer et avoir presque comme de force des mains des princes et grands seigneurs d'Allemagne qui estoient en ce camp, les mutinerent tellement, qu'ils délibéroient se départir et s'en aller expirant le serment de leur service : ce que estant sceu de nous, estoient practiquez et retenus au nostre, et dès lors peu à peu à la file s'y en retiroit. Avec cela les Anglois ayans esté fort maltraittez en ce voyage, aussi qu'ils avoient sceu comme les Escossois remuoient mesnage en leur pays, et leur faisoient une forte guerre, avoient desjà demandé congé, et s'en vouloient retourner : toutefois, pour remedier à toutes surprises qui peuvent advenir soubs la credence de telles nouvelles et bruits appostez, l'on ne delaissoit à pourvoir à toutes choses ; mesmement pour la doute qu'on eust peu avoir que ces Anglois, en eux retournant, ne feissent quelque raffles et destrousses improvistes, l'on contremanda M. de Senarpont, lequel auparavant l'on vouloit retirer de pardeçà, pour se mettre dans Abbeville, de ne bouger de son gouvernement de Boulongne et de Montereuil, pour tenir ceste contrée en asseurance : au lieu duquel y fut commandé M. de Sansac avec sa compagnie et celle de feu M. d'Anghien.

(1) *Vendiquer* : revendiquer.

Ayant le roy Philippes pour quelques jours campé à Fonssomme, tant, à mon jugement, pour les causes précédentes que pour estre certainement adverty de noz forces et des empeschemens qu'il trouveroit, ou que luy pourrions donner s'il entroit avant en pays, prit derniere resolution d'aller assieger Han, où feit prendre le chemin à son armée, sçachant la situation de ceste place fort commode à estre fortifiée, de laquelle un commencement estoit desjà projetté et desseigné, et toutefois si imparfaict et delaissé, qu'il ne luy pourroit faire grande resistance : et, s'asseurant l'obtenir en peu de temps, proposoit, en parachevant la fortification, la rendre l'une des plus belles places de guerre qui se peust veoir sur toute la frontiere, et qui seroit comme le secours et appuy de la ville de Sainct-Quentin, qu'il deliberoit aussi rendre inexpugnable, pour avoir de ses Pays-Bas les stances et journées raisonnables de retraittes pour entrer et sortir dans le royaume de France quand bon luy sembleroit. Or, pour dire un mot de la situation de Han, elle est entierement plaine et descouverte, sans qu'il y ayt rien qui luy commande : flanquée d'un costé de la riviere de Somme, et de l'autre d'un marets d'estendue, en certains endroits, de plus de cinq cens pas, sans que il y ayt que bien peu de plaine et terrouer sec pour y arriver. Il y a la villette et le chasteau. La villette, en l'estat qu'elle estoit pour lors, ne pouvoit tenir en sorte que ce fust ; et combien qu'il y eust quelques fondemens et sorties de boulevers, si est-ce qu'ils estoient si peu apparans et mal defensables, qu'il n'en falloit faire aucun estat. Le chasteau estoit d'assez bonne apparence, et se representoit assez furieux, selon les anciennes fortifications, ayant la forme quarrée, flancqué de quatre gros bouleverts ronds, avec une grosse tour quarré et massive de large espesseur, servant de plateforme aux courtines qui luy estoient alliées, et commandant en tout et partout ce chasteau : mais le tout estoit à sec de pierres et maçonnerie, sans qu'il y eust aucuns rempars et terreplains, ny autres fortifications selon les modernes inventions, pour soustenir et defendre une place longuement contre l'esmerveillable tempeste et furie de l'artillerie de maintenant : toutefois, pour ne laisser du tout le chemin libre et ouvert à l'ennemy de entrer encore plus avant s'il ne trouvoit quelque arrest, M. de Sepois, qui en estoit gouverneur, avoit donné advis au Roy qu'on bruslast la villette, si l'on voyoit que le siege y vint, pour ne laisser lieu à l'ennemy de s'y pouvoir loger ; mais quant au chasteau, qu'on le pourroit tenir et garder pour quelques jours, cependant que l'on se fortifieroit en avant : car il estoit facile à juger qu'ayant pris Han il ne planteroit là son but, ains ou passeroit plus oultre ou se jetteroit à droite ou à gauche, et s'addresseroit tousjours aux lieux foibles et faciles à estre en bref occupez, pour ne perdre et mal employer la saison qui luy estoit fort propre. Ces choses estans sceues de M. de Nevers, de Laon envoya pour renfort le seigneur de Helly (1), chevalier sage et bien experimenté, pour essayer d'y entrer, comme il feit, encore qu'il fust desjà enveloppé, ayant combattu et passé sur le ventre de quelques ennemis qui le vouloient retenir et empescher ; et, d'autre part, M. de Montmorency prit le

---

(1) *Le seigneur de Helly:* de Pisseleu, seigneur de Heilly. Il étoit de la famille de la duchesse d'Etampes, maîtresse de François I.

chemin à Amiens avec sa compagnie et celle de M. le connestable son pere, et les quatre mille Allemans que le Roy avoit mandé à M. de Nevers luy envoyer, combien qu'en ceste ville d'Amiens fussent desjà le vidasme d'icelle (1) et les sieurs d'Auguessant et de Morvillier, avec leurs compagnies. Et à Soissons alla le prince de Condé avec une partie de sa cavallerie legere, départant le surplus le long des rivieres pour en defendre les guez et passages aux ennemis, envoyant le baron de Clere à Noyon avec sa compagnie et une autre d'Escossois. Le Roy, comme j'ay cy-dessus dit, avoit desja pourveu à Compienne, envoyant oultreplus à Beauvais le seigneur de Marrivault, pour y recevoir et mettre dans la ville quelques compagnies de gens de pied françoises, desquelles il en devoit envoyer deux à Montdidier avec des farines et autres provisions. A Senlis aussi avoit esté envoyé le seigneur de Race. Quant à Chauny et Coussy d'un costé, l'on a veu cy-dessus comme elles estoient pourveues selon qu'elles le pouvoient comporter, et que l'on estimoit qu'elles pourroient tenir, comme aussi de l'autre part en estoit de Peronne, de Corbie et d'Amiens, comme aussi de toutes les autres places le long de la riviere de Somme. En ceste sorte, et au mieux qu'il avoit esté possible, l'on avoit garny les places circonvoisines de Han, afin que les ennemis estans à ce siege, ne se peussent eslargir et escarter pour recognoistre et empieter davantage d'estendue, aussi pour faire tousjours le gast devant eux, et les affamer en leur rompant et coupant les vivres.

En cest endroit, et pendant que le roy Philippes séjournera au siege de Han, il m'a semblé n'estre point

(1) *Le vidasme d'icelle :* Antoine d'Ailly, vidame d'Amiens.

trouvé mauvais, n'y hors de propos, faire une brefve digression d'autres particularitez et accidens advenus ès autres endroits de l'Europe, et toutesfois appartenans et provenans de ces guerres; d'autant ou qu'ils tendoient à un mesme effect, ou estoient prédictions et présages de troubles régnans, adversités présentes, et de l'issue qui en devoit succéder. L'on a peu veoir, et selon que l'ay descrit briefvement, les causes pourquoi M. de Guise fut envoyé avec une armée en Italie; qui estoit, comme la plus commune opinion se publioit, pour le secours du Pape, adonc reduit en fort estroitte puissance. L'on a pu sçavoir aussi les exploits et exécutions qu'y a fait ceste armée, et l'advantage et profits qui en sont revenus et réussis au Roy et à son royaume, dont je n'ay fait aucune mention, pour estre mal certain de la vérité; aussi que l'occasion de la faulte, comme il est croyable, redonde entierement, et est rejettée, par la voix publique, sur les plus proches du conseil du Pape et le mauvais ordre que trouva M. de Guise à son arrivée en Italie; dequoy pareillement je ne veux traiter aucune chose, et délibère m'en taire, délaissant à le déduire à ceux qui l'ont vu et le peuvent mieux sçavoir que moy, et reprendray ce que j'ay desjà dit. Le Roy avoit mandé, incontinent après ceste routte de Sainct-Laurent (¹), à M. de Guise qu'il pacifiast de pardelà, et accordast de toutes choses le plus advantageusement et sagement qu'il se confioit de luy, mesmement pour le repos du Saint Pere, pour, cela faict, se retirer de pardeçà avec ses forces où il en avoit bon besoing. Ce prince incontinent le fit sçavoir au Pape, et luy donna à entendre la neces-

---

(¹) *Ceste routte de Sainct Laurent* : la bataille de Saint-Quentin.

sité qui le rappelloit et revoquoit en France, et les affaires qui environnoient le Roy, qui estoient cause de luy faire supplier Sa Sainctelé le licencier et permettre qu'il se peust retirer, après avoir toutefois composé et transigé à son profit de ses affaires, selon son bon advis et conseil. Le Pape, adonc desjà desireux de terminer ceste guerre, de laquelle il savoit celle de pardeçà estre procédée, comme il cognoissoit évidemment, et laquelle il doutoit prendre fin par la ruine de l'un de ces grands princes, et finalement par la sienne, avec une confusion de l'estat ecclésiastique, et avec infinité de maux et dépopulation universelle, proposa plus qu'au paravant s'appointer avec le roy Philippes. Et deslors, qui estoit le huictième de septembre en cest an, envoya les cardinaux Carlo Caraffe, Sainct-Fleur et Vitel, accompagnez de grands seigneurs romains et gentilshommes, avec bon nombre de cavallerie, devers le duc d'Albe, lieutenant général d'iceluy Roy, qui estoit lors à Cavy, place assise en la campagne romanesque, assez près de Pilastrine(1), pour en conclure et resouldre une pacification amiable. Tous lesquels s'estans assemblez à Genassan, lieu assez proche de là, en peu de jours tombèrent d'accord; et, le mardy ensuyvant, qui estoit le quatorzieme de ce mois, les susdits cardinaux retournerent à Rome avec la paix entre le Pape et le roy Philippes, à telles conditions que s'ensuit: Premierement, que, de la part du roy Philippes, le duc d'Albe fera les obéissances et hommages qui seront convenables à notre sainct pere le Pape, comme devot fils, et en signe d'obeissance et humilité, pour impetrer grace

---

(1) *Pilastrine*: Palestrine.

et pardon de lui; aussi que le Roy envoyera homme exprès vers nostre Sainct Pere pour faire le semblable; et que le Pape, comme bon pere et clement, le recevra et acceptera pour bon fils et obeissant, et du Sainct Siege apostolique, en le faisant participant des graces communes aux autres princes chrestiens. Qu'icelui Sainct Pere renoncera à la ligue faite avec le treschrestien roy de France, et qu'il sera également pour l'advenir pere commun et neutre. D'autre part, que le roy Philippes rendra désarmées sur le champ au Sainct Siege apostolique toutes les cités, villes, chasteaux et villages, assis en quelques païs que ce soit, qui auroient esté occupez depuis le commencement de ceste guerre jusqu'au jour ci-dessus declaré. Que par même moyen l'on rendra, tant d'un costé que d'autre, l'artillerie qui a esté prise et transportée en ceste guerre, en quelque maniere et lieu que ce soit; et que de la part, tant du Sainct Pere comme du roy Philippes, on remettra à toute communautez et personnes particulieres, ecclésiastiques et séculieres, de quelque estat, degré, ou condition que ce soit, toutes contumaces et peines, tant spirituelles que temporelles, esquelles ils pourroient avoir encouru à cause de ladite guerre, en leur faisant pardon et grace générale de leur rendre leurs estats, degrez, dignitez, jurisdictions, forteresses, villes et chasteaux, offices, benefices, facultez, et autres biens immeubles, desquels ils ont esté privez et despouillez ou empeschez, en quelque maniere que ce soit, pour occasion de ladite guerre seulement, et non pour autre; en déclarant expressément que cet article n'y comprent point et n'apporte aucun support aux seigneurs Marc Antoine Colonne et Ascanio de La

Cornia, ains resteroient aux contumaces où ils se trouvoient alors, et à la franche volonté et disposition du Sainct Pere. Oultreplus, que Pallian seroit remis, en l'estat qu'il se trouvoit, au seigneur Jean Bernardin Carbon, confederé et approuvé des deux parties, lequel jureroit fidelité au Sainct Pere et au roy Philippes, d'observer toutes les conventions passées entre le cardinal Caraffe et le duc d'Albe, pour le service de leurs princes, et demeureroit à la garde dudit Pallian avec huict cens hommes de pied, les frais desquels se fourniroient par moitié. Adjoustant à tous ces articles trefves pour un certain temps, contenans passeport et saufconduit à M. de Guise, et à tous les princes, seigneurs, gentilshommes, capitaines et generalement à tous soldats du party du roy très-chrestien de sortir d'Italie et des pays appartenans au roy Philippes, tant sur terre que sur la mer. Toutes ces conventions estant approuvées et accordées entre toutes les parties, le dimanche, dixneufieme de ce mois, le duc d'Albe entra dans Rome, environ une heure de nuit, avec fort grandes démonstrations et signes de joie, tant par les saluës de l'artillerie, qu'avec un nombre infini de fusées et autres allégresses que l'on a accoustumé faire, mesmement de pardelà, à la bien venue et amiable réception de quelque grand prince, et en preuve et apparence de rejouissance. Le lundy ensuyvant l'on tint consistoire, où furent esleuz et deputez deux legats pour traiter la paix universelle, l'un, qui estoit le cardinal Trivolce, devers le très chrestien roy de France, et l'autre, qui estoit le cardinal Carlo Caraffe, vers le catholique roy Philippes.

En mesme temps que se traittoit ceste susdite paix,

M. de Guise estoit parti d'Italie pour s'acheminer de pardeçà, s'embarquant à Hostie dans les galleres et vaisseaux de France qui l'attendoient là, avec une partie des grands seigneurs et capitaines, et quinze cens ou deux mille harquebuziers esleuz. L'autre partie de l'armée, soubs la conduite de M. d'Aumalle, retourna par les terres du Pape devers Bolongne et à Ferrare, et de là par les Grisons et les Suisses. Et ainsi demembrée retourna ceste armée du voyage d'Italie.

En ces mesmes jours aussi advindrent de par de là estranges déluges et inondations de rivieres à Rome et à Florence. Celuy de Rome advint ce mesme jour de la paix, quatorzieme de septembre : s'estant le Tybre, l'un des plus renommez fleuves de l'Europe, grandement enflé, comme s'il eust voulu menasser Rome de nonpareille ruine et démolition, croissant d'heure à autre, la nuict ensuivant commença à s'espandre par les plus prochains et bas lieux de Prato et des vignes qui sont à l'entour. Le lendemain s'estant eslargi et desbordé par la ville, et regorgeant par tous les conduits des rues et édifices, la creuë se trouvoit encore en plusieurs lieux de la ville de la hautleur d'un homme et davantage, principalement en la place d'Agone, à la Rotonde et à la Doane. Tant y a que ceste merveilleuse et espouvantable inondation ne donna pas loisir au peuple de se rejouir de ceste paix, ains le rendit encore plus triste, esbahi et desolé qu'auparavant : qui fait croire cela estre advenu comme un signe et advertissement de Dieu, ou pour les choses présentes, ou pour les futures, ou, à mieux dire, pour nous esmouvoir à conversion et amendement de noz pechez. Or ceste creuë et furie d'eau dura tout ce jour, et jusques à quatre ou cinq heures de nuict qu'elle commença un peu à s'abbaisser et decroistre : tellement que, le matin ensuivant, sur le poinct du jour, l'eau estoit déjà abbaissée de plus d'une palme; et ainsi, petit à petit décroissant, après midy, chacun pouvoit aller facilement à ses affaires. Pour parler de la haulteur et de la crue, aucuns ont dit qu'en plusieurs endroits elle a passé la marque qui en fut faite à l'autre grand déluge qui advint l'an mil cinq cens trente. Les autres ont voulu dire qu'il s'en falloit bien une palme : surquoy ils alleguoient beaucoup de raisons, entre autres que les caves qui ont esté faites et cherchées dans Rome, car elle est augmentée en édifices d'un tiers, auroient, en s'abreuvant, receu et englouti une grande partie de ces eaues. Aucuns ont jugé que le grand nombre des rues neufves a esté cause de la creue; et les autres afferment que la terre, qui a esté rehaulsée depuis ce temps là, faisoit sembler l'eaue plus haulte qu'elle n'estoit. Mais, quoyque ce soit, il fault croire, par la commune opinion, que ceste inondation a esté plus grande et impétueuse que la précédente, veu qu'en la ville d'Horta et Narni, et tous autres lieux où elle passa, elle délaissa un admirable abbatiz et ruine, ayant emporté la moitié du pont Saincte Marie, avec l'excellente chappelle que le pape Jules troisieme y avoit fait édifier. Elle mina et remua certaines grosses pierres de marbre, et gros quartiers de pierre qui défendoient le pont du chasteau Sainct Ange. Elle démolit et renversa une grande partie des bouleverts et bastions qu'on avoit fait édifier depuis un an joignant ce chasteau. Elle abbatit en oultre la moitié du temple et la plupart des édifices du monastere Sainct Barthelemy, qui est assis en l'isle Tyberine. A bref conclure, il n'y eut dans Rome rues, palais, ny édifices où cest impiteux orage d'eau eust passé, qui ne portast marque et tesmoignage du courroux et violence de cest élément irrité. Quant au déluge de Florence par le desbordement du fleuve Arno, l'on le juge encore avoir esté plus grand que celuy de Rome, et avec trop plus importantes et incomparables ruines et pertes, tant en démolitions d'édifices qu'en subversion et dépérissement d'or, d'argent, marchandises et toutes sortes de meubles, sans encore, qui est plus à plaindre, la mort et suffocation de plusieurs personnes. Il ruina en premier lieu, et démolit ès plus entieres parties les couvents et monasteres des pauvres filles de Saincte Verdiane, des Recluses et de Saincte Marie nouvelle. Il emporta les ponts de Rubaconde et de la Trinité; il abbatit quasi du tout et jusques à la prairie, et du costé de Sainct Pol, le bourg d'Ognifanti; comme il fit du marché Neuf, où s'exerce l'art et artifice de filer et tistre la soye; de sorte que tous les magazins et boutiques furent la plus part dépéries et gastées, qui estoit perte fort grande. Le palais du duc n'en fut exempt, et s'en trouva offensé en plusieurs endroits. Quant à la région circonvoisine, le grand chemin de Cazentin fut creusé et enfoncé de telle façon, qu'il ne se pouvoit plus racoustrer pour y passer; et y mourut au bourg septante quatre personnes, emmenant les maisons entieres à Pontasienne, et demourans abysmez Pereole et Sainct Donin, et plusieurs autres édifices le long de ce fleuve Arno. Au surplus, pour parler de la marque où monta l'eaue sur la place de Saincte Croix, elle exceda quatre bons doigts de creue le deluge et inondation qui advint à Florence en l'an mil trois cens quarante-sept, qui fait juger que celle moderne estoit fort grande, veu que la précédente estoit comme admirable et incroyable. Il y avoit la haulteur d'une toise et demie à Saincte Croix ; par la rue Belline, quatre toises ou environ ; vers Sainct Ambroise et Sainct Pierre Majeur, trois toises; joignant Monteoro, deux toises ; à Cestel, une toise et demie, et autant vers Nostre-Dame de l'Annunciade ; par la rue des Servi, deux toises ; du costé de Saincte Marie de la Fleur, deux toises ou environ, et autant quasi à Sainct Jan ; aux palais des Antinori et Strossi, une toise ; et ainsi conséquemment à Sainct Marie nouvelle, et par toute la ville de Florence. Or, pour faire évidente preuve que les esmerveillables et incogneuz miracles et faits prodigieux de Dieu l'omnipotent ne sont exécutez et demonstrez en un seul lieu, je pourrai encore icy adjouter qu'au mesme mois et presque jours semblables, advint de pardeçà un déluge en la bien antique ville de Nismes en Languedoc, toutefois différent des autres en ce que ce n'estoit par desbordemens et ingurgitations de fleuves et rivieres, mais par un esclatement de nuées et ouvertures des portes célestes, comme les philosophes l'ont voulu appeler ; lequel accident advint le neufieme de septembre en cest an, avec tonnerres, coruscation, esclairs et fouldres si horribles et espouvantables, que tout le peuple pensoit ce jour estre le dernier periode de ce siecle. Persévérant ceste fureur céleste jusques après huict heures de nuict, il tomba une si merveilleuse abondance d'eaue, que ces misérables citoyens pensoient subitement eux avec toute leur ville devoir estre engloutiz et abysmez.

Et combien qu'il ne fust de longue durée, comme de douze ou quinze heures, si est-ce qu'il apporta un tres grand dommage et intérest à ceste ville, laquelle en fut en plusieurs endroits et lieux, tant publics que privez, difformée et empirée, et le territoire circonvoisin fort dégasté et appauvri, d'autant que les champs et labourages en furent pervertis, encavez et creusez, ou couverts de pierres et autres ruines, qu'un ravage d'eauës entraine et délaisse où sa force et violence cesse et diminue; et les oliviers, dont cette province est grandement abondante, et qu'elle cultive soigneusement pour le grand emolument et profit qu'elle en tire des huilles, tous froissez et dérompuz, et les vignes desracinées, arrachées et sablées, avec infinité d'autres dommages et calamitez. Bref, l'on estimoit n'y avoir eu guerres chose qui n'eust senti la pesanteur de la main de Dieu. Par ce déluge aussi furent descouvertes plusieurs antiquitez cachées et ensevelies soubs terre, pour le moins depuis que les Gothz mirent à sac ceste ville, mil cent ans sont passez, comme l'on le trouve, oultre le temps qu'elles pouvoient avoir esté faites auparavant, comme anciens sépulchres et monumens, grande quantité de médailles de bronze, et quelques unes d'or et d'argent; grandes collonnes d'une piece également proportionnées; testaments et épitaphes de pierre dure, escrits et gravez en lettres cancellates et romanesques. Se descouvrirent semblablement de beaux et riches pavez, et les plans de salles basses, chambres et portiques, desquels se trouvent encore des entablemens de marbre, porphyre et jaspe, marquetez à la mosaïque. Et davantage l'on a trouvé des fragmens de vases antiques, et quelques uns entiers, d'une terre rouge, si très fine et déliée, qu'elle mesme porte son verniz : lesquels les anciens faisoient apporter de Samos en Grece, enrichis d'histoires ou ramages rustiques, fort plaisans et récréatifs à l'œil. Plusieurs autres singularitez et choses rares y furent déterrées et mises en lumiere, qui ont donné grand esbahissement à ceux qui les ont veues, lesquelles seroient trop prolixes et longues à icy particulariser. L'on a voulu dire et affermer autres citez et lieux avoir esté frappez de semblables deluges, mesmement Venise et Rovergne, dont je ne feray description, pour n'en avoir rien sceu à la vérité, ny leu par mémoire; et me suffira dire que plusieurs autres signes ont esté démonstrez et sont apparuz : comme de la comette de l'an précédent, des collonnes de feu, et en aucuns lieux une chasse de chiens abboyans en l'air; et en d'autres, hommes armez combattans, et les deux soleils rouges et enflammez, qui ont esté veuz en Allemagne, sans que je parle de plusieurs portentes(1) et monstrueux ouvrages de nature, produits en ce temps sur la terre. Tous lesquels signes je ne puis juger estre autre chose que menasses et messages du couroux divin, nous admonestant ou à volontaire recognoissance et amendement, ou à prochaine vengeance et punition de noz iniquitez.

Puis que j'ay le plus briefvement qu'il m'a été possible, discouru aucunes particularitez et accidens advenuz ès autres endroits, mesmement en Italie, pour démonstrer que si en une sorte nous estions affligez de pardeçà, les autres nations pareillement en autres varietez en resentoient leur part, maintenant je retourneray au siege de Han, qui ne fut long, et où ne furent faites exécutions de grande importance, au moins dont

(1) *Portentes*, du latin *portentum* : prodige, effet prodigieux.

j'aye esté adverty, et qui méritent grande longueur de propos; car ayant le roy Philippes d'abordée dressé une très furieuse et soudaine batterie contre ce petit chasteau, où il n'y avoit, comme j'ay dit, aucuns remparts ny fortifications, et y estant toutes les murailles à sec, après avoir enduré quinze cens ou deux mille coups de canon, ayant fort grande et large bresche, tant à la grosse tour qu'à la courtine, luy fut rendu le douzieme jour de septembre.

Quand l'on vit que l'ennemy prenoit ce chemin, la diversité et abondance des doutes commença à croistre. Car s'estant advancé jusques là, sans trouver grand contredit ny résistance, estoit encore en pouvoir de poulser plus avant, et suivre le chemin de Compiegne et de là droit à Paris, ou, suivant la riviere de Somme, tourner à main droite devers la Picardie et le Boulonnois, ou, voltant à la gauche devers Coussy, Soissons et Laon, se retirer en Champagne. Mesmement le Roy en avoit eu divers advis et advertissemens, lesquels il avoit fait sçavoir à M. de Nevers: entre autres, que ce baron de Polleville (1), duquel j'ay déjà parlé cy-dessus, au partir de Saverne, avoit esté mandé du roy Philippes de le venir trouver en son camp avec sa trouppe, qui pouvoit estre alors de vingt enseignes d'Allemans, et de douze à quinze cens chevaux, pour de là l'envoyer en Angleterre, et qu'au demeurant la résolution dudit Roy estoit, après avoir prins Han, de faire une grande cavalcande jusques à Compienne, et en passant brusler et ruiner Chauny et Noyon. L'autre advis estoit que le roy Philippes, les choses susdites exécutées, avoit délibéré de faire passer

(1) *Polleville* : Polwiller.

sadite armée entre La Fere et Laon, et de là suivre les brisées de Champagne jusques aux environs de Mesieres, pour de là la licencier et rompre, et par ce moyen, ruinant les pays du Roy, sauver les siens. Ainsi, encores que noz forces fussent si petites adonc et foibles, que toutes ensemble ne fussent à la moitié près suffisantes pour luy présenter teste, et nous opposer à ses entreprises, si falloit-il néantmoins luy faire paroistre et croire le contraire, et luy donner à entendre qu'en quelque lieu qu'il s'adressast il trouveroit qui lui respondroit. Mais, ce qui advenoit le plus mal, c'estoit qu'il falloit de contrainte escarter et séparer nos troupes de loing, pour prévenir ces accidens douteux : tellement que pour remédier à ce dernier advis il fut de besoing renvoyer M. de Jametz en Champagne avec sa compagnie, et pareillement M. d'Eschenetz avec la sienne; et à M. de Jours, auquel, comme j'ay touché cy-dessus, avoit esté donné la commission de lever huict enseignes de la legion de Champagne, dont au paravant il estoit colonnel, fut mandé de costoyer ceste frontiere, et se jetter incontinent dans la premiere ville où il seroit adverti que ce Polleville se voudroit attaquer. Et d'autre part, pour fournir Soissons de soldats, estant l'une des plus belles villes, et en autant commode assiette qu'il en peult estre en toute ceste contrée, et le long du cours de ceste riviere d'Aisne, pour estre fortifiée selon que déjà elle est bien commencée et avancée, y fut envoyé M. d'Estrée, avec deux autres compagnies de gens de pied levées nouvellement, oultre celles qui y estoient auparavant, et quatre vingts harquebusiers à cheval, soubs la charge du capitaine Faverolles. Et, pour remédier aux advenues de Compiegne, le prince de Condé avoit du bord de deçà ceste riviere d'Aisne estendu toute sa cavallerie légere, et avoit fait rompre tous les ponts et passages : pour lequel mesme effect le Roy avoit de rechef envoyé les sieurs de Charmazel et de Gondrin : estant au surplus la ville de Compiegne bien pourvue et munie de gens de guerre et toutes munitions pour arrester l'ennemy en sa premiere furie. Quant aux autres endroits, M. de Nevers ne voulut point encore bouger de Laon, qu'il ne veist quelle addresse suivroit le roy Philippes après ce dernier exploit de Han, craignant surtout ce retour de Champagne.

Quant à la partie d'Amiens et de Picardie, M. de Montmorency y estoit, seigneur autant pourveu de sens et d'experience qu'il en peut estre pour son aage, accompagné de tous ces vieux et sages chevaliers que j'ay ci-dessus nommez : et les villes de cette frontiere estoient parfaitement garnies d'hommes et toutes autres choses nécessaires. Que si l'ennemy se fust voulu tourner à l'un de ces trois endroits, la résolution estoit prise, à mon jugement, qu'en bruslant au devant de luy le plat pays et ce qui ne luy pouvoit résister, luy laisser en front toutes les villes fortes, ausquelles s'addressant, c'estoit le moins qu'il y pourroit consumer de temps que de trois semaines ou un mois, dans lequel séjour certainement noz forces pouvoient estre sur pied; et lesquelles à reiterez et redoublez mandemens l'on faisoit haster et avancer, pour interrompre tous ces desseings et délibérations dont l'on se doutoit. Toutefois, après la prise de Han, le roy Philippes, sans poulser son armée plus avant en campagne, s'arresta à poursuivre et continuer le commencement de la fortification de ceste place, l'améliorant néantmoins, et y adjoustant ce que peult estre y avoit esté oublié. Vray est que cependant, pour s'eslargir et accommoder des lieux circonvoisins qui luy pourroient servir, et estoient propres pour la faveur et appuy d'icelle, et qui, estans occupez de nous, lui seroient grandement nuisibles et suspects, les envoya saisir, la pluspart desquels il trouva déjà bruslez et ruinez et abandonnez, pour ne les sentir tenables, ou pour n'y estre les nostres assez forts. L'une des premieres entreprises qu'il fit fut celle de Noyon, dedans laquelle ville furent surprises les compagnies de chevaux légers du baron de Clere, et une autre d'Escossois, pensans des ennemis habillez de semblable parure que d'autres compagnies françoises, et lesquels ne portoient croix ni escharpes blanches ny rouges, que ce fussent amis et des leurs. Ainsi, trouvant les portes ouvertes, leur fut après fort facile de se rendre maistres de cette ville : laquelle toutefois ne leur apporta grand advantage, pour avoir esté déjà auparavant bruslée. Ils se saisirent aussi de Chauny, non, à mon advis, qu'ils eussent en délibération de le fortifier pour attendre le canon, pour estre en situation fort difficile et commandée de deux ou trois endroits, et subjecte à autres imperfections, ains en y logeant bonnes et fortes garnisons, pour de tant plus facilement faire la récolte des vendanges et amas de vin, pour y avoir en ceste contrée un vignoble de grande estendue, ainsi que la saison estoit arrivée, et conséquemment tant pour la conduite de tous autres vivres qu'ils vouloient retirer en leurs places fortes, que pour y avoir une fort grande aisance des meilleurs moulins qui soient sur ceste riviere. En ceste sorte s'arresterent les ennemis aux fortifications de Sainct Quentin et de Han, faisant cependant, les garnisons des uns et des autres, courses ordinaires, destrousses et rencontres, selon que les occasions et cas fortuits les addonnoient, continuans en cest exercice et guerre guerroyable le surplus du mois de septembre et le commencement de celuy d'octobre ensuivant; et ne veux oublier qu'en ces entrefaites peu à peu l'armée du roy Philippes s'affoiblissoit journellement, tant pour le retour des Anglois[1] que pour le département d'autres garnisons ; aussi que, comme j'ay déjà dit cy-dessus, beaucoup d'Allemans, expirant le terme de leur service, se retiroient à nostre party : et ce qu'ayant M. de Nevers fait sçavoir au Roy par le sieur de Montereuil, luy avoit mandé qu'il avoit fort aggréable, et que l'on en retirast le plus qu'il seroit possible : tellement que noz bandes d'Allemans, auparavant fort desfaites, se trouverent en peu de jours bien complettes, et du surplus l'on en dressa nouvelles compagnies. Et ne sçay si sur cela, de ma seule opinion, j'oserois dire que ce mescontentement précédent et affoiblissement couvert, et non sceu de l'armée du roy Philippes, seroit cause qu'il n'auroit peu, ou auroit douté d'entreprendre et d'entrer plus avant : toutefois, requerant cest argument plus subtile et mieux advertie diffinition que la mienne, je n'en diray pas davantage pour ce coup. Tant y a que, pour la considération de ces choses, et que l'hiver s'approchoit, le Roy redoubla toute diligence et solicitude de remettre ses forces ensemble, et redresser une autant belle et forte armée que son ennemy l'eust peu avoir

[1] *Le retour des Anglois.* Il faut ajouter dans leur pays.

en l'assaillant, afin d'avoir sa revenche sur luy. Et pourtant de rechef fut envoyé au devant des Suisses le sieur de Varassieux, pour haster ceux qui venoient de leur pays freschement, lesquels estoient déjà sur les marches des duchez de Bourgongne et de Champagne, et les sieurs de Mandosse et Bois Rigault furent envoyez à Lyon au devant des quatre mil qui venoient de Piedmont. Pareillement en ce temps, qui estoit environ la my-octobre, le sieur de Marolles, ordonné commissaire pour recevoir et conduire les Allemans nouveaux de Reifberg, manda qu'ils estoient arrivez à Issutille, sur les lisieres de Champagne. Et de ailleurs, messieurs de Guise et d'Aumalle estoient au chemin de leur retour, que l'on esperoit estre en bref, selon que les nouvelles en estoient récentement arrivées, et lesquels encore se hastoient pour ne défaillir à la nécessité. Estans toutes ces choses rangées en telle disposition que l'ay cy-dessus narré, et mieux encore que ne le pourrois exprimer, le Roy manda à M. de Nevers se retirer à Compienne, où il avoit proposé recueillir son armée : auquel lieu incontinent que ce prince fut arrivé, s'employa à rendre ceste ville forte et defensable, adjoûstant au naturel l'artifice, d'autant qu'il falloit qu'à la nécessité, et pour l'heure, elle servĩst de frontiere à la France; faisant en premier lieu eslever deux fort larges et hautes plateformes, et autant belles qu'il en soit en tout ce royaume : l'une, pour commander sur toute la planure qui est entre la forest et la ville; et l'autre sur tout le bas et le cours de la riviere et le long de la prairie, et au surplus départant toute diligence à remparer ceste ville, flanquer de bastions, cazes-mattes, terrasses, cavaliers et traverses ; de sorte qu'y arrivant le siege, l'artillerie de l'ennemy y eust trouvé à manger et despendre pour un long temps. Avec tout cela feit desseigner et relever de trenchées l'enclosture d'un camp, si large et spacieuse, qu'une armée de cent mil hommes y eust peu loger avec tous équippages et provisions, et aussi seurement que dans une ville, avec toutes aisances tant de la riviere que d'estendue.

Pendant que M. de Nevers entendoit à fortifier la ville de Compiegne, et y dresser le camp et l'enclore de trenchées, ne délaissoit pourtant, selon qu'il avoit accoustumé d'en user à Laon, d'envoyer journellement voir et recognoistre l'ennemy, mais je dy de si près, qu'il faisoit peu souvent délibérations et sorties que ce prince incontinent ne le sceust. Aussi, sur ce propos veux-je bien et puis affirmer de luy qu'il n'y a prince en tout le monde qui face plus grande despense ny meilleure récompense aux espions et à ceux qui luy font certains rapports que luy: qui est cause qu'estant seurement adverty il ne met rien au danger, et n'entreprend gueres de besongnes dont il ne vienne heureusement à fin. Mais, pour ne donner opinion à personne que je veuille blandir et flatter, je diray qu'entre autres entreprises que ce prince ayt fait à Compiegne, estant un jour, dont je me suis records, adverty que la garnison de Chaulny, qui estoit fort grosse, de quatorze à quinze cens chevaux, ordinairement avoit accoustumé de sortir en campagne, et ne se contentoit seulement de venir voller et faire destrousses bien avant en païs, ains trouvans nos garnisons de Coussy et de Soissons, pour estre en plus gros nombre et les plus forts, les rembarroient jusques dans les bois proches dudit Coussy, sans qu'ils les osassent attendre, proposa de leur dresser une cargue, et de s'y trouver si à poinct, qu'en une fois les recompenseroit pour toutes : parquoy, pour mieux celer ceste conduicte, voulut aller à Soissons, soubs couleur d'aller voir dix huit enseignes de Suisses qui y estoient arrivées ; duquel lieu manda incontinent à M. de Bordillon se trouver à certain jour et endroit en embuscade avec deux cens harquebusiers à pied et partie de ce qu'il avoit de cavallerie à La Fere ; et luy d'autre costé avec deux cens hommes d'armes et les reitres, et le prince de Condé avec sa cavallerie légere, à ce mesme jour se trouverent embusquez dans ces bois assez près de Chaulny, d'où fut envoyé le seigneur de Janliz (1) avec sa compagnie de cavallerie, pour semondre ceste garnison à sortir comme elle faisoit précédemment, et pour les attirer à l'escarmouche, comme il feit fort bravement et hardiment ; et ne faillirent ceux qui estoient demeurez, au nombre de trois à quatre cens chevaux et quelques Espagnols à pied, à sortir, estimans que c'estoient seulement leurs voisins ordinaires qui les venoient voir, et se jugeoient assez forts pour les recevoir. Lesquels aussi feirent fort bien, comme pareillement le seigneur de Janliz sceut sagement et cautement les soustenir, prenant sa cargue de loing en les attirant, et essayant d'amener au combat tout le surplus de ces douze ou quinze cens chevaux qui s'y estoient autrefois veus, et qui coustumierement en sortiroient, pour de tout cela à un coup faire desfaitte et routte, et en rendre la victoire plus glorieuse et belle, selon que tout le fait estoit seurement disposé et appareillé : mais de malheur ce jour mesme estoient

(1) *Janliz* : François d'Hangest, seigneur de Genlis.

partiz pour aller à leur camp, où ils avoient esté mandez, et ne s'y trouva que ce nombre que j'ay dit cydessus; tous lesquels soldats à la vérité démonstrerent fort grand devoir et hardiesse à se bien défendre; ce néantmoins, se sentans foibles, ne s'esloignerent par trop de leur fort : ce qu'estant apperceu de M. de Nevers, et qu'ils venoient à l'escarmouche plus froidement qu'ils ne souloient, et autrement qu'on ne luy avoit fait entendre, commanda au comte de Barbise, qui estoit adonc chef des reïtres, qu'il marchast et se monstrast avec ses troupes, et qu'il se meist en veuë des ennemis; et d'autre part les chevaux légers se meirent et gaignerent entre la ville et eux, de sorte qu'ils se trouverent enveloppez; où fut pris un capitaine albanois, chef de la cavallerie qui estoit demeurée dans Chauny, et le surplus de ses gens furent tuez ou pris. Et quant aux gens de pied espagnols qui s'estoient coulez le long d'une trenchée, se voyans enfermez et enclos de tous endroits, se jetterent dans une petite maison à cent pas de la ville, laquelle ils percerent pour se défendre à coups d'harquebusades, et y resisterent si longuement qu'ils peurent, et tant que le prince Condé feit descendre à pied la compagnie d'harquebusiers du sieur d'Alligny pour les assaillir : ce qu'ils feirent de telle ardeur et promptitude, qu'ils les forcerent et rendirent aux abbois et en telle extrémité, que le capitaine, ne voulant mourir là dedans misérablement, sortit hors de ceste maison l'espée nue au poing et une targe [1] en l'autre bras, qui fut incontinent saisi, estant le surplus de ses gens exécutez ou prisonniers : et ainsi qu'il requeroit et vouloit rendre sa foy, le capitaine Launay

[1] *Targe* : bouclier.

le vint tuer assez près du prince de Condé, lequel, comme prince de grand cueur, et ne voulant supporter cest oultrecuidé outrage en sa présence, en voulut d'autant recompenser le capitaine Launay, qui, pour éviter ceste fureur, allégua pour ses excuses que ce capitaine espagnol avoit blessé à mort le plus vaillant de ses soldats, et qu'il sçavoit de vray qu'il avoit fait fort mauvaise guerre aux François prisonniers à la journée de Sainct Laurent; suppliant très-humblement ce prince pour ces causes luy pardonner son impatiente et prompte cholere, comme il feit. En après M. de Nevers feit sonner la retraite, reprenant son chemin à Soissons, et faisant marcher au pas et en ordonnance ses forces, sans aucune perte n'y rencontre, comme aussi feit M. de Bordillon à La Fere. Depuis l'on a sceu que l'allarme en fut donnée bien soudaine et eschauffée au camp des ennemis, qui n'estoit qu'à quatre lieues de là, tellement que ce jour, quand les nouvelles y arriverent, desbanderent plus de quatre mil chevaux pour se mettre à la suite des nostres; mais ils n'y perdirent que temps et peine, et y arriverent trop tard, combien que le lendemain, pensans que l'on y retourneroit et qu'ils pourroient avoir leur revanche, s'y embusquerent et y appresterent la bienvenue et réception; mais ce fut en faute, et demeurerent tousjours les frais sur eux; car ce ne fut celle part que M. de Nevers les alla revoir, ains devers Noyon.

En telles et semblables courses et entreprises se passa la pluspart de ce mois d'octobre, pendant que les ennemis fortifioient Sainct-Quentin, Han et Le Castelet, où ils besongnoient à bras desployez, et en assiduité continuelle, voyans leur armée journellement affoiblir par diverses causes et accidens, et pareillement que l'importune saison d'hyver approchoit fort, et doutans que l'armée de France, se trouvant forte et bien tost complette, comme ils sçavoient et voyoient à l'œil qu'elle s'engrossissoit ordinairement, de premier œuvre s'y addresseroit, où trouvant les ouvrages imparfaits, seroit aisé à recouvrer ce qu'avec grands fraiz auroit acquis et amélioré. Le roy Philippes deslors, comme l'on disoit, s'estoit retiré à Cambray et à Bruxelles, avec la pluspart des princes et grands seigneurs qui ont accoustumé de le suivre. Et le Roy estoit aussi à Sainct-Germain en Laye, donnant ordre de remettre et renforcer son armée de tous équipages; laquelle adonc se faisoit fort grosse, et multiplioit tous les jours, car la pluspart des Suisses estoient arrivez, aussi estoient les bandes nouvelles d'Allemans; avec ce, l'on y avoit fait venir les autres vieilles compagnies qui estoient à Amiens. Et journellement s'y assembloient et venoient compagnies nouvelles de toutes les parts de ce royaume; tellement que l'on n'attendoit plus pour la rendre du tout complette, que le secours qui retournoit d'Italie, que l'on faisoit séjourner en Bresse et Lyonnois, costoyant ce baron de Polleville duquel j'ay tant de fois parlé cy dessus. Et pource qu'il tombe à propos, et que le succez de ses entreprises, tout autre qu'il ne le se promettoit, advint en ceste mesme saison, j'en diray icy un petit mot : c'est qu'après qu'il eut son armée dressée, au nombre, comme l'on estimoit, de dix à douze mille hommes de pied, où il y avoit six mille corselets, et de douze à quinze cens chevaux, passant par les montagnes de Vaulges, et le comté de Ferette, et laissant le Bassigny, entra dans la

Franche-Comté entre la comté de Montbeliard et Langres : où messieurs les Comtois, soubs couleur qu'ils disoient y estre par luy contraincts, contre les promesses et pactions de leur neutralité, luy donnerent passage, vivres et autres provisions de camp. Et de là vint descendre en la Bresse, espérant en peu de jours la saisir et s'en rendre maistre, par le moyen de certaines intelligences qu'il avoit avec quelques gentilshommes de ceste province, et autres de leurs voisins mal affectionnez envers le Roy. Et d'abordée alla planter le siege devant Bourg, qui en est la principale ville, estimant la trouver despourvue de toutes choses de defense, et en bref luy estre rendue. Ce que toutes fois il ne trouva; car le seigneur de La Guiche, qui en est gouverneur, et le baron de Digoine, qui y estoit son lieutenant, estans advertiz de sa venue, ou s'en doutans, y avoient desjà fait entrer la compagnie dudit seigneur de La Guiche, et quelques autres compagnies de gens de pied. Et d'autre part l'on a peu voir cy dessus comme le seigneur d'Eschenets avec sa compagnie le suivoit continuellement de près, comme aussi faisoit le seigneur de Jours avec ses huict enseignes de la légion de Champagne; lesquels luy tindrent tousjours si prochain voisinage, qu'aussitost que luy se trouverent près de Bourg, où ils entrerent; en quoy ils firent un fort grand devoir et service au Roy et à la République; et ainsi se trouva frustré de sa premiere opinion. Pendant qu'il arrestoit et entreprenoit ce siege, l'armée du Roy, qui retournoit de Italie, arriva tousjours à la file; et estans déjà venus deux mille harquebusiers fort braves, et soldats esleus, conduicts par M. le vidasme de Chartres, furent conduicts et entrerent dans ceste ville. Et d'ailleurs l'on y feit approcher couvertement, et sans faire bruit, quatre mille Suisses et trois mille lansquenets, estant toute la gendarmerie qui estoit arrivée, et arrivoit journellement, arrestée et logée ès environs de luy, tant en la Bresse que Lyonnois et Masconnois, en intention de luy faire sentir le payement de sa téméraire et mal fondée délibération. Enfin, après qu'il eut par trois fois remué son camp devant ceste ville, se doutant, à mon advis, et prévoyant son danger advenir, le 16 de ce mois d'octobre, le seigneur d'Eschenets feit sortir de ceste ville, sur l'entrée de la nuict, cinquante harquebusiers, pour aller recognoistre son camp, et la contenance et asseurance de ses gens. Lesquels harquebusiers, ayans tué d'arrivée les sentinelles donnerent, et eurent telle hardiesse que d'enfoncer leurs corps de gardes, qu'ils massacrerent en partie et tournerent l'autre en fuite, mettans en tel effroy tout le reste de leur armée, que dès l'heure elle deslogea, et feit si grande diligence à marcher et se retirer, qu'avant que les nostres en sceussent certaines nouvelles, et feussent prests à les suivre, ils avoient desjà cheminé et passé quatre ou cinq grandes lieuës sans regarder derriere eux, laissant plusieurs malades, vivres et meubles au lieu d'où ils départirent, et reprindrent le chemin de la Franche-Comté, d'où ils estoient venus. Bien tost après l'on sceut qu'ils se rompoient d'eux mesmes et abandonnoient ce baron de Polleville leur chef, pource qu'il ne leur avoit rien sceu tenir de ce qu'il leur avoit promis. Voilà l'issue et l'effect de l'armée du baron de Polleville, que le commun populaire appelloit le secours que le roy de Bohême envoyoit au roy Philippes, et d'autres, l'entreprise du duc de Savoye, après qu'il eut essayé de mutiner le peuple de Bresse et de Savoye, parmy lequel je peux bien dire qu'il y en avoit beaucoup de très-mauvaise volonté envers le Roy et la France, desquels les aucuns s'efforcerent la demonstrer alors, et les autres la dissimulerent.

Incontinent après la retraite de ce baron de Polleville, toutes ces forces qui estoient de pardelà prindrent le chemin, et se retirèrent à Compienne, où se faisoit le plus gros amas à l'assemblée generale de l'armée du Roy; et estoit M. de Guise desjà quelques jours de retour d'Italie, et arrivé à Sainct-Germain en Laye, où il vint trouver le Roy; lequel, après y avoir quelque temps séjourné, le feit son lieutenant general sur tout son royaume, et l'envoya en ce lieu de Compienne pour disposer et commander sur toute son armée, retirant riere Sa Majesté M. de Nevers, pour luy donner intermission et repos, après avoir supporté toutes les fatigues et labeurs que l'homme peult soustenir et souffrir pour la tuition de ce royaume avec tant d'heur, moyennant la grace de Dieu, que sa prévoyance et magnanime constance, avec bien petites forces, a tousjours prévenu l'ennemi en ses déliberations, et a tenu soubs bride et en doute la prospérité de son pouvoir, dont pour le moins l'Eternel luy fera condigne retribution, et la France luy sera à jamais redevable.

DIXIESME LIVRE.

De la prise de Calais, Guines, Hames, et de tout le comté d'Oye, par le preux et triumphant prince et duc de Guise. — De la prise du fort chasteau de Herbemont és Ardennes, par le magnanime et victorieux prince le duc de Nivernois, et des grands Estats du royaume de France, tenus à Paris au mois de janvier en l'an 1558, avant Pasques.

[1558] SE trouvant l'armée du Roy assemblée à Compienne dans le mois de novembre, et parfaitement accomplie de tout attirail et munitions pour être employée et mise en besongne, fut mis en conseil et consideration que, de premier exploict, l'aller heurter et presenter aux rempars et fortifications de Han et Sainct Quentin, pour essayer et faire effort de les reprendre, ce seroit adjouster seconde ruine à la premiere, et commencer besongne au souhait, peult estre, de l'ennemy, eu esgard que, se doutant de ceste deliberation, il auroit muni ces places, tellement, que, sans remuer les armes ni desgainer espée, il seroit spectateur seulement de nous veoir desfaire et combattre du froid et de la famine, estant desjà l'hyver du tout venu et le païs circonvoisin de fond en racine degasté, bruslé et destruict, sans que nullement il y eust ordre d'y recouvrer vivres, mesmement pour les chevaux; oultre ce que la pluspart de nos forces, et sur tout la gendarmerie, estoit fort debiffée et harassée, tant de ce voyage d'Italie que pour les fatigues de l'esté précédent ; parquoy fut jugé le plus certain avis abuser l'ennemy en ses opinions, et entreprendre tout au contraire de ce qu'il pourpensoit, selon que luy-mesme par expérience nous l'avoit demonstré ; qu'il valoit mieux s'adresser ailleurs où l'on le pourroit tirer de son fort et l'esloigner, que s'arrester à ce qu'il avoit parfaitement appareillé pour nous amuser et nous laisser nous mesmes consommer. Ainsi fut remise ceste entreprise à autre saison plus propre, pour mettre en avant celle de Calais, que l'on a voulu dire toutefois dès long temps auparavant practiquée et menée, mesmement par la sage conduite et intelligence du seigneur de Senarpont, prudent gouverneur du Boulonnois, et toutefois tousjours retardée et empeschée par diverses et survenantes occasions ; de sorte qu'il m'a esté dit pour chose véritable que, s'il eust pleu à Dieu departir tant de grace à M. le connestable, que retourner heureusement le jour Sainct Laurent, le lendemain ou peu de jours ensuivans, il partoit pour parachever ceste entreprise, ce nonobstant qu'à ceste fois elle a eu un prince autant vaillant et prompt executeur qu'il en peult estre en ce monde, comme l'effect en est sorty et apparu universellement. En narrant laquelle exécution, je suis contrainct suivre et reitérer à peu près ce que desjà en a esté escrit et publié, pour n'y avoir esté present, toutefois en ayant eu autres certains advertissemens : ce que néantmoins j'ay bien voulu faire pour en conserver et continuer plus longue mémoire, comme d'un œuvre autant grand et mémorable qu'il en advint en France depuis deux cens et dix ans que ceste très-forte ville avoit esté prise et possédée des Anglois, comme d'une entreprise si promptement et soudainement exploitée, en chose que l'on reputoit comme imprenable et presque impossible, que l'on le nombre entre les miracles et cas esmerveillables de ce siécle, principalement estant advenue en ceste saison d'hyver, où les marets dont ceste ville est en la pluspart environnée sont inaccessibles.

Doncques, pour conduire ce fait plus couvertement, et pour en oster toute cognoissance et suspicion aux ennemis, fut donnée une partie de ceste armée à M. de Nevers, comme dix huict ou vingt enseignes de Suisses et autant d'Allemans, et douze ou quinze de François, et cinq ou six cens hommes d'armes, et quelque nombre d'artillerie, pour mener en Champagne, faisant courir le bruit que c'estoit pour aller prendre Luxembourg et Arlon : et M. de Guise, avec l'autre partie, demeuroit en Picardie, tant pour empescher l'ennemy d'avitailler Sainct Quentin et Han, que pour tenir en assurance les places de la frontiere, comme il feit, pendant que M. de Nevers s'acheminoit en son voyage, pendant aussi que de nouveau l'on recognoissoit les moyens et advenues pour donner bonne issue au faict de Calais, et que l'on consideroit s'il y seroit point intervenu quelque obstacle et empeschement, et quels soldats et garnisons estoient dedans. Les ennemis estans advertis du département de M. de Nevers, et sçachans le duché de Luxembourg degarny de gens de guerre, avec ce qu'il n'estoit pas fort et en la pluspart enclos de villes et garnisons françoises, departirent quant et quant un secours de gens et munitions pour y envoyer en toute diligence. Estant M. de Nevers arrivé à Varennes et à Clermont en Argonne, et à l'entour de Stenay, après y avoir fait temporiser pour quelques jours sa petite armée, voyant qu'il ne se rencontroit rien de soudaine prise, selon qu'il avoit esté ordonné, renvoya ses forces de pardeçà devers M. de Guise, lequel s'estoit desjà avancé vers Amiens, feignant vouloir avitailler le chasteau de Dourlan, et lequel, ayant entendu nouvelles du bref retour des forces de M. de Nevers, passa encor plus oultre, sous ombre d'aller pareillement munir et renforcer Ardres et Bouloigne, retenant en ceste sorte l'ennemy en doute de ce qu'il vouloit attenter tout à un coup. Après qu'à grandes journées les troupes de M. de Nevers furent arrivées et rejointes à M. de Guise, ce prince ayant tout son appareil prest suivant sa très-grande promptitude, le premier jour de janvier se présenta devant le fort Nieullay, où d'arrivée, trouvant un petit fort palissé et relevé de terre, que les Anglois avoient basti à Saincte Agathe, petit village proche et sur le commencement de la chaussée qui va au pont de Nieullay, le fit assaillir par deux ou trois mille harquebusiers esleuz, soustenuz de vingt cinq ou trente chevaux, avec telle furie et hardiesse, qu'ayant remis et rechassé une enseigne de ceux qui le gardoient, sortie à l'escarmouche à la faveur du canon et du maretz, accompagnée et couverte de soixante ou quatre vingts chevaux, finalement les contraignirent l'abandonner et se retirer au grand fort de Nieullay : ce qui donna, à mon advis, pour le premier bond, grand estonnement aux Anglois, car je crois qu'ils ne se cuidoient pour l'heure estre si près d'estre assiegez, et ne jugeoient les forces des François si grandes et si voisines ; et, au contraire, ceste premiere victoire augmenta le courage aux nostres, et grand espoir de venir au-dessus du principal, quand ils virent les ennemis de premiere lutte ne les avoir peu soustenir.

Tout sur l'heure, encore qu'il fust desjà tard, M. de Guise et M. de Thermes recognurent ce fort de Nieullay, et à l'instant furent commencées les approches et trenchées, et l'artillerie amenée et logée en diligence pour commencer, dès que le jour poindroit, à le battre. Et pource que tout le fruict de l'effet requéroit une très-grande promptitude, afin de rendre les assiegez entierement estonnez, et sans loisir de s'asseurer et recognoistre, et hors d'espoir de pouvoir estre secouruz, de mesme train ce prince avoit fait marcher une partie de son armée et artillerie à main gauche, le long des dunes, pour les occuper, et pour se présenter et gaigner un autre fort qui est à la pointe desdites dunes, appellé Risban, lequel commande et tient subject tout le port, et empesche qu'il n'y peult aborder aucun vaisseau ennemy. Ainsi il estoit necessaire, pour obtenir après la ville de Calais, se saisir tout à un coup de ces deux extremitez et forts (l'un desquels, qui est celuy de Nieullay, garde et defend toutes les chaussées et advenues par terre, estans celles parties marescageuses) afin de retrencher ce passage aux Flamens de la pouvoir secourir; et de l'autre, qui est Risban, pour aussi ne laisser prendre terre et port au secours qui leur pouvoit estre envoyé d'Angleterre, n'estant ce port de Calais, que César appelle en ses Commentaires *Itius portus* (1), distant du premier port d'Angleterre, qui se nomme Douvres, que trente mille pas. Parquoy ayant M. de Guise toute la nuict, avec M. d'Au-

---

(1) *Itius portus*. *Iccius portus*. On ne sait si César a voulu désigner Calais ou Boulogne.

malle son frere, le mareschal Strossy, les sieurs de Thermes, d'Estrée, grand maistre de l'artillerie, de Sansac, de Tavanes, Dandelot et de Senarpont, revisité et recognu ces dunes, approcherent encore de plus près ce fort de Risban. Et tout à l'instant, la mer estant basse, fit conduire le jeune Alegre et un autre gentilhomme, par le sieur de Rendan, en un endroit du port où il avoit sceu y avoir un passage, pour le sonder, comme il fut fait et trouvé : sur le champ fut resolu, avec tous les capitaines, de battre et assaillir ces deux forts ensemble. En quoy M. d'Estrée se rendit si soigneux, et fit de telle assiduité travailler et vastadours et canonniers, que le lendemain, quatrieme de ce mois, son artillerie se trouva trois heures devant le jour preste et braquée en tous ces deux endroits, et, dès que le jour apparut, en mesme temps commença à tonner et fouldroyer d'une part et d'autre; ce qui espouventa tellement les assiegez, que ceux du port de Nieullay, à la première ou seconde vollée, quitterent la place, et à la haste se retirerent dans la ville de Calais. L'on a voulu dire depuis qu'ainsi leur avoit esté mandé, pource que la ville estoit mal fournie d'hommes. Et s'estant M. de Guise en ceste sorte ouvert ceste premiere entrée et advenue, fit incontinent entrer et loger les François là dedans, où il trouva force artillerie, pouldres et munitions : en après, pour fermer le pas à tout secours qui pouvoit venir par terre dans la ville, fit passer et loger entre la ville et le maretz, derriere les chaussées, vingt enseignes de fanterie françoise, et les Allemans du Ringrave avec huict cens reitres, et deux ou trois cens hommes d'armes, soubs la conduite du prince de la Roche-sur-Yon, laissant au surplus M. de Thermes avec autres compagnies de cavallerie et gendarmerie, et les Suisses, sur l'advenue de Guines aux dunes, où ce prince avec le demeurant de l'armée alla camper. Une heure ou deux après la prise du fort de Nieullay, ceux qui estoient dans celuy de Risban se rendirent à la discrétion de M. de Guise, duquel ils furent traitez humainement; et demeura ainsi ce prince saisi et emparé en un mesme jour des deux principales places qui luy estoient très importantes et nécessaires pour jouir de sa pleine et ample victoire. Parquoy, tenant et poursuivant de près ceste heureuse occasion que la favorable fortune luy présentoit, le mardy ensuivant, quatrieme de ce mois, fit amener et loger six canons et trois longues coulevrines devant la porte à l'eau, pour rompre les flancz et defenses, et feit là remuer terre, et relever terreplains et gabionnades, comme s'il eust voulu en cest endroit dresser sa principale batterie : ayant avec plusieurs vollées de canon desarmé ceste porte, et ouvert et fracassé en cest endroit quelques tours qui pouvoient nuire aux assaillans d'aller à breche qu'il délibéroit entamer, tenoit ainsi les assiegez en opinion que ce seroit celle part qu'ils se devroient le mieux defendre, sans se douter du chasteau, qui estoit creux et à sec, et sans aucuns rempars, où tout à un coup l'on addressa autres quinze canons en batterie, chargeant et deschargeant tout le jour ceste tempeste d'artillerie, de si esmerveillable furie, que sur le soir la breche se fit fort large et apparente.

A l'heure mesme, avant que la nuict fust venue, M. de Guise fit passer M. Dandelot, avec douze ou quinze cens harquebusiers et corcelets, et une infinité de gentilshommes, pour aller investir et se fortifier au long du quay et l'estendue du port qui estoit encor entre les dunes et la ville, et pour auquel lieu aller falloit passer quelque peu d'eau ; luy ordonnant en oultre que, si tost qu'il s'en seroit rendu maistre, il fist besongner chacun à creuser une trenchée et traverse avec des outils qu'il fit lors bailler à tous les soldats, qui traversast et allast respondre à la douve et muraille du fossé en cest endroit, que l'on feroit rompre en après, par où s'escouleroit l'eauë des fossez dans le port, et par où aussi l'on pourroit aller à couvert depuis ledit port jusques esdits fossez. Sur ce propos fault il aussi que je die que de si longue main avoit esté pourvu aux artifices et choses nécessaires pour ce siege, qu'expressément pour passer les hommes et autres munitions sur les glaces et lieux marescageux, l'on avoit fait porter par mer grande quantité de clayes poissées, afin que l'eauë ne pust mordre et les transpercer et corrompre. Et pour couvrir les harquebusiers, à cause que le sable et la greve estoit descouverte et en vue, l'on avoit fait amener pareillement grand nombre de pierriz et palliz de bois très sec, pour estre plus forts et legers, de la haulteur d'un homme, et de l'espesseur de demy pied, couverts au dehors de trois ou quatre doigts de papier collé l'un sur l'autre, chose que l'harquebusade ne peut faulser aisément, lesquels avoient par le bas un appuy au bout duquel estoit une pointe de fer, longue d'environ un pied et demy, bien asserée, pour le planter, afin qu'il entrast plus facilement en terre, quelque dure qu'elle fust. Et derriere iceux palliz, que l'on a appellé postes, les harquebusiers pouvoient tirer plus assurément par une petite lumiere qui estoit au milieu. Voyant M. de Guise que la breche s'ouvroit fort, et pouvoit estre raisonnable dans deux ou trois vollées de canon, se délibéra au plustot d'y faire donner l'assaut. Cependant pour tenir tousjours les ennemis en allarmes, et les empescher de s'y remparer, fit passer sur les huict heures du soir, après la retraite de la mer, le sieur de Grandmont avec deux ou trois cens harquebusiers des plus assurez et justes, pour aller recognoistre la contenance des assiegez, et pour, avec force harquebusades, desloger ceux qui s'y présenteroient et monstreroient le nez. Et de mesme suite le mareschal Strossy, avec autres deux ou trois cens harquebusiers conduits par le capitaine Sarlaboz, et cent ou deux cens pionniers, alla gaigner l'autre bout du port pour s'y loger en des petites maisonnettes qui y estoient, et là se fortifiant avec une trenchée, y demeurer du tout supérieur et commander à tout ce port. Toutefois les boulets y pleuvoient si espessement, qu'après y avoir esté tué vingt ou vingt-cinq, que soldats que pionniers, furent contraints s'en retirer, et se rendre vers M. de Guise, lequel n'en estoit loing, s'estant desjà avancé et passé près du port avec messieurs d'Aumalle et marchis d'Albeuf ses frères, et messieurs de Montmorency et de Bouillon, suivis de plusieurs gentilshommes. Sur ces entrefaites, ayant ce prince fait recognoistre la breche par deux ou trois fois, tant par le seigneur Brancazzo (1) que par autres, et estant adverti qu'il estoit temps, et qu'elle se trouvoit preste à estre assaillie, sans attendre plus longuement fait donner le signal, et fait avancer le seigneur de Grandmont des premiers avec ses harquebusiers, soustenuz d'autant de corcelets conduits par le mareschal Strossy, suivis encore d'autres

(1) *Brancazzo* : Brancas.

deux ou trois cens soldats. Et luy, d'un autre costé, ayant passé dans l'eauë jusquà la ceinture, se mit le premier devant toutes les autres troupes jusques au pied de la breche, laquelle les François assaillirent de premiere furie de si grande hardiesse et impétuosité, qu'après avoir taillé en pieces ceux qu'ils rencontrerent des premiers, contraignirent en peu d'heure le surplus leur quitter la place de ce chasteau, et les chasserent et rembarrerent dans la ville. Ainsi les nostres à vives forces s'advantagerent de ce passage et premiere entrée dans Calais, où M. de Guise leur commanda se fortifier et ne s'en laisser débouter pour le surplus de la nuict, leur laissant pour chefs et conducteurs messieurs d'Aumalle et marchis d'Albeuf ses freres; et luy, pource que la mer s'enfloit, repassa de l'autre part en l'armée, afin de leur renvoyer secours incontinent qu'il seroit jour, et afin qu'il n'y advint désordre.

Quand les Anglois se furent un peu recognuz, et eurent repris leurs sens, se repentant de la grande faute qu'ils avoient faite, d'avoir abandonné si soudainement ce chasteau, par où ils voyoient l'ouverture aux François dans leur ville, ils retournerent avec une plus grande hardiesse que celle de l'assault, pour recouvrer ce chasteau, jugeant que ceux qui seroient là dedans ne pourroient soustenir longuement, et ne seroient secouruz, à cause que la mer étoit haulte et enflée. Pourtant la teste baissée vindrent à r'assaillir les nostres où il y eut fort aspre et obstiné combat; mais ils y trouverent si grande et rebelle résistance, que finalement ils en furent aussi reculez qu'auparavant. Ce nonobstant, demourans opiniastres à regaigner leur chasteau, amenerent deux ou trois pieces d'artillerie sur l'autre bout du pont devers la ville, pour enfoncer la porte, et en chasser ceux qui s'y mettroient en défense ; et d'une plateforme qui estoit sur l'un des coings de la grande place faisans tirer en plomb là dedans infinies canonnades, leur sembloit qu'homme du monde ne s'oseroit y monstrer, rechargerent et redoublerent un autre assault, encore plus furieux que le premier, où s'il y fust bien assailli, encore mieux défendu, car, les ayans repoulsez vivement, et y estans demeurez sur le champ morts ou blessez plus de deux ou trois cens de leurs plus braves hommes, malgré eux et à leur nez, les nostres fermerent les portes, et tout soudain les remparerent par derriere. Dont après, tout courage et espoir défaillirent aux Anglois, tellement qu'ils adviserent deslors plustost à parlementer et traiter de quelque composition gracieuse et honneste, que de cuider davantage resister, et l'obtenir par force. Parquoy le lendemain au matin le millord Dunfort[1], qui en estoit gouverneur, envoya devers M. de Guise deux des principaux de la ville, qui demanderent fort grosses et advantageuses conditions ; toutefois finalement ils se rangerent et receurent les capitulations et articles qui s'ensuivent : Qu'ils auroient la vie sauve, sans qu'aux personnes des hommes, femmes, filles et enfans, il fust fait force ny aucun desplaisir. Se retireroient les habitans de ladite ville la part que bon leur sembleroit, fust en Angleterre ou en Flandres, avec leurs passeports et saufs-conduits nécessaires pour leur seureté et passages ; demeurant ledit millord Dunfort, avec autres cinquante personnes, prisonniers de guerre, tels que M. de Guise

---

[1] *Millord Dunfort :* mylord Wentworth.

voudroit choisir. Et quant aux autres soldats et gens de guerre, seroient tenus passer en Angleterre. Laisseroient l'artillerie, pouldres, boulets, armes, enseignes, et generalement toutes munitions, tant de guerre que de vivres, en ladite ville, sans en rompre, brusler, cacher ny endommager aucune chose. Quant à l'or et argent monnoyé ou non monnoyé, biens, meubles, marchandises et chevaux, le tout demeureroit en la discrétion de mondit sieur de Guise, pour en disposer ainsi que bon luy sembleroit. Toutes lesquelles choses estans transigées et accordées le huictieme de ce mois de janvier, ce prince commença à faire sortir et mettre hors la ville une grande partie de ce peuple; et le lendemain le reste suivit, ainsi qu'il leur avoit esté promis, sans leur estre fait aucun tort ny destourbier, n'y demeurant un seul Anglois, mais bien une incroyable quantité de pouldres, artillerie, munitions, laines et vivres qui ont esté reservez et retenuz, et le surplus fut donné en proye aux soldats.

En ceste sorte, en moins de six ou sept jours fut reconquise toute la forteresse de la ville de Calais, que l'on estimoit pour le présent comme imprenable, devant laquelle, ainsi que le tesmoignent les chroniques de France, regnant Philippe vi, dit de Valois, et en Angleterre Eduard iii, l'armée anglesque tint le siege l'espace d'un an entier. Finalement, estans les assiegez reduicts à telle necessité et famine que de manger les ratz et les cuirs de beuf, estant dedans capitaine et chef un vaillant chevalier nommé messire Jean de Vienne, leur fut rendue le troisieme d'aoust en l'an mil trois cent quarante sept. Et de laquelle ville iceux Anglois ont jouy depuis le terme de deux cens dix ans ; tellement que maintenant l'on peult dire qu'en ayant esté par eux depossedé un Philippes roy de France, estant un Philippes roy d'Angleterre, elle a esté reduite et remise ès mains de son vray et naturel seigneur. Ainsi les faits esmerveillables de l'Omnipotent surpassent toutes les puissances et préméditations des hommes, quelque grands qu'ils puissent être. Il ne faut douter que, lorsque les Anglois l'usurperent, elle ne fust de beaucoup moins forte qu'elle n'est pour le jourd'huy ; car adonc, je pense, et comme encore l'on le peult veoir, elle estoit seulement fermée et close de murailles de pierre, avec force tours rondes, proches les unes des autres, percées pour tirer cassefrusts et fleches, et tous autres coups de traicts sans feu, à la vieille mode, sans aucuns rempars, ny autres artifices et fortifications inventées contre l'esmerveillable tempeste de l'artillerie dont à présent l'on bat les forteresses. Mais, en l'estat où elle est maintenant, est jugée l'une des plus belles et fortes villes de guerre de l'Europe, d'autant qu'oultre ce que naturellement elle est située en lieu inaccessible, pour estre environnée des trois parts de riviere, ruisseaux et marescages, et de l'autre flancquée de la mer, avec un fort grand et spacieux port, sans estre en rien subjette ny commandée, artificiellement ils luy ont donné une forme plus quarrée qu'autrement, revestue par le dehors de rempars fort larges et massifs et bien conroyez ; ayant aux trois coings devers les marets trois gros bouleverts en pointe et triangulaires, bien flancquez et armez, pour couvrir et defendre les courtines ; et à l'autre quarré, devers les dunes, est le chasteau, par lequel, pour n'en avoir esté cogneue, ou pour n'avoir remedié à l'imperfection, est advenue ceste derniere prise. Oultre plus, ceste ville est en tout environnée de fossez larges et fort creux, à fonds de cuve, tousjours pleins d'eauë, à cause qu'il y a une petite riviere qui vient devers Hames, laquelle passant à travers la ville les abbreuve et remplit ; aussi que tous les autres petits ruisseaux qui resourdent dans ces marets y tombent et s'y escoulent la pluspart. Mais, ce qui est encore plus à louer en une ville de guerre, il y a une des plus belles places publiques qu'il est possible, en laquelle pour le moins l'on mettra en bataille de quatre à cinq mille hommes. Pour conclure, je croy que ceste ville est accomplie de la meilleure part des perfections requises en une forteresse inexpugnable ; et si le profit et le grand revenu du port l'améliore encore davantage, pour estre l'un des principaux et plus renommez de la mer Oceane, auquel sont apportées de toutes les parties du monde infinies et inestimables richesses, et toutes sortes de marchandises, et de là aussi en après départies et distribuées en divers pays et régions ; de laquelle traficque et commerce revient journellement grand denier et emolument. En ce port à la prise de ceste ville furent trouvez, prins et saccagez, quelques vaisseaux pleins et chargez de marchandises, et autres meubles de bonne estoffe et valeur ; et dit on que d'autres, se cuidans sauver à voile en mer, furent combattuz et arrestez : toutefois il est fort difficile le spécifier et déduire plus apertement, d'autant qu'en tels saccagemens et pillages le tout y est si confus, que le plus souvent le faux y précède le vray. Pendant aussi que l'on combattoit ceste ville, le tonnerre et bruit de l'artillerie estant entendu d'Angleterre, ou bien estans advertis de ce siege, furent armez force navires, et remplis de soldats et toutes munitions pour y envoyer secours. Mais quand ils approcherent, et qu'ils recogneurent les enseignes et croix blanches plantées et venteler desjà sur la tour de Risban et les murailles de la ville, sans approcher davantage, s'en retournerent pour reporter advertissement de ceste mauvaise adventure en leur pays.

Estant la ville de Calais surprise et emportée en si peu de jours qu'a esté dit cy dessus, par la tres prompte diligence de M. de Guise, fut en après disputé et consulté auquel des deux l'on s'adresseroit, ou à Gravelines ou à Guines, d'autant que ces deux forteresses sembloient estre comme les deux espaules et appuis de ceste ville, et comme deux forts bouleverts et obstacles pour clorre les deux principales advenues, à sçavoir : Gravelines pour Flandres et les Pays-Bas, et Guines pour France. Toutefois, toutes causes emplement debattues et espluchées, la plus saine opinion résolut, à mon jugement, que Guines importoit plus pour la conservation de Calais que Gravelines, encore qu'elle fust plus forte et de difficile oppugnation. Selon lequel advis, ce prince d'invincible courage, et auquel le travail de la guerre est comme exercice coustumier, proposa l'assiéger, et n'en départir qu'il ne l'eust ou de gré ou de force. Parquoy, sans donner grand loisir à l'ennemy de respirer et penser aux remedes, poursuivant de près sa victoire, le treisieme de ce mois envcloppa et alla assiéger Guines, là dedans estant chef un grand seigneur anglois, nommé millord Gray, avec force gens de guerre et toutes autres munitions. D'arrivée noz soldats françois, trouvans la ville abandonnée, s'y logerent pour s'en aider à battre et assaillir la forteresse qui estoit joignante; mais les Anglois, les surprenans sur un commun desordre des logis, firent une sortie par une poterne du chasteau, et les en debouterent de premiere furie, et maugré eux mirent le feu par la meilleure part des maisons, puis se retirerent. Tantost après, M. de Guise, suivant son accoutumée celerité et promptitude, fit commencer les tranchées, encor que l'espouvantable et incredible tempeste de l'artillerie luy donnast tous les empeschemens qu'il estoit possible : ce nonobstant, d'une obstinée asseurance, sans intermission fit poursuivre l'œuvre où luy mesme, pour augmenter les courages et pour servir d'exemple à chacun, se presentoit le premier, et avoit aussitost la main à l'outil et à tirer et poulser le canon, que le moindre pionnier de toute la troupe. Et tellement continua à remuer terre et dresser gabionnades, que dans deux ou trois jours après il approcha et mit les bouches de son artillerie, au nombre de trente cinq pieces, en batterie, jusques sur le bord et contrescarpe des fossez, pour battre tant de droit fil qu'en croisant et traversant en trois endroits, principalement l'addressant à l'un des plus grands et principaux bouleverts qui flancquoit d'un costé la courtine de la porte, et de l'autre part leur grand boulevert, qu'ils appelloient le grand boulevert de la Cuve, entreprenant le plus fort de ces bouleverts, soubs esperance d'obtenir en après à bon marché les moindres et plus petits. Autant ou plus soudainement commença la batterie, laquelle dura sans cesse deux jours et demy, en si esmerveillable furie et tonnerre, que le commun bruit est tel, en si peu de jours y avoir esté deschargez de huit à neuf mille coups de canon ; de sorte qu'estant ce gros boulevert desarmé et ouvert, la bresche apparut, dans le vingtième de ce mois, raisonnable pour l'assaillir et forcer. Ce neantmoins, M. de Guise bien instruict, et sçachant en combien de sortes et artifices se peult racoustrer et réparer une breche, et les moyens et ruses que l'ennemy peult inventer pour y attrapper l'assaillant et se fortifier au dedans, avant qu'y hazarder ses soldats voulut à plus que d'une fois faire recognoistre la bresche et l'accès pour y aller. Et pourtant du premier coup y envoya quatre soldats des plus dispos qu'il peut eslire, suivis d'une vingtaine d'autres braves et vaillans, qui en furent incontinent retirez par son commandement. Le lendemain de rechef y renvoya cinq ou six autres soldats non moins hardis et adventureux que les premiers, lesquels donnerent bon espoir et advenue de ceste bresche. Ce nonobstant, ce prince très humain ne se fiant à tous ces rapports, pour ne vouloir exposer à credit et à une soudaine fricassée la vie de vaillans hommes qui sont volontiers des premiers en un bon affaire, encore une autrefois envoya six vingts soldats françois pour gaigner et preoccuper des premiers le dessus et le plus hault du parapect qui estoit du costé des assaillans, afin de couvrir et soustenir certain nombre de pionniers qu'il y feit monter par mesme suite, pour applanir et adoucir la montée de la breche qui estoit encore haulte et roide. Et commanda toutefois à ces six vingts soldats n'attenter n'y entreprendre au par-dessus de leur charge et ce qui leur avoit esté commandé : à quoy ils obeirent, executans hardiment et vaillamment ceste entreprise ; et se peult croire que ce ne fut sans experimenter et se soubsmettre à infinis dangers qui sont ordinairement prests et preparez à ceux qui font les premiers essaiz des assaults, combien que ce prince les ayant en fort grand espargne, estimant leurs vies fort cheres, pour les soulager les faisoit rafreschir et rechanger de fois à autre. Enfin estant certain que le chemin estoit abaissé et preparé, commanda à M. Dandelot, general sur toute la fanterie françoise, se tenir prest avec ses soldats, pour, quand il donneroit le signe, se presenter promptement à l'assault. Et luy, pour speculer et veoir à l'œil le commencement et l'issue de ce qu'il en adviendroit, et, s'il estoit possible, le dedans de ceste breche et l'appareil que noz gens y trouveroient, monta sur un tertre et colline assez haulte, d'où il descouvrit que pour soustenir et defendre ceste breche, ne se presentoient tant d'hommes qu'il doutoit et avoit en opinion. Parquoy tout à l'instant, ce mesme jour 20 de ce mois, feste Sainct Sebastien, feit avancer et marcher droit à la breche, pour ouvrir le premier passage, un regiment d'Allemans esleus, lesquels, de grande asseurance et sans crainte, s'y enfournerent ; par mesme moyen feit signe à M. Dandelot qu'il suivist avec ses troupes, comme il feit : et tout cela ensemble feit un merveilleux effort pour entrer, se plongeans la pluspart des soldats et entrans dans l'eau et les creux des fossez, profonds de septante pieds de haulteur, de telle ardeur et desesperée hardiesse, qu'ils en oublioient tout danger, fust de l'eauë ou du feu ; encore que M. de Guise eust fait bastir des ponts à travers ces fossez de pippes et vaisseaux vuides attachez les uns aux autres, sur lesquels l'on avoit fait jetter et lier des planches et clayes, ce nonobstant, la véhemente furie les précipitoit et poulsoit tellement, qu'ils n'avoient esgard n'y à ponts n'y à passages, pour le seul desir d'y entrer : toutefois leur impetuosité ne peut estre si grande et furieuse, que de premier bond ne fussent repoulsez par les ennemis, s'aidans fort bien de leurs feux artificiels, et combattans pour leur tuition avec une estrange et incroyable obstination. Ce qu'appercevant M. de Guise, descendit incontinent de cette montagnette, et, se representant au milieu d'eux, reprenant les uns, sollicitant les autres, leur remit de telle sorte le cueur en ventre, que, retournans visages et recommençans de plus belle, redoublerent un extreme devoir, et s'y esvertuerent de telle force, que les assiegez defaillirent soubs le faiz, ne pouvans davantage soustenir ceste derniere recharge ; et, estans ainsi renversez, abandonnerent l'entrée et la breche aux nostres, avec perte des leurs de plus de trois à quatre cens hommes, entre lesquels se trouverent près de quatre vingts ou cent Espagnols des plus braves et de réputation qu'ils eussent ; le surplus tourna le doz, et furent, ou tuez à la furie, ou faits prisonniers. D'un autre costé, ce jour mesme, les Allemans du colonel Reichroch, conduits par son nepveu, forcerent et emporterent deux autres petits bouleverts qui aussi avoient esté battuz, où l'on avoit fait bresches. Et ainsi fut ce jour du tout gagnée la basse court du chasteau. Le millord Gray, avant ceste perte, et prevoyant ce danger arriver, s'estoit retiré avec un sien fils dans le vieil chasteau et leur principal fort, qu'ils appelloient le boulevert de la Cuve, comme aussi estoient les principaux capitaines et meilleurs soldats, et avec eux avoient transporté leurs plus riches et précieuses bagues et meubles : tous ceux là, ayant quelque peu pourpensé à leur fait, ne se sentans assez asseurez et forts pour esprouver de rechef ceste effrenée et comme enragée furie des François, délibererent de parlementer; et envoya le millord Gray ce jour mesme deux gentils-hommes vers M. de Guyse, lui remonstrer qu'en defendant ceste place de marque et d'importance, à la garde de laquelle il avoit esté commis, il ne devoit trouver estrange ny mauvais s'il s'estoit, comme homme fidele et selon son devoir, bien defendu et jusques à endurer l'assault; faisant autrement, que c'eust esté contre son honneur et sa foy, le requerant enfin luy octroyer une honneste composition. Ce prince, après avoir entendu ses propositions, en remit la response au lendemain, et non sans que depuis beaucoup d'hommes de bon jugement ne se soient grandement esmerveillez comme ce millord Gray, que l'on a tenu entre les plus experimentez capitaines de sa nation, perdit si tost cognoissance et entendement, et que si soudainement le cueur et le courage luy assoupirent, se rendant si legerement, sans adviser et considerer qu'il estoit encore sur pieds et presque aussi fort qu'en premier, ayant encore ce vieil chasteau sain et entier, de très forte et très ancienne matiere, environné de fossez fort creux et pleins d'eauë, où il eust fallu faire nouvelle batterie, et où aussi il se fust peu retrancher, estant la place assez spacieuse. Oultre cela luy restoit ce gros et large boulevert de la Cuve, qui commandoit à tous les aultres, le tout garny d'artillerie et munitions, et defendu des mieux advisez et plus vaillans hommes qui fussent. Mais en cela ne faut donner autre response, sinon que ce sont œuvres de Dieu, lequel, quand il luy plaist, déprime et rabaisse les grands, et fait faillir le sens et science aux sages, et extolle et esleve de mesme les petits et infimes. Or le lendemain, qui estoit le vingt et uniesme de ce mois, M. de Guise accorda ceste composition qui s'ensuit au millord Gray : Que les soldats sortiroient avec leurs armes, mais que leurs enseignes demeureroient dans la place avec toute l'artillerie, pouldres, boulets et toutes autres munitions, tant de guerre que de vivres. Quant au millord Gray et tous les capitaines et hommes de qualité qu'il avoit avec luy, ils demeureroient prisonniers de guerre, en la puissance du Roy et de M. de Guise. Estant ceste capitulation recuë et approuvé des assiegez, le jour ensuivant sortirent de ceste place de neuf cens à mil hommes de guerre, partie Anglois, partie Bourguignons, et quelque nombre d'Espagnols, sans le menu populaire, qui prinrent tous tel chemin qu'ils voulurent, sans leur faire aucun mal ny desplaisir ; et resterent ou furent en tout, par leur dire mesme, des leurs de morts ou blessez, de quatre à cinq cens. Le millord Gray fut retenu prisonnier; aussi fut un capitaine espagnol que l'on appelloit Mont-Dragon, lequel, auparavant ayant esté prisonnier en la Bastille à Paris, s'estoit sauvé, et depuis s'estoit renfermé là dedans. Cela fait, M. de Guise, pource que ceste place sembla dangereuse si elle estoit reprise, et grandement nuisible au chemin de France à Calais, mesmement pour estre fort proche d'Ardres, aussi que ce seroit double despense de la garder, ayant fait mettre hors toute l'artillerie, munitions et vivres, la feit ruiner et démollir. A ce propos j'ay bien voulu cy adjouster qu'il est escrit aux chroniques de France qu'en l'an mil trois cent cinquante et un la ville et le chasteau de Guines furent prins par les Anglois, nonobstant les trefves qui estoient lors, pour la conspiration et trahison d'un nommé Guillaume de Beaucouroy, lieutenant du capitaine dudit lieu, lequel, pour ceste cause, et selon qu'il le meritoit, en fut decapité et après pendu. Doncques ne restoit plus de tout le comté d'Oye qu'un petit chasteau appellé Hames, qu'il ne fust remis entierement en l'obeissance du Roy : et, pource que ce chasteau, encore qu'il soit petit et non remparé, ny fortifié d'artifices, est neantmoins naturellement en telle difficile et comme inaccessible forte assiette, pour estre environné de paluds, viviers et marescages, qu'il est presque impossible d'y approcher n'y asseoir artillerie, n'ayant qu'une bien estroitte chaussée pour y aborder, encore traversée en plusieurs endroits de ponts de bois rompus et ostez, l'on estoit en fort grand doute en quelle maniere et invention l'on le pourroit assieger. En ces entrefaites, M. de Sipierre, qui avoit esté commis avec la compagnie de M. de Lorraine, dont il estoit lieutenant, et quelques autres, pour garder ceste chaussée, advertit M. de Guise que ceux qui estoient dans Hames, effroyez et espouvantez de la prise de Guines, l'avoient abandonné et s'en estoient fuis ceste nuict là par certains sentiers qu'ils sçavoient dans ces marets ; et ainsi fut fort aisé à s'en saisir, où l'on trouva force artillerie et provisions. En après demeurerent les François en tout et par tout les maistres, et n'y eut forts ny chasteaux qui ne leur fussent ou rendus ou abandonnez, estant chose manifeste qu'en ces places que M. de Guise a conquis sur les Anglois, oultre les riches butins qui y ont esté trouvez et pris, ont esté gaignez et recouvrez plus de deux à trois cens pieces d'artillerie de fonte, montées sur rouës, et autant de fer. En quoy sera clairement cognue la fertilité et richesse du pays, et combien ceste gent angloise curieusement travailloit, et estoit songneuse à cultiver, augmenter et garder ceste province, laquelle, à mon opinion, est celle dont la seule ville de Calais porte le nom maintenant, et laquelle Cesar escrit en ses commentaires avoir conjuré avec les Belges contre les Romains, et qui envoya en ceste guerre dix mil hommes de secours.

Au mesme temps que M. de Guise entreprenoit et estoit en ce voyage, M. de Nevers, qui n'ayme à estre oysif et séjourner longuement en repos inutile, ayant envoyé au long de la frontiere de Champagne, tant pour sçavoir comme toutes choses y passoient et estoient conduites, que s'il s'y pourroit recouvrer aucune occasion d'entreprendre sur l'ennemy de ce costé, fut adverty que la pluspart des garnisons et forces ordinaires du duché de Luxembourg estoient retirées où estoit leur plus grosse armée, ou en leurs maisons, tellement que les places fortes estoient fort vuides et despourveues. Sur lequel advis voulant délibérer et fonder une bonne exécution, secrettement, et le plus couvertement qu'il fut possible, advertit les gouverneurs et capitaines qui estoient restez ès places de son gouvernement, qu'ils eussent à tenir leurs compagnies prestes, et au meilleur équipage que faire pourroient, et, oultre plus, de recueillir et amasser tant d'hommes de guerre et soldats de cette contrée qu'ils en sçauroient recouvrer. Et d'ailleurs manda aux chefs et membres des compagnies de messieurs de Bouillon et de Jamets, qu'ils eussent à faire retirer en leurs garnisons tous les gentilshommes de leurs compagnies avec armes et chevaux, pour estre prets à estre employez quand ils seroient advertis : commandant oultre plus au sieur de Saint Simon, guidon de sa compagnie, qui lors estoit près de luy, mander et reserrer le plus qu'il pourroit de ceux de sadite compagnie, mesmement de ses voisins, car le surplus avoit eu congé pour se retirer ès vieilles garnisons, afin de l'accompagner et se trouver en ce voyage. Ainsi ayant diligemment pourveu à toutes choses, M. de Nevers partit en poste d'une sienne maison près de Chaalons en Champagne, le 2 de février, feste de Nostre-Dame de la Chandeleur, et arriva le vendredy ensuyvant à Yvoy, où ce jour mesme avoient assignation, et estoit le rendez-vous à tous les susdits capitaines, et où aussi se trouva ce bon vieillart et sage chevalier M. de Jamets. Auquel lieu, et en présence de tous lesdits capitaines qui s'y estoient desjà assemblez, le seigneur de Haulcourt, gouverneur de ceste ville d'Yvoy, remonstra en bons termes, sentans son sage et bien advisé capitaine, à M. de Nevers, qu'il n'avoit pour l'heure place plus dommageable et nuisible à ceste frontiere, que le chasteau de Herbemont, pour estre le principal lieu où s'amassoient toutes les assemblées des Ardennes, et où se dressoient toutes les entreprises que ils appareilloient ceste part, et où aussi après ils faisoient leurs retraites. Parquoy estoit la premiere place où il falloit, et où estoit le plus necessaire s'addresser, en laquelle prenant, on couvroit non-seulement ceste ville d'Ivoy et toute ceste lisiere, mais aussi l'on s'estendoit et avoit-on entrée de plus de six ou sept grandes lieuës dans le pays de l'ennemy. Sur lesquelles remonstrances, après avoir advisé de tous moyens, fut résolu par M. de Nevers d'attenter cest exploit, et de partir ce jour mesme à minuict. A quoy le seigneur Despots, qui pour lors commandoit en toute ceste frontiere en l'absence de ce prince et de M. de Bordillon, avoit donné si bon ordre, que desjà estoit prest un bon nombre de chevaux, pour trainer six canons et une longue coulevrine, et par mesme moyen avoit levé certain nombre de paysans et manœuvres, pour servir de vastadours et pionniers : estans avec tout cela les compagnies de gens de pied et de cheval, si peu qu'on en avoit, prestes à marcher, l'on commanda aux sieurs de Troussebois, gouverneur de Mesieres, de Chambry, gouverneur de Maubert-Fontaine, et à celuy de Bouillon, que dès ce soir ils allassent, le plus soudainement et diligemment qu'ils pourroient, enclorre et envelopper ce chasteau; et par le chemin de Sedan, avec autres compagnies de gens de pied et quelques chevaux-legers, on fit marcher une partie de l'artillerie. D'un autre costé le sieur de Haultcourt eut la conduite du reste de l'artillerie et des munitions, dont estoit commissaire le capitaine Jacques Tolf (1) : le tout conduit avec une si grande promptitude, que M. de Nevers, le samedy à sept heures du matin, avec ses petites forces et équipage susdit, se trouva campé devant ce chasteau, et non sans avoir eu grandes fatigues et difficultez à faire passer l'artillerie oultre la riviere de Semois, qui a son cours au-dessoubs de ce chasteau, à cause des grandes neiges et glaces. D'arrivée fut de près recogneue la place avec force escarmouches; et où le capitaine Caumont avec sa compagnie feit fort bravement, ayant

(1) *Tlof* : Wolf.

gaigné, maulgré toutes les harquebusades et canonnades de ce chasteau, une petite bassecourt et enclosture où les bonnes gens et paysans faisoient la retraite de leur bestail. Tantost après fut affustée et logée une partie de l'artillerie pour canonner et battre l'un des flancs de ce chasteau; mais pource que l'on cognut la petite exécution qu'elle y faisoit à cause de la difficile et mauvaise assiette où elle estoit, l'on fut contraint, et la feit on planter et braquer droit au front et à la teste, pour battre un boulevert qui y estoit, et qui couvroit et defendoit la seule advenue pour y aller et entrer; laquelle y tira si furieusement, et y besongna si bien en peu d'heure, que, ce faisant et monstrant presque la breche raisonnable pour y donner l'assaut, le capitaine se présenta à parlementer, requerant quelques conditions; mais estant du tout debouté de ses demandes, et lui estant faite briefve response par ce prince, qu'il ne falloit parler d'autre composition que de se rendre à sa volonté et discretion, autrement que s'il ne se hastoit bientost il le feroit, avec tous ceux qui estoient avec luy, tailler en pieces, iceluy capitaine, craignant tomber en ce danger, encore qu'il ne luy fust si proche que faute de cueur le luy representoit, se confiant en l'humanité et bonté de ce prince, se rendit à sa misericorde, et laquelle aussi, aux prieres de M. de Jamets, il trouva et experimenta, usant M. de Nevers de telle clemence et douceur que le renvoyer avec sa femme et famille, et generalement tous les soldats qui estoient là-dedans, vies et bagues sauves, et sans estre pillez ny rançonnez. Cela fait, ce prince envoya quelque nombre de chevaux-legers et harquebusiers à cheval, pour recognoistre les forts de Jamoigne, Chigny, Rossignol et Villemont, partie desquels ils trouverent desja abandonnez, et les autres à la premiere semonce se rendirent. L'on estoit sur les arres et en deliberation de poulser encore plus avant et donner jusques à Neufchastel ès Ardennes ; mais les pluyes, neiges et grandes froidures interrompirent ses desseings. Or la seule prise de ce chasteau de Herbemont ne doit estre mise et nombrée entre les moindres ; car, oultre ce qu'il est naturellement fort et facile à estre rendu inexpugnable, comme estant situé sur un hault et dur rocher de tous endroits inaccessible, fors que par l'advenue, où il fut battu et pris, et hors de batterie, encore estoit-il fort propre et convenable pour couvrir et asseurer toute ceste advenue des Ardennes en toute la Champagne, et secondant le fort chasteau de Bouillon, pour commander et assubjectir toutes les Ardennes : il appartient au comte de Billistin et de Rochefort, à la garde duquel fut ordonné capitaine le sieur de La Croix, lieutenant de M. de Haultcourt. De ceste prise, advenue le 6 de fevrier, M. de Nevers advertit incontinent le Roy par le sieur de Sainct-Simon, guidon de sa compagnie, lequel en fut très-aise et content, et en rendit, comme j'estime, graces à Dieu, de ce qu'estant la fortune contraire changée, en un mesme temps et en divers lieux luy ottroyoit de si belles et amples victoires, qu'elles sembloient à tout le monde comme miraculeuses, tant estoient admirables.

Le Roy, sur ce prospere commencement qu'il avoit pleu au supresme Dieu tout-puissant luy départir, délibera s'évertuer davantage, et employer jusques au bout toute sa puissance, pour contraindre son ennemy par un dernier effort se retirer des limites de son royaume où il avoit empieté, ou accepter une amiable paix, ainsi que par plusieurs fois luy avoit présentée, et acquérir avec les armes le repos nniversel à tout son peuple. Pour ce faire, tant pour déclairer et demonstrer publiquement son entiere affection et intention, que pour requerir et convier chacun à le secourir de ses moyens, voulut convoquer et assembler en sa capitale ville de Paris tous les Estats de son royaume, au sixieme jour de janvier en cest an. Auquel jour se trouverent au Palais Royal plusieurs prelats et ministres de l'Eglise, deputez et envoyez pour toute la generalité, comme aussi feirent autres grands seigneurs et gentilshommes pour la noblesse, et generalement autres pour la justice et le populaire, tant des villes que du labeur ; et où mesmement le Roy voulut comparoistre et assister avec François son premier fils, daulphin de France, pour declairer par sa propre voix et parolle à son peuple et subjects, les parfaites et cordiales affections qu'il avoit envers eux, et qu'au réciproque il esperoit et attendoit d'eux, avec un grand contentement du passé ; et finalement pour leur affermer et asseurer le desir qu'il avoit de les conserver et defendre, et d'user envers eux de tous offices d'un bon roi. Doncques estans tous les deputez de ces Estats arrivez et assemblez en l'une des salles de ce palais, appellée la salle Sainct-Louys, furent les prelats et ministres ecclesiastiques, vestus de leurs rochets et surplis, assis sur des sieges qui leur avoient esté preparez à dextre et à senestre ; et en un siege hault eslevé, du costé droict, estoient les baillifs, seneschaux et autres pour la noblesse. Sur un banc bas, couvert de fleurs de lis, estoient les présidens des parlemens ; au bout duquel, sur un autre plus petit, du mesme costé, estoient les gens du Roy du parlement de Paris, les deux avocats et procureur du Roy. Au milieu du parquet y avoit une petite table quarrée, couverte d'un tapis de toille d'argent, près de laquelle estoient assis trois secretaires des commandemens, à sçavoir, l'Aubespine, Duthier et Clausse; et deux pas plus avant, sur un banc bas, au pied de la chaire du Roy, estoient assis les thrésoriers generaux des finances, au-dessus desquels, et au plus éminent et apparent lieu de ceste salle, estoient deux chaires : l'une, et la plus haute, couverte de velours violet, semé de fleurs de lis d'or, qui estoit le siege du Roy ; et à un pas et demy près, d'un mesme rang, y en avoit une autre plus basse, couverte de toille d'or, pour M. le Daulphin son fils; et au-dessus estoit un ders (1) de mesme parure que le couvert de la chaire royale. Le prevost des marchands de Paris et les eschevins, les deputez de Rouen, ceux de Lyon, ceux de Tholose, et consécutivement des autres villes, furent rangez du costé des evesques, où la place estoit plus spacieuse. Tost après arriverent les chevaliers de l'ordre de France, ayans au col leur grand ordre, à sçavoir : M. de Nevers, M. le prince de La Roche-sur-Yon, le comte de Sancerre, messieurs Durfé et de Bordillon, lesquels monterent du costé droict au-dessus de toute la noblesse, auprès du duc de Lorraine et autres jeunes princes. Peu après vindrent le Roy et M. le Daulphin son fils, accompagnez de messieurs les cardinaux de Lorraine, de Bourbon, de Guise, de Chastillon et de Sens : estant le Roy assis,

(1) *Un ders* : un dais.

s'assirent M. le Daulphin et lesdits cardinaux du mesme costé et rang. Le Roy commença le premier à remonstrer que, depuis son advenement à la couronne, il avoit continuellement eu la guerre contre les anciens ennemis de France, les Anglois et les Bourguignons, laquelle guerre il fut contraint commencer pour le recouvrement des places frontieres que lesdits ennemis avoient usurpées et occupées, comme le Boulonnois et autres, et que, pour fournir aux frais d'icelle guerre, il avoit esté contraint vendre son domaine, et depuis imposer sur ses subjects plusieurs subsides, desquels, à son très-grand regret, ils ont esté fort travaillez. Que, pour l'esgard et commisération de eux, il s'estoit offert d'obtenir la paix, encore que ce fust à conditions dommageables pour luy, mais pour le desir singulier qui l'esmouvoit de tenir son peuple en pacifique repos, lequel a tousjours trouvé fort fidele et enclin à son obeissance et service. Et pource qu'il avoit esté adverty que sesdits ennemis estoient en plus grande délibération que jamais d'entreprendre et assaillir le royaume de France, il avoit toute sa fiance, après Dieu, en la fidélité et secours de sesdits subjects; et pourtant il proposoit, comme contraint par la necessité, de faire une forte, grande et extresme guerre pour recouvrer une bonne paix. Mais d'autant que l'argent est le principal nerf de la guerre, il prioit bien fort un chacun des Estats le vouloir maintenant secourir pour resister à l'ennemy, et qu'en apres il se mettroit en tout devoir d'acquerir et conserver à ses subjects une tranquilité; promettant, en foy de bon roy et prince, les traiter d'ores en avant si gracieusement, et remettre toutes choses en tel ordre, que chacun auroit occasion de se contenter ; que, pour tesmoignage de sa bonne volonté et affection, il avoit voulu faire telle promesse en public et en présence de son fils, afin que tous deux y fussent compris et obligez. Le Roy ayant fini son propos, M. le cardinal de Lorraine, tenant le premier lieu, et parlant pour l'estat de l'Eglise, commença une oraison et harengue fort docte et gravement prononcée, qui dura l'espace d'une heure, tant à la louange du Roy que pour le remerciement de sa volonté et promesse; concluant pour le clergé, que tous leurs corps et biens ils soubsmettoient à son bon plaisir et disposition. M. de Nevers, parlant pour la noblesse, en peu de paroles dit qu'elle estoit tant affectionnée à son service et à la defense du royaume, qu'elle presentoit au Roy, non-seulement les corps et les biens, mais la vie. En après, M. de Sainct André, premier-president de Paris, respondant pour la justice, estant à genoux, et tous les presidens des autres parlemens de France, a en premier lieu remercié le Roy du bien et honneur qu'il avoit pleu à Sa Majesté leur faire, érigeant un quart estat de sa justice, et aussi de manifester à ses subjects sa bonne volonté et affection, avec plusieurs autres propos et remerciemens tendans à louer sa grandeur, et sa promesse de vouloir magnanimement soustenir la guerre pour, en repoulsant l'ennemy, acquerir une longue et perpetuelle paix à ses subjects, et puis redresser toutes choses en leur ordre et bonne suite, au repos et contentement de chacun; offrant pour cest Estat, et pour y survenir, non seulement les biens, mais les corps des officiers de sa justice. Pour le dernier estat du populaire et des deputez de villes, M. du Mortier se leva, et, ayant fait trois grandes reverences, remercia le Roy très-humblement de sa bonne volonté qu'il porte à ses subjects, les voulant conserver en paix après avoir resisté à l'ennemy; specialement luy approuva et loüa grandement ce grand desir qu'il avoit de pollicer la France, laquelle a souffert quelques désordres pour la necessité des guerres; que neantmoins, encore que le pauvre peuple fust desjà fort attenué et affoibli de puissance, si est ce qu'il se saigneroit encore plustost soy-mesme, pour, après luy avoir exposé les corps et les biens, luy sacrifier les vies pour la tuition du royaume. Après que tous les deputez eurent paraschevé leurs dires et propositions, avant que le Roy se levast de son tribunal, M. le cardinal de Sens, garde des seaux de France, se mit à genoux devant le Roy, inclinant sa teste fort bas, puis se levant se retourna devers les assistans, et dit que le Roy luy avoit commandé porter ce propos à tout le peuple : que, pour commencer de remettre toutes choses en bonne disposition, pour le soulagement et repos de France, un chacun des deputez des villes eust à rédiger par escrit toutes leurs doleances, et mettre par articles les poincts ayans besoing de reformation, et iceux rendre entre les mains dudit sieur du Mortier; sur lesquels le Roy, avec les seigneurs de son conseil, ordonneroit particulierement à un chacun ce qu'il verroit estre à faire par raison, et dans tel temps qu'il leur seroit dit; et que les deputez n'eussent à s'en aller de la ville jusques à ce que ils eussent entendu la volonté plus ample du Roy. Ces choses dites, le Roy se leva et s'en alla, puis tout chacun se departit. Quelques jours après, les deputez des villes furent mandez au logis de M. le cardinal de Sens, où se trouva M. le cardinal de

Lorraine avec autres seigneurs du conseil privé, et là iceluy cardinal de Lorraine declaira et remonstra ausdits deputez des villes la fin et le but de ceste assemblée, qui estoit que le Roy vouloit emprunter trois millions d'or, et qu'il vouloit trouver trois mille personnes en son royaume qui luy prestassent chacun mille escuz, declairant que le clergé avoit desjà offert mille hommes qui en presteroient chacun mille; qu'il falloit que les villes de France nommassent et trouvassent deux mille hommes, et qu'on leur constitueroit une rente au denier douze. Et dit davantage ledit seigneur, que le Roy vouloit diminuer les tailles pour le soulagement du menu peuple, qui estoit fort travaillé, et qu'on ne mettroit plus de subsides sur la marchandise pour l'entretenement du commerce; enchargeant ausdits deputez de faire deux choses: l'une, de bailler chacun à part soy des rooles des aisez, qui fourniroient argent, et l'autre, de mettre et donner par escrit, entre les mains du sieur du Mortier, tous les articles qui bons leur sembleroient pour la réformation des affaires. Au partir de là, les députez adviserent ensemble que, pour le devoir de leurs charges, ne devoient bailler aucun roolle, parce qu'il est impossible de pouvoir cognoistre la faculté des particuliers; car tel a reputation d'avoir argent qui n'en a point. Et pour se descharger de donner tels roolles, le mesme jour furent devers M. le cardinal de Lorraine, auquel remonstrerent qu'il n'estoit possible accomplir et rendre certainement tels roolles, à raison qu'on ne peult sçavoir et cognoistre la puissance et moyen des habitans, parce que tel a des biens en apparence qui n'a point d'argent; et pour le regard des marchands qui font leur train sur le crédit, tel fait grand monstre et traficques extérieurement, qui est fort proche de faire bancqueroutte. Depuis, messieurs du conseil privé mirent ce faict en délibération; sur quoy considerans que les deputez des villes ne pourroient fournir tels roolles veritables, pour l'incertitude des facultez des personnes, conclurent qu'on chargeroit et cottiseroit en chacune ville tant d'hommes qui presteroient argent; et s'ils ne pouvoient prester mille escuz, qu'ils en presteroient cinq cens, en augmentant le nombre des personnes. Le quart estat depuis bailla les articles pour la réformation des affaires, selon le temps présent. Le dixieme du mois de janvier, le Roy, la Royne, le Dauphin, plusieurs princes et grands seigneurs, et géneralement toute la Cour, furent ouyr messe en la Saincte Chapelle, pour rendre graces à Dieu de la prinse de Calais, pour lesquelles bonnes nouvelles tous les Estats ensemble accreurent de plus grande volonté d'aider au Roy à poursuivre sa victoire: tellement que deslors l'estat ecclesiastique accorda au Roy en pur don un million d'or, oultre les decimes; et le quart estat deux millions, luy declairant que si cela n'est suffisant pour soustenir la guerre et contraindre l'ennemy se ranger à quelque bonne paix, ils exposeroient tout le demourant de leurs biens et personnes pour son service. Ce que j'ay bien voulu declairer et deduire amplement, encore qu'il ait esté desjà publié, mais pour en rafraichir la memoire et la rendre plus durable et exemplaire à la postérité; faisant demonstration et representant le bon naturel et très grande humanité d'un grand roy envers ses subjects affligez; voulant pour leur tuition exposer, non seulement ses avoirs et puissance, ains sa propre vie.

En quoy aussi sera veuë la très affectionnée et très fidele obeissance d'un bon peuple, ne refusant, ains presentant les biens, les corps et les vies pour aider et secourir son prince.

Le quinzieme de ce mois, le Roy faisant sa déliberation d'aller veoir sa ville de Calais pour la fortifier, voulut premierement aller au Palais pour tenir le siege de la justice; et y demeura depuis huict heures du matin jusques à unze, accompagné de M. le Daulphin et de cinq cardinaux, avec les autres seigneurs de son privé conseil. Où devant Sa Majesté furent leuz et publiez plusieurs edicts et autres constitutions touchant l'ordre politique. Quelques jours ensuyvans il parfit sondit voyage de Calais, et visita d'un bout à autre ceste belle et très-forte ville, pour adviser et disposer, tant de la fortification qu'il y vouloit adjouster, que de toutes autres necessitez, pour la conserver et garder; ordonnant pour y commander et y estre son lieutenant et gouverneur, M. de Thermes, chevalier de son ordre, autant sage et digne de ceste charge, qu'il en eust peu eslire en tout son royaume.

Je ne veux oublier à dire, avant que faire fin à ce livre, que M. de Guise, attendant la venue du Roy, et temporisant avec l'armée en ceste nouvelle conqueste du comté d'Oye, commençoit tousjours cependant à fortifier et ameliorer Calais, et d'autre part parachevoit de ruiner Guines, ainsi s'accommodant et appropriant de ce qu'il voyoit nécessaire, et ruinant ce qui estoit nuisible, pour, après avoir sceu le bon plaisir et volonté de Sa Majesté, donner et passer oultre ou à Gravelines, ou à Sainct-Omer. Toutefois l'hyver s'aigrissant et empirant en froidures et toutes rigueurs du temps, l'on advisa de rompre camp, pour mettre une partie de l'armée ès garnisons et villes fortes le long de la frontiere, et renvoyer le surplus se rafreschir et reposer, pour se trouver prest de nouveau, à l'esté en suyvant.

ONZIESME LIVRE.

Du mariage de François, premier fils du Roy, et daulphin de France, avec Marie de Stuart, royne heritiere d'Escosse. — De la prise de la très-forte ville de Theonville, et de la ruine d'Arlon. — De la desfaite des François près Gravelines, et autres choses advenues depuis. — Finalement de la paix faite et accordée entre ces deux grands rois, en l'an 1558.

[1558] Ayant le Roy, ainsi qu'a esté déclaré cy-dessus, pourveu et donné ordre de recouvrer deniers comme la premiere et plus nécessaire chose pour venir à bout de toutes autres, il voulut en second lieu de bonne heure s'asseurer d'hommes, mesmement d'Allemans, sur tout de reitres et pistolliers, pource que, l'an précédent, les plus grandes forces que son ennemy eust, et dont l'on estimoit qu'il s'estoit peu le plus advantager sur luy, estoit par le moyen de ces reitres, qu'ils ont depuis appellé harnois noirs, lesquels se trouvans tous chargez de pistolles, armes de traict à feu, furieuses et espouvantables, sembloient estre inventez pour l'estonnement et roupture de la gendarmerie françoise. Et pourtant, afin d'en affoiblir d'autant son ennemy, et pour accoustumer et apprendre aux François à estre usagiers et asseurez de telles armes, voulut en retirer à son service, et pratiqua céléement et couvertement en estre faite en toute l'Allemagne la plus grande levée qu'il seroit possible, n'y espargnant la solde ny l'accoustumée liberalité des rois de France : aussi que la premiere entreprise où il vouloit entamer son ennemy advenoit en tel endroit, que ceste nation y estoit la plus proche et moins suspecte. Par mesme moyen ordonna aux capitaines de ses vieilles enseignes, qui estoient en garnison ès villes fortes le long des frontieres, qu'ils eussent à tenir leurs compagnies complettes et bien armées; départant, oultre plus, à nouveaux capitaines nouvelles commissions, pour faire levées de soldats et gens de guerre, specialement en la Guyenne et ès provinces les plus esloignées de deçà, et que ce fust le plus tacitement et sans bruit que se pourroit faire, leur enchargeant très-expressement ne mettre rien aux champs sans special commandement de luy. La gendarmerie, afin de ne rien éventer, n'en fut plustost hastée, ains, selon l'ordonnance ordinaire, fut advertie de se trouver avec tout équippage aux monstres generalles qui ont accoustumé estre faites sur la fin du mois d'avril. Ainsi le Roy de bonne heure assigna les arres, et dressa son premier estat, pour rassembler et mettre aux champs son armée à l'esté prochain.

En après, avant commencer toute autre œuvre, voulut estre parfait et accompli le mariage de François, son premier fils, daulphin de France, et de Marie de Stuart, royne heritiere d'Escosse, l'une des plus belles et vertueuses princesses de l'Europe, fille de Jacques de Stuart v du nom, et dernier roy d'Escosse, et de Marie de Lorraine, auparavant veufve du duc de Longueville; moyennant lequel mariage l'on dit que, par le consentement des Estats, ce royaume d'Escosse seroit comme uny et joint à la couronne de France, et auquel succederoient par cy-après les premiers fils et daulphins; et deslors leur fut donné ce tiltre de Roy Daulphin. Ceste memorable solemnité fut celebrée en la fameuse ville de Paris (1) le vingt-quatrieme d'avril en cest an 1558, avec très-opulentes et très-magnifiques pompes et triomphes, qui seroient trop prolixes à ici particulariser, où se trouverent plusieurs prelats et grands princes de ces royaumes, comme les cardinaux de Bourbon, de Lorraine, de Guise, de Chastillon et de Sens; et le roy et royne de Navarre, les ducz de Lorraine, de Guise, de Nevers, de Nemours et d'Aumalle; les princes de Condé et de La Roche-sur-Yon, et plusieurs autres princes et grands seigneurs françois. Du royaume d'Escosse y vindrent l'archevesque de Glasco, metropolitain de ce royaume; le reverend prelat Robert Reid, evesque des isles Orcades et premier president d'Escosse, lequel déceda à Dieppe en retournant; le prieur de Sainct-André, fils naturel du dernier roy; le comte de Rothes, le comte de Casselles, le milord Flemyng, le milord Setomi, le baron de Dun, et autres seigneurs et gentilshommes de ce pays; lesquels estoient fort aises et contents de se trouver et veoir ceste très-grande et indissoluble alliance de ces deux royaumes. Durant ces festins et jours de bonnes cheres, vindrent quelques nouvelles de proposition de paix, moyennée par la duchesse douairiere de Lorraine, laquelle, estant lors près du roy Philippes son cousin, pour sa vertu de Sa Majesté grandement favorisée, faisoit tout devoir et employoit jusques au

---

(1) *En la fameuse ville de Paris.* La fête eut lieu de à l'Hôtel-de-Ville. On y représenta une pièce de Jodelle. Mais le désordre fut si grand qu'il fut impossible d'entendre les acteurs.

bout son gentil esprit pour accorder et unir ces deux grands princes, et auquel tant sainct œuvre elle s'est rendue si entenlive et persévérante, que Dieu luy a fait la grace par son moyen l'issue en avoir esté heureuse, ainsi qu'on le verra cy-après.

Ceste très-illustre princesse, deslors comme mere très-affectionnée et desireuse de la veuë et présence de son fils le duc de Lorraine, qui estoit en France, obtint sauf-condit de ces deux princes, à ce qu'il l'allast veoir à Peronne où elle l'attendoit, comme il fit, accompagné de M. de Vauldemont son oncle, et où, peu de jours ensuivans, se trouva aussi M. le cardinal de Lorraine, que le Roy y envoya pour entendre sur quels moyens et articles l'on pourroit entrer en termes de paix ; toutefois que pour l'heure les choses ne peurent trouver bon fondement, et s'en retourna ledit sieur cardinal sans aucun effect, et avec un bruit qui s'esleva de par-deçà que les ennemis l'avoient voulu arrester et surprendre par les chemins : depuis il fut sceu que c'estoient les garnisons de Sainct-Quentin et de Han, et quelque autre petit amas d'armée qui, s'estant mis aux champs, avoient desfait ceux de Nelles, et saisi et prins ceste petite ville. Au mesme temps vint d'autre part advertissement comme une armée de mer anglesque avoit esté descouverte sur la coste de Normandie, au nombre de sept à huict vingts vaisseaux, que l'on doutoit faire descente au Havre de Grace ou à Dieppe, ou en quelque autre endroit qu'ils sentiroient despourveu et mal gardé : parquoy soudainement et en diligence y fut envoyé le duc de Bouillon, pour y pourvoir et commander ; mais estant desjà les communes adverties, selon qu'elles ont accoustumé s'assembler et mettre en armes au signal que l'on fait de garde en garde, ceste armée marine ne print point terre et ne fit descente en aucun lieu, ains se jetta en haute mer. L'on a voulu dire depuis que les Anglois avoient mis en mer ceste armée pour empescher l'avitaillement que l'on faisoit à Calais, ou bien pour la doute qu'ils avoient que nostre armée mesme, qui portoit cest avitaillement, en après ne fist descente en leur pays.

Dès le commencement du mois de may ensuivant, M. de Bordillon fut envoyé à Metz pour secrettement recognoistre encore une autre fois les moyens et endroits par où se pourroit assieger Theonville, et pour entendre quels vivres et gens de guerre estoient dedans, soubs couleur et un bruit que l'on faisoit que le Roy l'avoit là envoyé pour aller au-devant et recevoir certains grands princes d'Allemagne qui venoient devers Sa Majesté, et par mesme moyen pour à l'improviste faire envelopper ceste ville par les forces d'Allemagne qui y devoient bien-tost arriver, comme il fit; car, tost après estant venu des premiers l'un des fils du duc de Lunebourg, les colonels Grombak, Scheneveux, Baudo-pré et Henry Stoup, avec chacun quatre cornettes de reitres, comme aussi Reifberg avec quatre autres cornettes dont il estoit lieutenant, pour l'un des fils du lansgraf de Hess, qui sont en tout de quatre à cinq mille chevaux, et les regimens de gens de pied des colonels Rocquendolf, Reicroch, de Lussebourg, fils dudit Reicroch, et celuy dudit Reifberg, chacun de dix enseignes, avec celuy de Waldebourg, qui n'estoit que de quatre, montant le tout au nombre de treize à quatorze mille hommes de pied, avec toutes ces troupes alla des premiers environner et enclorre ceste très-forte place, où alla pareillement M. de Vieilleville, gouverneur de Metz, avec sa compagnie et une partie des vieilles enseignes françoises qui estoient là en garnison; et d'autres furent tirées aussi des plus prochaines garnisons, comme de Verdun, de Toul et Danvillé. Peu de jours ensuivans, le dixhuictieme de ce mois de may, M. de Nevers partit de Chaalons en Champagne pour se trouver à ce siege, et alla passer à Stenay, afin d'y amasser le surplus des vieilles enseignes, où l'on les avoit mandées se rendre; et semblablement pour faire marcher l'artillerie, pouldres et munitions qui y estoient, et que desja en ce lieu l'on avoit assemblées pour ceste entreprise. Au partir de là M. de Nevers print le chemin du Pont Camouson, où se trouva aussi M. de Guise; et de là ensemble allerent au coucher à Mets, d'où ils departirent le premier jour de juin environ minuict, pour aller recognoistre ceste ville, et adviser et conclure avec tous les capitaines des moyens que l'on devroit tenir pour l'obtenir et recouvrer.

Un jour ou deux ensuivans, ces deux princes se départirent le commandement de l'armée, M. de Guise demeurant campé deçà la riviere de Moselle, vers Florenges, pour commander en la bataille, et comme lieutenant-general pour le Roy; et M. de Nevers passa de l'autre part, et alla loger en un chasteau appellé La Grange aux Poissons, pour commander en l'avantgarde. M. de Nemours, avec la cavalerie legere, campa un peu plus avant sur le chemin de Luxembourg, audessoubs d'un mont qu'on appelle Mont d'Estraing; et M. de Jametz, avec quelques compagnies de gendarmerie et reitres, encore plus avant sur l'advenue et chemin de Metz. Dès le commencement furent les premieres approches et trenchées faites deçà la riviere, et prises d'assez loing, fort larges et creuses, et au-dehors devers la ville relevées fort haultes, ayans les terrains et gabionnades en façon de platesformes, tant pour estre à couvert contre la fouldre de l'artillerie qui tiroit incessamment de la ville, que pour donner plus aisément à plomb là-dedans, et pour de tant plus facilement descouvrir les endroits où il falloit battre et rompre les defenses. Là-dessus furent logées trois ou quatre longues coulevrines et cinq ou six canons renforcez, qui tiroient de droict fil aux parapects d'un gros boulevert qui estoit en teste, et taschoient à demonter trois ou quatre pieces que les ennemis avoient mises sur une tour au dedans de la ville, lesquelles pieces battoient et descouvroient tout le circuit, et faisoient de grands meurtres par nostre camp. D'autre part, au couvert et seurté de ces premieres trenchées, en furent reprises et recommencées la nuict ensuivante deux autres aux deux bouts, le long desquelles l'on fit tant que l'on coula et affusta en chacune cinq ou six canons, pour rompre en croisant et traversant les flancs et defenses de ce boulevert et des platesformes qui estoient aux deux coings de ceste courtine. A la faveur desquelles trenchées l'on en approcha d'autres plus près de la rivière, où furent logées autres dix ou douze pieces en batterie; et n'est à douter que ce ne fust avec un grand labeur et hazard de M. d'Estrée et des commissaires et canonniers, voire des princes et grands seigneurs qui s'y trouvoient le plus souvent des premiers, y pleuvant les boulets aussi espais que la gresle, dont estoit fait grand massacre de ces miserables pionniers et vastadours.

Tant y a que, nonobstant tous ces dangers, le cinquieme jour de juin l'on commença à battre ceste ville de trente cinq grosses pieces; qui estonna fort pour le premier advenement les assiegez, voyant que, contre leur esperance, et malgré toute la tempeste de leur artillerie, en si peu de temps l'on en avoit approché la nostre en telle quantité et en tel endroit qu'ils ne se doutoient pas, et ce que desjà les faisoit craindre et debattre et mal esperer de ce siege, mais surtout pour le principal default, qui estoit d'hommes, sur lequel au despourveu avoient esté enveloppez. Parquoy de là en avant tous les efforts des ennemis tendoient à recouvrer secours, tellement que, dès le troisiesme de ce mois, environ minuict, le comte de Horne y estant en personne, pensant surprendre nostre guet, essaya d'y faire entrer trois enseignes de vieilles bandes espagnoles; mais trouvant les advenues bien gardées, et les guets renforcez, fut contraint se retirer avec sa courte honte, ne trouvant à son retour au logis le nombre de ses gens aussi complet comme il l'avoit mené. Et derechef un jour ou deux après, à la diane et changement du guet, se vindrent presenter quatre enseignes de gens de pied wallons et namurois, soustenuz de cinquante hommes d'armes; lesquels, pour la seconde fois, ne se retirerent à si bon marché encore que les premiers. Après que, par deux jours entiers, l'on eut tiré aux défenses, et qu'elles semblerent assez rompues et desarmées, l'on commença le huictieme jour de tirer en batterie fort furieusement et soudainement, estant principalement l'artillerie addressée à ce gros boulevert rond et à la courtine joignante; de telle sorte que, dans deux ou trois jours ensuivans, ce boulevert fut en la meilleure part escartelé et ouvert, et la muraille abbaissée et ruinée de près de quarante pas de long. Toutefois la breche, pour en parler à la verité, estoit fort douteuse et non raisonnable pour estre assaillie, d'autant que, oultre ce qu'il falloit passer la riviere de Moselle à gué pour y aller, encore que l'on la voulust dire gueable en cest endroict, elle davantage estoit bien haulte, et le rempart derriere bien peu offensé.

Or du costé de M. de Nevers, à l'un des coings de la courtine, estoit une tour ronde assez basse qui servoit d'un flanc, et au dedans de la ville, en l'encoignure estoit une plateforme plus haute qui commandoit dans ceste tour; mais elle estoit si mal percée, et la plateforme si inegalement appropriée, et sans contremines, que l'une apportoit bien peu de secours et d'advantage à l'autre; de façon qu'estant tout cela bien considéré de M. de Nevers, M. de Guise et luy adviserent ensemble qu'il n'y avoit ordre d'emporter ceste ville si ce n'estoit par cest endroit. Parquoy fut conclud de faire une trenchée de ce costé pour gaigner le pied de ceste tour; et nonobstant que les marais y fussent fort humides et abreuvez d'eauë, l'on les plancha d'ais et de clayes, et furent les costez et entredeux affermis et conroyez de gazon, de paulx et de joncs, de telle industrie et diligence, que, contre l'opinion de beaucoup de gens, ces trenchées se trouverent autant belles et seures que si elles eussent esté en terre ferme. En quoi il faut dire et confesser que M. de Nevers ne s'y employoit point seulement en qualité de prince, pour non-seulement y commander, mais, comme le moindre soldat de toute la troupe, n'en bougeoit et jour et nuict; et avec telle promptitude continua ceste œuvre, que, nonobstant les boulets d'artillerie qui y gresloient innumerablement, qui estoient cause que l'on n'y pouvoit besogner que deux ou trois heures de la nuict, dans bien peu de jours il approcha ces trenchées fort près du but et jusques-là où il vouloit aller. Aussi avoit-il tellement gaigné le cueur des hommes, qu'estant suivy de plusieurs gentils-hommes et soldats, il n'y avoit celuy, depuis le grand jusques au petit, qui volontairement n'y meist la main.

Pendant que l'on travailloit à ceste besongne, M. de Guise, tant pour sçavoir si la breche commencée estoit ou se pourroit parachever raisonnable, et quels flancs et defenses restoient encore aux ennemis, que pour considérer et recognoistre l'asseurance des assiégez, le soir du 9 de ce mois, après minuit, envoya cinq ou six cens soldats des plus braves et experimentez harquebusiers et corcelets, soubs la conduite des capitaines Cypierre le Jeune, Sainct-Estef, Millas, Sarlaboz et Jacques, y donner un faulx assault, avec commandement de ne rien hazarder et entreprendre, si ce n'estoit avec bien grand advantage. Estans arrivez au pied de la breche, et crians de toutes parts: *Escalle, escalle,* comme s'ils eussent voulu combattre et assaillir generalement, ils effroyerent tellement ceux de la ville qui y estoient en garde, ou les trouverent si endormis, que cela leur présenta occasion de poulser encore plus oultre, et, sans grande resistance, gravirent et monterent jusques au hault du rempart, exécutans à la premiere rencontre ceux qui se presenterent des premiers; de sorte qu'en cest effroy inesperé, ils se faisoient maistres de toute la ville si tous les soldats eussent esté aussi hardis et courageux que les chefs, et les eussent suivis. Mais estant l'allarme génoralle par toute la ville, et s'adressans celle part tous les gens de guerre qui estoient là-dedans, ne fut possible aux chefs et plus hazardeux soldats soustenir ceste recharge, et furent ainsi repoulsez et renversez, y restans plusieurs des plus vaillans soldats des nostres tuez et blessez, et des principaux capitaines, entre lesquels fut tué le capitaine Jacques, soldat fort estimé et plainct, et le capitaine Sainct-Estef fort blessé au bras, comme aussi fut l'enseigne du capitaine Cypierre. Les assiegez voyans qu'on les tenoit et serroit de si près que les aller forcer dans leur ville par si petite entrée, et que, d'un autre costé, l'on fouilloit et cherchoit-on un autre passage et entrée pour assaillir leur ville, en lieu qu'ils jugeoient inaccessible, presumerent mal, et préveurent dèslors leur futur danger, s'ils n'estoient en brief secourus. Et pourtant en toutes les sortes qui leur estoient possibles, chercherent moyens d'advertir ceux de Luxembourg les vouloir secourir ; toutefois ils se voyoient de si près tenus et enveloppez, et les passages si occupez, qu'ils ne pouvoient y envoyer personne, sinon avec un grand hazard. Ainsi, après avoir fait plusieurs signals de nuict avec feux et torches allumées, et cognoissans que pour tout cela ne leur arrivoit rien de renfort, ils entreprindrent de faire une sortie à la faveur de laquelle ils envoyeroient gens pour advertir le prince Mansfel, gouverneur de Luxembourg, de leurs necessitez, et pour entendre de luy ce qu'ils auroient à faire, principalement soubs couleur que l'un des premiers chefs de ceste entreprise se disoit avoir cognoissance au duc de Lunebourg, que ils sçavoient ou avoient esté advertis avoir son regiment de reitres en garde en l'endroit où ils vouloient passer. Parquoy, suivant ceste déliberation, le 11 ou 12 de ce mois, entre trois et quatre heures après midy, sortirent de là dedans environ de trois à quatre cens hommes de pied, et cent ou six-vingts chevaux à l'escarmouche, partie desquels, tirans droit le chemin de Luxembourg, furent arrestez sur cul, et là escarmouchans et combattans, l'un d'eux commença à crier et demander le duc de Lunebourg, pour parlementer avecques luy de la reddition de la ville, et cependant se parforceroient de faire gaigner chemin à leurs gens. En quoy estant descouverte leur fraude et intention, furent ramassez et recueillis de telle strette, que, sans leur donner loisir de passer oultre, furent remis et rembarrez jusques dans leurs portes.

Quand les trenchées de M. de Nevers furent parachevées, et parvenues jusques à la contrescarpe et entrée du fossé, l'on commença à y relever et terrasser une gabionnade, et y furent approchez cinq ou six canons pour rompre la caze-matte d'un ravelin qui estoit et joignoit ceste tour à l'encoignure de la courtine : et, de mesme suite, de l'autre costé de la riviere, l'on creusa et approcha une trenchée bien fort près du bord, et là pareillement l'on amena cinq ou six canons, pour rompre le costé et flanc de la plateforme de devers Metz, qui pouvoit cognoistre et voir jusques au pied de ladite tour. Tout à l'instant, l'on amena en ces trenchées cinq ou six cens harquebusiers, les plus seurs et justes que l'on peut eslire : lesquels estans couchez sur le ventre, et ayans fait avec des gazons de petites lumieres par dedans lesquels ils prenoient leur mire, tiroient à couvert si justement et espessement, que il n'y avoit homme des assiegez qui s'osast presenter ny seulement se descouvrir sur le hault de ceste tour ny de la plateforme, à qui ils ne fissent faire le saut : de maniere que le seizieme de ce mois, sur les neuf heures du soir, d'une furie et hardiesse incredible, ils entreprindrent et gaignerent le pied de ceste tour, fort près de une palissade qui estoit joignante, et fermoit l'un des bouts de ceste contrescarpe; de laquelle ils arracherent les pieux et pallis, larges de quatre pieds et d'un en espesseur, qu'ils mettoient devant eux, et s'en couvroient contre les harquebusades et mousquetades que ceux de la ville leur envoyoient en infinité. Nonobstant toutes lesquelles, s'y fortifians et couvrant d'une petite trenchée qu'ils y releverent incontinent, occuperent oultre plus ce ravelin qui y estoit joignant, où il se logerent si près des ennemis, qu'ils se pouvoient de main à main tirer coups de pierres et de picques. En après l'on fit passer quarante ou cinquante mineurs et pionniers, pour ensapper et derocher les fondemens; mais pource que le ciment et maçonnerie estoit fort dure et espesse, et qu'avec leurs pics et marteaux ils n'en pouvoient guères elocquer et arracher, l'on amena un ou deux canons jusques dans le fossé, au plus près du pied de ceste tour, desquels, ayant esté tiré trois ou quatre volées, le pertuis commença fort à s'aggrandir et ouvrir.

Cependant, de l'autre part, l'artillerie qui tiroit en batterie ne se refroidissoit, ains se renforçoit d'heure à autre, tonnant sans intermission, faisoit voller esclats des murailles et maisons, remplissoit de toute horreur ceste ville : avec noz soldats travailloient continuellement les assiegez d'innumerables harquebusades, de maniere que, d'un costé et d'autre, on ne voyoit que fouldres, feuz et esclairs. Estant l'ouverture de ceste tour continuée, et une partie de la muraille sur laquelle estoit posé le parapect de ceste tour abattue, fut question en après de l'occuper et gaigner, et ce que fut par noz soldats aussi-tost entrepris que commandé : toutefois que la resistance des ennemis s'y trouva tant desesperée, que pour la premiere et seconde fois en furent reculez. Ce neantmoins le danger évident, et la terreur des feuz et artifices, ne les peut tant intimider et affoiblir de courage, qu'ils n'y retournassent aussi hazardeusement que le premier coup : et là certainement fut veuë la vertu et valeur des princes et chefs, et la militaire et bien affectionnée obeissance des soldats; car, et M. de Guise et M. de Nevers, chacun endroit soit, sans avoir respect, et oublians le degré et authorité qu'ils tenoient, et faisans autant bon marché de leurs personnes que le moindre de tous ceux à qui ils commandoient, les morions en teste, et les grandes targes d'acier au bras, se presenterent les premiers pour monstrer le chemin à chacun. Aussi ne se peut-il dire qu'ils ne fussent bien suivis; et croy qu'il ne peut estre leu ny avoir esté veu soldats mieux faire et combattre qu'à ceste fois, pource que d'autant que les assiegez résistoient et se parforçoient de toutes leurs forces et avec toutes sortes de feuz artificiels, et en toutes inventions les repoulser et renverser, il sembloit que d'une rage furieuse les nostres en fussent davantage enflammez et poulsez, grimpans les uns le long de leurs picques; les autres, avec eschelles et quelques pieces de bois et perches, batissoient des taudis, et se chafaudoient les uns sur les autres comme maçons; et où les armes leur defailloient aux mains, arrachoient les pierres des murailles pour les ruer.

En ce très-furieux combat se passa toute ceste nuict, esclairée de divers feux, tant d'artillerie et harquebuserie que d'autres artificiels, comme trompes à feu, grenades, et plusieurs fricassées qui se appareillent à un assaut. Tant y a que l'obstinée resistance des ennemis ne sceut estre si ferme et opiniastre, que les nostres ne demeurassent maistres, et furent veuës ce matin les enseignes françoises plantées sur le parapet et le hault de ceste tour. Il ne se faut esbahir si les assiegez employoient tous leurs efforts à debouter et repoulser les nostres de ceste advenue, s'asseurans (et comme un jour ou deux précédemment ils avoient recogneu à une sortie qu'ils avoient faite), sitost que ceste tour seroit gaignée et occupée, facilement tomberoient en prise; d'autant que par là l'on pouvoit sapper et miner le pied de ceste plateforme, et la faire sauter sans qu'ils y peussent remedier, n'ayant aucunes contremines et caze-mates, ainsi qu'il en fut fait; car tost après que les nostres s'en furent saisis, l'on y fit entrer force mineurs et pionniers, qui commencerent à grotter (1). Ce matin, ainsi que ces princes estoient encore en ces trenchées, délibérans et concluans de tout ce fait, M. le mareschal de Strossy fut attaint d'une harquebusade au-dessus du tetin gauche, M. de Guise parlant à luy, et ayant l'une des mains sur son espaule, duquel coup ce vaillant seigneur dé-

---

(1) *Grotter*: travailler sous terre.

céda bien peu après, fort regretté de chacun, depuis les grands jusques aux petits, pour beaucoup de bonnes vertus qui reluisoient en luy, estant l'un des bons serviteurs dont le Roy eust sceu faire perte. Les grottes et mines dessoubs ceste tour et plateforme, s'en alloient prestes à y mettre le feu, quand les assiegez, le 21 de ce mois, environ les neuf heures du matin, feirent monter un trompette devers la porte de Luxembourg, pour demander à parlementer pour leur reddition; lequel estant entendu, fut accordé que pour cest effect le sieur de Caderobbe, qui en estoit gouverneur, pourroit à fiance venir devers ces princes pour en traiter et transiger. Pour la seureté duquel, et comme en maniere d'hostages, pendant le pourparler, furent envoyez dans la ville le seigneur de Haultcourt, gouverneur d'Yvoy, et le capitaine Cadiou, gouverneur de Montmedy : cependant, toutefois, l'on ne laissoit à poursuivre la batterie, et la continuation des mines n'estoit intermise. Finablement, après que les vaincus eurent esté entierement deboutez de plusieurs frivoles demandes et requisitions, leur fut ceste capitulation proposée et approuvée d'eux à tels articles qui s'ensuivent :

Premierement, que le seigneur de Caderobbe et les capitaines mettroient et delivreroient presentement en l'obeissance du Roy et des princes là presens la ville et forteresse de Theonville au mesme estat qu'elle se trouvoit, sans y rien ruiner ny demollir. Laisseroient en icelle toute l'artillerie, pouldres, boulets et munitions, tant de ladite artillerie que de guerre, sans plus en consommer, gaster, cacher ny demollir aucune chose, n'y ès choses susdites proceder de male foy;

laisseroient pareillement leurs armes avec les enseignes, tant de cheval que de pied, de quelque langue et nation que ce fust, et sans en rien gaster, comme dessus. En ce faisant, sera permis ausdits gouverneur et capitaines, et generalement aux gens de cheval, d'en sortir avec leurs armes, et aux soldats avec leurs espées et dagues, pour toutes armes, et les uns et les autres avec ce qu'ils auront d'habillemens et argent, sans qu'ils fussent fouillez ne qu'il leur fust fait aucun desplaisir. Sortiroient pareillement les doyen et gens d'église, gentilshommes et bourgeois, avec tout ce qu'ils pourront emporter d'or, d'argent, et autres leurs meubles ; et leur sera baillé, au sortir de ladite ville, bonne et suffisante conduite, sans qu'il leur fust fait tort en leurs personnes et biens meubles, or n'y argent, n'y toucher à l'honneur des femmes et des filles, que ces princes sur leur foy promeirent conserver de tout leur pouvoir. Et seroient semblablement accommodez de bateaux et chariots, pour emporter leurs malades la part que bon leur sembleroit, et recevroient en ladite ville tels personnages qu'on leur voudroit envoyer, jusques au nombre de quatre, et en envoyeroient lesdits gouverneur et capitaines quatre autres des principaux d'entre eux devers les princes, pour seureté et accomplissement de la présente capitulation. Laquelle fut signée de la main desdits princes et d'iceux gouverneur et capitaines le 22 de juin mil cinq cens cinquante-huit.

Ces choses ainsi passées et accordées, ce jour mesme sortirent de la ville près de trois à quatre mille personnes du populaire, hommes, femmes, filles et petits enfans ; comme aussi feirent le lendemain les gens de guerre au nombre de quatorze à quinze cens, la pluspart blessez et fort mal de leurs personnes : en quoy se pouvoit cognoistre le travail et continuel dommage que nostre artillerie leur faisoit. Au mesme instant, M. de Nevers entra dans ceste ville pour policer et donner quelque commencement d'ordre à ceste nouvelle conqueste, et pour empescher qu'il ne survint aucun mutinement et meurtre, ainsi que bien souvent l'on voit advenir ès recherches et pilleries que font les soldats, où ils pensent et esperent recouvrer quelques butins et profits. Et d'autre part, M. de Guise estoit demeuré au dehors, à ce qu'il ne fust fait aucun grief et tort aux miserables et pauvres habitans, n'y aux soldats aussi, selon qu'il leur auroit esté promis, usant encore ce prince envers eux de sa tant accoustumée pitié et clemence, que retenir les plus malades et blessez pour les faire panser et guerir, ordonnant expressément chirurgiens et autres gens pour ceste charge. Oultre plus, commande une bonne forte escorte pour la conduite de ceux qui estoient sains et qui pouvoient s'acheminer, afin que par les champs ils ne fussent devallisez et brigandez : et, par mesme moyen, fait serrer et amasser tant de chariots et bateaux que faire se peut, pour emmener et transporter le résidu des blessez et malades, et le meilleur de leurs meubles. Ainsi gracieusement furent traitez ceux de Theonville après la reddition de leur ville, dans laquelle l'on feit depuis entrer neuf ou dix enseignes de fanterie françoise; et en fut donné le gouvernement à M. de Vieilleville (1), pour estre ceste place fort voisine et comme

---

(1) *A M. de Vieilleville.* Le commandement de Thionville fut donné à Vadancourt, guidon de la compagnie de Vieilleville.

un secours de Metz. Au recouvrement de laquelle le Roy borna fort bien et seurement sa frontiere celle part, estant, en ce qu'elle comporte, l'une des fortes villes et de naturel et d'artifice qui peult estre en toute l'Europe, et comme de toute ancienneté elle en a aussi la réputation, combien que ce seul defaut s'y soit trouvé dont la prise seroit advenue. Mais sur cela il faut confesser que les esprits des hommes sont pour ce jourd'huy si subtils et aigus, que je croy n'estre rien impossible maintenant aux hommes, mesmement ou la volonté et permission divine s'entremesle : aussi faut-il confesser que l'effect de ce siege fut tenu de si près, et poursuivy avec tant de promptitude, et le torment des assiegez tellement redoublé, qu'à peine leur donnoit-on loisir de respirer, qui est le principal moyen pour rendre toutes choses dificiles et laborieuses, traitables et faciles.

Ceste ville, encore que quelques-uns qui se sont essayez de la portraire luy ayent donné forme ronde, me semble toutefois plustost pentagone qu'autrement, ou à parler plus familierement, presque de la vraye forme et desseing d'une escarcelle (1), ayant du costé de la riviere de Mozelle, à l'endroit où on la battoit, une courtine de trois à quatre cens pas de profil et diametre, aux deux bouts de laquelle sont deux plateformes fort belles et massives, mais non encore accomplies comme il seroit requis pour le mieux, à cause que elles ne sortent assez en dehors, et qu'en cest endroit il y a fauté de flancs, lesquels, encore si peu qu'il y en avoit, furent tantost ostez et rompuz, n'ayant ceste courtine en tout pour la flancquer que ceste tour ronde, qui

---

(1) *Escarcelle :* grande bourse de cuir.

fut aussi batue, comme a esté dit cy-dessus. Aux autres trois encoignures sont aussi trois platesformes fort bien terrassées, desquelles les defenses paroissent aucunement en dehors; mais c'est si peu et de si facile oppugnation, qu'elles ne pouvoient empescher d'y assaillir une bresche. Il est vray, et c'est mon advis, ou ceux qui l'ont fortifiée ont eu plus d'esgard, qu'en la plus-part de ce circuit elle est close de marets et de petits ruisseaux qui les abbreuvent et s'y escoulent, qui faisoit penser et croire qu'il n'y avoit lieu d'y pouvoir approcher et loger artillerie, et par ainsi, qu'à si peu de remparts qu'on adjousteroit au dedans la ville, la difficulté et naturel du lieu inaccessible leur serviroit au surplus assez de defense : mais, suivant ce que j'ay dit cy-dessus, les inventions des hommes sont en ce regne si estranges et incredibles, que l'usage et longue experience y sont novices et comme apprentives. Au demeurant, ceste ville est au-dedans autant parfaitement remparée et terrassée que l'on peut dire et souhaiter, n'estant aucunement commandée n'y subjecte à aucune montagne ou colline en tout son contour et environ; qui me fait dire, pour conclusion, que c'est l'une des plus belles oppugnations d'une très-forte ville que le roy de France peut avoir faite pour estendre ses limites, et autant duisible pour la conservation des frontieres de son royaume. Je ne veux oublier à dire, avant davantage m'eslongner de ces termes, que M. de Guise, incontinent après ceste prise, envoya devers l'evesque de Treves, qui est l'un des electeurs de l'Empire, n'estant la ville de Treves distant de Theonville que neuf ou dix lieuës, ce me semble, pour l'asseurer et oster de toute crainte et suspicion de l'armée du

Roy, la Majesté duquel ne vouloit en aucune sorte entreprendre sur ses terres, biens et appartenances, ains plustost le conserver et ayder de son pouvoir et faveur, et tout ce qui estoit et attentoit au Sainct-Empire.

Pour quelques jours après la prise de ceste place, l'armée françoise demeura campée à l'entour, tant pour faire reparer et raccoustrer les breches, pour la munir et la rafreschir de nouveau, que pour attendre le surplus de la gendarmerie, qui arrivoit tous les jours à la file; aussi que le nombre des estrangers que le Roy avoit asseuré et retenu à sa solde n'estoit pour lors encore complet et venu : mesmement l'on attendoit l'un des freres du duc de Saxe, qui, dès ce temps, s'estoit acheminé de son païs pour venir au secours et faire service au roy et à la couronne de France, en recognoissance des plaisirs et faveurs que leur maistre en avoit receu. Pendant lequel temps l'on envoya deux ou trois mille chevaux recognoistre la ville de Luxembourg, estant adonc la deliberation en termes, et mise en avant si on l'iroit assieger ou non. Surquoy aucuns alléguoient estre le plus expedient qu'adonc l'on pourroit entreprendre, jugeans que ceste grande villasse, non aucunement forte, pleine de populaire pauvre et effrayé, ne tiendroit jamais vingt quatre heures, et encor que l'on sceut bien que le prince Mansfel et comte d'Horie, et plusieurs autres seigneurs et capitaines, fussent dedans avec force gens de guerre, si est-ce que la terreur générale des hommes surpasseroit et surmonteroit l'assurance du plus petit nombre, outre ce que il seroit fort difficile que les vivres qui estoient là dedans pussent longuement suffire pour toute la multitude qui s'y estoit reservée; par ainsi que c'estoit le meilleur au plustost les aller assaillir en cest effroy, avant leur donner loisir de penser aux remedes, et se pourvoir et fortifier. Autres remonstroient tout le contraire, disans que, nonobstant que ceste ville fust foible et peu fortifiée, si est-ce qu'elle estoit si grande et d'estendue si diverse et séparée, qu'il faudroit une fort grande armée pour l'enclorre et envelopper entierement, laquelle encore il faudroit démembrer et séparer en lieux où il y auroit difficulté de se pouvoir secourir les uns les autres, estant mesmement garnie et pourvue, comme l'on l'avoit peu sçavoir certainement, de bons chefs et gens de guerre expérimentez, entre autres du nombre des vieilles enseignes espagnolles que le prince Mansfel y avoit fait venir en ferme asseurance de defendre et garder la capitale ville de son gouvernement, au siege de laquelle pour le moins se consommeroit un long temps qu'il vauldroit beaucoup mieux employer en plus longue estendue et recouvrement du territoire circonvoisin, pendant lequel temps ceux qui seroient dedans ceste ville mangeroient leurs vivres, ou seroient contraints vuider et se descharger de nombre; et cependant l'on apprendroit tousjours quelque chose de leur faict et necessitez, pour, selon ce que l'on verroit pour le mieux, resouldre de ce siege.

Selon cest advis, ainsi que j'en puis juger par l'apparence qui s'en est demonstrée, l'armée françoise, au deslogement d'auprès de Theonville, alla camper auprès du Mont Sainct Jean, dont elle départit le premier jour de juillet, s'approchant près de Arlon: dedans laquelle ville le bruit estoit estre environ cinq ou six enseignes de gens de pied et quelques gens de cheval. Ceste ville, le soir du deuxieme de ce mois, fut sommée de se rendre : toutefois, ceux qui estoient dedans, voulant contrefaire des braves, et se persuadans reporter quelque honneur en leur reddition, voulurent parlementer, proposans certaines conditions assez audacieuse et téméraires, dont ces princes irritez, ou plustost se mocquans, soubs fainte de ce parlement, leur appareilloient couvertement une camisade, pour leur faire sentir l'effect et payement de leurs requisitions, ayans ordonné dix-huict enseignes françoises pour leur en aller porter tesmoignage par certains endroits que l'on avoit recogneuz faciles à estre eschellez ; mais ceux qui estoient dedans, se doutans ou advertis de cest appareil, en ces entrefaites sortoient par une poterne, en un endroit où l'on ne se doutoit point, et abandonnerent ainsi la ville, après y avoir mis le feu par tout. Ce qu'estant apperceu des François, à la foule entrerent là-dedans, et essayerent en toutes sortes d'esteindre ce feu, pour seulement recouvrer les meubles et butins qui brusloient : toutefois, il y estoit desjà si embrasé, qu'il n'y eut ordre d'en sauver la meilleure partie. Trois ou quatre jours après, quand la plus grande violence du feu fut amortie, l'on fit sapper et demolir les fondemens des murailles et fortifications ; et fut ainsi demantelée et ruinée en la meilleure part, afin d'oster en après toutes occasions à l'ennemy de soy pouvoir reloger et fortifier de ce lieu. Derechef, M. de Nevers avec trois ou quatre mille chevaux, la pluspart reitres, alla recognoistre Luxembourg, où furent dressées de fort braves et furieuses escarmouches, et sortirent ceux de dedans de fort grande asseurance au combat, et en grand nombre, faisans suffisante démonstration de n'avoir aucune crainte, et d'avoir volonté de se bien defendre; avec ce, l'infinité de canonnades qu'ils deschargerent, faisoit juger qu'ils n'avoient faute de munitions, et la multitude de gens qui se presentoient en armes sur les murailles couvertes d'enseignes, donnoit à penser qu'il y avoit force soldats là-dedans. De ce lieu aussi, M. de Haultcourt, gouverneur d'Yvoy, avec cinq ou six compagnies de gens de pied et cent ou deux cens carabins (qui sont harquebusiers à cheval), et M. de Prie avec la compagnie de gens d'armes du comte de Villars, dont il est lieutenant, y estant les sieurs de Guevant, enseigne, et de Vauzay, guidon, avec deux pieces d'artillerie, allerent prendre et saisir les chasteaux de Rossignol, Villemont et Chigny, que les ennemis avoient repris depuis le voyage de Herbemont; desquels les deux, à sçavoir Rossignol et Villemont, furent bruslez et ruinez, et Chigny fut gardé et fortifié pour favoriser, tant Herbemont que Yvoy.

En ce lieu, près d'Arlon, commença le premier mutinement entre les François et Allemans; mesmement les reitres, le troisiesme de ce mois, environ les quatre heures du matin, lesquels estoient desjà tellement eschauffez et aigris, qu'ils s'estoient mis en armes, prests à se choquer, se couper la gorge les uns aux autres, quand M. de Guise et M. de Nevers, en estans advertis, se presenterent et mirent entre deux, et les separerent sans coup ruer, et dèslors chercherent tous moyens, et donnerent tout ordre, à ce que tels mutinemens et seditions, qui sont fort dangereux en une armée, n'advinssent. Sur quoy je ne puis que je ne die, n'estant toutefois aucunement picqué et transporté d'affection naturelle, que ceste nation, là où elle se sent la plus forte, est, ou est devenue la plus présumptueuse et hautaine qui peult estre entre toutes les autres, et laquelle se peult moins converser et hanter sans querelles, mesmement pour beaucoup de bonnes complexions qui sont en elle, et qu'ils honorent fort aussi. Je laisseray ce propos odieux et inutile, pour parachever de dire qu'en ce lieu M. de Guise receut une grande perte par feu, lequel fut mis en ses tentes, ne sçay-je comment à la verité; luy furent bruslez et estouffez les meilleurs de ses chevaux de service, et la pluspart de sa vaisselle d'argent déperie, fondue et perdue, avec plusieurs autres bons meubles estimez à la valeur de plus de sept ou huit mille escuz; et a-t-on voulu dire davantage, que sa personne fut en danger avec d'autres gentils-hommes de sa maison. Il en advint autant à M. de Bordillon, qui fut encore poursuivy de ce feu de si près, jusques à brusler son lit de camp. Ce sont les faveurs et largesses que fortune le plus souvent a accoustumé départir à ceux qui suivent les armes.

L'armée françoise demeura campée à l'entour d'Arlon, depuis le premier jour de juillet jusques au neufvieme, tant pour ruiner ceste ville d'Arlon que les autres forts des environs, pareillement aussi pour adviser et attendre s'il se presenteroit quelque occasion d'assieger Luxembourg. Toutefois, se representant l'entreprise de plus en plus douteuse, et d'ailleurs estant de longue main, les principaux desseings premeditez et tendans devers la Picardie, où jà M. de Thermes devers Calais avoit une petite armée, et M. d'Aumalle à La Fere dressoit un eutre amas et assemblée, pour se joindre et assembler à certain lieu ordonné, au partir de là, le camp s'alla former auprès de Vireton, où il fit séjour huict jours entiers, pendant lesquels, le plus souvent, se dressoient force escarmouches devant Luxembourg; quelquefois aussi, ceux de là dedans estoient bien si hardis que de venir escarmoucher et donner allarmes jusques en nostre camp; qui faisoit de plus en plus penser que ce seroit perdre temps de les assieger. En ces entrefaites et pendant ce séjour, vindrent nouvelles que M. de Thermes, le treizieme de ce mois, avoit esté desfaict près de Gravelines, et m'est fort difficile de déduire et narrer certainement tout le faict de ceste adventure, tant pour n'y avoir esté présent, que pour en estre les rapports si différens et partiaux, que la vérité s'y trouve le plus souvent masquée et dissimulée, et par ainsi, en la cuidant quelquefois ensuivre, on fait bien souvent tort et injure à qui l'honneur appartient, oultre ce que, pour le jourd'huy, à la trop tenir de près et declairer, il n'y va que de la vie (1). Toutefois, ne voulant offenser personne, je diray simplement ce que j'en ay appris. Ayant M. de Thermes assemblé à Calais de quatre à cinq cens hommes, trois compagnies de chevaux legers escossoises, quatorze enseignes de gens de pied françoises, et dix-huict d'Allemans, où se trouverent semblablement pour chefs et capitaines messieurs de Villebon, de Senarpont, d'Annebault, de Chaulnes et Morvilliers; et estant adverti que la pluspart des villes selon la coste de la marine estoient mal pourveuës et garnies de gens de guerre, fit une entreprise de s'aller

(1) *Il n'y va que de la vie.* Ce mot peut faire présumer qu'on accusoit le duc de Guise, alors tout puissant, d'avoir à dessein laissé battre le maréchal de Termes.

emparer d'une fort belle ville appellée Duinkerke, selon ceste coste, où il y a un fort beau et riche port; délibérant encore d'entrer plus avant, voire entreprendre et essayer Gravelines, s'il s'en offroit quelque occasion. Suivant ceste délibération, et feignant toutefois prendre autre chemin, passa au dessus de Gravelines, et alla assieger une petite ville appellée Berghes, laquelle il print en peu de temps, et fut pillée et saccagée, où furent trouvez et prins de grands butins: cela faict, sans y faire sejour, il vint assieger Duinkerke; laquelle, après avoir tenu quatre jours seulement, fut prinse, pillée et saccagée, et où se trouverent de plus riches et precieux meubles et butins que les précédens: de sorte que l'on disoit qu'il n'y avoit jusques aux gougeats et laquais, qui ne s'y fussent faits riches. Durant ces executions, M. de Thermes va devenir malade à Duinkerke; ce nonobstant, afin de poursuivre ce bon commencement et premiere pointe, mesmement en ceste terreur et espouventement où il voyoit tout le pays esbranlé, il fait marcher et approcher l'armée de Gravelines, en remettant la charge à messieurs de Villebon et de Senarpont. Ainsi, estant ceste armée campée le long de la marine et des dunes, près de Gravelines, quelques jours se passerent en escarmouches et sorties de ceux de la ville, attendant la convalescence et bonne disposition de M. de Thermes, afin d'adviser et resouldre de ce siege, ou d'autre exploit pour le mieux. Et cependant le comte d'Aiguemont, qui est lieutenant pour le roy Philippes en ces Pays-Bas, assembla les garnisons à la plus grande diligence qu'il peut, et ramassa, tant de gens du pays des communes que de gens de guerre, jusques au nombre de quinze ou seize mille hommes de pied, et de trois à quatre mille chevaux, y comprins douze ou quinze cens reitres, qui estoient ceste part en garnison, en intention de venir faire teste à nostre armée, et luy retrencher le chemin d'entrer plus avant, ou pour le moins interrompre l'entreprise et siege de Gravelines, dont il se doutoit. Dequoy l'on dit que messieurs de Villebon et de Senarpont advertirent M. de Thermes; lequel, encore qu'il ne fust bien sain, luy estant redoublé que le comte d'Aiguemont avec ses forces marchoit desjà vers eux, se retira la part où estoit l'armée; où il ne fust sitost arrivé que l'ennemy se trouva desjà fort près et voisin, toutefois sans que ces deux armées fissent aucun semblant de venir aux prises. M. de Thermes, sentant ses forces inegales, et beaucoup moindres que celles de son ennemy, délibéra se retirer devers Calais : d'autre part l'ennemy, ou s'en doutant, ou en estant adverti, proposa de s'y opposer et luy couper chemin, et l'enserrer entre Gravelines et luy, et le contraindre de combattre à son désavantage, ou l'affamer. Ce que considerant et prevoyant, M. de Thermes se mist en devoir de prevenir et de passer le premier la riviere, qui vient devers Saint Omer, et passa auprès de Gravelines : toutefois ce ne fut encore si tost que les ennemis ne l'eussent desjà la pluspart passée, et la passoient encore, se voyant les uns et les autres.

Quand l'avant garde de M. de Thermes fut arrivée à l'autre bord, elle se rangea un peu plus avant en bataille, pour couvrir et soustenir le surplus de l'armée, qui traversoit par la riviere au plustost qu'il estoit possible, lorsque deux troupes d'ennemis, partie reitres, partie cavallerie, chacune de douze à quinze cens chevaux, qui estoient arrestez et se presentoient en front, commencerent à marcher comme voulans charger; l'une desquelles, et la premiere s'advançant, donne en teste à nostre avant garde, qui fut fort bien et vaillamment soustenue, comme aussi fut l'autre, pensant couler et donner en flanc; et l'une et l'autre furent à ce premier choc si bien rembarrées et repoulsées, que les nostres deslors pensoient avoir gaigné le camp et estre demeurez les maistres, crians desjà victoire! victoire! Sur cela, et comme ils estoient escartez, arriva un gros hot de gendarmerie d'autres quinze cens ou deux mille chevaux, où l'on dit qu'estoit le comte d'Aiguemont, qui, les rechargeant de nouveau, les renversa et mist à vau de route, estans mesmement mal secouruz du surplus de nostre gendarmerie, et où l'on accuse aucuns des chefs et quelques compagnies avoir fait mauvais devoir, ainsi que les ennemis mesmes l'ont rapporté et tesmoigné, disans que si les premiers des nostres eussent esté soustenuz et secouruz à la premiere charge où ils avoient fait si bien, de deux ou trois cent chevaux seulement, ils eussent tenu leur armée en ordre et avoient la victoire en main. Au surplus, en ce desordre, s'etans nos gens de pied mis et serrez en bataillons, quant ce vint à combattre et que les ennemis se presenterent pour les rompre, les compagnies françoises soustindrent et combattirent tant longuement qu'ils se peurent remuer, et jusques à ce que les armes et les vies leur defaillirent : mais l'on dit que les Allemans ne firent aucune resistance, ains, se rompans d'eux mesmes, haulserent leurs picques, et jetterent là leurs armes; ce que l'on a trouvé bien estrange et mauvais.

Voilà comme pour verité l'on m'a fait entendre la desfaite de M. de Thermes près Gravelines, où, estant fort blessé, il demeura prisonnier; comme aussi firent les seigneurs de Senarpont, d'Annebault, de Vilbon, de Morvilliers et de Chaulnes, et beaucoup de gentilshommes et vaillans soldats, les noms desquels certainement je voudrois sçavoir, afin qu'en les nommant ici, par leur mémoire ils peussent servir d'exemple à leurs successeurs : et n'y ay point ouy parler qu'il y soit mort gens de renom de nostre part, combien que je sçache bien, et comme il ne peut estre autrement, qu'il n'y ait eu beaucoup de gens de bien tuez et blessez, lesquels, encore qu'ils n'ayent grand bruit, et ne soient grands seigneurs, ont autant vertueusement et honorablement combattu et fait leur devoir que aucun des chefs mesmes : toutefois, n'en ayant peu recouvrer les noms, je suis contraint les passer en silence, soubs protestation que, s'ils estoient sceuz de moy, je ne serois receleur de leur vertu et merite, ains le declairerois d'autant bonne volonté que du plus grand capitaine de ce royaume. Ceste double recharge (1) de fortune adverse interrompit, comme l'on a voulu dire, beaucoup de belles et advantageuses entreprises qui avoient esté de longue main préméditées et préveuës, pour avoir sa revanche sur l'ennemy ; neantmoins que deslors le bruit estoit de quelques propositions de paix, et disoit-on que M. le mareschal de Sainct André avoit eu saufconduit et congé sur sa foy pour en venir faire l'ouverture, et porter les propos au Roy, à la sollicitation

---

(1) *Ceste double recharge.* L'auteur, se souvenant de la défaite de Saint-Quentin, veut dire que la bataille de Gravelines fut le second désastre que les Français éprouvèrent dans cette guerre.

de ceste vertueuse princesse la duchesse douairiere de Lorraine; laquelle, ainsi que l'ay touché dès le commencement de ce livre, aura à jamais ceste gloire d'avoir donné le commencement et fin à ceste paix, et d'avoir reconcilié ces deux grands rois, si fort irritez. Auquel bon et sainct œuvre chacun sçait bien aussi que ce bon et vertueux chevalier, M. le connestable, s'est employé jusques à tout, voire depuis le temps qu'il fut prisonnier; la vertu duquel en cela, et toute autre chose d'importance, a esté reverée et en admiration aux ennemis.

Après avoir sceu ces nouvelles, l'armée françoise fit peu de sejour en Champagne; ains, sans longuement camper n'y s'arrester, à raisonnables journées tira et s'approcha de Picardie, mesmement ayant esté rapporté que les ennemis s'assembloient et tenoient desjà camp en grand nombre près de Marolles et Maubeuges, qui n'est fort loing de Guise. Parquoy, costoyant ceste lisiere, et passant près de Sedan et de Mezieres, et le long du pays de Tirasse, nostre camp se vint dresser et loger le vingt-huictiesme de ce mois de juillet au lieu de Pierrepont, lieu fort propre et en commode assiette pour la stance (1) et sejour d'une armée, pour estre et de naturel assez fort et facile à fortifier, et oultreplus environné de campagnes descouvertes de longue estendue, où l'on peult ranger et ordonner une armée en bataille : avec ce, de ce lieu l'on peult eslire telle adresse que l'on veult pour y départir secours, soit en Champagne ou en Picardie.

En ce lieu de Pierrepont, sur la fin de ce mois, le duc Guillaume de Saxe, second fils de Jehan Frede-

(1) *Stance* : campement.

rich, electeur et duc de Saxe, duquel j'ay déjà parlé cy-dessus, se vint joindre à l'armée du Roy, au service duquel il amena avec luy sept cornettes de reitres, montans au nombre de deux mille cent chevaux, à trois cens chevaux pour cornette, fort bien en poinct, et se representans hommes hardis et furieux, la pluspart Prussiens. Avec luy vint aussi Jacob de Ausbourg, vieil soldat experimenté aux armes, ayant esté lieutenant du marquis Albert de Brandebourg en toutes ses guerres, fort estimé de luy, qui amena pareillement au service du Roy un régiment de dix enseignes de gens de pied allemans, bons soldats et aguerris, comme ils le demonstroient en leurs apparences. Le septiesme du mois d'aoust, jour de dimanche, ce prince allemant alla à Marchetz trouver le Roy et luy faire la reverence, accompagné de cent gentilshommes de sa nation, de ses plus favorisez et cognuz. Le Roy luy fit fort bon et honorable recueil, le remerciant de sa bonne volonté et affection, avec promesse et asseurance de le recognoistre toutes les fois qu'il en seroit requis, et que le moyen se presenteroit. Le Roy s'estoit approché de ce lieu de Pierrepont pour veoir son armée en ordonnance et rangée en bataille, y estant le lieu fort propre, comme je l'ay dit, pour autant qu'on avoit fait entendre à Sa Majesté, et comme il estoit vray, qu'il se trouveroit avoir et verroit assemblée l'une des plus belles et des mieux complettes armées que roy de France meit oncques aux champs; n'estant mémoire qu'en toute autre précédente s'y soient veuz tant d'estrangers allemans, mesmement de cavallerie, montant au nombre de près de huict mille chevaux. Parquoy, le huictiesme de ce mois d'aoust, après que M. de Guise luy eust donné à disner et à tous les princes qui accompagnoient Sa Majesté audit Pierrepont, une heure après midy alla trouver et veoir son armée mise en ordonnance en une belle campagne rase, au-dessus de ce lieu, de laquelle ordonnance j'ay bien voulu faire icy ample description, ayant esté de moy diligemment et songneusement veue et considerée comme de chose rare et digne de marque et mémoire, et servant d'advertissement à ceux qui suivent les armes. En premier lieu, sa forme estoit en demy cercle ou comme un croissant, ayant les deux cornes de l'avant-garde et arriere-garde estendues comme les deux aisles, et au milieu estant comme le corps et principale force et la bataille. A la corne senestre, devers Laon et sur le chemin de Cressy, à la pointe de l'avant-garde, estoient les compagnies d'harquebusiers à cheval des capitaines Faverolles et Trichasteau, chacune de cent chevaux, et celles de chevaux-legers des capitaines Pieries, Laigny, La Valette, Rotigotty et Bueil, chacune de cent chevaux, joignant et suivant lesquelles estoient les quatre cornettes de reitres du duc de Lunebourg, qui suivoient autres compagnies de cavallerie legere des capitaines comte de Roissy, Lombay, Truchepot, Thomas et comte d'Eu, chacune de cent chevaux, reservé celle du comte d'Eu, qui estoit de deux cens, et celle de gendarmerie de cinquante hommes d'armes de M. de Nemours, qui y estoit en personne comme général sur toute la cavallerie légere. Tout auprès d'un moulin à vent qui estoit là commençoit la bataille, où estoient de premier front les compagnies de gendarmerie de messieurs de Curton, prince de La Roche-sur-Yon, de Randan, de La Rochefoucault, de La Vauguyon, de Janlis, de La Roche-du-Maine et de Montmorency, chacune de cinquante hommes d'armes, entre lesquelles et les autres compagnies qui joignoient, estoient quatre cornettes de reitres du colonel Scheneveux; puis s'estendoient de front les compagnies de gendarmerie de messieurs de Beauvais, Tavannes et de Bordillon, chacune de cinquante hommes d'armes, et celles de messieurs les ducz de Lorraine et de Guise, lequel estoit là en personne comme lieutenant-general pour le Roy, et commandant en la bataille, duquel la cornette estoit au-devant de sa compagnie, et sa garde de cent reitres soubs la charge du capitaine Baudopré encore plus avant, comme aussi estoient cent harquebusiers à cheval soubs la charge du capitaine Ventou. Au-dessoubs de ce prince estoit le duc de Saxe avec ses sept cornettes de reitres, et tout après estoient rangez en bataillon quarré les deux regimens de gens de pied allemans des colonels Reifberg, de dix enseignes, et de Waldebourg, de quatre, qui flancquoient; d'autre costé quatre cornettes de reitres du colonel Henry Stoup; en après s'entresuivoient en file les compagnies de gendarmerie du comte de Charny et prince de Salerne, chacune de cinquante hommes d'armes, et celle de cent de M. le connestable. Au bout de cette file estoient en bataille les dix enseignes d'Allemans du regiment du comte de Rocquendolph, et six de Suisses soubs la charge du colonel Willes Frelich. L'artillerie estoit après attelée et trainée la bouche devant, preste à jouer, montant au nombre de quarante canons, douze coulevrines bastardes et une moyenne, au costé de laquelle estoient arrangez seize enseignes de vastadours et pionniers, et tout au-devant estoient advancées quatre compagnies d'enfans perduz : de l'autre flanc de ceste artillerie, à la main droite, estoient pareillement en bataille huict enseignes d'infanterie françoise, joignant lesquelles estoit aussi en bataille le regiment du comte Reichroch, de neuf enseignes. A leur costé droit estoient quatre cornettes de reitres du fils de lansgraf de Hesse ; puis s'estendoient en front les compagnies de gensdarmes du roy Daulphin et des ducz d'Aumalle et de Bouillon, chacune de cent hommes d'armes, au-dessoubs desquelles compagnies s'estoient mis en bataille les deux regimens d'Allemans des colonels Luxebourg et de Jacob d'Ausbourg, chacun de dix enseignes. En cest endroit convenoit l'autre corne, ou, si on veult, l'aisle droite tirant devers Marle, et là estoit la compagnie de M. de Nevers, de cent hommes d'armes, où ce prince se trouva en personne comme commandant pour lors en l'arriere-garde, encore qu'il se trouvast mal, toutefois que depuis, pour mieux recouvrer sa santé, le Roy luy permist se retirer à Laon ; et en son lieu fut ordonné M. d'Aumalle. Tout joignant ceste compagnie estoient celle de M. d'Eschenetz, de cinquante hommes d'armes, et celle de M. le mareschal de Sainct-André, de cent, et au-dessus d'eux quatre cornettes de reitres du colonel Grombau. Encore plus hault qu'eux s'estendoient en file les compagnies de gendarmerie de messieurs le marquis d'Albeuf et duc de Montpensier. Ainsi estoit rangée ceste belle et furieuse armée, que le Roy, accompagné de plusieurs grands princes de son royaume, visita et voulut veoir d'un bout à autre. En quoy il ne fault doubter que Sa Majesté print un singulier plaisir et contentement, voyant tant de princes, grands seigneurs, capitaines, gentilshommes, et generallement tant d'hommes là assemblez, se presentans pour sacrifier leurs vies pour son service et pour soustenir sa querelle. Mais ce qui donna encore plus grande admiration, et là où l'on peult cognoistre les estranges et horribles puissances et inventions de ce furieux et sanglant dieu Mars, ce fut à ouyr tonner et bruire ceste artillerie, et là veoir descharger harquebusiers et les pistolades de ces reitres : on eust dit proprement que le ciel et la terre s'esclattoient en infinis tonnerres, ou que le Tout-Puissant vouloit à ce coup fouldroyer toute ceste machine ronde. Après ceste reveue generalle, se retirant ce soir mesme le Roy à Marchetz, chacune compagnie retourna en son quartier, se trouvant, à mon advis, chacun soldat bien las et travaillé d'avoir demeuré depuis le matin six ou sept heures en bataille jusques à quatre ou cinq du soir, chargez d'armes, et peult estre mal repeuz, et davantage alterez pour la grande chaleur qu'il fit ce jour, la poussiere qui y fut remuée et esmeue, qui sont les exercices ordinaires que pauvres soldats sont coustumiers avoir.

En cest endroit, et pendant le sejour de Pierrepont, je ferai une briefve digression, pour dire comme une armée de mer de six ou sept vingts vaisseaux flamens et anglois, ayans costoyé et tasté les endroits foibles de la coste de Bretagne, finablement le vingt-neufiesme du mois de juillet précédent en cest an, à la pointe du jour, comparut devant un havre, nommé le Conquest, où est située l'abbaye de Sainct-Mahé, que l'on dit estre *in finibus terræ* (¹), lesquels d'abordée sembloient

---

(¹) *Que l'on dit estre in finibus terræ.* Cette partie de la Bretagne porte aujourd'hui le nom de département du Finistére.

estre plus de quatre cens; mais s'estans arrestez et les voilles baissées pour commencer leur descente, fut cognu qu'ils ne pouvoient estre plus de six ou sept vingts, partie de bien grands, comme vaisseaux sarragosses et autres du port de mille ou douze cens tonneaux : s'approchans du port environ les huit heures du matin, ils trouverent six ou sept vingts hommes et quelque peu d'artillerie qui leur resisterent et tirerent parmi eux, combien que c'estoit bien peu envers eux, et n'en firent grand cas. A leur premiere arrivée ils sonnerent une fanfare avec leurs trompettes, laquelle finie ils deschargerent toute leur artillerie en façon d'une salve, puis après jetterent quinze bateaux à plat fond, portans chacun cinq cens hommes, tous lesquels arrivans en terre faisoient bien le nombre de six ou sept mille hommes, qui donnerent si grand tremeur et frayeur de plein sault à tout le peuple, qu'on leur abandonna tout soudainement. Parquoy, se voyans supérieurs et maistres, commencerent à piller et saccager le village de Conquest, où en après ils meirent le feu, mesmement aux temples et églises, où davantage ils perpetrerent infinité d'insolences scandaleuses et infames. Quatre enseignes de Flamens se jetterent à la campagne pour butiner, lesquelles estans rencontrées de M. de Kersimon, qui en dix ou douze heures avoit amassé des gentilshommes et des communes jusques au nombre de cinq ou six mille hommes, tant de cheval que de pied, les desfit et en massacra plus de cinq à six cens; avec ce plus de six ou sept vingts des principaux resterent prisonniers, l'un desquels prisonniers, qui estoit hollandois, confessa que trente navires estoient venues de Hollande par le commandement du roy Philippes à l'isle de Huye (¹) trouver l'armée d'Angleterre, qui estoit au nombre d'environ cent ou six-vingts vaisseaux, où ils pouvoient avoir quinze ou seize chevaux legers, et que le desseing de toute ceste armée estoit de prendre Brest avant que s'en retourner : ayans commission ainsi le faire à peine d'estre penduz à leur retour, les Anglois qui estoient descendus avec les Flamens, quand ils veirent ceux qui s'estoient advancez des premiers, si mal menez et si bien estrillez, à toute haste retournerent en arriere pour cuider regaigner leurs vaisseaux, où ils ne laisserent pourtant à estre poursuivis et sentir leur part des coups, et où surtout ils beurent plus que leur saoul d'eauë sallée : depuis se tindrent tousjours embarquez devant ledit Conquest. Cependant les communes de l'evesché de Leon et de Cornoüailles à la conduite des gentilshommes s'assemblerent et se presenterent à eux, au nombre de trente mille hommes.

Deux ou trois jours après arriva aux ennemis renfort de trente grands navires, et néantmoins tous firent voile et se retirerent douze ou quinze lieuës en mer, tirans vers l'isle de Bast (²), où ils s'arresterent vis à vis du Rosou (³), qui est un havre au mesme evesché, et n'est de distance du Conquest que de huit ou dix lieuës pour le plus. Les communes par terre les costoyerent tousjours à veuë d'œil, afin qu'ils ne prinsent terre en quelque lieu au despourveu. M. d'Estampes, qui est lieutenant pour le Roy au duché de Bretaigne, en ayant eu advertissement en toute diligence, meit ensemble sept ou huit mille chevaux, et douze ou quinze mille

---

(¹) *Isle de Huye* : île de Wight. — (²) *Isle de Bast* : île de Bas. — (³) *Rosou* : Roscoff.

hommes de pied pour leur faire teste et les soustenir s'ils se fussent addressez en quelque endroit pour entrer en pays, ayant au demeurant pourveu et muny les places fortes, comme Brest, Sainct Malo, et toutes les autres le long de la coste, toutefois qu'ils n'entreprindrent rien au pardessus de ce qu'a esté dit, et s'en retournerent et evanouyrent ainsi qu'ils estoient venus, ayans seulement fait leurs monstres. Ce que j'ai bien voulu adjouster ici, pour faire paroistre en combien d'endroits, tant sur terre que sur mer, la guerre se demenoit pour la querelle de ces deux princes, et combien aussi de divers estranges maux adviennent au pauvre peuple, par le moyen et occasion d'icelles guerres; maintenant j'iray retrouver l'armée du Roy.

Trois ou quatre jours après ceste revuë generale, nostre armée decampa de Pierrepont tirant le chemin devers Cressy et La Fere, mesmement pour avoir esté sceu que l'armée de l'ennemy fort engrossie marchoit en pays, suivant la traicte devers Peronne. Et nonobstant que le bruit fust grand et publié par tout que la paix se traitoit à bon escient, et que, soubs ceste intention, plusieurs allées et venues se fissent d'une part et d'autre, pour adviser et de terminer du lieu propre où se trouveroient les deputez pour cest effect, si est-ce que l'on estoit tousjours en doute que, soubs ce pretexte et dissimulation, il n'advint quelque surprise, ainsi que d'autres fois se trouve avoir esté fait. Parquoy, si tost que nouvelles vindrent que l'ennemy s'acheminoit ceste part, estant M. de Humieres adverty, qui en est gouverneur, on lui envoya de renfort les compagnies de cavallerie legere des capitaines

Piennes, La Vallette, Tuty, La Ferté, des barons de Banna et Trichasteaux, de Laigny et de Faverolles, avec quatre enseignes de gens de pied françoises. Toutefois l'ennemy, sans faire semblant de s'y vouloir arrester, coulant seulement le long de ceste riviere de Somme, reprint le chemin plus à main droite devers Miraulmont, approchant de Corbie, pour de là tirer vers Authie, à deux ou trois lieuës près de Dourlan, qu'ils menassoient fort, selon que les rapports en venoient tous les jours. Nostre armée ayant fait peu de séjour à La Fere, et passant près de Chauny, vers Nesle et près Corbie, finalement vint camper auprès d'Amiens, le long de ceste riviere de Somme, où elle arriva sur la fin de ce mois d'aoust. Et pour remédier à ce que ceste place de Dourlan, où estoient chefs adonc messieurs de Bouchavanes et de Crevecueur, ne fust surprise et assaillie au despourveu, à cause des advertissemens qui venoient comme les ennemis bastissoient force gabions et dressoient autres préparatifs pour un siege, M. de Guise, dès le dix huitieme de ce mois d'aoust, avoit commis le capitaine La Ferté pour y conduire trois ou quatre cens harquebusiers à pied, soubs la charge du capitaine Drenelle, oultre les compagnies de cheval et de pied qui y estoient desjà. Et incontinent que ces deux grandes armées eurent choisy leurs stances et lieux pour camper, celle du roy Philippes s'estendant le long de la riviere d'Authie, et celle du Roy le long de la riviere de Somme, au dessoubs d'Amiens, se fermerent et remparerent encore de trenchées flancquées et armées d'artillerie, comme s'ils eussent attendu d'estre assiegez l'un de l'autre, et comme s'ils se fussent desjà tout résoluz d'y faire un long séjour pour se matter et vaincre l'un l'autre par la longueur du temps.

Pendant ce séjour et voisinage de ces deux armées, et que les propositions de paix estoient en termes, le plus souvent neantmoins se faisoient courses, entreprises et escarmouches, les uns sur les autres, mesmement la cavallerie légere, laquelle, estant logée le plus près des ennemis, journellement estoit sur leurs bras et à leurs tallons, de façon qu'ils empeschoient bien que leurs fourrageurs ne s'escartassent et ne vinssent charger vivres du costé de deçà, approchant l'armée du Roy. Toutefois que de les racompter toutes les unes après les autres il me seroit presque impossible, d'autant qu'elles se dressoient en divers endroits et en divers temps, tellement qu'il n'en venoit à nous que le bruit, mais bien entre autres je diray que, dès le quatrieme de septembre, M. de Nemours, general sur toute la cavallerie legere, accompagné de M. le comte d'Eu, fils aisné de M. de Nevers, et des capitaines le comte de Rossillon, Le Pelou, de Piennes, La Vallette, La Ferté, Laigny, Tuty, Puygaillard et le baron de Banna, et autres capitaines avec leurs compagnies de cavallerie legere, partit ce soir pour aller donner une strette et camisade aux ennemis. En quoy il usa de si bonne conduitte, selon qu'il est prince de gentil esprit, prompt et vaillant, et luy fut la fortune si heureuse, qu'ayans esté les sentinelles trouvées endormies ou estonnées, et depeschées sur le champ, entrerent bien avant dans le camp de leur cavallerie et des gens de pied de leur avantgarde; mais je dis avec une telle allarme et effroy à toute ceste armée, que tout fuyoit devant eux, et leur fut loisible de donner jusques aux tentes, et en coupper les cordages, voire jusques à l'artillerie, qu'ils eurent en leur pouvoir abandonnée près de demie heure. Enfin voyans que les grosses trouppes commençoient à se remuer, et qu'ils seroient en danger si on leur couppoit chemin, ou s'ils estoient enveloppez, se retirerent de bonne heure sans aucune perte. Il ne faut pas aussi que j'oublie l'entreprise du baron de Bueil, pour estre si brave et hazardeuse, que d'avoir, avec sa compagnie, bruslé un soir partie des faulxbourgs d'Arras, se feignans Bourguignons, et demandans à repaistre et loger.

Je pourray pareillement icy adjouster comme, en ce mois de septembre, M. le vidasme de Chartres, lors gouverneur de Calais, estant M. de Thermes prisonnier, fit une entreprise d'aller surprendre Sainct-Omer, par le moyen de quelques intelligences que les François prisonniers là dedans avoient avec aucuns habitans d'icelle ville, qu'ils avoient attirez à leurs factions, pour laquelle entreprise mieux couvrir et dissimuler, iceluy sieur vidasme vint à Ardres, soubs couleur de vouloir pourvoir et munir ceste place, y temporisant pour ceste cause certains jours; où là estant se devoient trouver à Devre M. de Sipierre avec la compagnie de M. de Lorraine, dont il est lieutenant, et celles des capitaines Laigny, chevaux legers, et Thomas Albanois, et une de harquebusiers à cheval, comme aussi le seigneur de Mailly, gouverneur de Montereuil, et douze compagnies de gens de pied. Toutefois, de malheur un soldat espagnol de la compagnie du capitaine La Lane, ayant esté adverty de toute ceste menée, en diligence en advertit ceux de Sainct Omer, soubs esperance d'en recouvrer toute bonne retribution et récompense. A l'arrivée à Devre, M. de Sipierre, avec la compagnie de M. de Lorraine et les autres, desfeit vingt ou vingt-cinq chevaux de la garnison de Ranty, qui estoient là venus pour voller la vache et piller le pauvre païsant, selon qu'ils ont accoustumé par toute ceste frontiere. Estans ceux de Sainct Omer advertis, sans faire bruit, meirent gardes et guets par tout, et donnerent tout bon ordre pour n'estre surpris. Ce nonobstant, les prisonniers françois, non sçachans que tout leur fait fust descouvert, ne laisserent à poursuivre et exécuter leur délibération, et d'abordée tuerent deux ou trois corps de gardes; cela fait, se retirerent et gaignerent le chasteau, où ils se renfermerent. Ceux de la ville, pour les avoir et pour enfoncer les portes, qu'ils savoient n'estre remparées, menerent deux canons, desquels ayans tiré cinq ou six vollées, et estant faite ouverture, taillerent en pieces, à l'arrivée, la plupart de ceux qu'ils y trouverent. Et ainsi n'eut bon effect ceste entreprise, combien que M. le vidasme, encore qu'il sceust toutes ces choses, ne laissa de s'y aller présenter; et, au partir de là, bien fasché et ennuyé de si mauvais exploit, s'en retourna à Calais, et toutes les autres compagnies au camp.

Depuis le partement de l'armée françoise de Pierrepont, et pendant qu'elle s'acheminoit et séjournoit près d'Amiens, elle s'augmenta et engrossit de beaucoup plus qu'elle n'estoit à la reveue generalle, car il s'y joignit autres dix enseignes de Suisses, oultre les six qui y estoient. D'autre part, M. de Jours s'y vint assembler avec huit ou dix enseignes françoises de la legion de Champagne, lequel depuis fut envoyé à Calais. Semblablement y arriverent dix ou douze enseignes vieilles, retournans de Ferrare, que l'on nommoit le tiers d'Italie, soubs la charge du colonel La Molle, que j'ay bien voulu icy nommer, pour avoir esté ces compagnies trouvées fort belles, remplies de vieils soldats aguerris, à sçavoir : celles des capitaines de Monestier, du Daulphiné, du baron de Dorade, gascon, Bourdet, Berthelemy, Colincourt, Jaulnay, Mazey, Vallefenieres, La Chapelle, qui fut tué près de Ferrare, et celle de Beguin, qui fut depuis cassé. Oultre cela, y vindrent encore les compagnies de gendarmerie qui s'estoient trouvées à la desfaite de M. de Thermes, lesquelles, estant quelque peu séjournées et refaites, y furent mandées. Je ne feray point ici de nombre de plusieurs grands seigneurs et gentils-hommes qui s'y trouverent pour leur plaisir, comme aussi toute la maison du Roy et ses gardes, qui donnoient grand accroissement à ceste armée. L'on disoit aussi que l'armée du roy Philippes s'estoit de beaucoup renforcée, et qu'y estoient arrivez beaucoup de regimens de gens de pied d'Allemans et force reitres. Pour conclusion, il sembloit que ces deux grands roys deussent assembler en ces lieux toutes leurs forces, pour, à ceste derniere fois, départir toutes leurs querelles avec une trés-cruelle et sanglante bataille, y estans là en personne, ou se contraindre l'un l'autre d'accepter les conditions de paix. Mais le Seigneur Dieu, dominateur et tout puissant, lequel void de son siege celeste jusques au bas, voire le dedans des cueurs des hommes, et sans le vouloir duquel toutes choses sont impossibles aux humains, voyant desjà son pauvre peuple affligé de tant d'autres calamitez, adoucit et refrena l'ire et fureur de ces princes, et ne voulut permettre que la vie et le sang de tant de milliers d'hommes terminast leur courroux, ou les irritast davantage, ains, toutes armes deposées, et cessant toute hostilité, divinement inspirez, se rengerent unanimement de recevoir une amiable paix et union entre eux, usant d'une reciproque équité, se faisant juste restitution, par le moyen de laquelle cesseroient et seroient assoupies toutes vieilles querelles, pour estre de là en après unis, et pour donner repos à leur peuple presque desjà exanimé.

Pour donner commencement et proceder à ce sainct œuvre, fut approuvé et designé le lieu et abbaye de Cercamp, limitrophe et comme située en la séparation d'Arthois et Picardie; et là se trouverent deputez pour le Roy, environ la my-octobre, M. le cardinal de Lorraine, archevesque de Reims et premier pair de France; Anne de Montmorency, aussi pair et connestable de France; Jacques d'Albon, seigneur de Sainct-André et mareschal de France; messire Jean de Morvilliers, evesque d'Orléans, conseiller au conseil privé du Roy, et Claude de l'Aubespine, chevalier, seigneur de Haulterme, conseiller aussi du conseil privé et secretaire d'estat des finances du Roy. Et de la part du roy Philippes, dom Fernando Alvarez de Toledo, duc d'Alve, que nous disons en France d'Albe, grand-maistre de son hostel; Guillaume de Nassou, prince d'Oranges, chevalier de l'ordre de la Toison; Rigomez [1] de Silva, comte de Melito, eschanson de Sa Majesté; messire Antoine Perrenot, evesque d'Arras, et messire Vigilius de Zubicher, chevalier et president du conseil privé du roy Philippes; estans sur toute ceste assemblée tenus et receus dé chacun de ces deux

---

[1] *Rigomez* : Ruy-Gomez.

princes la duchesse doairiere de Lorraine, et le duc de Lorraine son fils, comme neutres et vrais mediateurs de tous leurs différens. Et ne veux oublier à dire sur ce propos, qu'avant que ceste assemblée se fermast M. le cardinal de Lorraine avoit fait un voyage devers le roy Philippes, comme pour adoulcir et regler les plus grandes difficultez amiablement entre eux, avant entrer plus avant en parlement. Depuis encore, M. le connestable ayant composé de sa rençon, estant remis en pleine liberté, estoit venu trouver le Roy en ce lieu d'Amiens pour conferer avec Sa Majesté, et, comme l'on disoit, pour quasi conclure et resouldre de sa derniere intention sur chacun des principaux articles. Lequel, apres avoir esté bien receu et caressé de son maistre, selon que le mérite un tel bon et fidele serviteur, un jour ou deux après, estant seurement informé de la volonté du Roy, s'en retourna pour entrer en ce parlement, délaissant à chacun une très-grande esperance que la départie ne se feroit qu'avec une ferme et longue paix. Et ce qui en donna encore plus grande confirmation, fut que, presque en ce mesme temps, les deux armées s'esloignerent et départirent, par l'advis et opinion, ainsi que le bruit couroit, des deputez, à ce qu'estans ces deux armées proches et voisines, par le moyen de quelques courses ou telles autres entreprises, les choses ne vinssent à s'aigrir et changer.

L'armée du roy Philippes, au partir d'Authie, coula le long de la riviere devers Abbeville, puis tout à coup se retourna devers Sainct Omer, et s'alla rompre en Artois; parquoy, afin d'éviter toute suspicion, et afin de luy oster toute occasion d'entreprendre au despourveu, l'on la feit tousjours costoyer, de ville en ville, de dix-huit enseignes françoises, jusques à ce qu'elle fust du tout rompue. Nostre armée semblablement fut separée et escartée en divers endroits; car la gendarmerie la pluspart fut renvoyée se rafreschir et reposer en leurs maisons, et non sans cause, estant autant mal menée et travaillée qu'elle eust peu estre, non pas des corvées et autres fatigues militaires, mais de l'indisposition et rigueur du temps, de la cherté et faute de vivres, mesmement pour les chevaux, et, à bref dire, pour tant d'autres necessitez, que, sans le repos de la paix, il estoit à douter qu'elle ne succombast soubs la pesanteur du faiz. Quelques compagnies d'icelle gendarmerie, des plus loingtaines ou travaillées, furent logées ès plus prochaines garnisons pour se rafreschir attendant les monstres; et les gens de pied françois furent aussi departiz et mis en garnison ès villes et places fortes, et le long de la frontiere. Quant aux estrangers, les Allemans, tant reitres que lansquenets, demanderent M. de Nevers, pource qu'il est prince de l'une des plus anciennes maisons de la Germanie, pour les mettre hors des limites de France, et pour leur estre seureté d'une grande partie de leur solde, qui leur estoit deuë : ce que ce prince débonnaire accepta volontairement, pour d'autant plus demonstrer sa parfaite affection au service du Roy et de France, et en quoy il s'acquitta si bien, que, nonobstant la rigueur qu'ils tindrent de vouloir estre payez en or, il moyenna et reigla si prudemment tout ce fait, et plusieurs autres occasions de mutinemens qu'ils cherchoient, qu'enfin, contents et paisibles, il les convia et licentia hors des pays du Roy, dont toutefois son comté de Rhetelois supporta les principaux frais. Les Suisses furent plus gracieux, car, soubs commissaires qui leur furent ordonnez, vivans paisiblement par estappes, qui leur furent establies et dressées à journées raisonnables, se retirerent en leur pays. Sur le rompement de ceste armée, je ne veux laisser au bout de la plume comme ce jeune comte de Lunebourg, que l'on a veu ci-dessus avoir amené des reitres au service du Roy, fut au camp près d'Amiens arresté et saisy prisonnier, et depuis amené en la Bastille à Paris, pour avoir mis la main aux armes contre M. de Guise, lors lieutenant général pour le Roy, et représentant Sa Majesté, n'en pouvant dire autre plus certaine cause.

Pour retourner à l'assemblée des deputez, le principal effect de la paix estoit assis sur un si bon fondement, qui estoit sur les mariages de dom Carlo, seul fils du roy Philippes et prince d'Espagne, avec madame Elisabet, fille aisnée du Roy, et de M. de Savoye avec madame Marguerite, sœur unique du Roy, que, par telles et si estroittes alliances, chacun proposoit voir toutes ces grandes maisons réunies et rassemblées. Et quant au surplus, les courages de ces deux princes sembloient estre si conformes et divinement inspirez en toutes restitutions reciproques et amiables, que, pour conclusion, toute la chrestienté se promettoit obtenir une paix universelle, quand, sur le poinct que l'on n'attendoit plus que la ratification et promesse de toutes ces choses, la royne Marie d'Angleterre et les Anglois envoyerent de nouveau brouiller les cartes et pervertir tout ce bon commencement; pour le fait de Calais, demeurans opiniastres à la ravoir, alleguans sur cela infinité de vieilles querelles qui seroient icy trop longues et ennuyeuses à dechiffrer, et lesquelles aussi je ne pourrois certainement déduire, pour n'avoir leu n'entendu tous ces droicts, et n'estant curieux et studieux de telles matières. Tant y a que ces nouvelles propositions, accompagnées de plusieurs autres difficultez que ceste Royne meit en avant à son mary, remeirent toutes conclusions en premiere doute et à recommencer, et d'autant plus esloignées des premiers termes, qu'elles sembloient estre proches d'avoir bonne issue. Pendant toutefois que chacun des deputez de son costé songeoit à inventer quelques expédients pour transiger et appointer de cest article de Calais, pource que le Roy n'estoit rien moins que résolu de le garder et ne le point rendre, que la royne d'Angleterre et les Anglois estoient importuns et pertinaces à le demander, icelle princesse passe de ce siecle transitoire en l'autre des bienheureux sur la fin du mois de novembre; laquelle, peu de jours après, suivit ce bon cardinal Pol, de la maison d'Yorck, duquel j'ay tant de fois parlé en mes livres précédens. La mort desquels suscita nouveaux troubles en Angleterre, de sorte que les institutions de l'ancienne religion ecclésiastique, que de nouveau ladite Royne et ce vertueux cardinal avoient à grande difficulté remis sus, furent de rechef abolies et depravées, pour r'introduire et adhérer à la nouvelle doctrine qu'ils ont appellée evangelique.

La princesse Ysabelle (1), fille du roy Henry dernier de ce nom, roy d'Angleterre, et d'Anne de Boulan, une simple damoiselle qu'il espousa pour son plaisir, et qu'il feit en après décapiter, laquelle auparavant avoit esté tousjours captive, fut appellée de

(1) *La princesse Ysabelle* : Elisabeth.

tous les Estats du pays, et esleuë pour royne (¹), et couronnée le 15 du mois de janvier ensuyvant. Ces soudaines et inesperées mutations furent cause de faire séparer ceste assemblée sans aucune résolution, d'autant que le decès de ceste royne, femme du roy Philippes, luy importoit de beaucoup, et où il y avoit beaucoup de choses à demesler, qui requeroient tems et sejour; parquoy delaissans tous traittez au mesme estat où ils se retrouvoient pour lors, les deputez se départirent sur le commencement de decembre, remettans la partie à se rassembler au Chasteau Cambresis, pour parachever et conclure du surplus, au mois de janvier ensuyvant, après qu'on auroit veu en quels succès se termineroient beaucoup de varietez et changemens qui se préparoient et se demonstroient desjà en l'Europe. Mesmement le bruit s'eslevoit fort que les Allemagnes se disposoient à convoquer une assemblée génerale, qu'ils ont nommé diée (²), en laquelle se devoient trouver et comparoir l'Empereur et la pluspart des électeurs, et géneralement beaucoup des principaux princes et plus grands seigneurs de toute la Germanie, laquelle assemblée se devoit faire en la ville d'Ausbourg, autrement dite Auguste.

Peu de jours après le département de ceste assemblée, nouvelles vindrent de pardeçà, que la nouvelle royne d'Angleterre Ysabel avoit envoyé un millord devers le roy Philippes, pour se soubmettre (³), et son

(¹) *Eslue pour royne.* Elisabeth fut proclamée reine par le parlement le jour même de la mort de Marie. — (²) *Diée* : diète.— (³) *Pour se soubmettre.* Elisabeth fut loin de mettre son royaume sous la protection de Philippes; seulement, pendant les premiers jours de son règne, elle montra dans ses rapports avec ce prince beaucoup de circonspection et de réserve.

royaume en sa protection; qui ne fut sans faire penser à plusieurs personnes, et comme la publique renommée le publioit par tout, et faisoit croire, que le mariage se pourroit redresser entre luy et elle, pour de tant plus stabiliter les premieres alliances, et rendre ce royaume de plus en plus fortifié et mieux appuyé du support de ce grand roy, combien que le faict semblast fort difficile et estrange, d'espouser les deux sœurs. Il fut dit pareillement que icelle royne envoya devers l'Empereur et les électeurs, pour se soubmettre et ses païs en leur protection, à quoy elle fut receuë, et que depuis l'Empereur envoya devers elle le comte Laderon pour entamer les propos du mariage de l'archiduc Ferdinand son fils et d'elle. Toutefois le bruit estoit tel, qu'à sa réception et couronnement elle avoit promis et juré ne prendre à mary aucun prince estranger, ains un qui fust de ses païs et origine. Les causes, à mon advis, pourquoy elle s'asseuroit ainsi de bonne heure des princes ses voisins, et principallement qu'elle avoit plus à craindre, estoit à raison de la mort du vieil roy de Dannemarc, qui estoit décédé environ ce temps, ayant délaissé un fils remuant et martial, lequel elle doutoit luy appareiller à son advenement quelques nouveaux attentats, prétendant le royaume d'Yrlande (1); ou bien auroit ce fait pour assentir et apprendre quelque secret de la volonté de ces princes, se doutant bien que ce changement et réception de nouvelle religion estoit odieuse à beaucoup d'eux, et à d'autres estoit agréable.

Pendant le délay et remise de la résolution de la

(1) *Prétendant le royaume d'Yrlande.* Christiern III venoit en effet de mourir, mais aucun de ses fils n'avoit de prétentions sur l'Irlande.

paix, chacun de ces princes en droit soy ne delaissoit pourtant à prévoir aux objects que le temps par occasion leur distribuoit, et, selon que les événemens succédoient, se parforçoient d'accommoder les remedes; et d'ailleurs, durant ce loisir, mettoient à fin et accomplissoient leurs plus privez et particuliers affaires, afin que quand encore toutes choses changeroient en pis, pour le moins fussent deschargez d'autant de temps bien employé et d'expédition de négoces.

Entre autres œuvres mémorables que le roy Philippes accomplit en ce mois de décembre, furent les obseques de l'empereur Charles son pere, lequel estoit mort en Espagne au mois de septembre auparavant, comme l'on m'a dit, qu'il célébra à Bruxelles le vingt-neufvieme de ce mois, avec fort religieuses et dévotes cérémonies, faisant ample démonstration d'une singuliere et très-parfaite amitié du fils au pere, magnifiées et extollées aussi de très-opulentes et riches pompes funèbres, pour déclairer et rememorer universellement la haultesse et gestes d'éternelle récordation de ce grand empereur. A toutes lesquelles choses icy particulariser il me faudroit recommencer un livre à part, lequel toutefois, sans en rebastir d'autres, se vend et publie desjà par tout; mais, pour faire un brief extrait des principales singularitez qui en sont escrites, cette navire me semble plus à louër, que l'on eust dit estre tirée sur mer par deux monstres marins, conduits par une jeune pucelle tenant en main une ancre d'argent, paroissant et démonstrant une face joyeuse, comme voulant prendre port, ayant la pouppe enrichie d'excellentes et ingénieuses graveures et peintures, avec les arbres et tous équippages de noir, et plusieurs enseignes et flammes de diverses couleurs pendues au timon. Tout le dedans de laquelle navire estoit rempli de riches quarreaux sur lesquels estoient posez les escussons et armoiries des royaumes et païs que possédoit Sa Majesté; et au devant du grand maz, aux pieds d'un riche siege impérial qui estoit vuide, sur une pierre quarrée où estoit escrit *Christus*, estoit la Foy, vestue d'un drap blanc, tenant la croix rouge en sa main. Derriere, sur la pouppe, estoit la Charité, qui tenoit en main le gouvernail de ceste navire, comme le voulant addresser à main droite. Tout cela signifiant, comme je conjecture, que toute l'intention et les labeurs de ce grand empereur ne tendoient qu'à l'augmentation et accroissement de la foy de Jésus-Christ, y estant conduit par une singuliere charité et amour qu'il luy portoit, et aux peuples que Dieu luy avoit soubmis pour commander. Aux deux costez de ceste navire estoient peintes les victoires qu'avoit en sa vie obtenu cest empereur, tant contre les voisins que contre les barbares infideles et estrangers, avec les dictons et trophées mis et apposez ingénieusement dans des compartimens et tables d'attente bien rapportées et inventées. Beaucoup d'autres singularitez y furent vuës et remarquées comme elles le méritoient, que j'adjousterois icy si elles n'estoient desjà escrites, et si communes, qu'elles ne serviroient que de redites. Avant aussi le retour de ceste assemblée, le Roy voulut estre accompli et parfait le mariage de Charles duc de Lorraine, et de madame Claude sa seconde fille. Et furent ces mémorables et solennelles nopces celebrées en la royale ville de Paris, et capitale de France, avec toutes largesses et festins remplis de délices. Les cérémonies et solennitez furent parachevées dans ce beau et riche temple de Nostre Dame, en la présence du Roy et de la Royne, et de plusieurs prélats et princes, comme de messieurs les cardinaux de Lorraine, de Bourbon et de Guise, de Chastillon et de Sens ; des ducs de Guise, d'Aumalle, comte de Vaudemont, marquis d'Albeuf, et grand prieur de France, les plus proches parens de l'espoux, et d'autres princes, comme des ducs de Montpensier, de Nevers, de Nemours, princes de Condé, de Ferrare et de La Roche-sur-Yon, le duc de Longueville, le comte d'Eu et autres; ensemble plusieurs grands seigneurs qui tiendroient icy un grand roolle à tous nommer. Pres de sept ou huit jours durerent ces jours feriaux, èsquels n'estoient veuz et démonstrez que tous plaisirs et toutes sortes de jeux et passetemps, tant au Palais Royal qu'en ceux de messieurs de ceste maison de Lorraine, èsquels se tenoit maison ouverte, et se faisoient convives et distributions profuses, et à qui en vouloit. Mesmement devant le palais de M. de Guise, fut fait un tournoy ouvert à tous chevaliers, pour s'esprouver en lice à la lance et au combat de toutes sortes d'armes. Beaucoup d'autres choses exquises et de marque y furent érigées et faites, ou que je ne puis pas avoir veuës, ou dont je n'ay pas souvenance, que je délaisseray à descrire à quelqu'un qui les aura ou mieux considerées ou mieux retenues que moy. Quelques jours auparavant ces festins, le Roy avoit fait partir M. de Bordillon et M. de Marillac, archevesque de Vienne, l'un des plus doctes et dignes prelats du royaume, pour se trouver de sa part à ceste diée qui se devoit faire à Ausbourg, dont nous avons parlé cy-dessus, et où jà estoit attendant l'Empereur dès la fin du mois de décembre; où pareillement le roy Philippes avoit envoyé le comte d'Aremberg, dit Brabanson, pour autant que la commune renommée estoit ceste convocation et assemblée estre faite pour beaucoup de poincts qui importoient toute la chrestienté et les princes chrestiens, spécialement pour le faict de la religion, que l'on voyoit presque du tout exterminée, et d'autre part pour adviser à trouver remedes et moyens de resister au Turc, lequel, ne se contentant d'avoir usurpé la Hongrie et la meilleure part de la Transylvanie, taschoit d'empieter en Autriche, et se fortifier pour ceste occasion à l'entour de Vienne, et où jà estoit allé le roy de Boheme avec certaines forces pour le divertir et interrompre une fortification qu'il s'efforçoit rebastir sur ses frontieres, que les chrestiens lui avoient desjà une autre fois abbattue et démolie, et laquelle, s'il avoit relevée, porteroit grand dommage à Vienne. Pour ces causes et autres très-nécessaires, et appartenans au bien universel, y estoient mandez les électeurs, princes et potentats des Allemagnes, comme aussi en avoient esté advertis, pour y assister ou y envoyer, tous les autres princes chrestiens.

En ce mesme mois de janvier, le 27, le pape Paul fit un consistoire qu'il ne voulut du tout fermer, ains comme huys à demy ouverts, et en particulier fit appeller le seigneur Camille Orsin, le marquis de Montesarche, le seigneur Ferrand de Sanguine, le gouverneur de Rome, le vicegerent de la chambre apostolique, le dataire, l'evesque de Bergamo, le berengo, le fiordebelle et trois secretaires. Et estant assis en sa chaize commença son propos par la mauvaise administration qu'il voyoit estre faite des estats de l'Eglise, qui requeroient une sévere et bien reiglée reformation, se plaignant sur tous, en termes généraux, de ses neveux, toutefois sans nuls nommer. Lesquels il declaira avoir privez de toutes authoritez qu'il leur avoit commises et données, à sçavoir : le seigneur dom Joanni Caraffe, qui est le duc de Palliane, de l'estat genéral de l'Eglise, et de toutes pensions et appointemens qu'il avoit du Sainct Siege apostolique, et davantage de la charge des galleres de l'Eglise ; et que, quant à celles des Sforces qui étoient en différent, il evocquoit icelle cause à sa personne pour la terminer ; plus dom Antonio Caraffe, qui est le marquis de Montebel, de l'estat qu'il avoit, tant de gouverneur des soldats que de celuy de la garde de sa personne, et de toutes pensions et appointemens qui luy pouvoient appartenir, en quelque maniere que ce fust. En oultre privoit le cardinal Caraffe de toute administration, de tous pouvoirs, *de motu proprio,* concessions, privileges, et authoritez qu'il pouvoit en sa personne avoir et tenir du Sainct Siege apostolique, ensemble de la légation de Bologne, et révoqua et cassa tous gouverneurs, nonces, commissaires, capitaines des places, et tous autres officiers, excepté ceux qui seroient par cy après de rechef nommez par Sa Saincteté. Voulut que sesdits trois neveux, avec tous leurs serviteurs et famille, eussent à sortir et s'esloigner de la ville de Rome dans le terme de douze jours, enjoignant expressément au gouverneur et vicegerent qu'ils eussent à donner ordre que iceux ses neveux partissent, et que son intention fust, sans repliques et excuses, mise à exécution. Et après, se tournant vers lesdits secretaires, leur commanda qu'ils notassent bien en mémoire tout ce qu'il avoit dit, déterminé et prononcé touchant lesdites privations, et tout le demourant ils le redigeassent par escrit, afin d'en laisser une perpetuelle memoire, pource qu'il vouloit dès le soir mesme le voir couché par escrit. Ceste sentence ouye, chacun demeura comme estonné et muet, et n'y eut personne qui osast y repliquer, consideré le courroux avec lequel il l'avoit prononcée. En après il continua son discours fort gravement et elegamment, touchant le reiglement des ministres et administration ecclesiastique, et le bien et utilité que c'estoit d'ainsi user d'un tel chastiment nécessaire des erreurs qui s'y commettoient. Que pour ceste cause vouloit luy-mesme le premier commencer aux siens, afin que Dieu n'y mist la main pour les punir en après plus aigrement : alleguant pour exemple Pierre Loys Farneze, et, addressant sa parolle au cardinal de Sainct Ange là présent, luy dit que si le pape Paul troisieme l'eust chastié, faisant sans respect severe demonstration de ses abuz et enormitez, Dieu n'en eust pas fait un si horrible et manifeste chastiment. Et quant à l'administration en géneral, bien tost, Dieu aidant, il y pourvoiroit en sorte que, commençant à soy mesme le premier, il seroit exemplaire aux autres. Et de ceste heure là ordonna au seigneur Camille Orsin de prendre la charge de toutes choses appartenantes au faict de la guerre, et qu'il advisast en quoy il se pourroit aider du marquis de Montesarche et du seigneur Ferrand de Sanguine. Le lendemain fut audience publique, que Sa Saincteté tient une fois le mois, et qu'elle mesme a instituée : en laquelle, avant que commencer autre chose, elle appella les susdits Camille, marquis et Ferrand, disant qu'elle avoit ordonné cette audience afin qu'un chacun peust venir à Sa Saincteté, et lui dire librement son affaire, et avoir satisfaction d'estre ouy de son prince; parquoy ils advisassent que toute personne, de quelque condition qu'elle fust, n'eust à estre empeschée de se trouver et offrir en sa présence; que s'il y en avoit quelqu'un si osé d'empescher le moindre pauvre, *væ illi*, malediction à luy, qu'il luy donneroit telle punition, que ce seroit une exemple à tout jamais.

Après s'adressa à messire Marc Anthonio Borguese, advocat des pauvres, luy disant hault et clair qu'il ne pouvoit luy faire plus grand plaisir, ne service plus agréable à Dieu, puisque il estoit advocat des pauvres, que de faire cest office entierement, prenant garde que nul de ceux qui alloient luy porter des requestes ne demourast excluz et debouté, pour autant que son intention estoit que ceste audience servist de syndicat pour tous ses ministres, et que chacun d'eux cognoissant que tout pauvre qui se sentiroit grevé de quelque injure, se pourroit aller plaindre à Sa Saincteté, par ainsi, si jusques à l'heure il n'y avoit eu bon ordre, qu'elle vouloit qu'il y fust à l'advenir, dont toutefois elle avoit grand regret et repentance que de meilleure heure la faute n'estoit venue à sa cognoissance. En ceste sorte, ce bon pere commença à procéder à la réformation des abuz des ministres de l'Eglise romaine, et ce que je n'ay voulu faillir de réiterer et rememorer icy, encore qu'il soit desjà imprimé et publié partout, mais comme un exemple autant notable qu'il en peult estre veu ny leu, et, à la mienne volonté, que plustost les pasteurs et conducteurs de ce troupeau ecclesiastique eussent ouvert les yeux pour se recognoistre, et adviser les lourdes et si evidentes fautes qu'eux et leurs collateraux et substituts ministres ont commises en leurs charges, qu'elles ont esté un thème et argument, en reprenant icelles, de causer et formaliser divers scismes et sectes en nostre religion. Depuis, ce bon pasteur, pour donner moyen, autant aux petits qu'aux grands, de luy faire entendre et sçavoir leurs doléances, fit mettre un tronc dans l'église Sainct Pierre, duquel luy seul tient la clef, où chacun pourra mettre par escrit en billets et requestes ce qu'il aura à requerir et remonstrer à Sa Saincteté, et ce qu'ils n'oseroient exposer en public. Le Seigneur Dieu luy doint la grace de continuer et parachever ce bon commencement, à ce que, par l'aveuglement des ministres, et confusion des abuz, le pauvre populaire ne soit plus seduit et mené en la fosse de tenebres, ains que la lumiere soit eslevée sur le tonneau, illuminante et esclairante à tout le monde.

Maintenant, après avoir quelque peu parlé des mutations qui regnoient et estoient advenues en l'Europe, je retournerai à ceste derniere resolution de la paix entre les princes, tant desirée et attendue par tout le monde, que tous les peuples chrestiens incessamment tendoient les mains au ciel pour la requerir à celuy qui est la paix luy mesme. Et croy que tous les autres empereurs et rois, tant chrestiens qu'infideles, estoient escoutans et attendans l'issue, sçachans certainement que ces deux grands rois, unis et alliez, feroient trembler et ranger tout le reste de cest hemisphere soubs eux. Or, sur la my fevrier seulement, se trouverent au

Chasteau Cambrezis les mesmes deputez de ces deux princes que j'ay desjà nommez cy dessus, comme aussi fit madame la douairiere de Lorraine, et où alla aussi M. de Lorraine, lequel depuis alla trouver madame Claude sa nouvelle espouse, pour le singulier desir que madame sa mere avoit de la voir : laquelle encore passa plus avant, jusques à Mons en Henault, où estoit le roy Philippes, duquel elle fut magnifiquement et dignement honorée et estrenée de très riches et et rares presens. Pour la royne d'Angleterre, se touverent à ceste assemblée l'evesque Thavart (1), millord et grand chambellan de ladite Royne, l'evesque Dory, (2) et le doyen de Cantorbie. Du commencement et entrée, à ce que l'on a dit et sceu, les deputez du roy Philippes se demonstrerent aussi froids et nouveaux comme si c'eust esté chose nouvelle, et dont jamais ils n'eussent ouy parler. Qui donna au semblable aux deputez du Roy occasion de faire aussi bonne mine et contenance qu'eux, et leur donner à entendre que l'extreme necessité ne contraignoit point le Roy de chercher et importuner le roy Philippes d'avoir la paix avecques luy, ains plustost une pure et entiere affection d'avoir son alliance, pour reunir et rassembler ces deux grandes maisons, desjointes et separées pour petites causes. Et avec ce l'incitoit la pitié et commiseration universelle, tant de la religion chrestienne, qui s'en alloit, sans une paix, déperie et comme esteinte, que des pauvres peuples ruinez et destruits ; à quoy l'on devoit avoir plus

---

(1) *L'evesque Thavart.* Thomas Howard, comte d'Estingham, n'étoit point évêque. — (2) *L'evesque Dory :* l'évêque d'Ely.

d'esgard que à toutes autres particulieres et privées affections. L'on a jugé que ce qui, au commencement, tenoit les deputés du roy Philippes si roides, estoit pour raison que leurs affaires alloient bien du costé d'Italie, et estoient les plus forts en Piedmont, ayans conquis de nouveau quelques placés sur le Roy. Enfin estans ces deux princes rangez en une mesme volonté, comme inspirez d'une mesme grace de Dieu, et y estans davantage sollicitez et induicts par ceste vertueuse princesse de Lorraine, les deputez de chacun party rentrerent plus que auparavant à la détermination et conclusion d'une bonne et stable paix. Et pource que, comme l'on a veu cy dessus, le roy Philippes estoit de nouveau veuf, et que, pour plus estroite et ferme alliance, le mariage de luy et de madame Elisabeth, fille aisnée du Roy, estoit plus traitable et de plus grande authorité que du fils, les deputez adviserent aux moyens pour le contracter, ce que heureusement parfirent, pareillement celuy de M. de Savoye avec madame Marguerite, sœur unique du Roy, qui estoient les deux principaux poincts où consistoit tout le but et effect de ceste paix. Mais quand ce vint à diffinir en après de plusieurs autres particularitez, comme de la reddition des villes, réparation des torts, restitution des dommages et intérests de plusieurs princes et autres qui avoient esté destruicts, ou fort endommagez en ces guerres, pour la restitution des forussis (1) et exilez, pour la tuition et protection d'aucuns qui avoient esté en ces guerres ennemis de l'une des par-

---

(1) *Forussis*. Mot tiré de l'italien; il signifie émigré, sorti de son pays.

ties, il s'y trouva tant d'espines et difficultez, qu'à tous coups l'on disoit que tout estoit rompu, et que la paix ne se feroit pas; de sorte que quelquefois les députez se sont trouvez prests à se départir sans aucun effect. Mesmement le duc de Savoye, tout le bien duquel estoit occupé de ces deux princes, insistoit fort, et à bonne cause, à ce que avec toute seureté et l'un et l'autre luy en feissent restitution, et avec tel accord et consentement unanime, ratifié par tous deux à ceste fois, que par cy après ils ne eussent plus à y rien quereller et demander, voulant demeurer neutre, parent et amy à tous deux. Ainsi et en ce seul faict y pouvoit avoir beaucoup de disputes et altercats, esquels se passa tout le mois de mars que l'on n'attendoit la paix qu'en doute. Sur la fin de ce mois toutes difficultez s'en alloient appoinctées et finies, reservé un seul article, de la jouissance de quelques villes en Piedmont, pour certain tems, que chacun de ces princes vouloit; sur lequel article se trouva tant grande contrarieté d'opinions, et si mal accordantes, que l'on veit l'heure que l'assemblée se départoit aussi mauvais amis qu'auparavant. Mais le Seigneur Dieu, qui guidoit, à mon advis, ce sainct œuvre, voulant monstrer aux hommes, quelques grands esprits et sçavans qu'ils soient, que sans son vouloir leur science n'est que folie, ayant entendu de son throsne celeste les clameurs de tant de misérables peuples attendans ceste paix, enfin les rassembla et leur suggera et enseigna les moyens pour pacifier toutes choses; de maniere que le troisieme d'avril, en l'an mil cinq cens cinquante neuf, en ce lieu de Chasteau Cambresis, en cette belle maison de l'evesque de Cambray, messieurs les deputez susdits, pourveus et garnis de tous pouvoirs de leurs princes et maistres, conclurent une alliance et amitié perpetuelle entre eux, avec une paix et communion entre leurs peuples et subjects, pour aller, venir, negocier et traficquer, comme amis et sans aucun danger, pour converser ensemble et exercer tous commerces et marchandises par terre, mer, rivieres et toutes eauës douces; ensemble appoincterent et transigerent de plusieurs autres leurs differents et discords, ainsi que l'on pourra veoir par les articles qui sur tout ce fait ont esté passez et redigez par escrit.

Quatre jours après, le Roy en advertit la ville de Paris, pour en louër et en rendre tres-dignes et tres-devotes graces à Dieu, afin aussi de s'en resjouir et celebrer les feux de joie, ainsi qu'il en fut fait, et là et par tout le royaume de France, estant ceste tant heureuse et tant desirée paix autant bien venue et receuë avec actions de graces à celuy de qui elle vient, et avec autant de joye et allegresse extérieure, que pour toute autre felicité qui pourroit advenir, ne doutant point qu'au semblable n'en soit fait autant des estrangers. La tres-haulte et celeste Trinité, de qui elle est fille, la nous veuille avoir envoyée, non point faite des hommes, ou selon le monde, mais d'en hault et selon son vouloir, et nous la veuille continuer si longuement, que noz cueurs, convertis à malice et iniquité, puissent estre fleschis et frappez d'amendement, en recognoissant celuy qui nous invite et appelle avec toute bonté et douceur, et finalement soit occasion, et donne pouvoir aux princes chrestiens, de relever l'Eglise de Dieu chancelante et vacillante, et d'extirper et reformer tant de heresies et scismes qui y regnent; et, en augmentant la foy de Dieu par tout le monde, puisse maintenir eux et leurs peuples en tranquillité et heureux repos! *Amen.*

FIN DES COMMENTAIRES DE RABUTIN.

LE SIÉGE DE METZ

PAR L'EMPEREUR CHARLES V,

EN L'AN 1552.

PAR B. DE SALIGNAC.

NOTICE

SUR FÉNÉLON ET SUR SES MÉMOIRES.

On ignore l'époque de la naissance de Bertrand de Salignac, seigneur de La Motte Fénélon; on sait seulement qu'il étoit le plus jeune des sept fils d'Elie de Salignac et de Catherine de Ségur.

Ayant fait d'excellentes études, il prit le parti des armes; et, sur la nouvelle qui courut vers le milieu de l'été de 1552, que Charles-Quint se préparoit à venir faire le siége de Metz avec une armée de cent mille hommes, il se jeta dans cette ville, dont le duc François de Guise avoit le commandement, et où se rendit l'élite de la noblesse françoise. Il étoit alors attaché à Jean de Gontaut, père d'Armand de Biron, qui fut depuis l'un des meilleurs serviteurs de Henri IV.

Ce siége mémorable, où le duc de Guise, encore à la fleur de l'âge, déploya tous les talens du général le plus expérimenté, et fit éprouver à Charles-Quint le plus sensible affront qu'il eût jamais reçu, frappa l'imagination de Fénélon. Il en écrivit la relation l'année suivante, et l'on remarqua qu'en comblant d'éloges ses compagnons d'armes, il n'avoit oublié que de parler de lui. Cet ouvrage, écrit avec beaucoup de clarté, et où l'on trouve quelquefois des traces de cette douce élégance que l'auteur de *Télémaque,* son petit-neveu, porta depuis au plus haut degré de perfection, eut une grande vogue dans la nouveauté. Tout le monde étoit empressé d'y chercher les détails d'un siége qu'on regardoit comme l'un des événemens les plus importans du siècle; et il fut presque aussitôt traduit en italien.

Ce succès littéraire ne détourna point Fénélon de la carrière des armes. En 1554, il suivit en Flandre Henri II, qui avoit résolu de terminer la guerre en se mesurant avec Charles-Quint. Il prit part à la victoire de Renty, qui fut éclatante, mais peu décisive; et, encouragé par les applaudissemens qu'on avoit donnés à la relation du siége de Metz, il publia les événemens de cette campagne glorieuse, sous la forme d'une correspondance avec le cardinal de Ferrare, ami de sa famille.

Ces deux écrits, remarquables par une extrême justesse de pensées et d'expressions, fixèrent l'attention de Henri II, qui jugea que les talens de Fénélon pouvoient être encore plus utiles dans la paix que dans la guerre. Immédiatement après le traité de Cateau-Cambresis (1559), il l'envoya, comme ambassadeur, en Angleterre, près d'Elisabeth qui commençoit son règne. Fénélon sut plaire à cette princesse, très-prévenue contre les Français ; et, pendant un séjour de sept ans dans ce pays, il empêcha toute rupture ouverte entre les deux couronnes.

De retour en France, il ne figura pas dans les troubles qui agitoient le règne de Charles ix; et, quelque temps après la paix de Saint-Germain (1570), il fut envoyé de nouveau en Angleterre avec le duc de Montmorency et le célèbre négociateur Paul de Foix. Le but apparent de leur mission étoit d'obtenir pour le duc d'Alençon, jeune frère du Roi, la main d'Elisabeth. Cette affaire n'ayant pas réussi, les deux collègues de Fénélon repassèrent en France, et il resta seul près d'une reine dont il avoit mérité l'estime et la confiance.

Il étoit dans cette position honorable lorsque la nouvelle imprévue du massacre de la Saint-Barthélemy se répandit en Angleterre. On refusa long-temps d'y croire; on ne pouvoit se figurer qu'un si horrible attentat eût pu être conçu au milieu des fêtes par lesquelles on avoit célébré le mariage de la sœur de Charles ix et du roi de Navarre : mais bientôt il n'y eut plus de doute, et l'ambassadeur de France reçut le récit officiel de tout ce qui s'étoit passé. Fénélon, aussi consterné qu'indigné, refusa noblement de justifier une exécution qui lui faisoit horreur. « Sire, écrivit-il au Roi, adressez-vous à ceux qui vous l'ont conseillée. » Il fallut donc faire composer à Paris le discours apologétique que l'ambassadeur devoit prononcer devant Elisabeth.

Celui-ci l'ayant reçu fit demander une audience à la Reine. Cette princesse, dans l'intention de témoigner son indignation à l'Europe, sans cependant causer à l'ambassadeur, dont elle connoissoit les sentimens, aucun désagrément personnel, voulut que cette audience eût la plus terrible solennité. Fénélon, en se rendant près d'elle en grande cérémonie, put lire dans les regards du peuple une fureur concentrée, mais on le préserva de toute insulte. Lorsqu'il entra au palais, un spectacle plus déchirant frappa ses yeux : un silence morne régnoit ; les appartemens étoient tendus de noir; et les seigneurs, ainsi que les dames de la Cour, en grand deuil, formoient une double haie, au milieu de laquelle il fallut qu'il passât sans être salué par personne. Arrivé près d'Elisabeth, dont la physionomie respiroit une tristesse imposante, il lut, d'une voix altérée, l'apologie qu'on lui avoit transmise. La Reine ne l'interrompit pas, mais elle lui répondit par un discours préparé, dans lequel, après avoir récapitulé la conduite de la cour de France à l'égard des Protestans, elle traita sans ménagement le système adopté par Catherine de Médicis.

Après cette scène, où l'on eut pour la loyauté connue de Fénélon les égards convenables, il continua d'être bien à la cour d'Elisabeth; et, malgré le désir qu'avoient les Anglais de déclarer la guerre à la France, il réussit à maintenir une paix apparente.

Dans la seconde année du règne de Henri III, il fut envoyé pour la troisième fois en Angleterre, avec Castelnau, afin de renouer les négociations relatives au mariage d'Elisabeth et du duc d'Alençon : négociations qui, comme on l'a vu, n'avoient eu aucun succès sous le règne précédent. Elles échouèrent, malgré l'habileté des deux ambassadeurs, parce qu'il n'y avoit de bonne foi ni d'un côté ni de l'autre.

Pendant les guerres de la Ligue, Fénélon demeura fidèle à la cause royale. Après le traité de Vervins (1598), Henri IV, qui apprécioit ses talens, lui donna l'ambassade d'Espagne, la plus importante de toutes. Il ne partit que l'année suivante ; mais une maladie grave l'ayant arrêté à Bordeaux, il y mourut dans un âge fort avancé, laissant la réputation d'un des hommes d'Etat les plus distingués du seizième siècle.

L'ouvrage le plus curieux de Fénélon est *le Siége de Metz* que nous publions. La narration est pleine d'intérêt, et le style n'offre qu'un très-petit nombre des défauts du siècle. L'auteur, conservant, au milieu des horreurs de la guerre, cette tendre humanité, heureux apanage de sa famille, s'arrête avec complaisance sur les traits de générosité qui honorèrent les Français pendant ce long siége. Il rapporte qu'au moment où Charles-Quint se retiroit avec une escorte de

cavalerie espagnole, il fut atteint par une troupe que le duc de Guise avoit fait sortir de la ville. « Que de-
« mandent les Français? s'écria le commandant espa-
« gnol. — Nous cherchons à combattre et à donner le
« coup de lance, lui répondit-on. — Nostre troupe, re-
« prit l'Espagnol, n'est maintenant en estat pour répon-
« dre à cela. Nous nous retirons, laissez-nous aller en
« paix. » Ces mots, observe Fénélon, désarmèrent les Français, et l'Empereur passa librement.

Il raconte sans forfanterie la retraite de Charles-Quint; et, s'élevant à de grandes pensées, il attribue à la protection divine les succès obtenus contre l'ennemi. « Nous sceusmes, dit-il, le deslogement de
« l'Empereur, qui s'estoit retiré à Tihonville avec le
« malcontentement qu'on peut penser, de se voir des-
« cheu de son espérance, et sa grande armée, qu'il avoit
« assemblée de divers endroits de la chrestienté, rui-
« née, son entreprise tournée à néant, et luy quasy mis
« pour servir d'exemple à faire voir au monde que la
« force et conseil des plus grands hommes n'est rien au
« regard de la providence de Dieu. »

Il s'étend sur les soins charitables que le duc de Guise prodigua aux malades et aux blessés, laissés par Charles-Quint sous les murs de Metz. « Au moyen
« de quoy, observe-t-il, ce prince ajouta à son nom,
« bien que très-grand, encores cette humanité qui en
« rendra la mémoire et luy-même immortel: » réflexion

bien remarquable dans un guerrier de cette époque, et qui achève de caractériser le grand-oncle de l'archevêque de Cambray.

Le Siége de Metz fut publié pour la première fois par Estienne en 1553 : la traduction italienne est de la même année : elle a pour titre : *Metz difesa da Francesco duca di Ghisa, tradotta dal francese, in Firenze, Onofrio.* En 1665, Pierre Collignon, imprimeur de Metz, donna une seconde édition très-soignée de cet ouvrage. Nous sommes parvenus à nous procurer l'édition de 1553, qui est devenue extrêmement rare, et nous l'avons prise pour modèle. Elle nous a fourni un *roole* des seigneurs qui se renfermèrent dans Metz avec le duc de Guise, pièce qui n'avoit jamais été réimprimée. Nous avons cru devoir y joindre la préface de l'édition de 1665, où Collignon apprécie d'une manière très-juste le talent littéraire de Fénélon. Ainsi l'édition que nous donnons sera seule entièrement complète.

Le récit de la campagne de 1554 par Fénélon eut trois éditions. La première, qui parut la même année à Paris chez Estienne, est intitulée : *Lettres au cardinal de Ferrare sur le voyage du roy Henri II aux Pays Bas de l'Empereur.* La seconde et la troisième, qui parurent à la fin de 1554 et au commencement de 1555 à Lyon et à Rouen, ont le titre suivant : *Le Voyage du Roy aux Pays Bas de l'Empereur, brie-*

vement récité par lettres missives que Bertrand de Salignac écrivoit du camp du Roy au cardinal de Ferrare.

Plusieurs mémoires et correspondances diplomatiques, trouvés dans les papiers de Fénélon, font partie des *Additions aux Mémoires de Castelnau*.

A MESSIRE

JEAN-JACQUES DE GOURNAY,

CHEVALIER, SEIGNEUR DE SECOURT, etc., MAISTRE ESCHEVIN;

ET MESSIEURS

Nicolas Auburtin, Charles Guichard, Paul Feriet, Jean Allion, Jean François, François Bruillard, Estienne Malchard, Paul Joly, et Charles le Duchat, *conseillers eschevins, magistrats de la ville et cité de Metz;*

Christophle Auburtin, *procureur syndic;* Louis Bertrand, *secretaire et greffier;* et Abraham Michelet, *receveur general.*

Messieurs,

Lorsque le Roy vint en ceste ville en l'année 1657 (¹), plusieurs personnes de la Cour, de toutes qualités, m'ayans demandé l'histoire du siege de Metz, comme une piece

---

(¹) *En l'année* 1657. Après la mort de Ferdinand III, Louis XIV envoya à la diète de Francfort le maréchal de Grammont et Lionne, pour empêcher l'élection de Léopold, fils de Ferdinand. Il s'avança jusqu'à Metz afin d'appuyer cette négociation.

pour laquelle tout le monde avoit de la curiosité, et qui ne se trouvoit plus que dedans les cabinets, parmy les livres rares, je fis dessein de le rendre plus commun pour satisfaire ceux qui le desiroient, et je fus confirmé dans ceste pensée au dernier voyage que Sa Majesté fit icy en l'année 1663 (1), où, durant son séjour, ceste mesme histoire me fut encore demandée par une infinité de gens de diverses conditions, qui, voyants que les exemplaires en estoient faillis, m'exhortèrent à en faire une édition nouvelle; mais, n'osant de moy mesme rien entreprendre de ceste nature, j'en consultay M. le maistre eschevin qui estoit pour lors, lequel je trouvay favorable; de sorte que, sous son adveu, que je receus aussi pour celuy de tous messieurs, je formai la resolution de rendre au public ce qu'il sembloit que le temps eust voulu lui soustraire.

Pour l'execution de ce dessein, je fis une recherche exacte de tous les exemplaires qui s'en purent trouver, afin d'en prendre le plus entier pour modèle de cest ouvrage; et de tous ceux que je recouvray à la faveur de mes amis, à peine en avoit-il un seulement auquel il n'y eust quelque deffectuosité; mais enfin je rencontray ce que je desirois dans la bibliotheque d'une personne curieuse : c'est de ce thresor que j'ay tiré ce que je vous presente, et que je communique aujourd'huy à tout le monde.

Je n'ay rien changé en sa forme ni en son langage, estimant que c'eust esté travestir un vieil Gaulois que de lui oster les armures du temps auquel il vivoit, pour

---

(1) *En l'année* 1663. Louis XIV alla en Lorraine et dans les Trois-Evêchés pour réprimer le duc Charles auquel il enleva Marsal.

lui en donner à la moderne, et tomber à peu près dans la mesme faute de ceux qui representent les anciens heros le pistolet à la main, au lieu de la fleche ou du javelot; aussi, comme il est plus sceant à un vieillard d'estre vestu d'habillements convenables à son aage, il semble qu'il estoit à propos de laisser ceste histoire dans les termes qui estoient en usage au siecle auquel elle est arrivée : c'est de ceste maniere que l'on fait estat des medailles desquelles l'antiquité fait la beauté, et qui perdroient leur prix et leur valeur si les inscriptions en estoient traduittes ou renouvellées; et l'on estime les vieilles statuës, quelques troncquées qu'elles soient, sans comparaison plus que les nouvelles, pour bien ornées qu'elles puissent estre. Enfin, comme les choses anciennes tesmoignent mieux de la verité, je me suis resolu de laisser ce récit en l'estat qu'il estoit, pour ne rendre mon travail suspect à personne; aussi ne m'a on pas demandé ceste histoire corrigée ni en autre langage, et je ne suis pas auteur pour faire ni l'un ni l'autre, mais un simple imprimeur qui publie et mets de bonne foy en lumiere les escrits de ceux qui le sont; je dois ressembler au miroir fidele, qui, comme disoit un ancien, rend les objects tels qu'il les reçoit, et n'en altere rien en la forme, ni en la matiere ni en la couleur.

Au fonds le langage en est excellent pour estre de l'autre siecle; il est significatif en tous ses termes, fort intelligible, et n'a besoin de commentaire n'y d'aucune interpretation, qui est tout ce que l'on en peut desirer; et ne se faut pas plaindre de la façon de parler de ce temps là, puis que c'estoit celle de la Cour et de tout le royaume, la langue françoise n'estant pas encor parvenuë au point de sa politesse. Et tout de mesme que les an ciens usoient moins d'or que d'argent, il leur faut aussi pardonner s'ils avoient un peu moins de grace et d'elegance en leurs expressions.

Comme il n'a rien esté changé au langage, on n'a pas estimé non plus devoir faire aucunes observations ni remarques à ceste histoire, parce qu'elle est si fidelle et si veritable, qu'il n'y a' rien à y adjouster qui ne fust hors du sujet ou de son lieu.

L'intention de l'auteur a esté d'y descrire les merveilles que firent ces grands heros et genereux capitaines, sous les ordres du roi Henry second, pour la deffence de la ville contre les ennemis de l'Estat et une armée nombreuse et puissante, commandée par un grand empereur en personne, dont ils rendirent tous les efforts inutiles, et arresterent son plus oultre au pied de ses murailles comme à une borne, qui appartient en effect à nos roys si legitimement, que Charles cinquiesme luy mesme, à qui ceste place venoit d'estre ostée, ne la consideroit pas aussi comme faisant partie de ses Estats, puisque, peu de temps apres, s'en despouillant et mettant sa couronne sur la teste de Philippe deuxiesme son fils, en la harangue qu'il fit pour ce sujet aux estats des Pays Bas en l'année 1555, il loüoit Dieu de ce qu'il n'avoit rien perdu, mais plustost accreu son empire. Et mon dessein icy, messieurs, est, en faisant revivre la memoire de leurs hauts faits d'armes, de reveiller aussi celle de la fidelité exemplaire des citoyens, et que plusieurs de vos ancestres temoignerent en ceste belle occasion pour le service du Roy, afin qu'elle serve d'aiguillon à la posterité, ainsi qu'elle a esté imitée par une infinité de braves, nez au milieu de vous, dont les uns sont morts et les autres vivent encor avec honneur, lesquels se sont signalez et ont acquis beaucoup de gloire ez dernieres guerres.

C'est donc à vous, messieurs, que ce present est deu legitimement, puisque vous estes encor aujourd'huy establis et preposez de la part de Sa Majesté à l'administration de la chose publique, et que vous estes occupez tous les jours à deffendre le dedans de la cité. Il se rencontre heureusement que dans ce noble emploi vous avez pour chef l'un des illustres descendans de la maison des Gournays (dont il y avoit desjà un maistre eschevin pendant ce siege fascheux et peinible, qui, par sa sage conduitte et par son exemple, en rendoit aux habitans les travaux faciles et les fatigues legeres), lequel n'a pas moins de jalousie que celuy-là pour le service du Roy et pour la conservation des droits et de l'honneur de ceste ville, ainsi qu'il l'a fait paroistre en divers rencontres. Je m'asseure, messieurs, que vous aggreerez bien que je m'acquitte des respects que je vous dois, en vous presentant cest ouvrage, puisqu'il ne vous fera pas beaucoup de peine à le soustenir, ne produisant rien de nouveau, ni par consequent qui soit sujet à contestation ou debat, mais une verité qui s'est authorisée par plus d'un siecle; ainsi je ne vous en demande la protection qu'autant que vous le jugerez convenable, parce qu'il se doit deffendre de luy mesme. On dit que les Atheniens honnoroient Silanion et Parrhasius, à cause qu'ils peignirent et moulerent des images de leur Thesée : je sais bien que je n'ai pas raison de prétendre si haut, mais j'ai sujet d'esperer que, puisque j'ai tasché de relever la peinture de tant de belles actions qui furent faites alors, on ne m'en sçaura pas du moins mauvais gré; que vous supporterez mon entreprise et me permettrez d'en prendre l'occasion de vous supplier, comme je fais tres-humblement, de me continuer l'honneur de vos bonnes graces, et de vous asseurer que je suis et seray toute ma vie avec respects et une entiere obeissance,

Messieurs,

Vostre tres-humble et tres-obeissant serviteur,

P. Collignon,
Imprimeur du Roy, et juré de la ville.

AU ROY.

*S*IRE,

Les hommes vertueux qui travaillent en vostre service, oultre les bienfaicts qu'ils peuvent esperer de vostre liberalité, attendent encores ceste recompense que le tesmoignage de leurs faicts soit rendu tel, qu'ils puissent estre estimez entre voz aultres subjects, et jouyr toute leur vie de l'honneur qui leur demeure de vous avoir bien servi, laissans apres la mort leur nom perpetuel à la posterité. Dont il advient que si de leur vivant on leur fait gouster le fruict et douceur de ceste gloire, ils s'estiment non seulement estre bien remunerez, et pour la pluspart satisfaicts de ce qu'ils ont merité, mais sont encores par là incitez à continuer vostre service en tout ce qui peut toucher le bien de vos affaires; mesmes ceulx qui sont de cueur semblable, et aussi les successeurs, esquels l'exemple en appartient comme par heritage, entrent plus franchement aux perils que ceulx ci ont passé, soubs esperance d'acquerir une semblable gloire que leurs majeurs ont rapportée. A ceste cause, Sire, j'ay proposé d'autant plus volontiers mettre par escript ce qu'est advenu au dernier siege de Mets, et reduire de jour en autre ce que j'y ay peu veoir et apprendre soubs M. de Biron, un de vos capitaines, diligent enquereur et soigneux observateur de la verité. En quoy si je ne peux bien dire tout ce qui conviendroit du grand chef vostre lieutenant, et tant d'aultres vaillants princes, seigneurs, gentilshommes et gens de guerre qui estoyent en la place, à tout le moins je feray tout ce qu'est en moy de leur rendre le tesmoignage d'honneur deu à leur vertu; et peut estre exciteray la volonté à plusieurs aultres de suyvre le chemin qu'ils ont tenu, n'espargnants leur vie en ces actes vertueux et louables, qui, pour estre dediez à vostre service, rendent grand honneur en la vie, et laissent une bien heureuse memoire à ceulx qui viennent apres.

Sire, je supplie à Dieu qu'il vous doint (1) en toute prosperité et santé tres longue vie. De Paris le 15 de may 1553.

Vostre tres humble et tres obeissant subject
et serviteur,

B. DE SALIGNAC.

(1)* *Qu'il vous doint :* qu'il vous donne.

LE SIÉGE DE METZ.

Apres que le Roy fut de retour des quartiers d'Alemaigne qui sont deça le Rhin, où il avoit marché avec une grosse armée es mois d'apvril, may et juing mil cinq cens cinquante deux, pour restablir la liberté de la Germanie, et favoriser le duc de Saxe Maurice, celuy de Meckelbourg, et autres princes de l'Empire ses alliez, qui estoyent en armes contre l'empereur Chárles cinquiesme, tant pour le regard de leurs franchises que pour la delivrance des duc de Saxe et lansgrave de Hessen, prisonniers; et que le Roy en retournant eut executé plusieurs entreprinses au duché de Luxembourg et pays de Haynault, et, ce faict, rompu son camp et separé son armée pour prendre quelque loisir de se rafreschir, nouvelles vindrent, sur la fin de juillet, que l'Empereur, s'estant reconcilié avec le duc Maurice [1], et ayant retiré à soy la plus part des forces qu'il avoit, faisoit encores en Alemaigne grande levée de gens de guerre, qu'on ne pouvoit bonnement juger s'il vouloit employer, du costé de Hongrie, au secours du roy des Romains son frere, qui estoit fort travaillé des Turcs, ou bien convertir ses forces à faire descente en France. Tant y a que le Roy, desirant en toutes sortes pourvoir à la seureté de ses frontieres, pour soubstenir les premiers efforts

---

[1] *L'Empereur s'estant reconcilié avec le duc Maurice.* Cette réconciliation se fit par le traité de Passau, conclu le 2 août 1552 entre Charles-Quint et les princes protestans d'Allemagne.

que pourroit faire son ennemy pendant qu'il rassembleroit son armée, pensa de plus pres au faict de la ville de Mets. Surquoy convient entendre qu'au voyage dessus mentionné, le Roy, à la grand requeste de l'evesque, consentement des habitans d'icelle, et accord des princes de l'Empire estants lors en ligue avecques luy, l'avoit mise en sa protection, et y avoit laissé pour gouverneur le seigneur de Gounor (1), gentilhomme de sa chambre, avec quelque nombre de gens de guere : et desjà avoit on commencé de besongner à la fortification, mesmement en l'endroit où l'on retranchoit la ville, en y faisant deux boulevars, et tirant entre deux une courtine; depuis les molins de la basse Seille jusques à la grand muraille qui regarde la Mozelle, au devant l'eglise des freres Baudez, cordeliers, et aussi continué la plate forme de la porte des Rats, dont ceulx de la ville avoyent auparavant faict un desseing. Mais tous ces ouvrages n'estoyent guieres advancez, pour le peu de gens qu'on y employoit, à cause que l'on n'estimoit le danger estre si prochain que bien tost apres apparut.

Or l'Empereur avoit par diverses praticques moyenné et obtenu qu'aucuns des estats de l'Empire, et mesmement des villes franches, luy fournyroient un bon nombre de gens de guerre, pour employer au recouvrement de Mets, qu'il disoit estre occupé par force. Et de faict, soubs couleur de procurer le bien de l'Empire, on luy voyoit tourner ses desseings pour ravoir ceste place, congnoissant de quelle importance elle luy estoit, ayant esgard à son duché de Luxembourg et Pays Bas; et jugeoit bien estre necessaire qu'il fist der-

(1) *Le seigneur de Gounor* : Artus de Cossé, frère de Brissac qui commandoit l'armée d'Italie.

nière preuve de sa puissance pour la remettre entre ses mains. Dequoy le Roy estant adverty, et luy voulant en oster le moyen, afin qu'il ne s'en peust ayder, comme il avoit au paravant tousjours faict en toutes les armées qu'avoit dressé contre le royaulme, delibera de la garder, tant pour estre chose convenable à sa grandeur de conserver ceulx qu'il avoit mis en sa protection, comme aussi fort requise au bien de ses affaires, et au besoing qui se presentoit d'arrester par ce moyen la puissance de son ennemy, qui estoit lors autant grande que de prince qui print oncques les armes contre la France. A tant, pour y pourvoir de personnage qui fust, non seulement pour le nom et dignité de sa maison aiséement obey, mais aussi pour sa prudence et bonne conduitte suffisant à soubstenir les efforts d'un empereur si puissant, le Roy feit election de monseigneur le duc de Guyse, messire François de Lorraine, pair et grand chambrelan de France, pour y estre son lieutenant general, et donner ordre à tout ce qui seroit requis pour la garde et defence de la ville.

À ceste cause, M. de Guyse partit de la Court sur le commencement du moys d'aoust, et passa pres de Thoul, ville de sa charge, remise en mesme temps, et par mesmes causes que Mets, soubs la protection du Roy, où pour lors la peste estoit fort eschauffée; mais, nonobstant le danger, il entra dans la ville pour visiter les reparations qu'on y avoit commencées, et trouva qu'à cause de la mortalité et de la maladie du seigneur de Sclavolles, gouverneur de la ville, on y avoit bien peu advancé. Il y mit le meilleur ordre qu'en telle saison estoit possible, et de là s'en vint à Mets, ayant en sa compagnie le marquis d'Albeuf son jeune frere, le comte de La Rochefoucauld, le seigneur de Randan freres, et le seigneur de Biron, gentilhomme de la chambre du Roy, qui l'estoyent venu trouver en chemin, et plusieurs autres de sa maison. De quoy estans advertiz M. le duc de Nemours, les seigneurs de Gounor, vidame de Chartres, de Martigues et autres seigneurs et capitaines qui estoyent dans la ville, sortirent au devant avec les compagnies de gens de cheval et de gens de pied, pour le recueillir en la sorte que sa grandeur et le lieu qu'il venoit tenir le requeroyent.

Des le lendemain, dixhuictiesme du mois, il commença dispenser si justement le temps au faict ordinaire de sa charge, que tant d'yeux qui ont tousjours eu le regard sur luy jusques à la fin du siege, n'ont veu qu'il ayt mis en espargne une seule heure pour la donner à son plaisir particulier : comme, à la verité, le besoing si grand et si present requeroit bien qu'on usast de ceste extreme diligence; car la ville, aussi grande qu'elle est, comme de huict à neuf mille pas de tour, n'estoit forte en endroit qu'elle eust, n'ayant un seul pied de rempar en toute la muraille, n'y espace pour y en faire, d'autant que le tout estoit entierement occupé de maisonnages, d'eglises et autres grands bastimens, sans qu'il y eust aucune plate forme en estat, fors celle qu'on appelle de Saincte Marie, ny aucun boulevart que celuy de la porte de Champaigne, qui est rond et d'ancienne structure, et peu commode pour s'en servir : oultre ce, estoit mal fossoyée en la pluspart, et mal flanquée par tout, et au demourant aisée à battre en plusieurs lieux, et veue presque par tout le dedans, et par courtines des montaignes voisines.

Quatre ou cinq jours apres la venue de M. de Guyse, arriva le seigneur Pierre Strozzi (1), chevalier de l'Ordre, personnage de grande suffisance, et que M. de Guyse avoit demandé au Roy, cognoissant sa vertu, experience et bon conseil es choses d'importance; avec lequel et les seigneurs de Gounor, de Sainct Remy et Camille Marin, fort experts et entenduz en faict de fortifications, il visita diligemment tous les endroicts de la ville; et, ayant recongneu les defaulx et foiblesses qu'avons dict, commencerent à faire desseing de plates-formes, rampars, tranchées, flancs et autres defenses qu'ils y congneurent estre necessaires. Mais la difficulté estoit de recouvrer nombre suffisant de pionniers pour fournir tous les endroits où il falloit mettre la main, à cause que la saison de mestives (2) où nous estions, et les vendanges qui s'approchoyent, avoyent tiré aux champs la plus part des hommes de travail, estant seulement demourez quelques pauvres femmes et petits garçons à la ville. Neantmoins l'ordre y fut donné si bon, que, du premier jour, les plus pressées et necessaires fortifications furent poursuyvies, comme le haulsement de la courtine, et deux boulevars du retranchement dont cy dessus est faict mention, afin d'estre à couvert de la montagne d'Ezirmont, ou autrement de la Belle Croix, qui voyoit jusques au pied par le dedans, où l'on craignoit que l'ennemy deust faire son premier effort. L'on besongna aussi en toute diligence à la plateforme de la porte à Metzelle (3), pour battre depuis la porte des Alemans jusques vers

---

(1) *Pierre Strozzi.* Ce général, parent de Catherine de Médicis, étoit surtout très-habile dans l'artillerie. — (2) *Mestives* : moissons. (3) *La porte à Metzelle* : la porte de la Mozelle.

Sainct Pierre des Champs, et de mesmes à la plateforme de la faulse braye, derriere l'encoingneure de Saincte Glocine, que ceulx de la ville avoyent au paravant commencée, pour battre vers Sainct Clement et Sainct Pierre, et servir de flanc le long de la muraille vers la porte Saint Thibaud, pareillement à la plateforme des Rats pour defendre du costé de l'isle. A quoy furent departies toutes les centeines et nombre de pionniers dont on peut finer (¹); et fut donné charge aux gens de pied soldats d'abbattre les plus empeschans edifices qui nuisoyent à conduire la besongne.

Il restoit encores le quartier qui prend vis-à-vis du retranchement jusques à la porte des Alemans, lieu fort suspect, et lequel M. de Guyse estimoit debvoir estre promptement ramparé, advisant pour le mieulx d'en fortifier la faulse braye, assez ample et large pour mettre nombre de gens à la defendre, estant favorisée d'un bon et grand fossé, sans donner cest advantage à l'ennemy de la pouvoir gaigner. Mais pour ne deffournir les autres atteliers, et aussi pour donner exemple, luy mesmes entreprint l'œuvre avecques les princes, seigneurs et gentilshommes qu'il avoit en sa compagnie, portant quelques heures du jour la hotte, et monstrant estre bien convenable à un chef de soustenir au besoing le travail et la sueur en sa personne, comme la vigilance en l'esprit.

Il voulut aussi sçavoir quelles munitions de guerre pouvoyent estre en la ville, et trouva qu'il y avoit bien peu de grosse artillerie, et mesmes que la fonte d'icelle avoit esté conduicte par homme non expert, ayant

---

(¹) *Dont on peut finer:* dont on put disposer.

laissé la matière mal alloyée (¹), et sans observer les mesures, dont quelques pieces estoyent desja gastées, les pouldres, quasi toutes vieilles de trente et quarante ans, en moindre quantité qu'il ne suffisoit pour l'execution qui estoit convenable de faire advenant quelque grand force; et se feit bailler l'estat du tout par le seigneur d'Ortobie, commissaire ordinaire de l'artillerie, lequel le Roy avoit laissé en la ville depuis le mois d'apvril qu'il y passa. Et oultre cest estat, il trouva encores quelques milliers de salpestre au magazin, pour lequel employer il mit ordre que plusieurs moulins à pouldre fussent dressez.

Quant au faict des vivres, pource qu'il n'y avoit de la munition que deux mil huict cens à trois mil quartes de bled, et que d'en faire amaz la chose estoit encores mal aisée, à cause que les laboureurs du pays n'avoyent coustume de battre leurs grains en esté, sinon à mesure qu'ils en avoyent affaire pour leur vivre, semer ou payer leurs redevances, il luy fut besoing faire plusieurs et diverses ordonnances pour y pourvoir. Et du commencement feit venir les quarteniers du pays et contrée, ausquels il commanda assembler les maires des villaiges, pour leur enjoindre qu'ils eussent à faire battre diligemment les grains, et en amener à certain jour, chascun du lieu de son mandement, telle quantité à la ville qu'ils declairerent pouvoir faire, et à quoy ils furent lors quotisez: ordonnant que ces grains seroyent mis en seure garde, au proficit de ceulx à qui ils appartiendroyent; et où besoing seroit d'en prendre pour la nourriture des gens de guerre, ce seroit à pris et payement raisonnable. Il s'en trouva quelques uns,

(¹) *Mal alloyée* : de mauvais aloi.

mais en petit nombre, qui obeyrent au premier mandement; et à iceulx mesmes les ennemis de la garnison de Thionville et les Marangeois (1), plus brigands que gens de guerre, donnoyent empeschement, pillans les charroys et chevaulx en chemin, et retenans les laboureurs prisonniers. Sur quoy, autant ceulx qui avoyent bonne volunté d'obeir comme ceulx qui ne l'avoyent, sceurent colorer quelques jours la cause qu'ils prenoyent de differer; mais nos chevaulx legiers sortirent plusieurs fois aux champs pour leur donner escorte et asseurer les chemins, mesmes un jour M. de Nemours avec sa compagnie, ensemble les seigneurs de Gounor, vidame de Chartres, les contes de Martigues, de la Rochefoucaud, les seigneurs de Randan, de Biron, et plusieurs autres seigneurs et gentilshommes; vers Enery, aux environs de Thionville. Et advint que quelques soldats françois, partiz la nuict du chasteau de Rodemar (2), que lors nous tenions, s'en venoyent à Mets. Les ennemis en estant advertiz, les suyvirent jusques au chasteau de Donchamp, où ils furent apperceuz par noz gens, estant la riviere entre deux; et nonobstant qu'elle fust bien grosse, le seigneur Paule Baptiste Fregose, lieutenant de M. de Nemours, la passa quasi à nou (3) avec quinze ou vingt chevaulx, et les alla attaquer. M. de Nemours et ses gens, voulant suivre, hazardoyent de passer en un endroit bien profond; mais le peril du trompette dudict seigneur vidame, qui avoit premier voulu essayer le gué, et avoit esté forcé du courant et porté à vau l'eaue, leur fut advertissement d'attendre celuy qui avoit guidé le seigneur

---

(1) *Les Marangeois*: les habitans du canton de Moorange.—(2) *Rodemar*: Rodemback. — (3) *A nou*: à la nage.

Paule pour leur monstrer un passage plus aisé, en quoy il coula quelque espace de temps. A la fin, les ennemis les voyans passer, bien qu'ils fussent en plus grand nombre qu'eulx, gaignerent le pont de Rozemont (¹), où ils avoyent des gens de pied, lesquels ils conduirent dans les boys prochains de là, où les ayans jettez à sauveté, les gens de cheval prindrent la fuite à toute bride jusques aux portes de Thionville. Ceste saillie et autres que noz chevaulx legiers feirent souvent, furent cause que les ennemis ne coururent tant le pays, n'y tindrent les chemins si subjects qu'ils avoyent accoustumé, de sorte que la ville commença à se fournir de bleds ; joinct que M. de Guyse trouva moyen d'en faire porter autre grande quantité, à mesme condition, d'aucunes prevostez et quartiers de Lorraine, de Barrois et de l'abbaye de Goze, appartenant à M. le cardinal de Lorraine son frere, voisins de ladicte ville. Et furent commis gens à toutes les portes pour tenir registre de la quantité qui entreroit chascun jour, et en rendre compte aux seigneurs de Piepape et de Sainct Belin, ordonnez commissaires et superintendans à toutes les munitions et provisions de vivres, lesquels rapportoyent le tout par extraict au lieutenant de Roy. Aussi se commença l'on à fournir de foin, avoyne et paille, par le moyen que certains villages furent dediez particulierement aux compagnies des gens de cheval qui pour lors y estoyent, et qui depuis y vindrent pour en prendre leur provision, en payant le taux qui en estoit faict à pris raisonnable, et quelque chose d'advantage pour la voicture s'ils prenoyent les chariots ; n'estant toutesfois permis les occuper que les jours de

(¹) *Rozemont* : Richemont.

dimenche et lundy, à fin que le demeurant de la sepmaine fust reservé à semer les terres, et que, en nous jectant hors d'une necessité presente, il fust encores pourveu à celle qui pourroit apres survenir.

Douze enseignes de gens de pied trouva M. de Guyse dans Mets, lesquelles, pour estre bandes nouvelles, il tascha à dresser et aguerrir. Entre autres choses, il commanda que les squadres (1) d'une chascune bande, qui estoyent de garde pour la nuict, se rendissent tous les soirs en armes, marchans en ordonnance, de leur quartier jusques à la place qui estoit devant son logis, où se rengeoyent les uns pres des autres, de façon que tous assemblez avoyent forme d'un bataillon, qu'il faisoit quelques fois marcher en avant, puis soubdain en arriere, monstrer visaige de tous costez, baisser les picques comme pour combattre, ayant faict ficher un blanc à une muraille où les harquebouziers se adjustoyent; et après leur avoir faict entendre ce qu'il vouloit par le capitaine Favars, leur maistre de camp, et donné le mot du guet, les envoyoit en mesme ordonnance à leurs postes et gardes. A quoy ils s'estoyent si bien accoustumez, que, combien que leur chemin s'adressast à divers endroits de la place, et qu'aucunes trouppes se vinssent croiser dans les autres, toutesfois ils ne se desmentoyent jamais de leur ranc et file. Au reste, furent faictes plusieurs belles ordonnances sur la forme de vivre desdicts soldats, à ce qu'ils eussent à converser paisiblement avecques les habitans de la ville, sans leur faire ou dire mal, ne prendre aucune chose qu'en payant; laissant les clefs des vivres et marchandises à ceulx à qui elles appartenoyent,

(1) *Les squadres* : les escouades.

sans retenir leurs meubles, fors ceulx qui estoyent necessaires pour leur usage ordinaire, et de ne les contraindre en rien oultre leur gré; qui fut chose si bien observée, que les uns vivans avecques les autres de si bon accord, sembloyent estre citoyens d'une mesme ville. Au surplus, pour eviter mutinations et brigues, furent faictes, de par luy, defenses aux soldats de ne prendre querelles les uns avecques les autres, ne mettre la main aux armes dans la ville, sur peine d'avoir le poing couppé; en quoy il fut si bien obey, que jamais ne fut veu nombre de gens de guerre demourer si longuement ensemble où il y ait eu moins de quereles et debats. En ceste façon les choses de Mets commencerent à se reduire en bon train et conduitte; mais, à fin qu'il n'y eust rien à dire quand le besoing viendroit, M. de Guyse envoya le seigneur Pierre Strozzi vers le Roy, lui remonstrer par le menu ce qui pouvoit entierement toucher l'estat, tant des victuailles, artillerie, munitions de guerre, fortifications, faulte de pionniers, que du petit nombre de soldats qu'il y avoit pour defendre une telle et si grande ville, aussi pour entendre comme ledict seigneur de Guyse avoit à se gouverner avec le marquis Albert de Brandebourg, dont cy apres sera plus amplement parlé; lequel estoit desjà arrivé à Trieves avecques une armée, au cas qu'il s'accostast plus pres de Mets. La response du Roy fut qu'il pourvoyroit à toutes choses necessaires aussi tost qu'on pourroit cognoistre la verité que les entreprinses de l'Empereur s'adresseroyent à Mets; et, quant à la particularité du marquis Albert, que M. de Guyse usast en son endroit comme de personnage qu'il esperoit retirer à son service, sans toutesfois avoir trop grande fiance de luy ; et qu'il taschast l'esloigner de la ville, et le jecter sur le chemin que l'Empereur devoit tenir venant en çà, pour consumer de tant plus les vivres au devant de l'armée qu'il meneroit.

Au commencement de septembre, les compagnies d'hommes d'armes de messieurs de Guyse, de Lorraine et prince de La Rochesuryon, trois de chevaulx legiers et sept enseignes de gens de pied, furent envoyées pour estre de la garde et seureté de Mets; lesquelles, estant venues pres du Pont à Mousson, M. de Guyse advisa les embesongner au faict de la recolte, ne voyant que aucun besoing le pressast encores de les mettre dedans, estimant que ce seroit autant de vivres espargnez. Et pource que les habitans du plat pays se monstroyent lents et tardifs à porter leurs grains, il despescha commission, le second jour de septembre, au seigneur Dantragues [1], lieutenant de sa compagnie, au seigneur de La Brosse, lieutenant de la compagnie de M. de Lorraine, et au seigneur de Biron, lieutenant de celle de M. le prince de La Rochesuryon, de mener ceste trouppe es terres de la ville et de l'evesque de Mets les plus esloignées, pour faire avec la force, si besoing estoit, que les commandements de la recolte fussent executez. En quoy ils procederent si sagement, que, du gré du peuple, à qui on permettoit en retenir quelque quantité pour leur nourriture de certain temps, et pour semer, fut amené de ces quartiers, avant le vingtiesme de septembre, environ douze mille charges de grains dans la ville.

[1] *Au seigneur Dantragues.* Guillaume de Balzac. Son fils, François d'Entragues, épousa Marie Touchet, maîtresse de Charles IX et mère du comte d'Auvergne. Il en eut la marquise de Verneuil, maîtresse de Henri IV.

Et pource que le temps ne nous promettoit assez de loisir de pouvoir conduire en defense noz rampars et platesformes avant la venue des ennemis, et mesmement qu'estions incertains par quel endroit ils nous vouldroyent assaillir, M. de Guyse embesongna les gentilshommes de sa maison à faire une prompte provision de plusieurs choses requises, pour jecter à une breche soubdainement faicte où l'on n'auroit eu temps de remparer : l'un de certain bon nombre de gabions ; un autre assembler deux cens grosses poultres de boys ; autres à trouver deux mille grands tonneaux, et de planches et tables ferrées en grand nombre ; remplir quatre mille sacs de terre, et de sacs de laine autant qu'il s'en trouveroit, sans y omettre force pics, hoyaulx, pelles, hottes, moutons pour abbattre murailles ; les autres à la charge des pavezades (1), des cavaliers de bois pour l'harquebouzerie, des parapects, mantelets, treteaux, barrieres, rateaux chevillez, et autres engins, de chascune espece diverses sortes, pour s'en aider par teste et aux flancs, selon la diversité des lieux et places où l'affaire le requerroit ; au seigneur de Sainct Remy, se pourvoir de bonne heure de tous artifices à feu ; aussi au seigneur de Crenay remonter grand nombre d'harquebuz à croc avec leur appareil et fourniment. Et fut la diligence telle, que toutes ces choses se trouverent prestes et assemblées es lieux à ce ordonnez avant que le besoing fust.

Noz soldats n'estoyent cependant paresseux à la demolition des bastimens vers la porte Saincte Barbe, portans par terre ce grand nombre d'édifices demourez

---

(1) *Pavezades* : sorte de pavois derrière lesquels on mettoit les soldats pour les préserver des balles.

hors du retranchement, afin que si iceluy quartier venoit à estre prins, lequel toutesfois on ne deliberoit legierement abandonner, il ne s'y trouvast rien en estat qui peust faire faveur à l'ennemy. Et de mesmes poursuyvoyent les maisons joignants les murailles de la ville, y faisant un espace tout du long pour y mettre gens en bataille et y pouvoir faire rampars et tranchées. Pareillement au dehors de la ville ils abbattoyent les faulxbourgs, jardins, édifices de plaisir, et autres murailles qui eussent peu nuire, dont il y en avoit grand nombre jusques dans les fossez, ainsi qu'on veoit en ces grandes et riches villes qui ont jouy longuement du bien d'une profonde paix. Et pourroit on s'esmerveiller de l'obeissance qu'en tel dommage d'édifices ce peuple de Mets rendoit, car, estant la chose conduitte par l'authorité de M. de Guyse, et par gracieuses remonstrances dont il usoit, il ne s'en veit un seul qui feist semblant le trouver dur; et la plus part mettoyent d'eulx mesmes la main à les abbattre, comme concernant le bien public et la perpetuelle seureté de leur ville.

Encores, pour ne laisser aucune commodité de couvert à l'ennemy s'il vouloit venir loger pres de la ville, ils ruinoyent les bourgs de Sainct Arnoul, de Sainct Clement, de Sainct Pierre des Champs, de Sainct Julian, de Sainct Martin, et autres tout à l'entour : chose qu'il ne fault estimer de petit travail n'y peu hazardeuse, veu la presse du temps qui ne donnoit le loisir d'y besongner en seureté; de sorte qu'ils y sont demourez ensepveliz et couverts soubz les ruines plus de deux cens pauvres soldats, ou autres qui leur aidoyent. Vray est que, quant aux grandes eglises, tant du dedans que du dehors, ne les voulant M. de Guise veoir mettre par terre, si la venue de l'ennemy et le saulvement de la ville n'en monstroyent une grande necessité, les pilliers qui en soustenoyent les voultes, et pans de mur, furent pour lors seulement couppez et estançonnez de boys, mesurans que l'espace d'un jour ou deux nous en feroit tousjours venir à bout quand le besoing nous y contraindroit, ainsi que depuis avant cinq sepmaines fut mis à exécution. Mais, pource que celle de Sainct Arnoul estoit de grande estendue, et assise en si hault et proche lieu de la ville, que la voulte eust peu servir aux ennemis d'un dangereux cavalier sur tout le quartier de la porte Champeneze, on s'advança de l'abattre, de crainte qu'ils feissent quelque grand effort de s'en saisir avant qu'on y peust remedier. Et usa M. de Guyse de pitoyable office vers l'abbé et religieux dudict Sainct Arnoul, ensemble vers les autres gens d'eglise et de religion de toutes les abbayes, couvens et colleiges abbatuz, qu'il accommoda es autres eglises, dont est demeuré grand nombre en estat dans la ville, trouvant suffisant espace pour les y loger tous, avec leurs aornements et joyauls, sans aucun empeschement de pouvoir vaquer au service de Dieu aussi bien qu'au paravant; et feit transferer en solennelle procession les corps et reliques de plusieurs saincts, qu'il accompaigna, et les autres princes et seigneurs avec luy, la torche au poing, teste nue, depuis l'eglise et abbaye Sainct Arnoul, jusques en l'eglise des Freres prescheurs [1].

Il ne fault omettre qu'à mesme jour et procession furent transferez les cercueils esquels gisoyent, en

[1] *Des Freres prescheurs* : des Dominicains.

l'eglise et abbaye Sainct Arnoul, la royne Hildegarde, femme de Charles premier de ce nom, surnommé Charlemaigne, roy de France et d'Austrasie, duquel royaulme d'Austrasie la ville de Mets estoit la capitale, et depuis Empereur; le roy Loys, surnommé Debonnaire, fils des susdicts Charles et Hildegarde, aussi roy des deux royaulmes, et Empereur, qui fut inhumé à Sainct Arnoul, l'an huict cens quarante et un; deux de ses seurs, Hildegarde et Aleide (1); et deux seurs du roy Charlemaigne, Rotayde et Aleide; Droguo, qui fut archevesque de Mets, et frere dudict roy Loys Debonnaire, ne scay au vray si legitime ou bastard; Vitro, duc de Lorraine, pere de Saincte Glocine; Beatrix, espouse d'un Herwic, duc de Mets; Amalard, archevesque de Trieves, jadis chancelier de Charlemaigne, et depuis canonizé pour sainct : lesquels furent tous apportez en l'eglise des Freres prescheurs, et illec enlevez avec telle solennité, et aussi honorablement que faire se peut, et que l'opportunité du temps le permettoit.

Le marquis Albert de Brandebourg, duquel avons dessus parlé, s'estoit faict chef d'une partie des meilleurs gens de guerre que les princes d'Alemaigne eussent en leur armée contre l'Empereur, ayant retiré de sa part le duc de Zimmeren, parent du conte Palatin, l'Ansgrau de Lytembourg (2), le conte Ludovic d'Ottinguen (3), et soixante deux enseignes d'Alemans, lesquelles il avoit reparties en quatre regimens : dont Jacob d'Ausbourg, auparavant son lieutenant, estoit colonel de vingt deux ; le conte Daltenbourg de seize;

---

(1) *Aleide* : Adélaïde. — (2) *L'Ansgrau de Lytembourg* : landgrave de Lichtemberg. — (3) *D'Ottinguen* : d'Œttingen.

Rifemberg de douze, et des douze autres Joassen Fondalbic (¹), avec huict squadrons de chevaulx, chascun de deux cens, ensemble trente quatre pieces d'artillerie; et estoit venu des haultes Alemaignes, en branschattant et rançonnant le pays, passer le Rhin à Spire, et courir toutes les terres d'Auxois, jusques à la ville de Trieves, de laquelle il s'estoit saisy et mis des gens de cheval dedans, avec le regiment de Fondalbic pour la garder. Maintenant s'estoit venu camper au lieu de Roranges (²) sur la Mozelle, près de Thionville, à trois lieues de Mets, d'où envoyoit souvent demander vivres à M. de Guyse pour la nourriture de son camp, faisant publier qu'il estoit là pour le service du Roy. Et de faict, le Roy tenoit auprès de luy l'evesque de Bayonne, pour traiter la condition du payement qu'il luy fauldroit en se servant de luy. Or, n'osoit M. de Guyse le refuser, afin qu'il n'en causast quelque mal contentement; aussi craignoit d'autre part desfournir sa ville. Parquoy advisa sagement de ne tomber en l'une n'y en l'aultre necessité, envoyant la premiere fois au marquis tel nombre de pains et pieces de vin pour luy satisfaire, qui ne fut de grand foulle à la munition du Roy. Et depuis, sur semblable demande, luy feit entendre qu'il n'oseroit n'y vouldroit plus toucher à la munition, mais luy envoyoit une autre provision de pain et de vin qu'il avoit faict venir pour la fourniture particuliere de sa maison, adjoustant encores nouveau present d'un coursier que le seigneur de Louvieres, son escuyer d'escuerie, mena audict marquis. A la fin, ne voulant M. de Guyse user vers luy, sinon en la façon que le Roy luy avoit mandé,

(¹) *Joassen Fondalbic*: Joachim Calwitz. — (²) *Roranges*: Floranges.

et voyant qu'il importunoit tousjours pour vivres, envoya le seigneur Pierre Strozzy luy remonstrer que la raison de la guerre, laquelle il entendoit bien, ne portoit que l'on jectast vivres d'une place de telle importance que Mets, mesmement à ceste heure qu'on entendoit l'Empereur s'approcher avec une grosse armée pour la venir assieger, avecques ce qu'elle n'estoit gueres bien fournie; et à peine en pourroit on tirer la nourriture de son camp trois jours, qu'on ne l'espuysast beaucoup; mais qu'il pourroit prendre son chemin vers les Sallins (1), pays tres-fertil, et là entretenir pour un temps son armée. Ce propos sembla avoir esté bien receu de luy, mesmes demanda quelque personnage pour luy monstrer le pays. Mais le bon jugement du seigneur Pierre avoit desjà descouvert, par les termes et propos qu'il avoit tenu, que ses fins tendoyent seulement à tirer de l'argent du Roy, et projectoit deslors jouer ce beau tour que depuis on a veu. Lendemain fut despesché Gaspar de Hus, seigneur de Buy, gentilhomme natif de Mets, pour l'aller conduire vers les Sallins; mais, au lieu de prendre ce chemin, il s'approcha une lieue plus en çà, vers la ville, venant camper à Aey, d'où envoya trois de ses gens vers M. de Guyse, luy faire entendre que d'aller vers les Sallins ce seroit trop s'exposer à l'ennemy, en danger que luy et ses gens fussent rompuz, et que son intention estoit de passer la Mozelle; parquoy prioit qu'on luy feist faire un pont, et ce pendant le fournir de vivres necessaires, ensemble mettre en liberté quelques uns des siens qu'il disoit estre arrestez dans la ville. M. de Guyse en-

---

(1) *Vers les Sallins.* Il paroît qu'il est ici question du territoire de Salins en Franche-Comté.

voya recueillir et festoyer ses gents par des gentilshommes de sa maison, ausquels ces Alemans feirent
grande instance de prendre la lettre du marquis leur
maistre, qui contenoit leur charge, pour la porter à
M. de Guyse, et qu'ils viendroyent puis après luy
faire la reverence et dire le surplus. Tantost après s'en
retournerent sans se presenter: de laquelle façon M. de
Guyse assez esmerveillé ne laissa pourtant à rendre
responce, et ramentevoir au marquis touchant les vivres la raison que dessus; et quant au pont, qu'il n'a-
voit moyen d'en faire dresser promptement, mais qu'il
commanderoit que tous les bateaux de Mets et du Pont
à Mousson se rendissent à l'endroit où il vouldroit faire
passer ses gents, pour en tirer la commodité qu'il pourroit; au reste qu'il n'avoit aucun des siens prisonnier,
ny ne vouldroit qu'ils eussent moins de liberté et bon
traictement dans la ville que les François. Ceste response estoit suffisante, et satisfaisoit au tout; parquoy
estima ledict marquis que ce luy seroit honte de ne la
prendre en payement, et commença incontinent penser à quelque autre nouveaulté : c'est de faindre estre
requis que M. de Guyse et luy parlassent ensemble,
et qu'il fust advisé un lieu hors la ville pour s'assembler. L'excuse estoit présente à M. de Guyse, que,
ayant la garde de la place, ne seroit trouvé bon qu'il
en sortist, offrant au marquis que, s'il luy plaisoit venir
dedans, il mettroit peine de le bien recueillir et traicter. Le marquis donna parole de venir le jour ensuyvant; dont M. de Guyse envoya bonne trouppe de
gentilshommes hors la ville, vers la venue de son camp
au devant de luy : et trouverent quelques Alemans
qui vouloyent entrer, lesquels furent receuz. Et après

que l'on eut longuement attendu, le marquis envoya dire qu'il ne viendroit jusques au lendemain, auquel jour il approcha encores le matin son camp jusques au village de Mercy et autres d'environ, à une lieue de la ville. Estans des nostres sortiz comme le jour precedent, rencontrerent autre trouppe d'Alemans qui disoyent le marquis n'estre gueres loing, et qu'ils s'estoyent mis devant pour acheter ce pendant quelques besongnes (¹) en la ville. L'entrée leur fut donnée comme aux premiers; et sur le midy, un gentilhomme envoyé de la part du marquis vint porter excuse qu'il ne pouvoit encor venir de ce jour, requerant M. de Guyse qu'il luy pleust recevoir dans la ville un nombre de mortiers et quelques munitions de boulets, pour descharger d'autant son charroy, qui commençoit marcher difficilement à cause que le temps s'estoit disposé à la pluye. Dequoy, encores qu'il en fust quelque chose, car à la verité le pays est gras et boueux pour si peu d'eau qu'il y tumbe, si est il à croire que cela tendoit plus à imprimer quelque fidelité de luy qu'au soulagement de son charroy; car en l'hyver après il traina tousjours lesdicts mortiers et boulets sans nouvel attellage de chevaulx. M. de Guyse luy accorda sa demande, et mesmes qu'il pourroit laisser un de ses gens dans la ville pour avoir la garde de ce qu'il y mettroit. Ce soir, il envoya lesdicts mortiers, qui arriverent bien tard, et à l'heure que l'on n'a accoustumé ouvrir places de garde : toutesfois, pour ne luy laisser aucune apparente occasion de se plaindre, M. de Guyse, ayant jecté quelques chevaulx dehors pour faire la descouverte, à fin d'obvier aux entreprinses

---

(¹) *Quelques besongnes* : quelques provisions.

qui se pourroyent faire, et mis force soldats en armes à la porte, quelque nombre d'arquebouziers aux barrieres, receut ce charroy à diverses ouvertures de porte, et à diverses fois le visitant à la raison qu'ils entroyent les uns après les autres, a fin qu'il n'y eust chose dont peust venir inconvenient à la ville, et cela si dextrement, qu'il ne fut donné aucune cognoissance de souspeçon. Le tiers jour, on veit venir autre grosse trouppe d'Alemans, et nulles nouvelles que le marquis arrivast : dont M. de Guyse, considerant ceste façon, et le logis qu'il estoit venu prendre si près de noz portes, se doubta qu'il pourroit avoir quelque dangereuse imagination ; parquoy ne permeit que ces Alemans venuz dernierement entrassent, mais doulcement feit sortir ceulx qui estoyent dedans, en nombre de plus de quatre cens, leur offrant faire porter de la marchandise à la porte autant qu'ils en voudroyent acheter. Sur l'heure arriverent gens de la part du marquis, pour dire que leur maistre ne pourroit estre bien à son aise en lieu où l'on essayast faire ses gens prisonniers, et que à ceste occasion il n'y estoit voulu venir. A quoy avoit tant peu d'apparence, que l'on ne daigna luy en mander satisfaction ; car aussi n'estoit veritable, comme M. de Guyse, s'en estant soigneusement enquis des l'autre fois qu'il luy avoit mandé le semblable, l'avoit ainsi trouvé. Toutes lesquelles choses, rapportées au succez de celles qui advindrent dans six sepmaines apres, feront juger que le marquis avoit entreprins une de trois choses : ou de tirer le plus de vivres qu'il pourroit pour desfournir la ville, ou bien surprendre la personne de M. de Guyse, et mettre en danger tout le demeurant, ou bien de

18.

gaigner, avec le nombre de ses gens qui estoyent ainsi entrez, une des portes par où il peust mettre toutes ses forces dedans, et en demourer le seigneur; mais Dieu ne permist qu'il en advint ainsi.

Nous avions alors passé la mi septembre, et commençoyent venir plus d'advertissements de la venue de l'Empereur qu'auparavant; lequel, avec les bandes espagnolles, italiennes, et les autres forces qu'il avoit assemblées à Ispurg (¹), Munic, Augsbourg et Ulme, s'estoit acheminé jusques sur le Rhin, lequel sa personne, avec quelque nombre de chevaulx et certaines pieces d'artillerie, l'avoyent passé sur le pont à Strasbourg, le demeurant de l'armée par batteaux; s'estant encores venus joindre à luy à Laudourf, maison du conte Palatin pres de Spire, où il faisoit quelque sejour, deux regiments qui venoyent de Francfort et Ratisbonne : par le moyen de quoy son armée estoit encores engrossie, et s'approcha depuis aux Deux Ponts, qui est un lieu à quinze lieues de Mets, d'où M. de Guyse eut advertissement qu'il faisoit advancer quinze cens ou deux mil chevaulx vers le pays Metsein, pour desfaire les nostres qui y estoyent pour la recolte. Parquoy manda aux seigneurs d'Antragues, de La Brosse et de Biron, s'approcher vers la ville avecques leur trouppe, faisans entendre par le pays que l'on eust à mettre plus grande diligence que jamais de porter vivres, et ceulx qui ne le pourroyent si tost faire, eussent à les jetter hors des granges, maisons et edifices, à fin que s'il estoit besoing en faire le gast pour empescher que l'armée de l'ennemy ne s'en prevalust, on les peust brusler sans endommager les

---

(¹) *Ispurg*: Inspruck.

bastiments et meubles, espargnant ce pauvre peuple le plus qu'il seroit possible. Il leur fut aussi mandé qu'ils rapportassent un roole de tous les moulins des lieux et environs où ils passoyent, pour les envoyer rompre au devant de l'Empereur; les advertissant encores d'amener en venant un grand nombre de charroy, pour s'en servir à resserrer promptement tout ce qui se trouveroit à deux ou trois lieues à l'entour. Ces choses executerent les susdicts ainsi qu'il leur estoit mandé, et se retirerent avec leurs gens vers M. de Guyse, qui les feit entrer dans la ville le vingt-deuxiesme jour de septembre, et les envoya loger chascun au quartier qui luy estoit departy, les bandes de gens de pied pres des murailles, à fin d'estre voisins des lieux où ils auroyent à faire la garde, et les gens-d'armes et chevaulx legiers sur le milieu de la ville; ordonnant à tous capitaines, chefs de gens de guerre, gentilshommes et soldats, ne faire logis hors de leurs quartiers, sur peine d'en estre puniz.

Et sçachant que la noblesse françoise est assez coustumiere de courir la part (1) où l'affaire survient, et, advenant le siege, qu'un bon nombre s'en retireroit en ceste ville, où, s'ils n'avoyent à qui rendre particuliere obeissance, vouldroyent prendre logis où bon leur sembleroit, et estre de toutes les factions (2) qui s'entreprendroyent, dont on a veu souvent advenir plus d'inconveniens que de bons effects; à ceste cause feit commandement que tous gentilshommes et autres qui viendroyent pour leur plaisir, eussent à choisir un des capitaines de gens de cheval ou de gens de pied estans en

(1) *Courir la part* : courir du côté. — (2) *Toutes les factions* : toutes les entreprises.

la ville, pour se retirer devers luy, et avoir logis dans son quartier, le suyvre et accompaigner à toutes les saillies, factions et entreprinses qui se feroyent par luy, obeissant à l'execution d'icelles tout ainsi que s'ils avoyent receu soulde, et faict le serment au Roy soubs sa charge, et n'entreprendre rien d'advantage, sur peine d'estre mis hors la ville. Et pource que les ennemis eussent peu, en moins de six jours, se faire maistres de la campaigne et occuper les vivres, ne tarda gueres à renvoyer la cavalerie legiere faire le gast qu'avons dict cy dessus, et rompre les moulins, leur commandant aller commencer au plus pres de l'ennemy, et au plus loing de la ville qu'il leur seroit possible, faisans en sorte qu'il demeurast le moins de nourriture et de commodité de toutes choses devant leur armée que faire se pourroit.

Cependant, à fin que l'on feist plus grande diligence de reserrer ce qui estoit encores dehors, fut de nouveau ordonné que dans quatre jours on eust à mettre tous les vivres et le bestiail des villages dans la ville, pour en fournir la munition, ou les vendre au marché à tel pris que l'on trouveroit, sur peine que, le terme passé, les gens de guerre et soldats en pourroyent aller prendre sans payer là où ils en trouveroyent. Ce commandement feit venir en ces quatre jours grande quantité de tous vivres; car la plus part du peuple et les habitans de la ville, qui avoyent encores leurs granges et maisons aux champs toutes pleines, obeirent dans le temps; et ceulx qui ne le voulurent faire sentirent bien tost la punition du mespris et refuz qu'ils faisoyent, par ce que les gens de guerre sortirent comme il leur estoit permis, et allerent faire particuliere provision de tout ce qu'ils peurent trouver : qui fut cause que aucuns se repentans venoyent offrir liberalement de porter tout ce qu'ils avoyent, et que la main fust resserrée aux soldats : ce que M. de Guyse feit volontiers, regretant la foule du peuple, pourveu que la ville eust son fournissement. En ceste façon, ne vint gueres de dommage que sur ceulx qui avoyent trop mauvaise volunté, et cela mesmes porta quelque espargne à la munition du Roy, tenant lieu de distribution aux soldats plus de six sepmaines durant le siége. M. de Guyse avoit usé de plusieurs autres moyens sur le faict des provisions de bleds, vins, bestiail, chairs sallées, poisson, beurre, huille, sel, froumages, riz, et tous autres vivres de garde qu'il avoit faict venir de France, Lorraine, Barrois, et autres lieux où il s'en pouvoit recouvrer, n'ayant espargné ny son credit ny ses deniers, de sorte que la ville fut mise en estat pour ne souffrir faim d'un bon an.

Sur le vingtiesme de septembre, M. de Guyse envoya la seconde fois le seigneur Pierre Strozzi vers le Roy, l'advertir qu'il estoit temps d'envoyer le secours qu'il avoit advisé donner à Mets, veu que l'ennemi s'estoit tant approché qu'il ne falloit plus doubter de sa venue. A quoy Sa Majesté respondit que de Sainct-Mihel, où M. le connestable alloit dresser un commencement d'armée, y seroit pourveu avant que les ennemis peussent estre arrivez.

Quelques jours au paravant le marquis Albert de Brandebourg estoit retourné vers Trieves pour retirer les gens de cheval, et le regiment de Fondalbic qu'il y avoit laissé, et autresfois revenu au tour de Mets, où il feit cinq ou six logis, entretenant tousjours l'evesque de Bayonne de paroles generales sur lesquelles on ne pouvoit faire aucun bon fondement; car il luy proposoit chascun jour demandes nouvelles, et si excessives, que ledict evesque eust passé grandement sa charge de les luy accorder. Il envoya querir les mortiers qu'il avoit laissé dans la ville, lesquels M. de Guyse luy permit reprendre. Et environ ce temps le Roy despescha encores le seigneur de Lanssac pour venir prendre quelque conclusion avecques luy; mais il trouva moyen de mettre tousjours la chose en longueur, et cependant s'approcha du Pont à Mousson, venant loger tout joignant les portes; auquel lieu M. le connestable envoya de nouveau le seigneur de La Chapelle de Biron, et à la fin M. de Chastillon son nepveu, à present admiral de France : lequel, apres avoir quelquefois conclud une chose, incontinent apres le marquis l'envoyoit conditionner de quelque autre, tant esloignée de raison qu'il s'en retourna sans resolution. Ceste façon intraictable de ne se laisser conduire à quelque party honneste de plusieurs qui luy estoient offers, le rendit suspect à M. le connestable, qui commença penser de luy comme d'un ennemy; et, par le trouble qu'il donna, veint cest inconvenient à la ville, que M. le connestable ne nous peult secourir de tout ce qu'il eust bien voulu, mesmement d'artillerie : car il ne l'eust peu faire conduire avecques moindre force que d'une armée, pour la defiance qu'avions du marquis et de son camp. Bien avoit faict approcher de bonne heure quatre enseignes de gens de pied au Pont à Mousson avant que le marquis y passast, lesquelles furent deslors retirées dans la ville, et depuis envoya deux cens pyonniers et un nombre de pouldres que le seigneur Horace Farnez duc de Castres admena, lorsqu'au dixseptiesme du moys ensuyvant il vint pour attendre le siege; oultre lesquelles M. de Guyse, pour la crainte d'un long siege, avoit mis peine à en assembler, ou de ce qu'il en avoit tiré de ses places, ou par aultres moyens, dix milliers.

Pource que le mois d'octobre estoit venu, et nous approchions de l'hyver, quelques uns estimerent que l'Empereur n'entreprendroit si tard nous assieger, cuidans, puis qu'il avoit conduit jusques ici sagement ses affaires, il ne vouldroit forcer à ceste heure la nature du temps, et tant contemner (¹) la rigueur du ciel, que de hazarder une si grande armée à la mercy des neiges, pluyes et gelées, qui sont bien vehementes en ce pays, et se contenteroit, pour ceste année, de s'estre monstré en armes en Alemaigne, et d'avoir reduict à sa devotion les princes de l'Empire, qui, au commencement de l'esté, estoyent entrez en guerre contre luy; mais qu'il pourroit entreprendre de venir en quelque quartier de la Champaigne, ou en Lorraine et Barrois, pour y faire hyverner son armée, et temporiser jusques en la belle saison, que l'execution de ses entreprises viendroit estre plus aysée; mais il estoit aussi à penser qu'un si grand amas de gens de guerre, et la grand despence de les souldoyer, avec les bravades et menasses dont il avoit usé, et qu'il avoit faict publier par ses ambassadeurs et ministres, tant en Alemaigne qu'en Italie, de vouloir avant toutes choses pourveoir au recouvrement de ce qui touchoit à l'Empire, luy feroient avancer ce siege; à quoy de plus

(¹) *Contemner :* mépriser.

fort l'inciteroit la foiblesse qu'il sçavoit estre encores en la ville, et la crainte que les affaires du Roy, par trop temporiser, se peussent tant affermir qu'il ne fust plus heure de l'empescher; aussi qu'un esprit picqué se promet souvent de surmonter les plus grandes difficultez, mesmes qu'il avoit aultresfois bien heureusement mené la guerre en hyver. Parquoy faisant M. de Guyse un conseil sur toutes ces choses, resolut de poursuivre sa premiere et sage deliberation, de continuer avecques la plus grande diligence qu'il pourroit la fortification commencée. Et, y estoit si attentif, que souvent il faisoit porter son disner aux remparts, de peur de mettre trop de temps à aller et venir en son logis. Et si quelques fois il alloit dehors à cheval, c'estoit pour recognoistre le pais, visiter les advenues et logis que les ennemis pourroyent faire à l'entour de la ville, et prendre garde aux lieux par où ils nous pourroyent nuire, et aussi à ceulx qui seroyent advantageux, tant pour noz saillies et mettre des emboscades, que par où nous ferions noz retraictes.

Les vendanges estoyent lors achevées, lesquelles avoyent esté faictes sans aucun empeschement, et y avoit grande fertilité de vin par tout le pays; dont apres qu'on en eut retiré une grande quantité dans la ville, beaucoup de gents de travail vindrent, qui furent employez à la besongne, par le moyen desquels les platesformes commencerent d'approcher à la haulteur suffisante pour s'en pouvoir servir. Et feit lors M. de Guyse asseurer et habiller les voultes de plusieurs eglises en platesformes, armées de balles de laine, qui seroyent cavalliers aux montaignes pour y mettre de l'artillerie, et battre au loing, à l'advenue des ennemis. Et pourautant que l'on disoit estre chose bien aisée de nous priver de celle partie de la Mozelle qui passe dans la ville, rompant la chaussée qui la soustient, au moyen de quoy toute l'eaue retourneroit en son ancien canal, du pont des Mores, hors des murailles, et demoureroyent deux grandes ouvertures servants de breche aux ennemis, soubs les deux ponts des Barres, par où ladicte riviere entre et sort dans la ville, furent commencées des pallificades dans l'eaue, reculées de vingt cinq ou trente pas desdicts ponts vers le dedans de la ville, pour n'estre exposées à la batterie, avec bon rempar des deux costez du canal, depuis lesdictes pallificades jusques aux ponts, servant de flanc l'un à l'autre. Et aussi pour le mesme danger que, perdant l'eaue, fussions privez des moulins qui estoyent dessus, M. de Guyse en feit faire un bien grand nombre d'autre à bras et à chevaulx, pour mouldre les bleds et battre les pouldres.

En ces entrefaictes on entendit que l'armée de l'Empereur avoit passé les Deux Ponts, et s'approchoit vers la Mozelle, s'engrossissant toujours du nombre de gents qui suyvoyent d'Alemaigne, et d'autres qui venoyent des Pays Bas; dont ne voulant M. de Guyse leur laisser en proye une enseigne de gents de pied du capitaine La Prade, qui estoit dans Rodemar, à fin qu'ils ne se peussent avantager d'avoir à leur arrivée fait quelque prinse sur le Roy, mist en deliberation et conseil de les retirer, ensemble l'artillerie qu'ils pouvoyent avoir. Et furent les capitaines de cest advis : que du premier jour on envoyast querir les gents de pied, congnoissants que la place n'estoit pour attendre une moyenne force, non qu'une si grosse armée qu'on disoit estre celle de l'Empereur; mais ils trouvoyent si malaysé, que quasi jugeoyent impossible d'en pouvoir retirer l'artillerie, à cause qu'il y avoit six grandes lieues de mauvais chemin de Rodemar à Metz, qui en valloyent douze françoises, beaucoup de passages difficiles, tant de montaignes que de grands boys entre deux, et le temps qui s'estoit mis à la pluye; d'autre costé les forces de l'ennemy voisines, et mesmes vingt enseignes de leurs gents de pied desjà logées à Luxembourg et Thionville, entre lesquels Rodemar faisoit le milieu, estant chose contraincte de passer à l'aller et au retour à la portée du canon de Thionville, dont pour y user seurement ne fauldoit moindre escorte que de tout le nombre de gents qu'il y avoit dans nostre ville, lesquels, pource qu'il conviendroit mettre beaucoup de temps à traîner l'artillerie, ne seroyent encores peu hazardez en telle entreprinse; mais qu'on la rompist et portast sur sommiers (1) ce qu'on pourroit des munitions de guerre qui s'y trouveroyent. Suyvant cecy, M. de Guyse envoya le lendemain, quatriesme d'octobre, le capitaine Lanque, avec ses harquebouziers à cheval, advertir le capitaine La Prade de tenir luy, ses gents et son affaire prests, et qu'il envoyeroit encor plus grand escorte pour les conduire seurement à Metz. Dont pour cest effect il despescha deux jours après le seigneur Paule Baptiste et la moitié de la compagnie de M. de Nemours, lesquels passerent, sans estre apperceuz de ceulx de Thionville, à la faveur d'une escarmouche que M. de Nemours et le conte de La Rochefoucault, avec le reste de leurs compaignies, allerent attaquer devant la ville, sur lesquels sortirent quel-

---

(1) *Sommiers* : chevaux de bagages.

ques gents de cheval, qui furent incontinent rembarrez dans les portes. Et allerent encores les nostres donner dans un nombre d'harquebouziers sortiz avec les gents de cheval, lesquels avoyent gaigné un fossé, cuydans de la tirer mieulx à seureté; mais ils furent enfoncez et rompuz, où le seigneur d'Auradé, gentilhomme de la maison de M. de Nemours, receut une harquebusade dans le genoil, de laquelle, à trois ou quatre jours de là, il mourut. Les capitaines Baptiste, Lanque et La Prade executerent, le huictiesme du moys, ce qu'ils avoyent en charge de la ruine du chasteau et rompement de pieces, conduisants par une nuict les gents de guerre à sauveté, avec un nombre de pouldres et d'arquebouzes à croq qu'ils avoyent faict charger, jusques au pont de Rozemont à demie lieue de Thionville, où le seigneur de Biron, avec la compagnie de M. le prince de La Rochesuryon, et sept enseignes de gents de pied soubs le capitane Favars, maistre de camp, se trouverent à l'aube du jour pour les recueillir. Et pource que quelque maladie assez contagieuse avoit couru entre ces soldats de Rodemar, à fin d'eviter inconvenient dans la ville, M. de Guyse les envoya loger au pont des Moulins, où, après leur avoir faict faire monstre, leur commanda se retirer au camp, vers M. de Chastillon leur coronel. Et en ce temps il choisit parmy ses autres bandes trente soldats des plus estimez pour sa garde, dont en y avoit six des laquaiz du Roy, qu'il a, durant le siege, souvent employez à diverses entreprinses, esquelles ils se sont tousjours portez fort vaillamment. Aussi en sont demeurez les treze ou quatorze morts ou impotents de leurs membres.

Trois ou quatre jours après, M. le prince de La Rochesuryon, venant de sa maison, arriva en poste pour le desir de se trouver en un siege tel qu'on prevoyoit estre cestuy-cy : la venue duquel fut tresaggreable à M. de Guyse et à touts les gents de guerre. Il voulut du premier jour prendre charge de quelque besongne, et commencea un rampar à l'endroit d'une poterne pres l'eglise Sainct Thibauld, qui fut continué à main gauche jusques à l'entrée de la riviere de la Seille, et de l'autre costé jusques aux Augustins, comme de mesmes feit le seigneur Pierre Strozzy au rempar et tranchée d'entre la porte des Alemans et la plateforme de la porte à Metzelle. A ladicte plateforme les conte de La Roche Foucaud et le seigneur de Rendan, et les seigneurs de Gounor et de La Brosse à la courtine, et deux boulevars du retranchement; le seigneur d'Antragues au ravelin et portal des Alemans ; le seigneur de Biron à la plateforme des Rats; le seigneur de Parroy à celle de l'encongnure de Saincte Glocine, et certains aultres seigneurs venuz au paravant, qui estoient superintendans à tous les atteliers, faisoyent valoir la diligence des pyonniers et des gens de travail, n'espargnants celle mesme des gens de guerre de pied ou de cheval, lesquels y employoient quatre et six heures chascun jour, dont leur gaillardise ayda beaucoup à l'advancement de la besongne : joinct que noz ennemis estoyent lents et nous donnoyent loisir de nous fortifier, sejournants plus d'un demy moys au logis qu'ils avoyent prins aux Deux Ponts et aux environs : mais cela procedoit, comme il est vray semblable, de ce que l'Empereur vouloit pourveoir, avant passer oultre, aux munitions de guerre et vivres qui seroyent necessaires durant le siege à l'entretenement d'une si grande armée; comme deslors il pratiqua que de Strasbourg luy seroit fourny durant deux mois deux cens mille pains par jour, et des aultres villes assises sur le Rhin et la Mozelle, selon qu'ils le pourroyent faire. Il attendoit aussi que sa grosse artillerie fust arrivée à Thionville, laquelle il faisoit descendre par le Rhin jusques à Confluence (1), et puis remonter par la Mozelle. D'aultre costé le duc d'Olsten (2), frere du roy de Dannemarc, et les seigneurs d'Aiguemont, de Brabançon et Du Bossu, luy devoyent amener un autre nombre de gens de guerre qui estoyent bas Alemans, tant de pied que de cheval, lesquels ne pouvoyent si tost arriver; mais, sentant qu'ils s'approchoyent, et qu'au demeurant tout l'appareil de son armée estoit prest, il s'achemina vers Serebruch (3).

A tant M. de Guyse, desirant avoir particuliere congnoissance de l'estat de ceste armée, commanda au seigneur de Rendan s'en aller avec sa compaignie si avant qu'il la peust recognoistre; lequel chemina jusques par dela Vaudrevanges sans avoir nouvelles des ennemis; et, passant un peu plus oultre contremont la riviere de Sarre, trouva que leur camp venoit loger ce soir à Forpach, un peu par deçà Serebruch, à sept lieues de Mets. Surquoy M. de Guyse feit certain jugement qu'ils se venoyent adresser à Mets; et, bien qu'il veist noz enseignes de gens de pied si mal complettes qu'elles n'avoyent lors plus de quatre mil cinq à six cens hommes en tout, que la cavallerie n'avoit faict monstre sinon de quatre cens quarante quatre chevaux, aussi les trois compagnies de la gendarmerie

(1) *Confluence* : Coblentz. — (2) *Olsten* : Adolphe de Holstein, frère de Christine III. — (3) *Serebruch* : Saarbruck.

comptez pour neuf vingts hommes d'armes, plusieurs y avoyent esté trouvez absens pour estre malades, ou allez se rafraischir du voyage d'Alemaigne, et grande difficulté qu'il en peust estre desormais secouru de plus grand nombre, n'y d'aulcune aultre chose, neantmoins se resolut avec telle trouppe, qu'il cognoissoit estre pourveue de gens de bien, attendre les ennemis, sans demander autre chose au Roy que sa bonne grace, laquelle il esperoit meriter, exposant sa vie à la defense et garde de ceste sienne place, comme à la verité c'estoit service aultant relevé qu'on eust peu faire à la venue de si grand force, et où chascun de bon et sain jugement peut aiseement cognoistre de quelle importance en estoit la conservation ou la perte. Donques, sentant les ennemis si près comme a esté dict, de peur que s'ils avoyent intelligence ou moyens aulcuns de surprendre la ville ils en voulussent à leur arrivée essayer l'execution, il feit renforcer la garde des murailles, ordonnant que les capitaines, les seigneurs, gentilshommes et gents d'ordonnance, feissent ordinairement tout le long de la nuict la ronde; et luy-mesmes le plus souvent estoit à visiter les corps de garde et sentinelles. Aussi ordonna un guet à cheval hors la ville, qui se feroit de jour un peu par dessus le bourg de Sainct Julian, vers la montaigne et venue des ennemis, afin que d'heure à aultre il fust adverty de tout ce qui pourroit survenir de leur costé.

Bien tost après il envoya le seigneur Paule Baptiste sur les champs, pour avoir encores plus seures nouvelles du chemin qu'ils tiendroyent : lequel, avecques trente ou trente cinq chevaulx, chemina un jour et la nuict, et un peu de l'aultre matinée vers Serebruch, et trouva que leur camp estoit encor à Forpach : toutesfois il en deslogeoit ce mesme matin pour venir à Sainct Avau, en s'approchant deux lieues de nous. Ledict seigneur Paule, estant couvert d'un peu de bois et du brouillard qui faisoit lors, demoura quelque temps à veoir passer ce camp : à la fin, voyant trois ou quatre de leurs soldats debandez, les feit prendre sans que le camp en eust aucune alarme, et avec cest advis et langue s'en retourna en la ville. Ainsi nous continua l'advertissement que l'Empereur approchoit, dont moins que jamais perdismes heure ny temps à faire tout ce qui estoit possible pour la fortification et defence de la ville.

La nuict du deuxiesme jour après, le conte de La Rochefoucauld sortit pour aller de rechef veoir les ennemis. Et estant près de Boulac, à quatre lieues de Metz, se tint en emboscade, envoyant le capitaine La Faye, son lieutenant, avec six salades, descouvrir plus avant; lequel alla donner jusques dans les faulxbourgs de Boulac, où y avoit quelques harquebouziers en garde, qui furent chargez et contraincts gaigner le fort, donnants l'alarme à huict ou neuf cens chevaulx qui estoyent logez là pour escorte des vivres. Ledict La Faye se retira vers la trouppe, et le conte avecques le tout vers la ville, trouvant en chemin grande quantité de bled et vin pour les ennemis, qu'il gasta et desfonça. Et ne tarda gueres après que M. de Guyse, pour estre tousjours bien adverty de ce que les ennemis feroyent, renvoya Paule Baptiste sur le chemin de leur camp; lequel, estant aussi parti de nuict, arriva, ainsi que le jour commençoit à poindre, en un village qui est entre le petit Metz et les Estangs, au milieu d'un bois, où il trouva de vingt cinq à trente soldats espagnols, lesquels eurent l'alarme de luy, et tirerent force harquebousades, se jectans dans le bois qui estoit à l'entrée du village, par lequel ledict Baptiste vouloit faire son chemin, qu'il faignit lors prendre par autre part; mais, pour mieux pouvoir porter quelque certaineté des ennemis, et les approcher à couvert, il y rentra par aultre endroit; et arrivant jusques près du camp, qu'il trouva logé par deçà Boulac, print neuf ou dix soldats italiens qui alloyent busquer (1) par les villages, et s'en revint. De ce logis l'Empereur partit pour se retirer à Thionville, à cause de quelque indisposition de sa personne : et à deux jours de là, Paul Baptiste retourna autre fois de nuit sur les champs vers Theoncourt et Creanges, pour aller se mettre derriere les ennemis; mais il fut mal guidé, et ne peut sortir l'execution de ce qui avoit esté entreprins. Toutesfois, s'accostant plus près du camp, trouva vingt cinq ou trente Marangeois près d'un bois, qui donnoyent la chasse à quinze ou vingt soldats italiens des ennemis. Ledict Paule print les uns et les aultres; et, passant encores plus avant, trouva que le camp estoit deslogé de Boulac, et s'en venoit vers les Estangs. Il approcha à un demy quart de lieue de plusieurs esquadrons de gens de pied et de cheval, qu'il suyvit un temps. Et voyant quelques Espaignols et aultres soldats s'escarter de la grosse troupe, les print prisonniers, et les conduict à Metz.

Ce soir logea la cavalerie de l'ennemy audict lieu des Estangs, qui est à trois lieues de Mets, et tout le reste de l'armée à demie lieue par delà, où ils se tin-

(1) *Busquer* : piller.

drent encores lendemain, à cause du mauvais temps qui les empeschoit mener l'artillerie; mais ce ne fut sans que M. de Guyse leur envoyast sur le jour et sur la nuict donner l'alarme par quelques petites trouppes de nostre cavalerie, de sorte que toute la leur fut contraincte se tenir longuement en bataille. Et les eust on encores travaillez plus souvent, et par plus grand nombre des nostres, n'eust esté que la retraicte estoit mal aysée, et qu'on n'eust sceu faire si petite perte qu'elle n'eust esté trop grande pour le besoing qui s'apprestoit. La nuict, ils envoyerent des harquebouziers à deux ou trois cens pas de la ville, aupres d'un pont de pierre, du costé de la grande riviere, pour visiter, ainsi qu'on pense, le lieu et l'assiette de leur camp, lesquels furent descouverts de la muraille. Et les fust on allé veoir de plus pres sans l'incommodité de la nuict.

Deux jours apres, qui fut le dixneufiesme d'octobre, le duc d'Albe, capitaine general de l'armée de l'Empereur, et le marquis de Marignan, coronel des gents de pied italiens, par lesquels deux la plus part des affaires se conduisoyent, delibererent venir recognoistre la ville, et le logis qui seroit plus propre pour l'assieger, estimants, puis que la principale charge de l'entreprinse leur touchoit, qu'aussi devoyent ils veoir à l'œil tout ce qui pourroit faciliter ou empescher l'execution. Ils s'approcherent à un petit quart de lieue, avec quatorze mille hommes de pied, quatre mille chevaulx et six pieces d'artillerie de campagne, qui furent descouvers sur les neuf heures du matin par la guette du clochier; et le seigneur de La Brosse, qui estoit ce jour de guet hors la ville avec la compagnie de M. de Lorraine, en donna certain advertissement à M. de Guyse. Et, ayant retiré ses sentinelles, commença s'approcher au pas vers un pont de pierre du bourg Sainct Julian, où il trouva de noz harquebouziers qui estoyent sortiz pour le soustenir, lesquels y attendirent la descente des ennemis, et le garderent assez longuement; mais, se voyants charger d'une grand force par teste et par flanc, car à trente pas du pont n'y avoit eaue qui y peust faire empeschement, commencerent se retirer, et, par le moyen d'un bon ordre et commandement du seigneur de La Brosse, qui leur faisoit souvent monstrer visage, et prendre de pas en pas les lieux advantageux pour tirer à couvert, ils gaignerent la faveur de noz murailles sans qu'il s'en perdist pas un. De l'autre costé, sur la porte des Alemans, descendoyent environ deux mille harquebouziers espagnols ou italiens, ayants laissé la grosse trouppe à huict ou neuf cens pas plus hault, vers les bordes de Valieres, et leurs gents de cheval un peu à gauche en bataille. M. de Guyse feit sortir le seigneur de Rendan avec vingt cinq chevaulx seulement, pour les aller recognoistre, sans permettre qu'il en sortit d'avantage, à cause que cest endroit vers la montaigne, couverte de vignes, n'estoit commode à combattre pour la cavalerie. Et ayant ordonné quinze harquebouziers de chascune enseigne de gents de pied se tenir prests avec un chef des principaulx de chascune d'icelles, il en bailla deux cens au capitaine Favars, maistre de camp, pour l'aller soustenir, et encores le seigneur Pierre Strozzy pour commander aux uns et aux autres, et conduire l'escarmouche. Ledict seigneur de Rendan n'alla gueres avant sans rencontrer ceste force d'harquebouziers qui venoit au grand pas, en bon ordre et contenance de soldats, pour s'attaquer aux nostres, et tira sur sa trouppe. Toutesfois il les nombra jusques aux derniers, puis, se retirant au pas vers la premiere ruine de dessus la porte des Alemans, appelée de Brimba, trouva le seigneur Pierre, qui le feit passer et touts les chevaulx, plus bas vers la ville, s'apprestant avec ses harquebouziers faire teste aux ennemis, lesquels il arresta un temps à coups d'harquebouze ; mais, d'autant qu'il les voyoit renforcer tousjours, et que, par les costez, commençoyent d'environner le lieu, il retira peu à peu ses gents vers l'autre ruine plus basse et prochaine de la ville, appelée de Saincte Elizabet ; et là, tenant ferme, garda que les ennemis ne passassent oultre ; bien qu'ils en feissent leur effort, et continuassent harquebouzer plus de deux heures les uns contre les autres. Encores estoyent autres cent ou six vingts harquebouziers, du reste de ceulx que M. de Guyse avoit ordonné, sortiz au-devant d'autre grosse trouppe d'ennemis venuz aux vignes sur la porte Mezelle, qui furent soustenuz, et les nostres trouvez aussi roiddes et asseurez qu'aux autres endroits. Ainsi s'attaqua l'escarmouche en plusieurs lieux entre les deux rivieres, et veoyoit on touts les coustaux et montaignes pleins de feu et fumée de l'escopeterie. Cependant le duc d'Albe, et le marquis de Marignan qui estoit descendu de sa lictiere, où il alloit à cause de quelque mal de jambe, et remonté sur une hacquenée, vindrent à la Belle Croix, d'où ils peurent, mieulx que de nul autre lieu, veoir le circuit et contenu de la ville, recognoistre les commoditez de loger aupres, et les endroits par où elle se pourroit mieulx battre. Quelques Espagnols passerent le bourg Sainct Julian vers la riviere, comme voulans sonder deux guaiz qu'il y avoit pour passer en l'isle, dans laquelle fut jecté une partie de la compagnie de M. le prince de La Roche-suryon, et quelques harquebouziers du capitaine Sainct Houan, pour les empescher. L'escarmouche dura depuis les unze heures jusques à vespres (1), que les ennemis, voyants ne pouvoir faire demarcher (2) les nostres des lieux qu'ils s'estoyent resoluz de garder, tant s'en fault qu'ils les peussent forcer pour approcher la ville de plus pres, commencerent les premiers se retirer vers leur grosse trouppe, et puis touts ensemble à leur camp, laissans l'avantage aux nostres, ausquels ne fut donné peu de louange par M. de Guyse, d'avoir maintenu si long combat sans estre rafraischiz ne renforcez, là où les ennemis l'avoyent esté par trois fois, et tousjours de gros nombre et gents choisiz, comme ceulx qui estoyent venuz preparez de ceste entreprinse, en laquelle la situation du lieu les avoit encor favorisez de pouvoir venir jusques pres de nous, couverts par fossez et cavins. Il fut tiré des deux costez plus de dix milles harquebuzades, et y perdismes du nostre le seigneur de Marigny de Picardie, et cinq soldats, qui furent tuez sur le champ; les seigneurs de Mompha, lieutenant de la compagnie du seigneur de Rendan, de Silly, le capitaine Sainct Aulbin, le capitaine Soley et son enseigne La Vaure, et l'enseigne du capitaine Gordan, avec dix ou douze autres soldats, furent blessez, dont Silly, Mompha et La Vaure moururent en peu de jours. Le seigneur de Mey Robert, homme d'armes de la compagnie de M. de Guyse, fut prins. De leur

---

(1) *Jusques à vespres* : jusqu'au soir. — (2) *Démarcher* : déloger.

costé, ne receurent moindre dommage que de huict ou neuf vingts hommes, entre lesquels en y avoit de ceulx qu'ils appellent signalez, ainsi que nous avons sceu depuis. Le soir mesmes M. de Guyse, estant allé au lieu de l'escarmouche, trouva des paisans qui l'asseurerent avoir veu un nombre de charrettées de morts et blessez que les ennemis ramenoyent, oultre quelques uns qu'il veit demeurez sur la place. Nostre artillerie des voultes des eglises et des platesformes avoit fort tiré, mesmes de la plateforme des Rats, quelques coups de canon et de longue coulevrine dans les ruines de Sainct Julian, à cause que des Espagnols s'y estoyent retirez, qui n'y feirent pourtant long sejour. Des ce premier rencontre les ennemis tindrent nos soldats en bonne reputation, ne leur ayants veu, pour aucun danger, reculer ou advancer le pas qu'en gents de guerre et bien asseurez; qui fut un advantage lequel M. de Guyse cognoissoit estre requis qu'un chef, au commencement d'une guerre, taschast le plus qu'il luy seroit possible de gaigner.

Le seigneur don Loys Davilla, general de la cavalerie espagnole, escripvit lendemain une lettre par son trompette à M. de Guyse, pour ravoir un esclave qui s'estoit venu rendre à nous, et qui, à ce qu'il manda, avoit desrobé un cheval d'Espagne et la bourse de son maistre. M. de Guyse feit response que l'esclave s'estoit retiré plus avant dans les pays du Roy, comme estoit la verité, et quant bien il seroit encore en la ville, la franchise qu'il y avoit acquise, selon l'ancienne et bonne coustume de France, qui donne liberté aux personnes, ne permettroit qu'on le peust rendre; bien luy renvoyoit le cheval, qu'il avoit racheté de celuy à qui l'esclave l'avoit baillé. Bon nombre de leurs soldats se vindrent depuis rendre à M. de Guyse pour le service du Roy, mesmement Italiens, tant à cause des defaulx qui estoyent en leur camp que pour la defiance qu'ils disoyent les ennemis avoir d'eulx et de leur nation ; ausquels fut baillé passage et moyen de se retirer en France, apres toutesfois qu'on eust tiré d'eulx ce qu'ils pouvoyent sçavoir du faict des ennemis ; entre autres choses, que le marquis de Marignan, estant à la Belle Croix pour recognoistre la ville, avoit dict qu'il veoit un lieu pour faire une belle et grande breche, et où leur artillerie nous pourroit garder de ramparer et de la defendre, qui fut cause que M. de Guyse alla luy-mesme là hault sur la montagne, et recogneut que ce n'estoit autre chose que ce dedans du mur d'entre la plateforme des Rats et la tour des Charriers, qu'il avoit auparavant assez remarqué ; lequel et le pied mesmes estoit veu de la montaigne, n'ayant rien encores esté touché à la tranchée auparavant ordonnée par le dedans, avec un rampar et deux flancs, n'y aux traverses qu'on avoit advisé relever pour le couvrir, à cause que M. de Guyse avoit mesuré, par le temps que les ennemis seroyent contraincts mettre à gaigner l'isle, faire les approches et puis la breche, qu'il auroit le loisir d'y pourvoir, et ce pendant les autres besongnes, qui sembloyent plus pressées, ne seroyent retardées ; ainsi que par fois en divisant il disoit entre ses plus privez, qu'il veoit plusieurs choses ayants besoing de quelque remede, lesquelles il passoit sans en faire semblant, à fin de ne donner cognoissance à touts des foiblesses qu'il trouvoit dans la ville, et n'estre importuné d'y faire ramparer, pour mettre les autres ou une partie en arriere. Il commanda toutesfois deslors la tranchée et fortification nagueres dictes, où fut besongné tant diligemment par noz soldats, avec la conduicte du vidame de Chartres, qu'en peu de temps l'endroit fut mis en estat pour estre defendu.

Les ennemis passerent trois jours sans se monstrer en campaigne : laquelle chose meut M. de Guyse d'envoyer le comte de La Rochefoucaud veoir ce qu'ils faisoyent ; lequel trouva leur camp assis un peu par delà Saincte Barbe, à une lieue et demie de Mets ; et, après avoir recogneu ce qu'il peut de leur estat et de leur logis, s'en retourna en bruslant les villages des environs, où leur cavalerie eust peu trouver du couvert. Et la nuict après, le seigneur Paule Baptiste sortit avecques quelque nombre de chevaulx pour les aller esveiller ; lequel arriva de grand matin tout auprès du camp, et donna jusques dans le corps de garde des gens de pied italiens, d'où vint l'alarme si chaulde, que tous leurs gens de pied et de cheval se mirent en bataille. De ce temporisement des ennemis nous revenoit tousjours quelque loisir et moyen de nous fortifier : bien que la grandeur de la ville et tant de lieux foibles qu'elle avoit nous missent en doubte ausquels on debvoit premierement entendre, à toute adventure l'on advisa de commencer en plusieurs, à fin que, si possible estoit, l'entreprinse des ennemis se trouvast tousjours prevenue de quelque chose. Mais il ne tarda seulement que jusques au vingtiesme du mois, environ les cinq heures du matin, qu'un grand nombre de tabourins se ouyt batre par les champs, par où jugeasmes que leur camp approchoit. Et, sur les sept heures, que le grand brouillart de la matinée fut tombé, nostre campagnilh (¹) commencea descouvrir les esquadres des gens de pied et de cheval de leur advantgarde; et, peu après, on les veit apparoistre sur le hault du mont appelé de Chastillon, et une grosse trouppe de leurs gens de cheval passa vers les bordes de Bonny, sur la porte des Alemans, se tenir en bataille jusques que leur camp seroit logé. Et autre nombre vint courir jusques à nostre guet, près du pont de pierre du bourg Sainct Julian, qu'ils trouverent fourni de cavalerie et d'harquebouziers, aussi bien et seurement accommodez pour les recevoir, avec la faveur de nostre artillerie, qu'en la derniere escarmouche; mais ils s'en retournerent incontinent, sans se vouloir attaquer. Ils camperent sur ce mont Chastillon, et feirent des tranchées pour la garde de leurs pieces, qu'ils mirent à la veue de la ville, mais si loing que la nostre n'y pouvoit batre, et planterent dessus unze enseignes de gens de pied, estendants leur logis jusques à Grimont par le derriere et du costé gauche jusques à la riviere, puis de l'autre costé jusques auprès du bourg Sainct Julian; qui fut cause de remuer depuis nostre guet qui se faisoit là, et l'asseoir un peu par dessus les ruines de Brimba, et les sentinelles posées vers la Belle Croix, si près des ennemis qu'ils se pouvoyent ouir parler, ne leur laissants gaigner pays sur nous que pied à pied, et le plus tard qu'on pourroit. Ce soir, environ minuict, arriverent les deux freres de M. de Vendosme, messieurs d'Anghien et prince de Condé, pareillement messieurs de Montmorency et de Danville, filz de M. le connestable. Ils estoyent accompaignez de soixante ou

---

(¹) *Campagnilh* : vraisemblablement la sentinelle placée dans un clocher.

quatre vingts gentilshommes, lesquels autrement je ne nommeray en particulier, ny aussi plusieurs aultres qui auparavant et depuis arriverent, de peur que l'omission de quelcun le rendist à bonne occasion mal content. Suffira de dire que ceux qui sont venuz pour leur plaisir, n'ont peu de louange de s'estre liberalement offers à un tel danger comme celuy de ce siege se representoit, mesmes que, où depuis il a esté question de combatre, ils se sont fort vaillamment portez, et où de ramparer ils ne s'y sont aucunement espargnez.

Estans les choses en ces termes, M. de Guyse voulut purger la ville des personnes superflues pour l'espargnement des vivres, et ordonna à la gendarmerie renvoyer leur train et baguage en leurs garnisons accoustumées, sans retenir que deux vallets et deux chevaulx de service pour homme d'armes, et un vallet et un cheval pour archier, rengeant la cavalerie legiere selon l'ordre des archiers; et aux gens de pied de dix en dix un gojat, et six chevaulx seulement en chascune bande : il feit aussi remonstrer aux habitans de la ville qu'il leur seroit mal aysé de soustenir l'effroy, peine, ennuy et aultres dangers qu'un long siege a accoustumé d'apporter, et que le peu d'expérience de telles choses les rendroit plus tost incommodes que utiles au service de la ville. A cause de quoy seroit besoing que la plus part se retirassent en quelque ville de France, où ils ne seroyent moins bien receuz qu'en leurs propres maisons, ou bien au duché de Lorraine, et aultres païs alliez du Roy, laissant seulement en la ville les gens de guerre qu'il avoit pleu au Roy y envoyer pour la garder, et portassent avec eulx, si bon leur sembloit, leur or, argent, vaisselle, bagues, joyaulx, linge, et autres meubles, sinon ceulx que eulx mesmes cognoistroyent les gents de guerre logez chez eulx ne s'en pouvoir passer, et quant aux vivres et autres biens qu'ils ne vouldroyent remuer, ils les missent en quelque lieu seur, et en baillassent un inventaire aux seigneurs de Piepapé et de Sainct Belin, commissaires des vivres, qui donneroyent ordre de bien conserver le tout, et qu'il ne se trouveroit rien deperi à leur retour.

Ceste remonstrance faicte, beaucoup de gentilshommes, eschevins, bourgeois, chanoines, prestres, religieux, et autres personnes, se retirerent ès lieux où ils estimoyent se pouvoir mieulx accommoder; mais encores en demouroit il trop grand nombre. Dont M. de Guyse en feit faire une description de touts, et enroler à part environ douze cens hommes de travail, comprins charpentiers, massons et ouvriers de fer, pour mettre tant aux rampars, fortifications, que au service de l'artillerie; soixante ou quatre vingts chanoines, prestres ou religieux, pour continuer ès eglises le service de Dieu; et aussi des armuriers, mareschaulx, boulengiers, cordonniers, chaussetièrs et autres artisans, certain nombre limité de chascun mestier, duquel l'on ne se pouvoit passer, en faisant election des plus gents de bien et des plus experts, et mieulx garnis d'étoffes, pour subvenir aux necessitez des gens de guerre; et par exprès les barbiers, chirurgiens, esquels il feit advancer de l'argent pour se fournir de drogues et onguents requis à la cure des blessures. Le surplus qui n'avoyent billet de ceste retenue eurent commandement de vuider la ville dans lendemain. Encores, pour l'ordre de ceulx qui demeuroyent, defendit à toutes personnes de ne sonner aucune cloche pour quelque occasion que ce fust, sinon la grande du beufroy aux alarmes, feu ou retraicte du soir, et deux horloges, à cause de la grandeur de la ville, où l'on ne se pouvoit passer de moins, dont encore en commit la charge à des soldats fideles; et que les citoyens, à peine de mort, n'eussent à sortir hors de leurs maisons quant l'alarme seroit par la ville; et si c'estoit de nuict, qu'ils eussent à jecter de la lumiere à leurs fenestres ou portes; d'avantage, pour plus grande seureté, qu'un nombre de soldats seroit en garde jour et nuict par les places et carrefours de la ville; et le prevost des mareschaulx, avec trente ou quarante hallebardiers, se promeneroit ordinairement par tout, à fin qu'à toute heure, et de touts costez, se trouvassent gents prets pour appaiser les desordres qui pourroyent survenir, et se saisir de ceulx qui entreprendroyent les faire. Oultre ce, pour éviter inconvenient de peste, ou autre mortalité qui pourroit estre causée par mauvais air, fut commandé au mesme prevost prendre quelques pyonniers, chevaulx et tombereaux, à fin de purger souvent la ville, jecter les charongnes et autres immondices dehors, et faire tousjours tenir nettes les rues, pourvoyant, quant aux soldats qui pourroyent tómber malades de blessures, ou à cause des gardes de nuict et courvées qu'il leur fauldroit faire à la pluye et au froid, qu'ils seroyent retirez en un hospital, et illec pensez, serviz et traictez de tout ce qui leur feroit besoing, pareillement les pyonniers en un aultre hospital, s'ils venoyent estre blessez ou malades travaillant aux rampars, ou en aultres services pour la defence de la ville.

Et lors M. de Guyse feit le departement des murailles par quartiers aux princes et capitaines, pour les defendre quand l'affaire viendroit : premierement à messieurs d'Anguien et prince de Condé, depuis la porte Sainct Thibaud jusques à la riviere de la Seille ; à M. le prince de La Rochesuryon, tout le bas pont des Barres jusques à la tour des Charriers; à M. de Nemours, depuis les grilles du Gravier jusques à la tranchée du seigneur Pierre Strozzy ; à messieurs le grand prieur, marquis d'Albeuf, et ledict seigneur Pierre, depuis ladicte tranchée jusques aux moulins de la Seille; à messieurs de Montmorency, de Danville et de Gounor, tout le retranchement et quartier demouré hors d'iceluy ; au duc Horace, entre les portes Champeneze et de Sainct Thibault; au vidame de Chartres, depuis la tour de Charriers jusques à Pontiffroy ; au conte de La Roche Foucault, la plateforme de la porte à Mezelle; puis les compagnies de messieurs de Guyse, de Lorraine, et du seigneur de Rendan, ordonnées à la place du Change, pour s'y rendre aux alarmes, à pied, la picque au poing; et par tout des gens de pied, selon que le besoing y seroit plus grand, leur ayant esté distribué en chasque bande un nombre de corselets et morrions qui avoyent esté trouvez aux chasteaux des portes et aultres lieux de la ville. Et oultre, fut commandé aux mareschaulx des logis, avec certain nombre de gentilshommes de chascune compaignie, se promener à cheval par les quartiers aussi tost que l'affaire surviendroit, pour prendre garde à toutes choses, et remédier aux soubdains inconveniens qui pourroyent advenir.

Les ennemis tindrent ce logis du mont Chastillon

jusques au dernier du mois, et cependant le duc d'Olsten, les seigneurs d'Ayguemont, de Brabançon et du Bossu, arriverent avec la cavalerie et gens de pied qu'ils amenoyent des Pays Bas. Et une nuict quelque nombre de leurs harquebouziers furent envoyez dans l'isle, recognoistre le quartier d'entre les deux rivieres de la Moselle et de la Seille, où l'on avoit craint qu'ils dressassent une de leurs batteries. Il faisoit si grande pluye que les nostres ne les pouvoyent veoir; mais, les entendants au bruit et au marcher, leur tirerent force harquebouzades, et ne leur donnerent le loisir et moyen de recognoistre tous les endroicts qu'ils eussent bien voulu. Lendemain, nonobstant le mauvais temps, nous commenceasmes encores une grande tranchée, et un bon rampar derriere, au joignant de l'aultre qui a esté nagueres dict, depuis le recoing de la tour des Charriers jusques à l'encongneure de Pontiffroy, afin de mettre tout le quartier de ceste isle en defense, auquel, à la verité, n'y avoit rien que la seule muraille, sans aucun flanc ny fossé, qui vallust gueres mieux que de n'en avoir point. La nuict d'après vint advertissement que l'on avoit veu un nombre de pionniers besongner à une tranchée au bort de la montaigne de d'Ezirmont, et qu'il y avoit un peu plus en derriere huict pieces d'artillerie attelées; en quoy nous jugeasmes qu'on les vouloit loger à la Belle Croix pour tirer dans la ville, ce que nous feit efforcer à l'advancement des tranchées et aultres couvertes qui se faisoyent pour n'estre veuz de la montaigne.

Durant que les ennemis sejournoyent sur l'haulture de Metz, nostre cavalerie les alla souvent veoir; mesmes un jour, Paule Baptiste, avecques un bon nombre, courut jusques à leurs tentes, et ramena cent chevaulx de leur artillerie qu'il print, et n'en laissa gueres moins de tuez sur le lieu. Une aultre fois, le vidame de Chartres sortit sur le chemin des fourageurs, pour veoir s'ils alloyent aux vivres sans escorte, où fut tué, prins ou blessé bon nombre d'hommes et chevaulx. Les ennemis, le cuydans surprendre et enfermer, vindrent gaigner l'entre deux de la ville et de luy; mais, ayant esté bien pensé de sa retraicte, trouva le pont de Magny sur la Seille refaict, qui auparavant avoit esté rompu afin que les ennemis n'y passassent; et se retirant par là, eut loisir d'amener deux chariots attelez de bons chevaulx, chargez de gerbée. Ainsi chascun jour se faisoit du dommage aux ennemis, prenans soldats, marchans, chevaulx, mullets, et gastant les vivres que l'on leur amenoit. Quelques gens de cheval des leurs descendoyent au pied du mont Chastillon, le long de la riviere, à la faveur des gens de pied logez pres du bourg de Sainct Julian; mais c'estoit sans arrester, à cause que nostre artillerie y battoit, et mesmes y tua quelque personnage de qualité, avec ce que M. de Guyse mettoit tous les jours une compagnie de chevaulx legiers et quelques soldats en l'isle, pour tousjours garder que l'entrée et les guais ne fussent recogneuz; et ceux là leur tiroyent d'un bort de la riviere à l'aultre, pour n'estre gueres large. A ceste cause, les ennemis mirent deux pieces sur un coing de montaigne, et tirerent souvent à nos gens, mais nonobstant elle ne fut abandonnée, ny eux entreprindrent la gaigner.

Le penultieme du mois se presenterent douze ou quinze cens chevaulx et un gros bataillon de gens de pied bien armez du costé de la porte Mezelle; lesquels feirent contenance d'estre là, plus pour escorte du duc d'Albe et des mareschaulx du camp, qui possible estoyent venuz recognoistre ce quartier de pais et les commoditez d'y loger, que pour venir à l'escarmouche, et ne la voulurent attaquer avec la compagnie de M. de Nemours que le seigneur Paule Baptiste avoit menée ce matin en garde, tout au pres du lieu où ils estoyent ; comme aussi ne feirent ils avec le conte de La Rochefoucault, qui vint avec la sienne, et avec trente aultres gentilshommes et quelque nombre d'harquebouziers, relever le seigneur Paule apres midy.

Lendemain au poinct du jour, les bandes espagnolles, italiennes, et quelques regimens de lansquenets, commencerent à marcher vers la ville pour venir gaigner le logis de la Belle Croix, et leurs gens de cheval plus avant, à main droitte, sur la porte Mezelle, hors toutesfois la portée du canon, auquel lieu ils se tindrent en bataille jusques à tant que les gens de pied fussent assiz, qui ne le peurent estre si tost à cause que les soldats de la garde de M. de Guyse, avec trente aultres, leur allerent commencer l'escarmouche, qu'ils maintindrent longuement et de grand asseurance, puis feirent leur retraicte si seure, qu'il n'y en eut que l'un d'eux blessé. Ce logis des ennemis occupa tout le quartier depuis la Belle Croix jusques à la riviere de la Seille, à main droitte; parquoy fut besoing remuer encores nostre guet de cheval à Sainct Arnoul et vers le pont de Magny, entre les deux rivieres. La nuict, leurs pionniers, qu'ils avoyent en nombre d'environ cinq mille, qu'on avoit admené des Pays Bas, et deux mille de Boheme, Autriche et Tirol, avec l'artillerie, feirent une tranchée sur le bort de la montaigne, à main gauche de la Belle Croix, tirant vers le bourg Sainct Julian, ensemble des traverses, pour y pouvoir estre mieulx à couvert de nostre artillerie qui estoit sur les eglises, laquelle tiroit souvent pour les empescher, mais non encores tant que M. de Guyse eust voulu, à cause que quatre pieces de sept dont l'on avoit commencé à tirer s'estoyent esventées, et n'osoyt on plus les charger qu'à demi, mesmes quelque fois nous en servions autant pour leur faire peur du bruit que les endommager de l'effect; toutesfois ils ne furent espargnez des menues pieces et faulconneaux es endroits qu'on les peust descouvrir. Lendemain ils meirent cinq enseignes de gents de pied à ceste tranchée pour la garde de quelques pieces qu'ils y avoyent logées la nuict, desquelles, ce jour et celuy d'apres, ils commencerent tirer dans la ville; mais nostre diligence avoit desjà conduict si hault noz traverses et autres couvertures, qu'on s'y pouvoit assez seurement tenir. Un de noz harquebouziers à cheval monta jusques à la tranchée, tirer de grande asseurance aux ennemis, puis se retira tout au pas sans se haster; mesmes, pource que la descente estoit roide, print le loisir de mettre pied à terre, et mener son cheval à main. Et sur les unze heures du soir estants vingt ou vingt cinq de noz soldats sortiz pour aller recognoistre leur tranchée, userent de telle diligence, qu'ils cuiderent surprendre les sentinelles du camp; puis, montans pour harquebouzer et donner coup d'espée à ceulx de la garde, gaignoyent une de leurs enseignes s'ils eussent esté encores autant. A la fin, faisans leur retraicte vers la ville, furent suyviz d'un nombre d'Espagnols et Italiens qui descendirent assez pres de la porte Saincte Barbe,

crians escalle! escalle! ce qui donna bien peu d'effroy
à la ville, n'estant gueres subjecte au danger de l'eschelle. Toutesfois la sentinelle du clochier, à cause du
bruit, feit l'alarme; dequoy M. de Guyse marry, commanda que delà en avant la cloche n'eust à sonner, sinon pour la retraicte du soir, et que l'alarme se donneroit par des tabourins aux quartiers qu'elle surviendroit.

On s'esmerveilla pourquoy le duc d'Albe et marquis
de Marignan voulurent laisser ce logis de la Belle Croix,
auquel ils avoyent mis peine de s'accommoder, et desjà
faict des tranchées, estant le lieu fort à propos pour
eulx s'ils eussent voulu donner l'assault du costé de
l'isle, ou par le quartier demouré hors du retranchement d'où nous avions assez doubté. Mais il est possible
qu'en considerant mieulx le dedans de la ville, ils
cogneurent que la fortification de ce costé estoit en
meilleur estat qu'ils n'avoyent cuidé, et que la plateforme des Rats estoit parachevée pour battre dans l'isle,
et rendre malaisées les approches; aussi que la tranchée, depuis celle plateforme jusques au recoing de la
tour des Charriers, estoit desjà faicte, avec son rampar
et traverses, qui est tout l'espace entre les deux eaues
de la Mozelle, qu'ils pouvoyent descouvrir de la montaigne; d'avantage, la courtine de terre et deux boulevars du retranchement estoyent en si bonne défence,
que, quant ils auroyent beaucoup travaillé à gaigner
ce qui estoit de par delà, ils seroyent encores à recommencer, ou bien que nostre artillerie et faulconneaux
des platesformes et lieu haults leur portassent grande
nuissance. Quoy que soit, le second jour de novembre
ils deslogerent secretement sans sonner tabourins, et

osterent de bonne heure leur artillerie, faisans encores paroistre les enseignes sur la tranchée, lesquelles à la fin peu à peu, et comme si le vent les eust abbatues, les retirerent, mais non si finement que M. de Guyse ne s'en apperceust, ayant desjà envoyé quinze ou vingt soldats pour en recognoistre la façon de plus pres, qui furent suivis d'aucuns autres, et arriverent de si bonne heure, qu'ils surprindrent de leurs gens dans les loges et tranchées, dont ils en tuerent aucuns, en amenerent prisonniers d'autres, et trouverent de quoy faire butin d'armes, de chevaulx, d'habillements et vivres. Le seigneur Pierre Strozzy fut envoyé jusques là, avec deux cens harquebouziers, qui veit la verité du deslogement, et que une grosse trouppe d'Alemans estoit plus avant en la plaine, marchant en bataille, sur laquelle il envoya la moitié des siens desbandez, mesmement ceulx qu'il estima plus dispots; lesquels s'approcherent à cinquante ou soixante pas, couverts de quelques hayes, et tirerent souvent dans eulx, les pressans si fort, qu'ils les contraignirent trois ou quatre fois tourner le front du bataillon pour leur courir sus; mais les nostres se retiroyent au pas vers le seigneur Pierre, ayants tousjours l'œil sur les ennemis, lesquels ne se remettoyent si tost en leur ordre pour marcher, que ceulx cy retournoyent leur faire nouvelle recharge; et en ceste façon conduirent ces Alemans presque d'un logis à l'autre, soubs la faveur et rafraichissement que le seigneur Pierre leur faisoit, gaignant tousjours derriere eulx l'avantage des lieux pour les soustenir. Beaucoup d'autres soldats, et aussi des gens de cheval, s'estoyent desrobbéz pour aller à l'escarmouche, et en plusieurs lieux estoyent venuz aux mains avec les ennemis, mesmes avec aucuns qui avoyent jà passé le pont de Magny, vers lequel quartier la moitié de la compagnie de M. de Nemours estoit en garde, et le duc Horace, suivy de quelques autres gentilshommes, y avoit accouru, qui combattit et donna coup d'espée. M. de Guyse, voyant qu'un grand nombre des siens estoit dehors, et que la chaleur du combat les avoit attirez bien loing, voulut asseurer la retraicte des uns et des autres. A ceste cause, il sortit huict ou neuf cens pas hors la ville avec six cens chevaulx, où assembla encores le plus de corselets qu'il peut pres de luy, allant sa personne retirer ceulx qui avoyent marché jusques là où les harquebouziers estoyent, et les vint mettre tous en bataille au pres des gens de cheval; puis, pour ramener le tout en lieu de plus grande seureté, commanda maintenant à un tiers de gens de cheval marcher tout bellement trente pas vers la porte Mezelle, puis à l'autre tiers s'aller joindre aux premiers, et de mesmes aux gens de pied, pendant que le reste monstroit visage. Ce que fut faict par quelques diverses fois, de sorte que, faisant tousjours une grande teste vers l'ennemy, il les eust menez pres de la retraicte avant qu'on cogneust qu'il les voulust retirer. Puis, laissant la gendarmerie à gauche de la porte Mezelle soubs la conduicte de M. le prince de La Rochesuryon, et la cavalerie soubs la conduicte de M. de Nemours à droitte près de la montaigne, retourna au lieu de l'escarmouche, et quasi aussi tost vingt ou vingt cinq chevaulx des nostres, qui alloyent gaigner le hault pour veoir la contenance des ennemis, furent chargez d'un gros nombre de cavalerie, dont se retirans vers la nostre, M. de Nemours leur feit faveur de s'advancer vingt ou trente pas, comme pour aller charger les ennemis, lesquels s'arresterent et s'en retournerent sans suivre plus avant. Cependant M. de Guyse donna ordre au rafraichissement et renforcement de noz harquebouziers, advisant ceulx qu'il y envoyoit prendre leur advantage; et faisoit quelque fois changer de place aux uns, retiroit les autres quand il estoit besoing, puis tournoit visiter la gendarmerie, et ores la cavalerie, leur ordonnant ce qu'ils avoyent à faire; ce que fut continué jusques à la retraicte du soleil, que noz gens feirent la leur, n'ayans receu dommage que de cinq ou six soldats, et le capitaine Maugeron et Bueil y furent blessez.

Les ennemis camperent celle nuict au pont de Magny, et demoura le seigneur de Brabançon avec trois regiments de haults Alemans, un de bas, et trois mille chevaulx, au lieu de Grimont, en la colline derriere le mont Chastillon, où il a tousjours demeuré durant le temps du siege, que depuis on a tousjours appelé le camp de la royne Marie [1]. Ceste nuict nous ariverent encores vingt cinq ou trente gentilshommes venans de Verdun, qui furent les tres-bien receuz; mais de là en avant on ne peut entrer dans la ville qu'à bien grande difficulté. Le matin, tout le camp passa la riviere de Seille sur le pont de Magny, et estant le seigneur de Rendan avec sa compagnie sorty pour la garde vers ce quartier, ne peut mieulx faire que de se retirer, voyant en quelle force les ennemis venoyent, lesquels avoyent mis devant cinq ou six cens harque-

---

[1] *Le camp de la royne Marie.* Les soldats du duc de Guise prétendoient, ce qui étoit faux, que Brabançon étoit l'amant de Marie, reine de Hongrie, gouvernante des Pays-Bas, sœur de Charles-Quint. Ils en firent des plaisanteries, et donnèrent au poste qui fut occupé par Brabançon le nom de cette reine.

bouziers desbandez, avec mille autres qui les suivoyent, et bon nombre de gens de cheval à leur costé, marchants tousjours sans s'amuser à l'escarmouche que noz gens leur vouloyent attaquer, et puis vingt cinq ou trente enseignes d'Alemans en bataille, pour en cest ordre gaigner les abbayes de Sainct Clement, de Sainct Arnoul, et autres lieux commodes à loger. Les nostres, ne s'y osans arrester de peur d'y estre investiz, se vindrent renger pres des ruines de Sainct Pierre, dans lesquelles s'allerent jecter environ quatre vingts de noz harquebouziers pour y faire teste, et mesmes pour passer plus avant en la campagne escarmoucher une trouppe de leurs gens de pied qui couloyent le long des jardins, comme pour venir encores gaigner ce lieu de Sainct Pierre ; mais ils ne s'approcherent gueres, bien que les nostres les allassent chercher ; seulement furent tirées quelques harquebouzades des uns aux autres. De ce lieu de Sainct Pierre noz soldats feirent depuis si bonne garde, plus de dix jours durant, que les ennemis ne s'en peurent prevaloir, jusques à ce que leurs tranchées venoyent desjà coupper le chemin de la ville, que l'on les retira ; et depuis, une partie des Italiens qui estoyent à Sainct Andrieu y vint loger.

L'armée campa à Sainct Clement, quelque nombre d'Espagnols à Sainct Arnoul, certaines bandes de bas Alemans au pont de Magny, don Loys d'Avilla avec la cavalerie espagnolle à la Maladerie, le mareschal de la Moravie avec les chevaulx bohemois à Blery, le demourant à Olery, à Sainct Priech, à La Grange aux Dames, à La Grange aux Merciers, et autres lieux à l'environ.

Jusques alors les autres quartiers de la ville nous avoyent donné tant d'affaires, que en cestuy cy, de la porte Sainct Thibaud jusques à la porte Champeneze, n'y avoit esté faict autre chose que la plateforme de l'encoingneure Saincte Glocine. Mais ce jour l'on commença un rempar au tenant de l'eglise des Augustins, de vingt et quatre pieds de large, jusques au recoing de la chapelle des Prez, où le duc Horace print charge d'y faire besongner, et y feit si bonne diligence, qu'en sept ou huict jours le terrain fut haulsé à trois pieds du parapect de la muraille : ceste haulteur y estoit necessaire, pource que cest endroit, quand il eust esté battu, estoit si bas, que de plusieurs lieux les ennemis eussent esté à cavaler de la breche. Et pource que le fossé n'y valloit rien, l'on meit incontinent gens à le croiser par le milieu, en forme de tranchée, de huict ou dix pieds de large, pour puis apres le remplir des esgouts de la ville. Ceste chose fut commise au seigneur Dautraigues, qui en feit tel debvoir, qu'il ne passa jour sans y descendre pour y employer le travail des pionniers. En mesme jour, commença l'on remplir la teste du boulevart de la porte Champeneze de terre grasse et argilleuse, fort propre à ramparer, que l'on descouvrit aux fossez, laquelle encores on mouilloit à cause que le temps estoit alors chault et venteux, qui la seichoit incontinent : l'on envoyoit querir de la facine hors la ville, par delà les ponts, pour espargner tant que l'on pourroit celle qui se pouvoit trouver dans les jardins et clos de la ville, et aux isles plus voisines.

Les ennemis commencerent du premier jour remuer terre, à main droicte du chemin de la ville à Sainct Arnoul, et y firent un cavalier, qu'ils eurent gabionné et dressé dans quatre jours, pour sept ou huict pieces, qu'ils n'y logerent pas si tost; et seulement, de deux qu'ils avoyent mis au coing de l'abbaye de Sainct Arnoul, tirerent vers la petite terrasse des Augustins, où nous avions deux menues pieces qui leur donnoyent de l'ennuy. Ce jour, à quelque occasion, les ennemis envoyerent un trompette vers M. de Guyse, bien advisé de tomber en propos pour compter du siege de Hedin, et comme les François l'avoyent rendu au seigneur du Rhu (1), chef pour l'Empereur en l'armée qui estoit devant, et aussi la prinse de M. le duc Daumalle par le marquis Albert de Brandebourg. Je pense bien que ce n'estoit pour nous en cuider faire plaisir.

En ces entrefaictes fut descouverte l'entreprinse du bastard de Fontanges et de Clavieres, soldats de la compagnie du capitaine Bahuz, qui avoyent quelque praticque avecques l'Empereur, laquelle, du commencement, ils avoyent faict semblant mener avecques le sceu de M. de Guyse, par le moyen dequoy on esperoit s'en prevaloir; mais il fut trouvé qu'ils avoyent incliné du costé de l'ennemy, et faict d'autres menées, qu'ils celoyent à M. de Guyse, bien dommageables au service du Roy; mesmes, soubs couleur de faire entrer un simple soldat dans la ville, y avoyent mis un ingenieur de l'Empereur; ils furent retenuz prisonniers, et, peu après, ledict Clavieres mourut de maladie, de qui la teste fut mise sur la porte de Champagne, et le bastard, ayant confessé la verité du faict, executé à la fin du siege. Un espion surprins alentour des rempars, qui estoit entré pour

---

(1) *Seigneur du Rhu* : Antoine de Croy, comte de Reux.

faire rapport aux ennemis des lieux où il ne verroit rien de fortifié, fut sur l'heure mesme desfaict en la grande place.

Après que les ennemis se furent logez dans Sainct Arnoul, un jour quelques harquebouziers et autres soldats des leurs, furent veuz vis à vis de la porte Sainct Thibault, ausquels le seigneur de Rendan fut commandé aller faire une charge avec trente chevaulx de sa compagnie; et fut permis aux contes de Martigues et de La Rochefoucaud, aux seigneurs de Clermont de Suze, et deux Ruffecs, estre du nombre. Quand ils se furent apprestez, M. de Guyse les retint encores dans le boulevart de la porte Champeneze, par laquelle ils debvoyent sortir, pour laisser tousjours asseurer et approcher les ennemis, jusques à ce qu'il veit l'heure à propos; et lors leur feit ouvrir la porte, les advertissant de charger à main gauche, par ce que le lieu estoit plain et plus commode pour gens de cheval : ce que tout à un coup ils feirent si bien, qu'ils surprindrent ces harquebouziers qui estoyent dans le chemin, les rompirent, et en feirent demeurer quelques uns sur la place. Le conte de La Rochefoucaud s'adressa à un, lequel, monstrant asseurance de soldat, l'attendoit avecques la harquebouze, et le blessa en la main; mais aussi il ne faillit pas d'estre porté mort par terre. Le demeurant qui peurent gaigner de vitesse l'abbaye se sauverent. Cependant le capitaine Caubios, ayant seul faict une charge dans les vignes sur autres harquebouziers qui estoyent à main droicte, fut abbattu mort d'un coup de harquebouze qu'il receut en la teste, et fut la perte que les nostres receurent à ceste saillie.

Or, voulut M. de Guyse, à cause que les ennemis s'estoyent tournez vers cest endroit des portes Champeneze et Sainct Thibault, s'en approcher, et deslogea de la maison de sire Jeham Droin, qui est en la grand place, pour venir à Saincte Glocine, à fin d'estre à toute heure sur le lieu où l'affaire et le plus grand danger se preparoyent. Deslors il ordonna que, pour garder les ennemis de venir jusques à l'avant porte Champeneze, au costé du boulevart, un des arceaux du pont de pierre (car n'y en avoit de levis) seroit abbattu, couppant le pillier qui le soustenoit, comme le semblable avoit esté faict à celuy de la porte aux Alemans, sans laisser, de sept portes qu'il y avoit en la ville, que les trois du pont des Mores, Pontiffroy, et à Mezelle pour s'en servir, les quatre autres terrassées et condamnées.

Le deuxiesme jour après, qui estoit le cinquiesme du moys, il envoya le seigneur Paule Baptiste avec quarante ou cinquante sallades entre le grand camp et celuy de la royne Marie, essayer de faire quelque chose de bon sur l'ennemy. Et estant arrivé au lieu où luy sembla devoir mettre son imboscade, envoya le seigneur de Navailles avecques les coureurs, descouvrir plus avant s'il y avoit rien en campagne; et luy cependant assist des sentinelles sur les costez, à fin de n'estre surprins. Noz coureurs rencontrerent les ennemis bien forts, qui leur donnerent la charge; et eulx se voulans retirer, les sentinelles vont en cest instant descouvrir à main droicte et à main gauche sept ou huit cens chevaulx, qui venoyent à toute bride pour leur coupper chemin, et les empescher de se rejoindre à leur trouppe. Dont se voyans enfermez, se resolurent tourner visage sur ceulx qui les suivoyent, comme ils feirent, et les repoulserent assez loing : soubdain refeirent la charge sur la grosse trouppe de pistolliers, qui desjà estoyent entre eulx et le ledict Paule, et passerent par force tout à travers, executans ceulx qui se trouverent en chemin. Le viconte de Riberac y cuida demeurer prisonnier, mais il fut recouvert. Cependant ledict Paule Baptiste, avec tout le reste, avoit accouru à leur secours, et, les ayant recouverts, se retira le pas, avec la perte seulement d'un des siens, qui fut blessé, et lequel depuis mourut.

Après que les ennemis eurent faict ce cavalier que nous avons dict à droicte du chemin de Sainct Arnoul, ils en commencerent un autre pour six pieces à main gauche, et une tranchée au pied d'iceluy, tirant vers la porte Sainct Thibault, par où feismes jugement que leur effort se pourroit addresser entre celle porte et la porte de Champagne ; au joignant de laquelle, pour ceste occasion, fut entreprins un nouveau rampar jusques à la plateforme de l'encoignure Saincte Glocine, et advisé que le parapect de ladicte plateforme, laquelle auroit beaucoup à souffrir, seroit renforcé d'un quatriesme rang de gabions, avec encores douze pieds de ceste terre grasse et argilleuse des fossez, de crainte que quelque grand batterie nous en chassast : et nous voulions sauver, s'il estoit possible, deux canonnieres qui estoyent par costé, afin de servir de flanc au long de la muraille vers la porte Sainct Thibault. Encores n'ayans assez d'asseurance en cela, il fut ordonné de faire une nouvelle plateforme en celle encoigneure mesmes, derriere l'autre, par dedans la muraille, pour, à toutes adventures, nous en servir, si estions contraincts quitter celle de devant. Oultre cecy, il restoit plus de soixante et dix toises de muraille foible, et mal pourveue de fossé, entre les deux portes, depuis l'eglise Sainct Gengoulf, au bout de ladicte encoigneure, jusques à la chappelle des Prez, où M. de Montmorency eut charge de faire travailler les gens de pied, ausquels departit la besongne par bandes; et y donnerent si soubdain advancement les uns à l'envy des autres, par la solicitation qu'il leur en faisoit, que leur travail de deux jours porta incontinent monstre d'une sepmaine. Aussi en l'encoigneure où ce rampar venoit joindre celuy du duc Horace, furent ouvertes deux canonnieres haultes et deux basses, pour flanquer les deux courtines; et aux deux costez de la porte Champeneze, dans la faulsebraye, furent commencez deux massifs de terre pour servir, tant d'espaule à garder que l'entrée du portail ne fut veue du canon, comme aussi des deux flancs, pour battre le long des faulses brayes dans lesquelles on feit d'advantage une tranchée par le milieu, de huict pieds de large, à loger des harquebouziers pour les defendre.

L'on pouvoit desjà cognoistre à quel train se reduisoyent les choses de ce siege : de quoy M. de Guyse voulant donner advis au Roy par le seigneur Thomas Delveche, lequel pour autres occasions il avoit auparavant envoyé deux fois vers luy, advisa de le despescher ceste troisiesme fois, le huictiesme de novembre, avecques bien amples instructions de tout ce qui touchoit le dedans de la ville, et de ce qu'avoit esté jusques lors apprins du dehors; faisant entendre comme l'armée de l'Empereur s'estoit arrestée devant Metz, et desjà obligée y continuer le siege. Dont le Roy pourroit employer ses forces au recouvrement de Hedin, ou en tel autre endroit que son service le pourroit mieulx requerir, sans se incommoder de rien, pour la haste de nous venir donner secours encores de dix mois, ayant dedans la munition dequoy nourrir les gens de guerre jusques à la fin d'aoust ensuyvant; cognoissant au reste tant de cueur et vertu en ce nombre de gens de bien qu'il avoit auprès de luy, et tant d'affection en son service, qu'il espéroit, avec la grace de Dieu, si bien garder la place, qu'elle ne seroit emportée par force; dequoy le Roy eut tres grand contentement, mesmement que, de la part de M. de Guyse, d'où se devoit attendre la requeste d'avoir secours, venoit le conseil de l'employer à quelque autre entreprinse pour le bien de ses affaires. Et deslors le Roy despescha M. l'Admiral avecques une partie de ses forces vers M. de Vendosme en Picardie, pour reprendre le chasteau de Hedin, comme l'entreprinse en estoit desjà faicte; dont s'en ensuyvit l'effect que depuis on a veu.

Ce jour s'estoit passé, et se passa encores lendemain, que les ennemis ne mirent aucune piece sur leurs cavaliers, bien continuoyent leurs tranchées vers Sainct Thibault. Et souvent noz soldats sortirent pour escarmoucher ceulx qui estoyent dedans en garde, et recognoistre ce qui s'y faisoit. Aussi de noz murailles on tiroit sans cesse toutes les nuicts avec harquebouzes à croq et à main, là où se pouvoit entendre qu'ils besongnoyent, mesmement le neufiesme du mois, sur les huict heures du soir, que, pour la doulceur du temps, on les oyoit fort clairement remuer terre, et approcher leurs tranchées vers la ville. Et à demie heure de là, les ennemis nous saluerent de cinquante six coups de leur artillerie dans la ville, et aux parapects des murailles, pour endommager les nostres qui leur tiroyent; toutesfois il n'y eut personne attaint. Peu après, le capitaine Cornay et Sarlabou furent envoyez, avecques quarante soldats, veoir s'ils conduisoyent quelques pieces à leurs cavaliers; mais les tranchées se trouverent si renforcées et pleines de gens, qu'ils se contenterent pour ce coup de leur donner seulement l'alarme, et les faire descouvrir, pour leur tirer de la muraille. Celle nuict et la nuict d'après, les ennemis logerent quatre canons, ou doubles canons, sur le cavalier de main gauche. Et le dixiesme du mois, sur les sept heures du matin, commencerent battre le chasteau de la porte Champeneze, qu'ils percerent assez bas près du portail, à l'endroit où il n'estoit le plus fort. Lendemain, feste de Sainct Martin, sur le commencement du jour, continuerent en mesme endroit, et ayants abbatu l'un des deux tourrions qui estoit au dessus du chasteau, et laissé l'autre prest à tomber, commencerent battre la tour carrée prochaine de ceste porte, tirant vers l'encoigneure Saincte Glocine; et M. de Guyse, l'allant visiter par le dehors en la faulsebraye, fut en grand danger d'estre emporté d'un coup de canon, et se trouva tout couvert d'esclats; mais la providence de Dieu le nous préserva. Ils continuerent jusques à la nuict, qu'ils veirent avoir fort ouverte ceste tour aux deux estages par le dehors, et par mesme moyen battirent aux defences de l'eglise des Augustins, et à la plateforme de l'eglise Sainct Thibault.

Les deux jours d'après, ils tirerent en batterie quatre cens soixante et seize coups au boulevart de la porte Champeneze, qu'ils endommagerent beaucoup, et y feirent jour et breche par dessus le cordon, nonobstant qu'il eust l'espesseur de dixhuict pieds ; mais on y portoit tousjours beaucoup de terre des fossez, et et n'y avoit prince ou capitaine qui s'y espargnast. Le seigneur de La Palice y fut frappé d'un esclat par la teste, dont depuis ne profita, et mourut.

De nostre plateforme Saincte Marie on tiroit à leur cavalier et à leurs pieces, et en furent desmontées deux par nostre double canon ; mais bien tost l'une des clavettes d'iceluy commença sortir dehors, parquoy fallut de là en avant l'espargner. Aussi une des deux grandes coulevrines que nous avions s'esclata par le bout, environ un pied et demi, non point qu'on luy eust baillé trop grande charge, mais pour estre de matiere si aigre, que ne pouvoit endurer le demy de ce qu'il luy falloit : M. de Guyse la feit scier, et s'en servit on depuis assez bien. Il delibera lors faire refondre quelques pieces pour en faire de meilleures neufves : à l'occasion dequoy assembla quelques canonniers et autres qui avoyent veu autrefois conduire des fontes, et leur commit du commencement faire une coulevrine et une bastarde, pour, avecques cest essay, s'asseurer de leur experience et de ce qu'ils sçavoyent faire, à fin que si l'on s'en trouvoit bien il leur baillast après plus de besongne.

Un peu auparavant ces choses, le marquis Albert avoit mis fin à ses simulations, et apertement monstré la mauvaise volunté qu'il avoit au service du Roy ; car, par un matin, il avoit avec tous les siens changé l'escharpe blanche en rouge, et depuis ramené son camp auprès de la ville : dont le treziesme du moys, vint avecques toutes ses trouppes devant le pont des Mores pour se camper sur le mont de l'abbaye Sainct Martin, au pied duquel ses gens de pied se tindrent quelque temps en bataille, et sa cavalerie plus avant en la plaine, entre ce pont et le Pontiffroy, avecques des pieces de campagne qui battoyent souvent et menu aux issues, et le long de l'un et de l'autre. Le capitaine Gordan eut commandement de s'advancer, avecques quarante harquebouziers de sa compagnie, jusques à la croix par delà le pont des Mores, pour escarmoucher deux ou trois cens Alemans qui estoyent près de là, contre lesquels il se mainteint bonne piece [1], sans leur laisser gaigner aucun advantage. Cependant M. de Guyse commanda au capitaine Cantelou de s'y en aller avec autant de ceulx de sa bande : lequel estant sorty, le capitaine Gordan retira les siens à une petite tranchée où ravelin sur le bort du pont, tant pour les rafraischir que pour soustenir ceulx cy au besoing : lesquels quand les ennemis veirent bien advancez, ils feirent passer la croix à soixante chevaulx pistoliers des leurs, qui se vindrent mesler dans eulx ; mais les nostres, ne perdans asseurance, tirerent chascun son coup ; mesmes le seigneur de Sonbarnon [2], qui estoit à pied avecques la harquebouze, abbatit mort un des premiers, et n'y eut gueres coup des autres qui ne fut bien employé; puis, changeants leurs harquebouzes en l'autre main, prindrent les espées, se joignans auprès de Cantelou, lequel d'une halebarde tua le cheval de celuy qui estoit le plus advancé : et se retirants au pas jusques au bout du pont, le demeurant des nostres

---

[1] *Bonne piece* : long-temps. — [2] *Sonbarnon* : Soubernon.

les soustindrent à coups de harquebouze, et contraignirent les ennemis de repasser la croix, qui ne fut sans laisser brisées en chemin de morts et de blessez de leur trouppe, sans que les nostres receussent aucun dommage, sinon, ainsi qu'ils estoyent sur le pont, leur artillerie tua un de noz harquebouziers, et avoit tué un homme d'eglise qui regardoit l'escarmouche par dessus les murailles.

Ainsi qu'il se faisoit tard et leurs gens de cheval veirent le camp desjà assiz, ils commencerent faire marcher leurs pieces vers Sainct Martin, et eulx suivoyent au pas, ayants laissé deux sentinelles à cheval auprès du Pontiffroy; mais soubdain le seigneur Paule Baptiste, avec quarante chevaulx, sortit sur eulz, et noz coureurs, en baillant la chasse à ces sentinelles, feirent remettre leur camp en bataille, et leurs gens de cheval tourner; lesquels, se tenants serrez, ne se desbanderent jamais pour venir charger les nostres qui tenoyent l'escarmouche large, comme M. de Guyse leur avoit commandé, jusques à ce que le seigneur Paule, ayant veu un nombre de fourrageurs qui venoyent à leur camp devers Thionville, avoit envoyé sur eulx dix ou douze aultres des siens qui les executerent, et meirent le feu à des charrettes de fourrage, dont les ennemis, pour leur donner secours, y coururent à toute bride; mais la promptitude des nostres les y feit arriver tard. Ce faict, le seigneur Paule s'approchant vers la ville, pour estre desjà nuict, et se retira sans avoir rien perdu. Ce troisiesme camp du marquis nous osta la liberté de la campagne qui nous restoit par delà la Moselle tirant vers France, nous privant par mesme moyen de la commodité d'avoir nouvelles du Roy, ne luy pouvoir faire entendre des nostres.

Or estoit advenu, depuis le temps que les ennemis estoyent approchez de la ville, que le marquis de Marignan, sçachant le trompette de M. de Nemours estre en leur camp pour y avoir ramené quelque prisonnier espagnol, l'envoya querir, et luy demanda du portement (¹) du duc Horace, de qui il avoit espousé la tante, et qu'il desiroit fort parler à luy en lieu seur, ou, s'il ne vouloit venir en personne, le prioit qu'il envoyast quelqu'un des siens parler à luy. Ce propos fut entendu de M. de Guyse et du duc Horace, esquels sembla n'estre le temps de parler à l'ennemy; car desjà y avoit quelques pieces sur la tranchée de la Belle Croix pour battre dans la ville. Depuis, iceluy mesme trompette fut retenu en une escarmouche, blessé d'un coup d'espée, et mené ès mains du general de la cavalerie de l'Empereur, qui luy feit bon traictement; et, monstrant estre marry contre ceulx qui l'avoyent blessé sans observer le devoir de la guerre, l'envoya au marquis de Marignan, qui estoit pour lors logé à l'abbaye Sainct Arnoul, lequel incontinent mit ordre d'estre seul en sa chambre avec le trompette, et luy demanda la response que luy avoit faict le duc Horace sur le propos de l'autrefois; dont entendant qu'il n'avoit eu charge de luy en porter aucune, le renvoya sans l'enquerir lors plus avant : mais dans une heure après, prenant nouvel advis, le feit autrefois venir vers luy, et en paroles braves commence à dire qu'il sçavoit bien que la ville n'estoit si forte qu'elle ne se peust prendre aiseement, et considerant de nostre costé la

(¹) *Du portement* : comment se portoit.

perte de tant de princes, seigneurs, capitaines et autres gentilshommes et gens de bien qu'il y avoit dedans, lesquels les Espagnols et Italiens ne pourroyent sauver des mains des Alemans et Bohemois, qui leur portoyent haine presque aussi grande qu'aux François ; aussi que le Roy estoit desnué d'argent, et sans moyen de nous donner secours, et que, de leur costé, l'Empereur estoit vieux, maladif, et luy (parlant ledict marquis de soy mesmes) goutteux, avec volunté de se retirer maintenant sur le dernier de son aage à repos en sa maison, desireroit grandement que quelques bons termes d'accord se peussent mettre en avant entre ces deux princes : à cause dequoy il prioit de nouveau le duc Horace trouver moyen qu'ils se peussent assembler, ou, au moins, qu'il feit venir quelqu'un de ses fideles serviteurs capable pour conferer de telle chose avecques luy, et qu'il pourroit encores dresser un expedient d'accommoder le faict de Parme, chose qui touchoit l'Estat du duc Octavie Farnez, frere du duc Horace. Ce discours peut faire penser que les chefs du camp de l'Empereur veoyent desjà l'entreprinse de Metz forte, ou bien s'attendoyent faire valoir les nouvelles de telle assemblée, si elle se fut faicte, vers les estrangiers, pour le moins vers les princes et villes de l'Empire, afin de les y eschauffer davantage ; aussi que par le moyen de quelque esperance ils ostassent à leurs soldats une partie de l'ennuy et malayse qu'ils avoyent à souffrir, comme desjà au camp de la royne Marie se semoit que nous avions demandé à parlementer. Sur quoy fut advisé, pour la premiere fois, que le trompette retourneroit en leur camp, et que le marquis le feroit pour mesme occasion venir vers luy; qu'il seroit instruit de respondre en ceste sorte : c'est que n'avoit osé porter un tel propos au duc Horace, sans le faire premièrement entendre à M. de Guyse, lequel, oyant mettre en compte et en rang de pitié ceulx de la ville comme perduz, luy avoit dict qu'il ne souvenoit point au marquis qu'il fust dedans, n'y tant de gens de bien en sa compagnie, estans tous, depuis les princes jusques aux simples soldats, en estat de ne souffrir aucun mal, comme ceux qui n'avoyent faulte de vivres, d'artillerie, munitions de guerre, d'argent, ny d'un bon et grand maistre, qui les avoit pourveuz de toutes choses pour faire recevoir honte à ceux qui les vouldroyent assaillir; et puis qu'il confessoit que son maistre estoit vieux et caduc, le deust avoir conseillé se contenter de ses fortunes passées, sans se venir à ceste heure heurter à noz murailles, où il verroit plus tost le bout de sa vie qu'il n'arriveroit au bout de son entreprinse; que le peu d'amitié que les Alemans et Bohemois portoyent aux Espagnols et Italiens ne touchoit en rien les François, estant un chascun de nous mis hors la puissance des uns et des aultres, avec ce que les Alemans n'avoyent occasion porter haine à nous, qui estions entrez en guerre pour leur liberté; mais eux, qui les avoyent pillé et mené la guerre en leur pais, pour les opprimer et reduire en servitude, avoyent à y penser, et ne se tenir pour bien asseurez, estants entre leurs mains.

Les termes de ceste responce convenoyent fort bien à ceux que le marquis avoit tenuz, par le moyen desquels M. de Guyse rompoit la broche (¹) à tels parlemens : toutesfois il en advertit le Roy, asseurant bien

---

(¹) *Rompoit la broche :* mettoit fin, empêchoit.

que si les ennemis le pressoyent après cecy, qu'il respondroit n'avoir charge que de bien garder la place. Le trompette fut despesché soubz pretexte de porter une responce au prince de Piedmont, sur ce qu'il avoit mandé à M. de Nemours luy apprester à disner, et que le dimanche après le viendroit manger en son logis, comme s'ils s'asseuroyent de prendre ce matin la ville. Mais les ennemis, pour quelque consideration que n'avons descouverte, ne voulurent laisser passer le trompette à leur corps de garde, qui fut cause qu'il s'en retourna.

Ils travailloient cependant jour et nuict à estendre leurs tranchées et les renforcer, pour y pouvoir loger un gros corps de garde, comme ordinairement ils les fournissoyent, de seize enseignes pour le moins. Et encores, craignans les saillies des nostres, y firent des defences en façon de petits bastions, pour battre tout du long, en quoy ils meirent beaucoup de temps, lequel cependant nous employons à ramparer dans la ville, mesmement au boulevart de la porte Champeneze, où la batterie s'estoit continuée de six à sept cens coups de canon ou double canon, depuis le treziesme du mois jusques au dix-septiesme à dix heures, qu'ils y eurent faict quarante pas de bresche, par où le terrain de derriere leur apparut, qui leur feit de là en avant cesser la furie d'y tirer, et seulement employerent, en cinq jours ensuyvans, jusques au vingttroiziesme du mois, environ cinq cens coups de canon de loing à loing aux defences. L'un desdicts jours, sur une apresdinée, furent veuz plus de trois cens hommes des ennemis s'amuser à cueillir des herbes et naveaux aux jardins qui sont au long de la riviere de sa Seille, n'ayans armes que leurs espées. M. de Guyse feit sortir les capitaines La Faye et Touchepres, lieutenant et enseigne du comte de La Rochefoucaud, avec trente chevaulx, et le capitaine Lanque, avec vingt cinq harquebouziers par la porte Mezelle, pour les aller charger; lesquels, ayant passé le pont que M. le connestable avoit faict faire de ce costé sur La Seille, les coureurs s'advancerent charger les ennemis, et leur baillerent la chasse jusques à l'abbaye Sainct Clement où estoit la teste de leur camp, qui eut l'alarme ; et sortirent plus de douze cens harquebouziers ou corcelets, sans ordre ny personne qui leur commandast, crians après les nostres, et se laissans attirer jusques au capitaine La Faye, auquel cependant messieurs le marquis d'Albeuf et de Montmorency, qui s'estoyent desrobez de M. de Guyse, et douze ou quinze gentilshommes de leur suitte, s'estoyent venuz joindre : toute la trouppe feit semblant se retirer avec les coureurs, puis tout à coup tourna, et chargeants vivement ce grand nombre d'ennemis qui les suyvoyent en desordre, les contraignirent prendre la fuite, et les chasserent jusqués au bord d'un fossé plein d'eaue, qui, de fortune, se trouva en chemin, lequel garda les nostres de passer delà, pour suyvre l'execution jusques dans les tentes, car autre chose ne s'estoit présentée qui les en eust peu garder. Cependant les moins dispots furent mal traittez. Plus de deux mille Espagnols et Alemans se jettererent incontinent en campagne, devant lesquels les nostres se retirerent au pas, à la faveur du capitaine Favars, maistre de camp, qui estoit, avec les harquebouziers de la garde de M. de Guyse et de sa bande, dans les ruines de Sainct Pierre, et aussi des harquebouzes à croq, dont la muraille estoit bien fournie, qui arresterent les ennemis : et cependant les nostres rentrerent dans la ville, avec la perte seulement d'un soldat et du capitaine Cornay, lieutenant dudict Favars, qui fut blessé, et après mourut; au lieu duquel son frere fut depuis son lieutenant.

Et pource qu'on s'attendoit bien que les Espagnols de la garde des tranchées, au moins bonne partie, courroyent à l'alarme, M. de Guyse avoit mis le seigneur Pierre Strozzy dans le fossé de la porte Champeneze, avec quarante corcelets, cent cinquante harquebouziers, des bandes de Cantelou, Pierrelongue Choqueuze, et vingt chevaulx de la compagnie du seigneur de Rendan, pour donner sur la garde des Italiens du bout de la tranchée, vers la grande riviere, lors qu'il verroit les ennemis plus eschauffez de l'autre costé, ce qui fut bien observé ; et tout premier il envoya cinquante harquebouziers, lesquels allerent d'asseurance recognoistre la mine de ces Italiens, qui la feirent bonne, et ramenerent les nostres jusques au bord du fossé, d'où descocha incontinent le reste de noz gens de pied, ensemble vingt aultres gentilshommes sortis pour leur plaisir avec l'espée et la rondelle ; et peu apres suivit le seigneur de Rendan avec ses chevaulx, ayant toutesfois donné quelque espace à ceux cy de s'advancer. Les ennemis entreprindrent faire teste quelque temps à leur corps de garde, mais ils furent enfoncez ; et, sans que les nostres en sauvassent qu'un prisonnier, executerent le demeurant tant qu'ils peurent, jusques à les tuer de leurs dagues. Et ayans faict ce qu'avoyent entreprins, demeurerent encor pres d'un quart d'heure sur le lieu, nonobstant que les ennemis s'engrossissent tousjours de ceux qui venoyent de l'aultre escarmouche; puis, se retirans au pas, sonnant le tabourin et tirant tousjours sur ceulx qui les suivoyent, rapporterent dans la ville un grand butin d'armes qu'ils avoyent gaigné aux tranchées, sans avoir perdu que trois soldats, dont le jeune Harbouville en estoit l'un. Ouarty y fut blessé, et le cheval du seigneur de Rendan receut deux harquebouzades et un coup de halebarde.

M. de Guyse s'estoit ce jour mesme souvenu en quelle façon et effort les ennemis estoyent venuz, lorsqu'ils avoyent couppé chemin, et mis au milieu d'eulx les coureurs du seigneur Paule Bâptiste, et avoit ordonné que la compagnie de M. de Lorraine, celle de M. de Nemours, et cinquante harquebouziers du capitaine Sainct André, sortiroyent entre les deux camps, soubz la conduitte des seigneurs de La Brosse et Paule Baptiste, les uns par la porte Mezelle, et les aultres par l'isle, afin que les ennemis n'en peussent recognoistre le nombre, lesquels s'estans tous renduz en un fond pres la Belle Croix, ensemble messieurs le prince de Condé, duc de Nemours, duc Horace, grand prieur de France, de Danville, et plus de cent aultres gentilshommes, que M. de Guyse ne voulut empescher sortir, cognoissant le lieu où il les avoit commandé se mettre, assez estroit pour n'estre combattuz que d'un costé. Navailles partit d'avec eux avec quarante chevaulx, et alla battre le chemin bien avant. Le marquis d'Arembergue Brabançon les ayant descouverts, feit incontinent monter grand nombre des siens à cheval, et menant encores des gens de pied, commanda quarante pistoliers s'advancer pour se mesler avecques les nostres, afin qu'il peust venir à temps pour les desfaire.

Navailles lors, en faignant avoir crainte, print la cargue si longue, que les ennemis, cuidans n'y avoir imboscade, le suivirent vers nostre trouppe, où il feit teste, et, nonobstant le gros nombre de chevaulx et gens de pied qui suivoyent, nos princes et gentilshommes allerent donner dedans, et se meslerent si bien, qu'apres les lances rompues ils donnerent coups d'espée. A la fin, les ennemis se retirans de leur costé, et les nostres aussi, le petit pas vers la ville, avec dix ou douze prisonniers, laisserent le capitaine Sainct André et ses harquebouziers sur la queue, qui garderent bien que les ennemis n'entreprinsent de suivre plus avant. M. de Guyse estant à la porte pour les recueillir, avec ce bon visage qu'il monstroit tousjours à ceux qui revenoyent de la guerre, eut grand plaisir, et donna louange à chascun, selon le rapport de ce qu'ils avoyent bien faict. Ce jour mesmes le marquis Albert avoit mis ses gens aux champs, devant les ponts de la grande riviere, et faict separer toutes les enseignes, se mettant chascune en rang, qui nous feit juger n'estre pour autre chose que pour faire la monstre. Et lendemain, sur les trois heures apres midy, Saincte Geme, lieutenant du seigneur de Gounor, sortit par Pontiffroy avec quarante chevaulx, et alla donner, durant une grande pluye qu'il faisoit, jusques dans le camp du marquis, où ayant faict de l'execution, courut vers Sainct Heloy, sur des fourageurs qu'il despescha, et print quelques chevaulx de bagage; de quoy l'alarme fut si grande en leur camp, que se mettans touts en armes, à enseignes desployées, suyvirent noz gens jusques pres du pont, non sans perte de quinze ou vingt des leurs, sans qu'un seul des nostres y demeurast; seulement Saincte Geme fut blessé, mais depuis il est guary, et quelques chevaulx rapporterent des tronçons de picque en la teste. M. de Guyse considera que le cas advenant qu'il y eust breche raisonnable du costé de la batterie, et que ceulx du camp vinssent à l'assault, le marquis pourroit essayer faire quelque bravade du costé de son camp, à fin de nous travailler et embesongner de plusieurs endroits, et partant ordonna que les portes des ponts seroyent fortifiées où n'y avoit aucun pont levis, comme en nulle des autres portes de la ville. M. le prince de La Rochesuryon voulut avoir la charge de ceulx cy, et les feit bien terrasser, laissant seulement le passage de la poterne pour un homme à cheval, à fin de ne priver nous mesmes de la commodité de noz saillies, et haulsa un petit rampar aux ravelins, pour y pouvoir estre à couvert de l'artillerie du marquis, qu'il tenoit ordinairement braquée pour y battre.

Trois jours apres, qui fut le dixneufiesme du mois, M. de Guyse commanda au seigneur de Biron prendre trente chevaulx de la compagnie de mondict seigneur le prince, et au seigneur de La Faye trente autres de celle dont il estoit lieutenant, pour aller, l'un donner une alarme par le pont des Mores au camp du marquis, et l'autre par Pontiffroy sur les forrageurs et escorte qu'ils avoyent; et que, se retirans, ils prinssent garde comme ils seroyent suyviz, et quels passages il y avoit, afin qu'une autrefois, venant mieulx à propos, l'on y peust faire une belle entreprinse. Le seigneur de Biron sortit le premier par le pont des Mores, s'estans les seigneurs de Duras, Dachon, de Mortamar, de Sainct Sulpice et Nantoillet, meslez dans sa trouppe, ensemble le frere du capitaine Lanque, avec quatre ou cinq harquebouziers de sa compagnie. Huict chevaulx des ennemis, qui estoyent en sentinelle derriere la croix du bout du pont, voulurent à toute bride gaigner le camp, ausquels le guydon de la compagnie de M. le prince, qui menoit les coureurs, bailla la chasse jusques aux tentes d'un de leurs regimens qui logeoit en la plaine, au pied du mont Sainct Martin; et sortans sur luy cinquante chevaulx qui faisoyent la garde entre les saules du chemin de Sainct Heloy, il attendit les plus avancez, et rompit sa lance, portant par terre un qui fut tué sur la place. Bon nombre de pistoliers vindrent encores du camp à la foule se joindre à ceulx cy, et tous ensemble suyvre noz coureurs, lesquels le seigneur de Biron receut, et, faisant teste, repoulsa les ennemis plus de soixante pas, où la plus part des nostres rompirent leurs lances, armes que M. de Guyse estima, du lieu d'où il regardoit l'escarmouche, estre bien fort craintes de ces pistoliers; il en demeura encores un autre des leurs mort. Et se retirant le seigneur de Biron au pas, monstrant chasque fois visage, delibera soustenir les ennemis, qu'il veoyoit retourner avec leurs pistolets, et les chargea si à propos, qu'il leur feit monstrer le dos, et print un nommé Hans Moufel, homme de qualité, prisonnier. Encores, à la fin que noz gens s'approchoyent du pont, les autres se trouvans renforcez du nombre de ceulx qui estoyent venuz à la file, qui estoyent environ six vingts, entreprindrent les enfoncer; mais les nostres estans bien serrez, refeirent la troisiesme charge, et les contraignirent gaigner au pied si loing, qu'ils eurent puis apres loisir faire leur retraicte au pas, sans empeschement ny perte d'un seul homme, estant tout le dommage tombé sur cinq ou six chevaulx. L'artillerie du marquis, avoit tousjours tiré ; mais à cause que les pieces estoyent sur le hault, et ne pouvoyent plonger justement dans noz gens, ne les peut endommager.

Ainsi que M. de Guyse recevoit d'un bon visage ceulx cy sur l'entrée du pont, louant leur conduitte et valeur, le capitaine La Faye arriva avec sa trouppe, ayant longuement attendu à Pontiffroy par où il devoit sortir, et ne pouvant finer (1) des clefs, estoit venu chercher yssue par cest autre pont. Faisans doncques ceulx qui entroyent l'argue (2), ces autres sortirent recommencer le combat, envoyans sept ou huict coureurs tous premiers, lesquels trouverent la charge bien pres; car ce gros nombre de pistoliers revint de grand furie sur eulx, dont La Faye, pour soustenir et retirer les siens, donna dedans; et voulut la fortune que les nostres, après avoir donné coup de lance et d'espée, se peussent touts desmesler pour regaigner le pont à la faveur d'un nombre de noz soldats harquebouziers qui avoyent accouru celle part (3). Le capitaine Fayolles, enseigne de la compagnie du seigneur de Rendan, et un harquebouzier à cheval y furent blessez, et depuis en moururent.

Du costé des tranchées, les ennemis n'avoyent cessé de les conduire tousjours plus avant, vers la porte Sainct Thibaud, et en avoyent commencé depuis deux jours une nouvelle, plus près de la muraille, au pied de la potance qui est devant l'encongneure Saincte Glocine, et mené quasi au joignant du ravelin de la porte Sainct Thibaud, comme pour y loger des har-

---

(1) *Finer* : se servir. — (2) *Faisans l'argue* : tenant ferme. — (3) *Celle part* : de ce côté-là.

quebouziers ; par où se confirma l'opinion de ceulx qui avoyent jugé qu'ils nous battroyent de ce costé, et fut mis lors le feu aux estançons des eglises de Sainct Thibaud et des Augustins, qui joignoyent la muraille au dessoubz la porte Sainct Thibaud, lesquelles nous eussent beaucoup empesché, et avons sceu que les ennemis eurent grand desplaisir quant ils les veirent ruiner.

Et pource qu'aucuns de noz rampars avoyent esté levez à plomb, malaisé que du pied on peust defendre le dessus, à cause de leur haulteur, sur laquelle eust encores esté plus dangereux se tenir, il fut advisé qu'on y adjousteroit un terrain en taluz qui les renforceroit, et serviroit de montée aux gens de guerre jusques à pouvoir combattre main à main, et le demeurant leur feroit parapect pour se couvrir. M. de Guyse un matin feit sortir Sainct Estephe, lieutenant du capitaine Abos, avec quinze ou vingt harquebouziers, pour aller recognoistre celle nouvelle tranchée, et n'y fut trouvé personne en garde, à cause, comme on peut penser, que estant encores estroite on ny pouvoit loger grand nombre de soldats pour la defendre.

En telle façon qu'a esté dict, s'estoyent passées les choses de ce siege du costé des ennemis et du nostre jusques au vingtiesme de novembre, que l'Empereur arriva en son camp ; lequel, estant venu depuis Thionville en lictiere, monta à l'approcher sur un cheval turc blanc, et visita son armée, laquelle se mit toute en bataille, reservé les seize enseignes de la garde des tranchées, et furent faictes trois salves de touts les harquebouziers, tant de pied que de cheval, ensemble de l'artillerie, ce que nous denonça assez sa venue ; et ayant soustenu un quart d'heure la peine d'estre à cheval, vint descendre au logis du duc d'Albe, en un petit coing eschappé du feu dans l'abbaye Sainct Clement, attendant que le chasteau de La Orgne, appartenant au seigneur de Thalauges, pres de Magny, fust accoustré, où il logea durant le siege.

En ceste sorte, le plus grand Empereur qui fut jamais esleu en Alemaigne, et auquel sa sagesse et la fortune avoyent jusques à ceste heure maintenu le nom de victorieux, se trouva devant Metz avec quatorze regimens de sept vingts et trois enseignes de lansquenets, compté celles du marquis Albert, et avoyent esté levées à la façon et nombre de gens accoustumé d'Alemaigne, dont ne fault estimer que ne fussent bien complettes, venans fraischement de leur pais; d'avantage, vingt et sept enseignes d'Espagnols, seize d'Italiens, et neuf à dix mille chevaulx, adjouxtant encores ceulx de son camp jusques à douze mille, oultre sa Court et la suite de beaucoup de grands princes d'Alemaigne, d'Espagne et d'Italie, qui estoyent venuz avecques luy; cent quatorze pieces d'artillerie, sept mille pionniers, tres-grande munition de pouldres et boulets, et une plus abondante provision et commodité de vivres qu'on ait jamais veu en armée d'hyver. Nous estimasmes lors estre vray ce que don Garcilasso da Vegua, et don Alonço Pimentel, gentilshommes espagnols, devisants avecques le seigneur de Biron en une isle par dessus le pont des Mores, avoyent dict que les forces de ceste armée estoyent plus grandes de quinze mil hommes qu'autre que l'Empereur eut jamais assemblé par deçà. Il est à croire que son arrivée porta nouveau conseil d'entreprendre la ville par aultre endroit que celuy auquel ils avoyent desjà bien advancé leurs tranchées ; car lendemain menerent des pieces au cavalier de main droicte du chemin de Sainct Arnoul, duquel ne s'estoyent encores serviz ; et commencerent remuer terre de ce costé au champ appelé de Papane, tirant à la grand riviere, ayans possible eu advertissement par quelques uns de la ville qui estoyent en leur camp, qu'il n'y avoit rien de ramparé entre la porte Champeneze et la plateforme Saincte Marie, comme l'on ne s'y estoit encores preparé que d'un commencement d'abattre maisons au long de la muraille. Et fault attribuer à la grande diligence qu'avoit esté mise de fortifier les lieux plus foibles ce desavantage aux ennemis, d'avoir esté contraincts venir par celuy que nous estimions le plus fort ; à quoy les pourroit bien avoir encores invité la commodité du logis et l'assiette du lieu, assez hault et à propos pour y battre en cavalier, et l'aysance du fossé sans eaue et sans grand empeschement d'y pouvoir descendre pour venir à l'assault. Comment qu'il soit, leur plus grande entreprinse tourna de celle part ; de quoy M. de Guyse eut lendemain advertissement venant de leur camp, et feit aussi tourner nostre plus grand travail à fortifier celuy endroit, où ce qu'estoit desjà abbatu d'edifices nous feit grand bien, attendu le grand nombre qu'il y en avoit, lequel falloit tout mettre par terre, prendre le pied du rampar bien bas et luy donner beaucoup de largeur, afin qu'il peust soustenir la haulteur et l'espesseur où il le falloit conduire pour arrester le coup de canon, lors que, la muraille ostée, les ennemis le viendroyent battre, qui n'estoit sans grande difficulté, à l'occasion de plusieurs caves, lesquelles se retrouvoyent par là où le rampar devoit passer, par où fusmes contraincts estançonner les planchiers, afin qu'ils ne defaillissent soubz la pesanteur de la terre. Les plus grands jusques aux moindres mirent la main à l'œuvre jour et nuict, si diligemment qu'il fut bien tost recogneu que nostre travail previendroit celuy des ennemis, lesquels toutesfois nous monstrerent, le deuxiesme jour apres sur le matin, un grand nombre de gabions plantez à soixante ou quatre vingts pas de nostre fossé, en ce champ de Papane, où ils avoyent desjà mis sept ou huict pieces d'artillerie, desquelles, avec celles des deux premiers cavaliers, tirerent en batterie, le vingtroisiesme du mois, environ trois cens coups au pan de mur, et aux trois tours des Wassieux, Ligniers et de Sainct Michel, entre la porte Champeneze et la plateforme Saincte-Marie.

Sur les vespres, pource que les ennemis faisoyent semblant de besongner tousjours aux tranchées devers la porte Sainct Thibaud, pour nous tenir en la crainte d'une seconde batterie, comme ils nous avoyent souvent menassez, M. de Guyse envoya Sainct Estephe et Deschamps, lieutenans des capitaines Abos et Cantelou, avec soixante soldats, pour veoir ce qu'ils y faisoyent, où d'arrivée les nostres gaignerent plus de cent cinquante pas de tranchée, tuans ceulx qu'ils y peurent surprendre, et les garderent plus de demie heure par force, jusques à ce que, se faisant tard, et arrivant gros nombre d'ennemis fraiz pour la garde de nuict, les nostres se retirerent, sans qu'il y eut perte que d'un soldat. La nuict les ennemis continuerent planter autre nombre de gabions, et dresser un autre cavalier dans la vigne appelée des Wassieux, plus pres de la riviere, pour battre la grosse tour de la faulsebraye, appelée la tour d'Enfer, nous faisans veoir le matin, en deux endroits de la grande gabionade, des canonnieres pour loger trentesix pieces en l'un, et quinze en l'autre, et y en avoyent desjà amené vingt-cinq, desquelles tirerent ce jour et lendemain jusques à la nuict, quatorze cens quarante huict coups contre le pan du mur qu'avons dict, d'entre la porte Champeneze et la plateforme Saincte Marie, et contre les trois tours qui y sont, dont les deux des Ligniers et de Sainct Michel feirent le sault, et la tierce des Wassieux, plus pres de la porte, fut bien endommagée, ensemble les gabions de la plateforme Saincte Marie presque tous emportez, qui estoyent du vieulx ouvrage, faict par les habitans de la ville, rempliz de quelque terre de jardins, si menue et legiere, que ne pouvoit soustenir le coup non plus que cendres : de façon que quelque fois le boulet en perçoit trois, et y furent tuez derriere tout plein de noz harquebouziers et autres. De là en avant, les ennemis ne furent gueres grevez de nostre artillerie, n'ayans autre lieu en ces quartiers pour les en pouvoir battre, que celle plateforme.

De ce commencement de batterie, ne se trouvoit encores le pan du mur gueres miné, à cause qu'il estoit bon, et n'avoit on continué tirer en un endroit arresté, mais suyvy du long, comme pour le taster, et mesurer ce qu'ils entendoyent faire de breche, qu'estoit environ trois cens pas, et avoyent aussi tiré quelques coups à la tour d'Enfer.

Ce jour feit, M. de Guyse, nouveau departement de garde entre les gens de guerre, baillant au capitaine Glenay particulierement le boulevart de la porte Champeneze; au capitaine Haucourt la tour d'Enfer, et au capitaine Verdun la grand place : les autres vingt bandes, departies de deux en deux, à chascun quartier des murs et defences de la ville, divisées en dix, dont l'une garderoit un jour les murailles, et l'autre les breches, et puis changeroyent lendemain, afin de faire part à chascun de l'honneur des breches, ausquelles deux capitaines en chief, pour le moins, s'y tiendroyent tousjours, avecques les squadres et caporals qui seroyent de la garde, faisant commandement aux harquebouziers de se tenir bien pourveuz de pouldre et boulets. Et pource qu'on ne craignoit plus tant le costé de l'isle, fut advisé que la compagnie de M. le prince de La Rochesuryon se rendroit aux alarmes, avec celle de M. de Lorraine, devant le logis de M. de Guyse, en la court Saincte Glocine, et les autres aux lieux desjà ordonnez, en armes, avecques la picque, pour estre prets de secourir là où il leur seroit commandé. D'advantage, que deux capitaines de gens de pied feroyent ordinairement toutes les nuicts la ronde entiere de la ville, passant par tous les quartiers, et en tous les corps de garde, pour venir incontinent faire le rapport à M. de Guyse de tout ce qu'ils auroyent veu et ouy, à quelle heure que ce fust, et en quel estat qu'ils le peussent trouver, et donneroyent ordre qu'il n'y eust jeu ou autre amusement entre les soldats de la garde, afin de ne perdre l'occasion de tirer ou offencer l'ennemy, s'il s'approchoit de noz murailles et fossés.

Cependant ne se passoit jour que quelques trouppes de noz gens de cheval n'allassent donner l'alarme aux ennemis, et battre les chemins entre les deux camps, où se faisoit degast de vivres, butin de prisonniers, de chevaulx et de bagages; mesmes les coffres et charroy de l'evesque d'Arras, garde des seaux de l'Empereur, y avoyent esté prins; mais pource que d'abordée on tua les chevaulx qui les trainoyent, ne peurent estre conduicts en la ville. Et quant aux prisonniers, on tenoit cest ordre, de ne mettre dedans les valets et garçons de fourrage, de qui on n'esperoit tirer aucune rançon, afin qu'ils ne consomassent les vivres, ains seulement les gens d'apparence qui monstroyent estre pour se racheter : lesquels encores on leur bouschoit les yeux en entrant dans la ville, afin qu'ils ne peussent noter aucune chose de nostre faict et fortification.

Le vingt et sixiesme du mois avant jour, leur grande gabyonnade se trouva fournie de vingt et cinq ou vingt et six pieces d'artillerie, le cavalier d'auprès de la riviere de quatre, les deux autres premiers de cinq ou six. Et sur demie heure de jour quelques uns des nostres veirent arriver aux tranchées un personnage, lequel à cause de la suitte et du nombre d'harquebouziers et hallebardiers de garde qui avoyent passé devant, et qui suivoyent, fut estimé estre l'Empereur ; depuis nous avons sceu qu'il y avoit esté. Incontinent après toutes les pieces commencerent battre aux endroits mesmes qu'avons dict, continuans de telle furie et diligence, qu'avant la nuict furent comptez treize cens quarante trois coups de canon, et feirent jour en trois lieux de la muraille, par où un nombre de noz harquebouziers s'attiltrerent (1) de tirer entre

(1) *S'attiltrerent* : convinrent entre eux.

deux vollées ; un autre nombre cependant estoit dans le fossé, voyans passer les canonnades sur la teste, qui servoyent tant pour escorte des pyonniers qui descendoyent cercher terre à ramparer, que pour garder que l'on n'y vint rien recognoistre, et demeurerent ainsi tout le jour entre la batterie et la muraille, si près des tranchées des ennemis, qu'ils se battoyent avec eulx à coups de pierres : et souvent M. de Guyse et les autres princes et seigneurs se trouvoyent aussi dans le fossé, pour veoir l'effect de la batterie : n'estants cependant les uns ny les autres paresseux de haulser le rampar, bien que les boulets et esclats tombassent souvent entre nous, où plusieurs gentilshommes furent blessez : aussi fut le seigneur de Bugnenon tirant de sa harquebouze par un des créneaux de la muraille, et lui fallut trepaner la teste. Un chascun se rendoit si subject à la besongne, que tous ont esté veuz porter beaucoup de peine, quand le besoing l'a requis, et tousjours s'y employoit une bonne partie de la nuict : dont sur les dix heures du soir, estant M. de Guyse avec les princes et beaucoup de gentilshommes, à porter terre aux endroits des breches, une volée de dix ou douze canons que les ennemis avoyent affusté de jour, y tira, laquelle se passa avec la perte d'un gentilhomme de la maison de M. de Nemours, appelé Boisherpin, lequel fut emporté. De leur costé les ennemis travaillerent celle nuict à une autre tranchée, si approchée de nous, qu'au sortir d'icelle estoit entrée dans nostre fossé, où ils logerent depuis gros nombre d'harquebouziers, qui pouvoyent tirer jusques à ce pont par où l'on y descendoit, dont nous fust ostée la commodité de ceste bonne terre à ramparer, que jusques à lors les pyonniers avoyent accoustumé d'y prendre.

Le lendemain matin le jour n'estoit gueres bien clair quand une pareille batterie recommença, et encores de trente-six coups plus grande que celle de treze cens quarante-trois du jour precedent. En quoy le seigneur Jehan Manrique, maistre de l'artillerie de l'Empereur, ensemble ceulx qui executoyent les pieces, feirent grand devoir, et leur donnasmes la louange d'estre fort bons et justes canonniers. La promptitude de noz harquebouziers gaigna tousjours l'entredeux des vollées à tirer par les bresches, lesquelles, avant la nuict, furent beaucoup eslargies, et la tour d'Enfer fort battue à l'estage du milieu. M. de Guyse alloit d'heure à autre recognoistre le dommage que noz murailles et tours recepvoyent, et se mettre en lieu d'où il peut mesurer le tout de son œil, sans se fier au rapport qu'on luy en pouvoit faire, s'exposant beaucoup de fois à plus grand hazard que l'importance d'une si grande perte qu'eust esté de sa personne en ce lieu, et en temps de telle affaire, n'eust bonnement requis. Il pourvoyoit, avecques le seigneur Pierre Strozzy (qui n'avoit peu d'advis ny faulte de moyens en telles choses), et avec les seigneurs de Gounor, de Sainct Remy et Camille Marin, à sauver noz defenses, en faire de nouvelles et ordonner nouveaux rampars là où il estoit besoing. En quoy on ne sçauroit estimer qui aidoit plus à M. de Guyse, ou l'experience et pratique qu'il pouvoit avoir eu auparavant de telles choses, ou bien son naturel disposé à la conduitte et maniement du faict et appartenances de la guerre ; et croy que les deux ensemble le rendoyent si entendu, qu'en la plus grande partie des deliberations qui s'en faisoyent, son opinion se trouvoit digne d'estre executée.

Le jour après, vingt et huictiesme du mois, continuans les ennemis leur batterie, ouvrirent la tour d'Enfer de dixhuit ou vingt pieds de large, devinants l'endroit d'une cheminée qu'estoit le plus foible du mur, ou bien quelqu'un de la ville qui sçavoit le contenu du dedans le leur avoit enseigné. Sur le midy tout ce pan du mur d'entre les tours des Wassieux et Ligniers, pour avoir esté fort battu et couppé assez bas, commença pencher en dehors et se departir de la terre qui l'appuyoit. Deux heures après, continuants les ennemis y tirer, tomba tout d'un coup dans la faulsebraye, mais une partie soubs soy, rendant la montée malaisée pour venir à l'assaut.

Les ennemis voyants renverser la muraille jecterent un cry et feirent demonstration d'une grande joye, comme s'ils estoyent arrivez au bout d'une partie de leur entreprinse : mais quand la poussiere abbatue leur laissa veoir le rempar desjà huict pieds par dessus la breche, encor que bien raze et large, ils eurent à rabattre beaucoup du compte qu'ils avoyent faict, sans estendre plus avant ceste grande risée qui ne s'entendist plus.

Un de noz soldats, appellé Montilly, feit la bravade de descendre incontinent par la breche, comme pour donner cognoissance aux ennemis qu'il ne nous souldioit guieres qu'on y peust aiseement monter; noz gens de guerre de pied et de cheval planterent leurs enseignes, guidons et cornettes sur le rempar; et tous les matins, au remuement de la garde, on ne failloit les y mettre. Gros nombre de noz harquebouziers, que

M. de Guyse avoit faict apposter, ayans attendu que la muraille fust ostée, comme s'il leur eust faict empeschement, tirerent incontinent, et tousjours jusques à la nuict, dans les tranchées et cavaliers des ennemis, qui fut cause que depuis leurs harquebouziers de la tranchée du bord du fossé s'adviserent faire de petites canonnieres dans le terrein, pour tirer à couvert et de poinct en blanc au long de la breche, afin de garder que les nostres ne s'osassent presenter au dessus : toutesfois, les gensdarmes ayans l'armet en teste et leurs sayes de livrée vestuz, ne laissoyent à monter beaucoup de fois au plus hault, pour y vider la hotte, sans craindre le danger; tellement que les pyonniers mesmes et femmes qui servoyent au rampar s'accoustumerent peu à peu à les y suivre. Le reste du jour les ennemis essayerent ce rampar, qu'ils veoyent, à coups de canon; mais combien qu'il fust fraischement faict, toutesfois se trouva en plusieurs endroits assez fort pour arrester le boulet.

La nuict-feit cesser la batterie qui avoit depuis le matin esté de neuf cens à mille coups de canon; et nous, à plus grande diligence que jamais, eslevasmes et renforçasmes le rampar, pourvoyans, quant à la tour d'Enfer, de jecter de la terre devant l'ouverture, et y faire un rampar espais jusques à la moitié du second estage, reservans l'autre moitié, qui estoit devers nous, pour sauver des canonnieres à battre le long de la faulsebraye devant la breche, et nous y loger dedans pour la defendre.

Les deux jours d'apres, leur batterie se conduisit plus lentement qu'auparavant; car ils ne tirerent que six cens trente coups, tant au long du rempar de la breche, pour nous garder d'y porter terre, que à la tour d'Enfer, laquelle, apres avoir esté remparée en l'estage du milieu, où ils avoyent faict la bresche, la percerent en l'estage de dessus, environ sept ou huict pieds de large, par où ils entrerent en esperance de nous en chasser, et venir maistres du second qui leur estoit assez ouvert, puis qu'ils ne pouvoyent de là en avant estre offencez par ce grand œil de la clef de là voulte qui veoit sur la breche ; mais il y fût pourveu, comme en l'autre estage, d'un rampar faict de fumier, de quelque peu de terre et de balles de laine, le plus legier qu'on pouvoit pour ne charger trop la voulte. Ce soir, sur le tard, M. de Guyse eut quelque advertissement que les ennemis entreprenoyent de venir la nuict gaigner la tour d'Enfer, ayans faict grande provision de facines aux tranchées pour y faire la montée. Dont commanda au seigneur de Biron y aller, avec vingt gentilhommes de la compagnie de M. le prince de La Rochesuryon, pour renforcer la garde jusques à minuict, et au seigneur d'Antragues avec autres vingt de sa compagnie le venir relever. Ce que fut par après continué toutes les nuicts par la gend'armerie et cavalerie par rang de chascune compagnie. Les princes et seigneurs voulurent estre de la partie, et messieurs de Nemours, de Montmorency, de Martigues, de Danville, et autres, commencerent les premiers de veiller au logis du conte de La Rochefoucaud, voisin de là, pour s'y trouver au besoing. M. de Guyse travailla cependant à faire remuer des pieces d'artillerie de la plateforme Saincte Marie, au boulevart et allée de la porte Champeneze, qui estoit desjà remparée, et y avoit canonnieres pour battre en flanc à la dicte tour.

Le conte d'Aiguemont partit du camp avec deux

mille chevaulx et quelques enseignes de gens de pied pour aller au Pont à Mousson, où il entra ; et, passant oultre, se vint presenter devant la ville de Thoul, qu'il somma se rendre : à quoy le seigneur d'Esclavolles, gouverneur d'icelle, feit responce que, quand l'Empereur auroit prins Metz, et seroit venu faire autant d'efforts contre sa ville, il adviseroit lors à la responce qu'il debvroit faire.

Au commencement de decembre les ennemis menerent une autre tranchée par travers, depuis la grande qu'ils avoyent faicte, tirant à la riviere, jusques au devant de leur grande plateforme devers nostre fossé, et quelques autres avecques grand advis et mesure, les doublant et triplant pour la defence les unes des autres. Et continuerent le premier jour du mois tirer au long des rempars et à la tour d'Enfer, environ cent ou six vingts coups de canon.

L'apresdisnée, M. de Guyse commanda au seigneur de La Brosse prendre cent chevaulx de la compagnie de M. de Lorraine, au seigneur de Saint Luc son guidon, quarante de la sienne, et au capitaine Lanque ses harquebouziers à cheval, pour aller donner sur les fourrageurs et vivres qui venoyent devers Thionville, et du port d'Olizy au camp du marquis, et que s'il sortoit quelque nombre de gens en desordre, ils feissent ce qu'ils pourroyent juger et cognoistre à l'œil estre raisonnable, sans rien hazarder : ils furent suyviz de plusieurs autres, qui se trouverent prests au sortir. Et d'abordée une partie de noz coureurs chargea sur les fourrageurs, qui estoyent en grand nombre, lesquels, ensemble leurs chevaulx, furent tuez ou prins, et leurs charretées de vivres menées depuis en la ville. Les autres allerent donner dans le camp et à l'abbrevoir, où ils tuerent force gens et chevaulx. Un nombre de leurs gens de pied du regiment logé en la plaine, sortirent pour les repoulser, et les suyvirent jusques à un fossé, environ cent pas par deçà le camp, où l'un d'eulx, plus advancé que les autres, demanda en langage françois le coup de picque, et, s'adressant au capitaine Lanque, qui le venoit charger, luy tua son cheval. Ledict Lanque se voyant à pied, se joignit à l'Alemant, et avec un espieu qu'il portoit l'abbatit mort à terre. Ce faict, noz coureurs se trouvans rassemblez et joincts, entreprindrent faire une charge sur ces premiers venuz, qu'ils repoulserent, et les eussent chassez bien loing; mais quinze ou dixhuict enseignes de leurs gens de pied estoyent desjà aux champs et s'avançoyent vers eulx. Parquoy commencerent se retirer, et incontinent sept ou huict cens de leurs harquebouziers et picquiers se desbanderent de dessoubs les enseignes, pour courir après comme à une huée, sans tenir ordre, ensemble cent ou six vingt chevaulx avec pistolets ou lances, et prindrent le seigneur de Chastelet, guydon de la compagnye de M. de Lorraine, lequel fut quelque temps en leurs mains, en grand danger de sa vie : quoy voyant le seigneur de La Brosse, et que le desordre presentoit une fort belle occasion de leur faire une bien bonne charge, ordonna au capitaine Sainct Luc de se jecter à main droitte sur les gens de cheval, et que luy, à gauche, donneroit dans les gens de pied; ce que fut executé si à propos, que les gens de cheval et les gens de pied furent repoulsez les uns dans les autres, et tous ensemble menez à coups de lance et d'espée jusques à la teste de leurs enseignes, lesquelles s'arresterent tout court. En ce lieu mesme, le marquis Albert, qui estoit venu à l'escarmouche, faillit, pour la vistesse de son cheval, à recevoir un coup de lance du baron de Tourcy, et le seigneur de Brabançon, qui estoit venu le matin disner avec le marquis, y fut blessé. Il en demeura des autres plus de quatre vingts estenduz sur la neige, et huict ou dix prisonniers, dont il y en avoit quatre de cheval. Les nostres se retirans vers le pont, trouverent le capitaine Favars, avecques cent soldats, harquebouziers et corselets, envoyez pour les soustenir. Ceste escarmouche fut à la veue des trois camps, et ceulx qui estoyent aux tranchées, tirerent quelques coups de deux pieces, par delà la riviere, au long de la prairie, pour favoriser les leurs, et tuerent deux soldats des nostres en revenant sur le pont ; tous les autres rentrerent dans la ville, fors un homme d'armes et un archier de la compagnie de M. de Lorraine, qui demeurerent prisonniers ; et les seigneurs de Rocofeuil, de Fogeon, de Treves, et un autre homme d'armes furent blessez, qui dans peu de jours après moururent. Le seigneur de Clermont eut une harquebouzade à la main, et le seigneur de Suze un coup de picque entre la teste et le morrion, qui ne print que la peau. Beaucoup de chevaulx furent blessez, mesmes celuy du seigneur de La Brosse d'un coup de picque, et en moururent dix ou douze. Il ne tint qu'à M. de Guyse que les princes n'avoyent esté de l'entreprinse, car il la leur cela jusques à ce que ceulx cy se trouverent dehors, et puis les clefs furent perdues : n'ayant eu peu de peine, toutes les fois qu'il a convenu sortir, de retenir ceulx qui se venoyent presenter, et s'efforçoyent de passer la porte. De l'autre costé, entre les deux camps, avoit esté envoyé à mesme heure Navailles, avecque vingt et cinq chevaulx, qui feit beaucoup de dommage aux fourrageurs, et gasta force vivres, faisant tousjours boucherie sur les passages.

Les trois jours ensuivans, les ennemis poursuivirent leur baterie environ cent ou six vingts coups par jour contre le rampar de la bresche et la tour d'Enfer, à laquelle ils avoyent faict plus de dixhuict pas de bresche, mais nous renforceasmes tousjours le rampar en l'un et l'autre estage, pour sauver celle moitié qu'a esté dict. Ils estendirent leurs tranchées, et le bout du cavalier à main droicte, encores plus vers la riviere, comme pour battre les tours des boulengiers et charpentiers, derriere celle d'Enfer et le pan de mur qu'est entre deux, où n'avions encores ramparé; mais incontinent y fut mis nombre de gens de guerre et de pionniers, pour y relever un rampar de vingt et quatre pieds de large, avec une tranchée de trente par le devant, reculez de quarante pieds de la muraille; ce que fut poursuivy de bien grande diligence. Et pour ne laisser conduire aux ennemis leur entreprinse sans les empescher de ce qu'on pourroit, M. de Guyse jecta de nuict le capitaine Candeau, lieutenant de sa garde, et le sergent du capitaine Glenay avec douze harquebouziers dans le fossé, par une secrette yssue qu'il avoit faict faire dans le boulevart de la porte Champeneze, lesquels allerent jusques aux tranchées. Les uns coururent à un bout harquebouzer les ennemis, qui commencerent couler tout du long, dont Candeau, qui se trouva sur le milieu, et le reste des nostres, leur donnerent force coups d'espée en passant : et, ayant demeuré bonne piece dehors, se retirerent sans avoir rien perdu. Lendemain sur le midi, le capitaine Thomas, de la compagnie de M. de Guyse, avec trente de ses compagnons, sortit entre les deux camps, et, de fortune, rencontra le seigneur de Brabançon qui retournoit du logis de l'Empereur au camp qu'il avoit en charge, accompagné de vingt et cinq gentilshommes assez mal armez. Noz gens le chargerent de sorte, que, sans ce qu'il gaigna de vistesse quelques maisons assez près de son camp, et se jecta dedans, il estoit prins : mais, n'osant le seigneur Thomas ny les siens mettre pied à terre, à cause que l'alarme solicitoit les ennemis de courir à la recousse de leur general, et y venoient de tous costez, se retirerent avec un butin de deux tonneaux pleins de bottes, marchandise bien requise et necessaire à la ville. Le jour après, cinquiesme du mois, le capitaine Simon de Lec, de la compagnie de M. de Nemours, retourna, avec vingt chevaulx, au mesme chemin, et n'eut gueres demeuré en son imboscade, qu'il veit passer environ quatre vingts chevaulx alemans venants du camp de l'Empereur, et s'en retournoyent à celuy de la royne Marie. Noz gens les surprindrent, et, donnans dessus, feirent sonner bien chauldement, à l'estendart et dedans, à deux trompettes de M. de Nemours, qu'ils avoyent de fortune amené. Dequoy les ennemis estonnez prindrent la fuite, mais il en demeura quatre prisonniers : et, retournans les nostres à la ville, feirent encores butin de quatre mulcts chargez de vivres. Ce jour nous perdismes deux hommes de bon service, Camille Marin, au bout d'un rampar qui servoit d'espaule, joignant la tour d'Enfer, auquel lieu, après que M. de Guyse eut essayé recognoistre, par entre deux balles de laine, le remuement de terre que les ennemis faisoient en estendant leur tranchée, et haulsant le cavalier de main droitte vers la riviere, il y voulut regarder pour cognoistre où s'adressoit leur entreprinse, et pouvoir mieulx entendre les moyens d'y remedier, mettant la teste au lieu d'où M. de Guyse venoit de retirer la sienne, soubdain il y receut un coup de harquebouze qui luy espandit la cervelle; et le lieutenant du capitaine Glenay, qui estoit en garde au boulevart, fut frappé d'une autre harquebouzade, et dans une heure après mourut. La nuict les ennemis remuerent une partie des pieces qu'ils avoyent mis en batterie, comme si elles estoyent esventées, et en feirent venir d'aultres, et tirerent lendemain au recoing de la riviere, pour y faire une nouvelle bresche, et dix ou douze coups par heure, au long des autres desjà faictes, pour nous garder de remparer, toutesffois on y travailloit tousjours. Ce soir la compagnie de M. le prince de La Rochesuryon retourna estre de garde à la tour d'Enfer, et M. le prince mesmes en voulut estre, qui, sur quelque heure de la nuict, descendit au plus bas estage, et luy sembla entendre un bruit de pioches, comme si les ennemis faisoyent quelque mine. M. de Guyse y vint lendemain, qui en eut aussi sentiment, et adjousta foy aux advertissemens qui luy avoyent esté donnez de ceste chose. Le seigneur de Sainct Remy poursuyvit diligemment de leur aller au devant avec les contremines qu'il avoit desjà commencées, tant en celle tour en deux lieux, qu'au boulevart en autres deux, et autant le long de la faulsebraye devant la breche. Lendemain M. de Guyse feit avaller par une corde au coing derriere la tour d'Enfer le lieutenant et un soldat de sa garde, pour recognoistre par le dehors en quel endroit elle estoit plus endommagée, et si les ennemis y faisoient aucune sappe, aussi pour sonder à coups de marteau si la mine respondoit encor au pied de la muraille ou entre les deux murs; lesquels rapporterent n'avoir rien apperceu de nouveau, et le tout estre au mesme estat qu'avoit auparavant esté recogneu : et pour lors ne peusmes avoir plus grande certaineté de leur entreprinse soubs terre, fors que le hault d'un pavillon fut veu au bout d'une de leurs tranchées, qui avoit esté tendu celle nuict, et tout autour on le remparoit de terre argilleuse, ressemblant celle que nous tirions des contremines, par lequel indice fut estimé que là estoit la bouche de leur mine, comme depuis il se trouva. Sur les deux heures après midy, dix ou douze chevaulx de la compagnie du seigneur de Gounor sortirent vers le camp du marquis Albert, pour veoir si l'on auroit fait en la plaine aucun fossé ou tranchée, et prendre garde quelle contenance les ennemis tiendroyent à les charger, afin que s'ils avoyent avisé nouveau moyen de nous nuire aux saillies, l'exemple de ceste heure nous en fust advertissement pour une autrefois que plus grande force sortiroit; les advisant qu'ils eussent à feindre de n'oser soustenir aucunes de leurs charges, afin de les r'assurer et leur donner volunté de venir par après aussi peu retenuz aux escarmouches, qu'ils souloyent auparavant qu'on leur eust donné ces attaintes qu'avons dict dessus. Mais, pour faire que noz gens n'eussent à s'opiniastrer au combat, M. de Guyse leur feit laisser au sortir de la porte les lances, les accoustremens de teste et brassals : ils allerent jusques au camp, et y eut alarme ; mais, après avoir couru la campagne, laquelle ne monstra que ce qu'on avoit accoustumé veoir, se retirerent à la faveur d'un nombre de noz soldats de pied harquebouziers, lesquels garderent les ennemis qui couroyent après eulx de suyvre plus avant.

Le jour ensuyvant, septiesme du mois, de grand matin, on ouit sonner beaucoup de tabourins au camp de l'Empereur, et, sur les huict heures, deux grosses trouppes de leurs gens de pied s'approcherent au bord des tranchées, derriere ces murailles qui s'estendent vers Sainct Arnoul, par dessus lesquelles on veoyoit apparoistre leur grand nombre de picques : et bien que M. de Guyse n'estimast y avoir grand danger, estant encores la faulsebraye devant la breche toute saine et entiere, il feit toutesfois, sans donner alarme, rendre tous les gens de guerre aux lieux qui leur estoyent ordonnez, tant aux breches, flancs, places de secours, que au long des murailles, où se trouva bien petit nombre de gens pour une ville de si grande garde, mais tous appareillez de bien faire, et monstrans celle bonne volunté et deliberation qu'il falloit pour vaillamment repoulser l'ennemy. Les princes de Bourbon, les deux de Guyse, celuy de Nemours, le duc Horace, messieurs de Montmorency, vidame de Chartres, de Martigues, et les autres seigneurs et gens de bonne maison, avec plusieurs gentilshommes marchans soubs la cornette de M. de Guyse, prindrent le premier rang à la breche, suiviz d'un bon nombre de soldats. Cependant ledict seigneur alla visiter les uns et les autres, non sans avoir grand aise du maintien et bonne contenance qu'il veoyoit en chascun, ny sans les soliciter encores en passant par beaucoup de ces bons mots qui incitent à l'honneur, à la vertu et à la victoire. Le capitaine Favars, maistre de camp, ordonnoit de ses gens de pied, et encores par dessus luy le seigneur Pierre Strozzi, ensemble sur les gens de cheval. Le seigneur de Sainct Remy estoit preparé de ses artifices à feu et engins de guerre, lesquels avoyent esté apportez de bonne heure en une maison prochaine, pour les employer sur les premiers qui viendroyent; aussi le seigneur de Crenay, et autres gentilshommes et soldats choisiz de toutes les compagnies et bandes aux costez de la breche, pour executer bon nombre de harquebouzes à croc ; pareillement le seigneur d'Ortobie et ses compagnons, commissaires de l'artillerie, avec leurs canonniers aux flancs et defenses; et furent toutes choses si promptement mises en leur ordre, et l'ordre mesme par tout si bien observé, que les ennemis eussent prins mauvais conseil de nous venir assaillir. Aucuns d'eulx s'adviserent d'aller sur la montaigne qui regardoit à la breche, d'où ils la peurent veoir fournie de museaux de fer, de morrions et corselets, qui ne fut chose qui leur deust beaucoup plaire.

Sur le soir vint un trompette de la part de l'embassadeur d'Angleterre residant auprès de l'Empereur, porter des lettres à deux gentilshommes anglois estans à la suitte du vidame de Chartres, parens du milor Havard, debitis (¹) de Callais, par lesquelles les persuadoit eviter le hazard où ils estoyent, et de s'en venir au camp, pour delà se retirer en Angleterre : mais, estant cogneu que c'estoyent des ruzes de l'ennemy, le trompette fut renvoyé avec responce qu'ils estoyent

---

(¹) *Debitis.* On ignore la signification de ce mot. Les historiens contemporains donnent à milord Howard le titre de lieutenant de Calais.

plus asseurez dans la ville qu'ils ne seroyent dehors.

Après que le seigneur Thomas Delveche, qui estoit allé vers le Roy, comme avons dict, eust eu sa responce et attendu quelques jours à Verdun la commodité de se pouvoir conduire en ceste ville, il print le hazard de traverser le pais du costé mesmes des ennemis, et, par entre les deux camps, se rendit le huictiesme du mois, après minuict, auprès de la ville, où M. de Guyse le feit entrer par la porte Mezele; et par luy nous furent confirmées les nouvelles que l'armée du Roy s'en alloit assieger Hedin, signe de n'esperer dè long temps autre secours que celuy qui restoit aux armes et aux bras d'un chascun de ceulx de la ville : aussi ne faisoit on semblant de le desirer; bien nous asseura que la deliberation du Roy estoit de venir lever le siege, nous resjouissans cependant de la prinse que M. le mareschal de Brissac avoit faict sur l'Empereur de la ville d'Albe en Piedmont, comme le seigneur Thomas disoit. Ce que M. de Guyse permit au premier trompette qu'iroit au camp de l'Empereur le dire à ceulx qui l'enqueroyent des nouvelles, en recompense qu'ils nous avoyent auparavant mandé la prinse de Hedin.

Ceulx qui estoyent prins du camp de l'Empereur nous chantoyent tousjours que la deliberation de leur maistre estoit ne partir jamais qu'il n'eut prins la ville, et quand l'armée qu'il avoit seroit ruinée il en feroit venir une autre, et après la seconde la tierce; de sorte que, craignant M. de Guyse la longueur que ce siege pourroit prendre, mit encores nouvel ordre et mesnage aux vivres, faisant regarder aux particulieres provisions que chascun pouvoit avoir en son logis, pour y user avec autant de discretion que si c'eust esté la munition du Roy, et resserrer tout le vin qui se trouveroit par les quartiers des gens de pied en une ou deux caves, soubs les clefs que leurs capitaines tiendroyent, pour en distribuer puis après à chascun soldat deux pintes par jour. Encores, pource qu'on avoit commencé bailler aux pionniers du pain de la munition, qui en eussent à la longue beaucoup consumé, il en feit casser de douze cens les six cens, reservant tout ce qu'il pourroit pour l'entretenement des soldats; ausquels, estant desjà failly le bled qu'avoyent amassé au temps de la recolte, leur ordonna, pour le commencement, deux pains pour jour de douze onces chascun, proposant leur en retirer peu à peu par quarts et demy onces, ce qu'il cognoistroit leur en pouvoir faire passer, afin d'estendre la munition, s'il luy estoit possible, encores par delà les douze mois qu'il pensoit avoir pourveu, tenant le bled pour le plus precieux thresor qu'il eust en la ville, avec resolution d'opposer une autre opiniastreté contre celle de l'Empereur, et d'attendre la derniere souppe à l'eaue, avant que donner lieu à son entreprinse. Aussi pour les vivres des chevaulx de service feit departir la paille qui s'estoit trouvée aux granges de la ville, par les compagnies de la gendarmerie et cavalerie, ayant encores, pour leur allonger les vivres le plus qu'il seroit possible, faict commandement aux gens de pied de tuer les courtaux (1) qu'il avoit entendu estre retenuz plus que de six par bande, contre ce que l'ordonnance faicte du commencement portoit, et les mettre au sel, donnant charge au prevost des mareschaulx passer par après en tous les quartiers, pour prendre ceulx qui seroyent trouvez oultre le

(1) *Courtaux*: chevaux sur lesquels les hommes d'armes voyageoient.

nombre permis, et leur aller coupper les jarrets hors la ville.

Et, pource que desjà avoit esté usé beaucoup de pouldre, il meit en besongne des salpestriers à tirer du salpestre et le raffiner, afin que la munition des pouldres s'entretint, et ne s'y trouvast faulte au besoing. Oultre ce, voyant que du mois passé et de cestuy n'avoit esté faict payement aux soldats, ny estoit possible que le Roy mist de l'argent dans la ville, pour leur en faire encores tenir durant le siege, et que à la fin ils se pourroyent, par faulte d'argent, accoustumer de prendre ce qu'il leur seroit besoing d'habillements ou autre chose sans payer, par où pourroit venir quelque desordre dans la ville, et entre eulx mesmes, delibera, pour ne mettre rien de la commodité de tous en arriere, qu'il feroit battre de la monnoye soubz l'authorité du Roy, et luy donneroit beaucoup plus hault pris que de sa value, soubz obligation toutesfois, enquoy il se soubmettoit par cry publicq, de la reprendre pour autant qu'on la bailleroit; dont en fut commencé faire quelque petit nombre, qui se veoit en mains d'aucuns.

Le marquis Albert se sentoit picqué des saillies que l'on avoit souvent faict sur son camp, et avoit mis gens de pied et de cheval aux aguets dans les saules prochains, et ès fossez et jardins près de la croix du bout du pont des Mores, et autres lieux où il estimoit pouvoir mieulx surprendre et nuire à noz gens. Ce qu'ayant bien attiltré deux ou trois jours de rang, envoya passer tout auprès du pont quelques chevaulx et fourrageurs pour amorser les nostres et les attirer dehors, lesquels, M. de Guyse y ayant faict prendre garde, et luymesmes entreveu quelque chose de l'entreprinse, ne les voulut laisser sortir à la poste (1) du marquis, reservant le faire une autre fois qu'il n'y auroit si bien pourveu : et du costé des tranchées envoya, la nuict d'après, le seigneur Pierre Strozzy avec un petit nombre de soldats, veoir s'il s'y commençoit aucun nouvel ouvrage. Ceulx de la garde furent surprins, et quelques uns despeschez, sans qu'ils osassent entreprendre sortir pour repoulser les nostres, lesquels, ayans recogneu autant que l'obscurité le leur pouvoit permettre, se retirerent. Estans rentrez dans la ville, ils trouverent à dire le sergeant du capitaine Glenay, lequel fut veu lendemain mort sur le bord et pendant de leurs tranchées, où plusieurs soldats s'offrirent l'aller querir; mais on ne voulut pour telle occasion les hazarder à si evident peril : mais son gojat, meu de grand amour et pitié vers le corps de son maistre, feit grand instance qu'on le luy permist; et, sans craindre l'harquebouzerie des ennemis qui luy tirerent grand nombre de coups, l'alla en plein midy charger sur ses espaules, et l'apporta dans la ville pour luy faire recevoir sepulture : enquoy il merita estre faict soldat, comme il fut, de la bande dudict Glenay.

Après que les ennemis eurent, depuis le cinquiesme du mois, tiré assez mollement six cens vingt coups de canon, et toutesfois ouvert à l'encougneure de la rivière la tour des Charpentiers, qui joinct l'eaue, et abbatu le bois de la coüverture de la tour d'Enfer, ils remuerent d'autres grosses pieces à leurs cavaliers, et feirent nouvelles canonnières à main gauche de la grande gabionade, comme pour tirer à nostre boulevart, bien

(1) *A la poste* : au désir.

qu'ils le veissent remparé : et le douzieme du mois, de bien grand matin, ils se mirent à le battre plus fort que les jours passez, comme s'ils vouloyent parachever de le reduire tout en bresche; et, continuants jusques au soir environ trois cens cinquante coups, tout ce qu'ils avoyent battu tomba plus de vingt pas de long et bas, jusques au dessoubs du cordon, y ayant, avec ce qui avoit esté ouvert auparavant, cinquante pas de bresche. Vray est qu'ils n'y eussent peu monter sans eschelle, et n'y tirerent plus de là en avant, s'appercevant qu'ils estoyent à recommencer, à cause qu'ayant par nous esté cogneu de bonne heure ce boulevart estre en lieu où falloit par necessité nous en ayder, l'avions très bien mesnagé de tout ce qui se pouvoit faire pour ne le perdre point, luy fortifiant, comme a esté dict, la teste et puis la porte d'un grand rampar de bonne terre, où leurs canons eussent bien trouvé à manger; et encores avoit-on faict une traverse derriere iceluy, dans les édifices, pour nous en servir au cas que la teste vint à estre ouverte. L'on avoit aussi remparé l'allée d'entre ce boulevart et la porte Champeneze d'un vingt et cinq pieds de large de chascun costé, afin que les ennemis, en croisant leur batterie, ne nous en banissent; et, pour mesme cause, avions relevé deux gros massifs de terre aux deux encogneures de la susdicte porte, pour servir d'espaule à la garder, et de flanc aux faulsesbrayes; soubz lesquels massifs avoit un passage couvert, venant de la ville à la faulsebraye de main gauche, puis à l'allée du boulevart, et d'icelle allée un semblable passage entrant en la faulsebraye de main droitte, pour tousjours avoir chemin à secourir noz faulsesbrayes, boulevart, et son allée, en laquelle avions faict deux bonnes canonnieres, malaysées à oster, lesquelles battoyent dans les fossez le long des breches, et jusques à la tour d'Enfer, encores deux autres à mesme effect, soubz un des arceaux de ceste allée; et avions ouvert au fond du boulevart une secrette saillie pour jecter des gens de pied dans le fossé, n'oubliant y faire force contremines. Et bien que les mauvais fondemens d'iceluy boulevart et les arceaux foibles et fenduz de l'allée nous menassassent de la prochaine ruine de l'un et de l'autre, toutesfois le besoing present nous solicitoit d'y mettre encores tous les jours la main.

Lendemain les ennemis reprindrent leur batterie au long de la grande breche, à la tour des Wassieux, prochaine de la porte Champeneze, qui estoit desjà bien entamée, et la feirent tomber, partie à deux heures après midy, et le reste à trois heures après minuict, dont y eut de quatre vingts à cent pas de breche bien raze d'un tenant, joignant laquelle estoyent les deux autres, l'une de trente, l'aultre de vingt au long du mur. Ce jour mourut le capitaine Favars, maistre de camp, qui avoit esté blessé d'une harquebouzade sur le rampar de la grande breche, bien près de M. de Guyse, et fut son enseigne baillée au capitaine Cornay son lieutenant, et le capitaine Glenay faict maistre de camp, qui voulut la garde de la tour des Charpentiers, laquelle estant en l'encongneure de la riviere, estoit desjà ouverte et le lieu assez dangereux : lors fut commis le capitaine Gordan avec sa bande au boulevart, et le capitaine Cantelou à la porte du pont des Mores, le demourant à tenir tousjours l'ordre qui avoit esté auparavant commandé. Estant nuict, et lors qu'il faisoit plus obscur, Glenay commanda à un de ses soldats s'en aller près des tranchées, pour escouter les ennemis, et veoir quel guet ils faisoyent, afin de leur donner une estrette, s'il s'y cognoissoit occasion de le faire. Le soldat tomba entre trois sentinelles estans dans le fossé, qui le chargerent; et luy, prompt, encor qu'il n'eust autres armes que l'espée, s'en defendit au mieulx qu'il peut, et se retira blessé d'un coup de corsesque (1) au visage, et pour celle nuict n'y eut plus grande entreprinse.

Ceulx de la garde des tranchées appeloyent souvent, et par divers propos solicitoyent les nostres de parler, qui pourtant ne leur faisoyent aucune responce, à cause que la defence y estoit, et mesmes quelques uns avoyent esté du commencement chastiez, pour l'avoir osé entreprendre sans congé.

La matinée du jour ensuivant fut pluvieuse, et se doubterent les ennemis qu'ils auroyent quelque alarme de la ville, comme on leur en avoit tousjours donné lors qu'il faisoit bien mauvais temps. Ils se jecterent en grosse trouppe à la campagne, et trouverent à charger quinze ou vingt chevaulx des nostres, de la compagnie de M. de Lorraine, qui estoyent allez bien matin entre les deux camps; mais ne les peurent empescher de leur retraitte, qu'ils feirent sans aucune perte.

Après midy, le seigneur de Biron sortit avecques cinquante ou soixante chevaulx par Pontiffroy, vers le camp du marquis, et envoya battre le chemin des vivres par une partie de ses coureurs avec le capitaine Lanque, lequel descouvrit une grosse imboscade d'ennemis dans les saules vers Sainct Heloy, et en advertit la

(1) *Corsesque*: poignard.

trouppe. Les autres coureurs, qui avoyent donné jusques au camp, ne peurent attirer les ennemis dehors, lesquels avoyent possible pensé que les nostres les iroyent chercher jusques là, et que ceulx de l'imboscade leur viendroyent coupper chemin. A tant le seigneur de Biron, ayant demeuré un temps au milieu, pour favoriser ceulx qui avoyent couru vers droicte et vers gauche, à la fin les retira avecques quelque butin de fourrageurs, chevaulx et charrettes de vin qu'ils avoyent prins.

Navailles retourna lendemain matin entre les deux camps, et trouva que les ennemis y estoyent bien forts, ausquels, avec vingt et cinq chevaulx qu'il avoit, attaqua l'escarmouche, temporisant le plus qu'il peut pour veoir s'il leur pourroit donner une charge à propos; mais voyant n'y avoir lieu de s'opiniastrer d'advantage, se retira saulve avec prinse d'un des leurs, natif de Savoye, lequel dit à M. de Guyse qu'on tenoit pour chose certaine au camp, que leurs mines entroyent desja cinquante toyses dans la ville.

Sur les deux heures après midy se feit une autre saillie par le pont des Mores, de trente chevaulx seulement, desquels le conte de Charny, Ouarty, Riberac, Tourcy, Crequi et La Roche-Chalez estoyent. M. de Guyse advisa le capitaine La Faye qui les conduisoit, n'abandonner de gueres le bout du pont, mais envoyer cinq ou six jusques au corps de garde du marquis, pour se faire suyvre et attirer ce qu'ils pourroyent d'ennemis au près du pont, où il avoit faict mettre des harquebouziers, et porter des harquebouzes à croc pour les recevoir. Les coureurs allerent jusques à ce corps de garde, qui estoit plus fort que mesmes toute nostre trouppe, lequel les rechassa bien vistement : La Faye faignit prendre aussi la fuite pour se faire suivre, et que les ennemis se desbandassent, comme advint, courans après à qui premier auroit attaint les nostres, lesquels tout d'un coup tournerent, et, trouvant les autres en desordre, les menerent battans jusques au près de leur camp, duquel sortoit desjà force cavalerie pour venir à l'escarmouche, et se trouverent bien tost six ou sept vingts ensemble. Ils en feirent avancer cinquante sur nos gens, lesquels prenans la cargue (¹) pour les attirer à noz harquebouziers, comme leur estoit commandé, attendirent un petit la recevoir de trop près, tellement que ceulx cy leur estoyent desjà sur les bras, et le reste de leur grosse trouppe n'estoit gueres loing, qui marchoit tousjours au trot. Et ayant voulu le capitaine La Faye demeurer derriere, comme vaillant qu'il est, son cheval eut un coup de lance, et luy porté par terre et tenu prisonnier. Ceulx de la trouppe tournerent, et feirent tout ce qu'ils peurent à bien combattre pour le recouvrer; mais ne fut possible, et se retirerent avecques celle perte, et du seigneur de Vitry, qui demeura aussi prisonnier. Le seigneur d'Ouarty fut blessé en la teste, et La Roche-Chalez en la jambe droicte, qu'il luy fallut scier, et depuis en mourut. En mesme temps le seigneur de Rendan avoit faict la tierce saillie par le Pontiffroy, avec autres vingt chevaulx et dix harquebouziers du capitaine Lanque, pour, ce pendant qu'on les amuseroit d'un costé, battre de l'autre le chemin vers le moulin d'Olizy, où estoit le port de leurs vivres, et par où les fourrageurs et vivandiers venoyent; ce

---

(¹) *Prenans la cargue* : se préparant à charger.

qu'il eut loisir de faire, et renversa deux charretées de pain, et le feit fouler dans la fange, print du vin du Rhin, et amena chariots, chevaulx et prisonniers dans la ville, oultre ceulx qu'il defeit sur le lieu.

La nuict ensuivant vindrent quelques Alemans du camp du marquis, pour abbattre le parapect du pont des Mores, qui couvroit le ravelin du bout d'iceluy, dans lequel on jectoit ceulx qui estoyent envoyez pour faire les saillies, qui ne pouvoyent estre là offencez de leur artillerie, et essayerent de rompre une des arches du pont, pour nous oster entierement l'issue par là; ce qui devoit à meilleure raison estre entreprins de nous, pour empescher à eulx l'advenue de noz portes et murailles. Toutesfois noz harquebouziers, qui estoyent en garde sur le portail, pourveurent à cecy, tirants si souvent là où ils entendoyent le bruit, qu'ils leur feirent abandonner le pont; et fut trouvé le matin beaucoup de sang et quelques flasques (¹) des leurs brisées. Deslors fut ordonné que trois ou quatre harquebouziers seroyent jectez toutes les nuits en sentinelle hors la porte, qui se tiendroyent dans le ravelin.

Le soir on avoit veu porter du camp de l'Empereur grand nombre d'eschelles dans les tranchées, dont fut donné advertissement aux gens de guerre se tenir prests, et à la fin n'y eut rien d'entreprins. Il advint celle nuict une chose de rizée : c'est qu'un Wallon du camp des ennemis, pensant avoir beaucoup cheminé et estre arrivé aux portes de Thionville, vint heurter à la porte Saincte Barbe, où le caporal de la garde joua si bien son roole, qu'il l'entretint longuement en cest erreur,

---

(¹) *Flasques :* partie de l'affût d'un canon. Il paroit qu'il faudroit lire : *quelques flasques brisées.*

et luy feit dire tout ce qu'un homme de sa qualité pouvoit sçavoir de l'estat du camp, mesmement de la difficulté que s'y faisoit de prendre la ville. On attendoit qu'il fust heure d'ouvrir les portes pour l'aller retenir prisonnier; mais aussi tost qu'il fut un peu jour, s'advisant de sa faulte, se mit à fouir, et les nostres l'accompagnerent à coups de harquebouze, et luy tuerent son cheval.

Les ennemis avoyent tousjours continué, depuis le douzieme du mois, tirer par heure dix ou douze coups de canon en endroits differens, afin que noz harquebouziers ne s'osassent monstrer sur les breches, et aussi pour nous empescher de remparer, à quoy toutesfois on n'avoit mis cesse, n'estant passé jour, depuis le commencement qu'ils feirent leurs tranchées, que noz gens de guerre n'eussent ordinairement la hotte sur l'espaule quand ils n'y avoyent les armes, ou n'estoyent en garde : et ne les veoit on moins adventurer ou aller hardiment sur le hault du rampar, tirer le coup de harquebouze, ou porter terre, que si le canon ou harquebouzerie des ennemis n'y eust battu, dont souvent en a esté emporté de bons hommes; mais l'asseurance ne fut pourtant diminuée. Et, pour les saulver, furent mises des pavesades et mantelets au costé des breches, sur les flancs, hors la batterie du canon, afin qu'ils peussent tirer mieux à couvert, et garder d'apparoistre les ennemis sur les tranchées. Lesquels poursuivirent encores le seiziesme du mois leur batterie à l'encongneure d'aupres de la riviere, et y feirent dixhuict pas de breche, portants par terre la tour des Charpentiers, dont la plus grand partie tomba dans soymesmes, et un peu dedans le fossé, mieulx à propos que n'avions esperé, craignant que le tout y allast et peust faire pont aux ennemis. Ce jour un gentilhomme italien, parent du seigneur Ludovic de Birague, se vint rendre à nous, nous advertissant de la diligence que les ennemis mettoyent à conduire leurs mines, et qu'il estoit bruit au camp qu'elles s'en alloyent prestes à mettre feu. Le seigneur de Sainct Remy s'advançoit tant qu'il luy estoit possible de se trouver au devant, pour faire à eulx mesmes une fricassée ; et M. de Guyse descendoit plusieurs fois le visiter dans les contremines, mesmement sur la nuict, qui estoit l'heure qu'on les entendoit mieux besongner, mettant ordre que bon nombre de gens de guerre se tinssent prests pour les repoulser, si, après y avoir mis le feu, il s'y faisoit breche, et vouloyent venir à l'assault.

Environ ces jours, le seigneur de Brabançon, pour recompenser l'honnesteté que M. de Guyse avoit usé vers quelques prisonniers des leurs, qu'il avoit renvoyez sans rançon, et faict rendre leurs armes et chevaulx, offrit pareil traictement à deux soldats françois, l'un du capitaine Haucourt, et l'autre de La Queusiere, pourveu qu'ils se retirassent en France, estant l'opinion de l'Empereur sur la raison de la guerre, qu'on ne devoit renvoyer dans une ville assiegée ceulx que l'on en avoit peu prendre prisonniers. Par ainsi leur bailla un tabourin pour les conduire vers Nancy ; mais eulx ayans renvoyé le tabourin demy chemin, disans qu'ils se sçauroyent bien conduire, mirent devant les yeulx le serment qu'avoyent faict de servir le Roy soubs la charge de leurs capitaines, qui estoyent enfermez dans la ville, et la honte que leur seroit les abandonner en tel affaire, dont meuz d'un bon cueur et vray naturel françois, s'arresterent dans un bois jusques à la nuict, à la faveur de laquelle passerent assez hazardeusement entre les deux camps, et se vindrent rendre à noz portes.

Un peu au paravant que le capitaine La Faye feist la saillie par le pont des Mores, comme avons dict, le trompette de la compagnie de M. de Lorraine estoit allé vers le marquis Albert pour le different de la rançon d'un homme d'armes des nostres, qu'il tenoit plus haulte que la soulde d'un mois, contre ce que luy mesmes avoit requis pour tous ceulx qui seroyent prins d'un costé et d'autre, et fondoit l'occasion sur la liberale offre de l'homme d'armes, qui s'estoit taxé plus qu'au triple; ce qu'il n'avoit peu, puisque la loy estoit autrement. Le trompette fut retenu sans pouvoir obtenir congé de s'en revenir tant que le siege dura, de peur, comme on peut penser, que la diminution de ses gens, et la mortalité qui estoit en son camp, fussent rapportées en la ville, et mesmement que la plus part s'en estoyent allez à faulte de payement, et un grand nombre estoyent morts de l'injure de l'hyver. On n'avoit aussi voulu laisser passer le trompette de M. de Guyse vers le camp de la royne Marie, où il estoit envoyé pour autres prisonniers, l'ayant arresté aux sentinelles et porté là sa responce, afin qu'il ne veist les grands cimetieres qui estoyent à l'entour de ce camp. De là à deux jours, ayant le marquis à requerir quelque Alemant prisonnier, emprunta le trompette du duc d'Albe, se persuadant qu'il ne seroit arresté, pour autant qu'il ne se advoueroit de luy : mais M. de Guyse, sçachant les causes de la guerre du duc d'Albe et du marquis estre une, et tous deux soubz l'Empereur, retint ce trompette pour le nostre.

Le dixseptiesme du mois après le midy, se vint presenter, du costé de la montaigne, entre les deux camps, le seigneur don Loys d'Avilla, general de la cavalerie de l'Empereur, avec cinq cens chevaulx, et feit donner ses coureurs jusques à la portée d'un mosquet (¹) près de noz portes, ayant de fortune M. de Guyse lors faict monter à cheval les seigneurs de La Brosse, de Rendan, et Paule Baptiste, avec quinze chevaulx chascun de leur compagnie, pour aller recognoistre à la campagne les moyens de pouvoir faire une entreprinse qui sera dicte cy après. Il leur bailla encores soixante harquebouziers, lesquels, estans dehors, ils logerent si à propos pour les soustenir, que les ennemis ne se voulurent attaquer, et seulement quelques harquebouziers à cheval tindrent l'escarmouche large entre les deux trouppes, où y en eut de blessez de leur costé, et aussi le capitaine Simon de Lec, de la compagnie de M. de Nemours, du nostre. Quelqu'un de leur trouppe s'advança de demander un coup de lance; ce que fut accepté par le seigneur Torquato da Conty, gentilhomme du duc Horace, qui se mit en avant; mais l'Espagnol se retira vers les siens. Un autre, appelé Loupes de Para, enseigne de la compagnie de don Alonse Pimentel, demanda Navailles, qu'il avoit l'année passée cogneu en la guerre de Parme, pour parler un mot à luy. Navailles, qui menoit les coureurs, le luy accorda; et, devisans ensemble, l'Espagnol luy feit offre que, s'il y avoit des capitaines françois qui voulussent rompre une lance, il y en avoit là des leurs tous prests, ayans licence de leur general. Navailles n'eust remis ce parti à un autre, sans ce qu'il se trouvoit encores

(¹) *Mosquet* : mousquet.

si mal d'une blessure receue en celle guerre de Parme, qu'il ne se pouvoit aider du bras de la lance, et respondit qu'il n'estoit sorti gueres de noz capitaines dehors, toutesfois s'en retournoit jusques à nostre trouppe les en advertir. Suffira, dist il, de deux. Ceste nouvelle pleut grandement aux nostres, et les seigneurs de Rendan et de Chastelet, guydon de la compagnie de M. de Lorraine, prierent Navailles mesmes s'en retourner vers la ville impetrer de M. de Guyse qu'eulx deux deussent satisfaire à cest offre : ce que M. de Guyse accorda, en condition que l'affaire fust de capitaine à capitaine, et que s'ils presentoyent homme d'armes ou cheval legier, il en fust baillé de semblable qualité des nostres. Navailles leur alla incontinent faire entendre ceste permission, et que noz gens estoyent prests. Ils voulurent lors differer l'entreprinse, s'excusans qu'il estoit tard ; à la fin en presenterent un qu'ils asseurerent estre capitaine, lequel fut mené par un trompette françois du costé de la ville, et le seigneur de Rendan par un trompette espagnol du leur, au milieu des deux trouppes, avecques seureté qu'elles ne s'approcheroyent, et, advenant que l'un d'eulx tombast, ne seroit retenu prisonnier, et qu'ils ne donroyent aux chevaulx. Ils coururent une et deux fois sans rompre, pour crainte de toucher aux chevaulx, desquels celuy de Rendan n'estoit aussi choisi pour un tel acte, ne s'estant luy gueres mieulx monté qu'en cheval legier, lorsque l'entreprinse de sortir s'estoit faicte. A la tierce course il rompit sa lance de droit fil, et l'Espagnol, passant sans toucher, laissa tomber la sienne encores entiere sur la place, qui demeura aux nostres. Nous avons sceu depuis que c'estoit dom Henrique Menrique, capitaine de chevaulx legiers, et lieutenant du general, et qu'il eut le brassal et bras droit faulsez de ce coup.

Vers le costé du marquis Albert s'estoyent aussi monstrez des gens de cheval en la plaine, et avoit M. de Guyse envoyé Broilly, homme d'armes des siens, avec quinze ou vingt de ses compagnons, et quelques harquebouziers du capitaine Lanque, pour les escarmoucher. Les ennemis ayans nombré le tout, et veu qu'ils n'estoient tant qu'eux, vindrent donner sur les coureurs, et des coureurs à la trouppe, laquelle les receut et soustint la charge à coups d'harquebouze et de lance, contraignans à toute force les Alemans, après avoir deschargé leurs pistollets, tourner les espaules; et les nostres les suivyrent battans, jusques à un autre nombre de chevaulx qui venoyent pour les secourir. Noz gens s'arresterent, prenans garde à la contenance des ennemis, lesquels, se trouvans beaucoup engrossiz, s'apprestoyent de faire une recharge; mais eulx, marchans au pas vers leur retraicte, et monstrans souvent visage, et harquebouzans ceulx qui s'advançoyent pour les amuser, rentrerent dans la ville, sans laisser rien du leur aux mains des ennemis. La nuict deux sentinelles de ce mesme camp s'approcherent jusques à mettre le nez de leurs chevaulx sur le ravelin que nous avions faict au bout du pont des Mores, où de noz harquebouziers du capitaine Cantelou, qui estoyent mis en sentinelle hors de la porte, assirent si bien leurs coups, qu'un de ces deux Alemans s'en retourna blessé, et l'autre avec son cheval demeura mort sur la place, et son corps tiré dans le ravelin.

Les Espagnols des tranchées, ayans celle nuict

mesmes entreprins venir chercher du bois de la tour des Charpentiers, qu'ils avoyent abbatue dans les fossez, en l'encongneure de la riviere, ou bien le duc d'Albe, de venir recognoistre le fossé, comme nous avons sceu depuis qu'il y avoit esté, firent tirer une vollée de douze ou quinze pieces pour chasser les nostres d'entour les breches, lesquels, pour cela, ne s'en esloignerent; mais, se doubtans d'une ou autre entreprinse, furent en grand aguet de tous costez. Et quelques-uns des premiers, qui s'advançoyent pour ce bois, y demeurerent, faisans tousjours les nostres un estat resolu de ne laisser gaigner aux ennemis aucune chose sur nous, tant fust elle petite, qu'à l'extremité, et après toute la resistence qu'on leur auroit peu faire.

Le jour ensuivant, dixhuictiesme du mois, Navailles mena vingtcinq ou trente chevaulx de la compagnie de M. de Nemours jusques au camp du marquis, pour attirer ce qu'il pourroit d'ennemis auprès du pont des Mores, où un nombre de noz harquebouziers estoyent, comme autrefois, attiltrez pour les recueillir. Les Alemans ne faillirent de venir en grosse trouppe sur luy, qui, se retirant au pas devant eulx à la mesure qu'il estoit suivy, sans autrement prendre la cargue, et leur faisant souvent teste, les eschauffa si bien, qu'ils se laisserent mener à la butte de noz harquebouziers, lesquels leur tirerent à plaisir. Et eulx, se voyans tant approchez, essayerent faire quelque effort de les enfoncer; mais ils n'en rapporterent du nostre que force plombs et boulets d'harquebouze dans le corps. Encores lendemain, sur les deux heures après midy, pource qu'on veoyoit tout plein de leurs fourrageurs et vivandiers amener du charroy devers Sainct Heloy, M. de Guyse les envoya encores visiter par Monserie, gentilhomme du vidame de Chartres, avec vingt chevaulx, lesquels il feit sortir par Pontiffroy en temps si à propos, qu'ils eurent defaicts ces fourrageurs, couppé les jarrets aux chevaulx, et mis le feu à leur fourrage, avant que les cinquante ou soixante chevaulx de leur garde y eussent accouru; ausquels aussi, pource qu'ils s'approchoyent vers le pont, fut entretenue l'escarmouche jusques sur le tard, qu'il fut heure de se retirer.

On alloit souvent du costé du marquis, pour la commodité de nostre cavalerie qui y trouvoit la plaine rase, et pouvoit on nombrer de la muraille ce qui sortoit d'ennemis en campagne, et juger du bon ou dangereux succez des entreprinses, pour y remedier selon qu'on en verroit le besoing. Encores le jour d'apres, dixhuictiesme du moys, M. de Guyse jecta quinze chevaulx de la compagnie du conte de La Rochefoucaud, et quelques harquebouziers de celle de Lanque, avec Touchepres, par le pont des Mores, qui feirent tenir en armes et à cheval, depuis le midy jusqu'au soir, la cavalerie du marquis, et quelque autre espagnolle qui avoit passé le matin de ce costé, comme la faulte où le marquis s'en trouvoit lors l'avoit contrainct d'en demander à l'Empereur, pour respondre à nos saillies. Entre les deux camps, sur les vignes de la porte à Mezelle, s'estoyent monstrez, environ vespres du jour precedant, douze ou quinze chevaulx espagnols; Navailles qui estoit dehors avec vingt cinq autres, les avoit envoyez recognoistre par huict des siens, lesquels quand les ennemis veirent approcher du dessus de la montaigne, avoyent prins la cargue d'eulx mesmes pour les attirer, ensemble la troupppe s'ils eussent peu (laquelle marchoit tousjours au pas), près d'une cense où ils avoyent trois cens chevaulx en imboscade. Ce qu'estant recogneu par les nostres, n'avoyent passé lors oultre; mais ce jour ensuyvant, le seigneur de Rendan et Paule Baptiste avecques meilleur nombre de chevaulx y allerent, et trouvans environ deux cens des ennemis en ce lieu, bien choisiz à l'advantage pour eulx, les soliciterent longuement et à coups d'harquebouze d'en sortir, mais ne le voulurent abandonner; et d'autant que de l'un et l'autre camp venoit cavalerie à leur secours, les nostres se retirerent.

Lendemain estoit le vingtdeuxiesme de decembre, et n'avoyent les ennemis cessé tous les jours precedans de tirer, mesmement contre la tour d'Enfer, laquelle estoit aux deux estages de dessus et du milieu entierement ouverte. Et desjà avoyent approché deux canons au bout de la tranchée des harquebouziers du bort du fossé, en un pendant, qui plongeoyent au dessoubs du cordon au bas estage, ayants commencé l'ouvrir à l'endroit d'un souspirail; qui nous donna crainte qu'elle s'en iroit perdue, et l'entreprinse viendroit par ce moyen plus aisée aux ennemis, à cause que ce flanc osté nous n'eussions peu les empescher qu'ils ne logeassent leur artillerie dans le fossé, pour battre les defences qu'avions de reste au boulevart et allée de la porte Champeneze, et puis feroyent la sappe à la muraille de la faulsebraye devant la breche, comme ils avoyent entreprins. M. de Guyse tint conseil sur le saulvement de celle tour, au moins de deux canonnieres de ce bas estage, qui regardoyent dans le fossé, lesquelles, bien que fussent assez couvertes du rond de la tour pour ne pouvoir estre veues du canon, on n'y eust toutesfois peu loger ny harquebouziers, ny aucunes pieces, à cause que, ruinant les vossures, comme leur estoit maintenant aysé, ils emportoyent entierement les deux premiers estages, et nous ostoyent la descente du troisiesme, laquelle estoit par le milieu de la vossure, avec une eschelle à main, et par ainsi noz flancs d'embas perduz. Il fut advisé que par le dedans de la ville l'on feroit une ouverture jusques à l'allée de l'une des contremines, laquelle iroit trouver là canonniere de nostre flanc, couverte de bons chevrons, assez forts pour soustenir la cheute de la voulte et du terrein et rempar qui estoit dessus, ensemble pour conserver noz gens au dessoubz, n'ayants noz ennemis non plus de moyen se tenir dedans la tour à descouvert pour nous y offenser, que nous. Oultre ce, d'autant qu'ils pourroyent entreprendre de courir la faulsebraye, fut ordonné pour les empescher qu'un massif de terre, en façon de plate forme, seroit relevé dedans, à main droitte de la tour, pour leur coupper chemin, et pour battre à l'entrée et porte d'icelle, afin qu'ils ne s'osassent monstrer de ce costé, non plus que de l'autre à main gauche le long de la breche, où le flanc et massif de la porte Champeneze battoit. Ce jour, M. de Guyse descendit dans le fossé, avec quatre soldats de sa garde, fort hazardeusement, veu le grand nombre d'harquebouziers espagnols qui se tenoyent tousjours à la tranchée du bort d'iceluy. Il recogneut le defaillement des arceaux qui soustenoyent l'allée du gros boulevart, lesquels il commanda estançonner et les appuyer de grosses boizes, pour s'en servir presentement, reservant y faire ouvrage de plus grande durée, quant l'on en auroit le loisir et commodité. Quelque heure après, les ennemis voulurent remuer des pieces de leurs cavaliers; mais noz harquebouziers et harquebouzes à croq, donnerent tant de dommage à leurs gens et chevaulx, qu'ils les contraignirent d'attendre qu'il fist nuict.

Le jour ensuivant, vingt et troiziesme du mois, après midi, se feit une belle saillie, qui avoit esté entreprinse par le vidame de Chartres, sur les gens du marquis, et M. de Guyse l'avoit trouvé bonne; mesmes l'occasion s'y vint presenter de quarante chevaulx alemans, qui vindrent environ deux cens pas par deçà le camp au bord d'un fossé, avec des gens de pied harquebouziers, pour en estre favorisez. M. de Guyse, ayant ordonné ceulx qui devoyent sortir, envoya, comme il avoit de coustume, garder qu'on ne montast sur les murailles, et, pour mesme occasion, des hallebardiers aux plateformes et autres lieux de la ville qui estoyent veuz du camp, afin que l'amas de gens qui s'y souloit au commencement faire pour veoir les saillies, ne donnast advis aux ennemis de ceste cy : car il s'estoit quelque fois apperceu qu'ils y en avoyent prins, et s'estoyent mis en armes pour nous recevoir. Sept ou huict harquebouziers à cheval des nostres allerent premiers jusques à eux, lesquels n'eurent si tost tiré leur coup, qu'ils furent suivis jusques à nostre trouppe, laquelle estoit de vingt chevaulx que Monserie menoit, qui ne s'advança tant qu'il les eust veu estre cent ou six vingts pas par deçà le fossé : et lors, ayant receu les coureurs, tous ensemble leur allerent faire une charge, laquelle les ennemis attendirent à coups de pistolets quelque temps; mais à la fin ils la prindrent toute entiere jusques à leurs gens de pied : et, s'arrestans là à cause qu'ils sentoyent le renfort d'autres quarante ou cinquante chevaulx qui venoyent à la file, les nostres feirent semblant prendre au pas la retraitte vers Pontiffroy, par où estoit ordonné que les seigneurs Dantragues et de La Brosse sortiroyent avecques chascun cinquante chevaulx, entre lesquels M. le prince de Condé, qui s'estoit desguisé en cheval legier, pour en estre l'un, s'y trouva; mais d'iceulx n'en apparoissoyent que dix ou douze, qui avoyent couru de l'autre costé sur les fourrageurs et vivandiers qu'ils avoyent surprins, et mis le feu aux fourrages, et amenoyent un trouppeau de vaches et moutons qu'ils avoyent gaigné, qui estoit provision en ce temps bien receue dans la ville; car la chair fraische avoit commencé à faillir, et plusieurs de noz soldats se prenoyent aux chevaulx. Les ennemis n'ayans, comme il leur sembloit, à se craindre que de ceulx qu'ils veoyent, se sentans, comme avons dict, bien renforcez, descocherent sur les nostres, qui pour cela n'avancerent leur retraitte qu'au petit pas, et bien serrez, tournans deux ou trois fois visage, et autant de fois arrestans les Alemans, qui par ce moyen s'amuserent, et se laisserent attirer près des jardins, entre noz deux ponts, où les nostres faisant teste, se meslerent les uns dans les autres; et lors le vidame, qui avoit attendu long temps ceste opportunité derriere le ravelin du pont des Mores, avecques soixante chevaulx, desquels le duc Horace estoit du nombre, sortit à toute bride leur couper chemin. Les harquebouziers du fossé, cuidans que ceulx-cy s'adressassent à eulx, commencerent à gaigner au pied vers un bataillon de quatorze enseignes, qui avoit desjà marché plus de soixante ou quatre vingts pas par deçà les tentes, mais ils tournerent au fossé, voyants, que noz gens chargeoyent leurs gens de cheval, lesquels, prenants la fuite, donnerent bon moyen aux nostres, qui estoyent peslemesle avec eulx, et à ceulx qui estoyent survenuz, d'en faire grande execution. Les mieux montez gaignerent comme ils peurent la faveur de leurs harquebouziers, avec lesquels faisants teste au bort du fossé, y fut encores combattu à leur grande perte. Les seigneurs Dantragues et de La Brosse s'advancerent cependant pour retirer noz gens, qu'ils trouverent n'avoir autre dommage que du capitaine Bordeille blessé de trois coups de harquebouze ou de pistolet, de quoy il est guery, et le cheval du jeune Mally tué d'une canonnade. On sceut lendemain, par un Alemant mesmes de leur camp, qu'il avoit esté tué des leurs, ou de coups de main, ou d'une coulevrine qui avoit tiré de la plateforme Sainct Simphorien trois fois dans eulx, plus de trente cinq hommes de cheval, et bien quarante de blessez, la plus part de leurs chevaulx tuez, ou si fort blessez, qu'ils ne les avoyent peu rapporter au camp; aussi des gens de pied, vingt cinq ou trente demeurez sur la place. De ceste perte les ennemis donnerent cognoissance : car estant, le jour après, le conte de La Rochefoucaud sorti encores de leur costé, pour battre le chemin de Sainct Heloy, vers le port d'Olizy, où il defoncea des tonneaux, print des marchans et vivandiers à leur veue, ils ne feirent meilleure contenance que de craindre une pareille touche qu'ils avoyent senty le jour precedant. Les marchans prisonniers dirent estre bruit que l'evesque de Maience faisoit lever des gens de guerre pour envoyer à l'Empereur, et qu'il luy venoit d'avantage huict pieces d'artillerie par eaue, de la ville de Constance.

Trop long seroit, et possible ennuyeux, de particulariser toutes les saillies qui se sont faictes durant le siege, desquelles aussi une partie n'a peu venir à ma cognoissance, à cause qu'il s'en faisoit en mesme heure deux et trois par diverses portes, estant contrainct perdre les unes pour les autres, et quelquefois noz gens ne rencontrans les ennemys, s'en retournoyent sans faire chose digne de recit; d'autres aussi, que les saillies n'estoyent ordonnées pour autre chose que pour veoir leur contenance, et recognoistre ce qui se auroit à faire pour une autrefois, et la pluspart dont l'effect tournoit sur les vivandiers et fourrageurs seulement : comme, à l'heure que le comte de La Rochefoucaud gastoit les vivres du camp du marquis, Navailles en faisoit autant entre les deux camps de l'Empereur et de la royne Marie [1], ce qu'on n'auroit aggreable d'ouir si souvent dire qu'il a esté souvent faict. Suffira que par le recit d'une partie soit monstré ne s'estre jamais presenté un seul moyen de nuire ou gaigner sur l'ennemy, que M. de Guyse (quant la raison de la guerre le luy a conseillé) ne l'ait entreprins et faict sagement executer, tenant tousjours l'entreprinse secrète jusques à l'heure qu'il y envoyoit. Et lors, en ayant bien instruit le chef qui la devoit conduire, jectoit premierement les coureurs dehors tous ensemble, et puis ceux de la grosse trouppe bien serrez, sans y permettre d'avantage que le nombre qu'il avoit ordonné, faisant mettre des gens de guerre aux

---

[1] *De la royne Marie.* Voyez la note de la page 39.

lieux de garde en armes, afin que, d'aventure lors que serions amusez d'un costé, l'on ne nous surprint de l'autre : et luy se tenoit à la porte avec autre nombre de gens, tant de pied que de cheval, afin que, si quelque occasion se presentoit de faire d'avantage, ou bien qu'il fallust soustenir et recevoir les nostres pour estre foibles, il peust promptement faire sortir ceulx cy aussi avant qu'il en verroit estre besoing, n'ayant jamais faict retraitte, quand il y avoit grosse trouppe dehors, fust de pied ou de cheval, que au pas et en bon ordre, et que la trompette et le tabourin ne l'eussent sonnée, advertissant toutesfois n'estre raisonnable qu'on demourast longuement dehors à la teste d'un camp. Celle nuict, veille de Noel, le guet et garde des bresches et murailles furent renforcez, afin que le demeurant de noz gens de guerre peussent, en plus grand repos, solennizer une si grande feste, ainsi que M. de Guyse avoit tousjours bien observé les choses appartenantes à la religion, et aussi que les ennemis ne se servissent de telle occasion pour nous venir cependant dresser quelque entreprinse. Apres le service de minuict, il alla visiter tous les corps de garde. Et le propre jour de Noel, tant du costé des ennemis que du nostre, la dignité de la feste fut assez bien gardée, sans nous porter grand dommage ; seulement ils tirerent quelques coups de canon, et nous leur rendismes des mosquetades et harquebuzades en eschange.

Lendemain de Noel, nous comptasmes le soixante-cinquiesme jour de la venue des ennemis, et le quarante-cinquiesme du commencement de leur batterie, qu'encores ne veoyoit l'Empereur gueres d'advancement en son entreprinse, demeurant l'endroit des breches aussi fort et mal aisé (par le moyen des bons et larges rampars que nous y avions dressez) que si noz murailles n'eussent point esté battues, noz flancs par mesme diligence sauvez, et plusieurs faicts de nouveau ; la faulsebraye entière, et aussi bon ou meilleur maintien en noz gens, que le premier jour que son armée arriva; laquelle il cognoissoit que à toute heure alloit en diminuant, à cause de la mortalité grandement eschauffée en ses trois camps, en danger d'estre entierement ruinez, si sa premiere deliberation ne cedoit à la presente necessité, et mesmement au temps, qui s'estoit reduit depuis le commencement de decembre à la froidure et gelée plus vehementes que la belle saison qu'ils avoyent eu du commencement ne les en avoit menassez. Parquoy commença ordonner de sa retraite, et feit passer la riviere de Mozelle à quelques pieces d'artillerie, lesquelles le marquis de Brandebourg logea aupres d'un de ses regimens en la plaine, comme pour assubjectir davantage les yssues de noz ponts. Et pource que de la ville on ne s'estoit encores apperceu d'aucun signe de deslogement que les ennemis voulussent faire, nous ne pouvions penser à quelle occasion on avoit passé celles pieces. M. de Guyse envoya la compagnie de M. de Nemours, pour en recognoistre ce qu'on pourroit, et sortirent premiers par le pont des Mores trente chevaulx avec Navailles, pour courir jusques là, le demourant par Pontiffroy avec M. de Nemours. Les deux trouppes ne parurent si tost sur les ponts, que toute l'artillerie du marquis, tant du hault que de la plaine, et celle qui restoit encores aux tranchées, tira comme si elle eust esté auparavant braquée pour ceste saillie. Ce nonobstant, Navailles alla jusques pres des pieces, qu'il nombra seize, lesquelles nous jugeasmes estre des douze canons, six coulevrines, et cinq mortiers que le marquis avoit presté à l'Empereur, comme nous avions bien sceu; et estoyent gardées de trois ou quatre escadrons de gens de pied. Il temporisa assez long-temps à l'entour, cuydant attirer les ennemis hors du camp : mais ils ne voulurent faire autre jeu que de leur artillerie, de laquelle ne receusmes dommage que du cheval du seigneur de Murat d'Auvergne, qui eut la jambe emportée. Encores du matin, estoit sorty l'enseigne de la compagnie du seigneur de Gounor, avec trente chevaulx, qui les estoit allé chercher bien avant; mais ils n'avoyent voulu se monstrer en campagne, s'advisans pour lendemain de mettre une embusche de deux cens chevaulx vers le chemin de leurs fourrageurs, à main gauche de Saint Héloy, pour surprendre les nostres, si le seigneur de Sainct Phale, enseigne de la compagnie de M. de Guyse (qui eut commandement de sortir avec soixante chevaulx, pour leur coupper tousjours les vivres), n'eust envoyé une partie de ses coureurs vers ce costé, qui les descouvrirent; et lors ils envoyerent quelques chevaulx pour charger nosdicts coureurs, esperant que Sainct Phale s'advanceroit avec toute la trouppe, pour faire la recharge : mais, comme bien advisé, il receut seulement les siens, qui venoyent de faire la descouverte, et autres qu'il avoit envoyé donner jusques au camp, sans suivre les ennemis, lesquels d'eulx mesmes prenoyent la cargue.

Environ une ou deux heures apres, M. de Guyse estant allé, selon sa coustume, visiter l'entour des murailles, jecta sa veue du costé de Sainct Pierre des Champs, où estoit le logis des Italiens du camp de l'Empereur, et n'y voyant promener aucun, pensa qu'ils l'avoyent abandonné, ce qu'il envoya incontinent recognoistre par les capitaines Aboz et Cornay, avec des harquebouziers, qui n'y trouverent personne. Et par mesme moyen fait donner Sainct Estephe, avec autre nombre de soldats, jusques dans les tranchées de la porte Sainct Thibaud, ou furent trouvez quelques Alemans, lesquels, abandonnans leurs picques, harquebouzes et allebardes, furent chassez jusques au corps de garde derrière le prochain cavalier d'auprès Sainct Arnoul, d'où sortit une grosse trouppe d'harquebouziers et corselets pour repoulser les nostres, lesquels, se retirans par les tranchées mesmes, rapporterent les armes qu'ils y avoyent gaignées. De ces deux choses feismes nous la premiere conjecture que les ennemis se vouloyent lever [1]; laquelle se confirma encores sur le soir par advertissement d'un garçon de l'aage de dix ans, natif de la ville, qui vint du camp se rendre à nous, lequel satisfaisoit avec raison aux choses qu'on luy demandoit.

Lendemain, jour des Innocens, s'executa une entreprinse sur trois ou quatre cents chevaux, lesquels, pour empescher noz saillies de la porte à Mozelle, les ennemis mettoyent ordinairement en garde en la plaine d'entre les deux camps; et avoit M. de Guyse (comme en chose pensée de longue main) faict recognoistre par le seigneur de La Brosse et Paule Baptiste, les moyens et chemin qu'il faudroit tenir pour y faire un bon effect : mesmes, par autres saillies, avoit plusieurs

---

[1] *Se vouloyent lever :* vouloient lever le siége.

fois faict mesurer le temps que le secours leur pouvoit venir de l'un ou l'autre camp. Il ordonna bon nombre de gens de cheval se rendre environ midy à la place du Change, et ès autres endroits les plus couverts de la ville, afin qu'on ne les veist des haults lieux du dehors ; et jectant premierement Navailles avec quinze chevaulx dehors, l'envoya devant pour reculer les sentinelles des ennemis, qu'ils avoyent assises au bord de la montaigne pour descouvrir jusques à nos portes ; et puis le seigneur Pierre avec la cavalerie, pour aller faire la charge; la gendarmerie apres, soubz M. le prince de La Rochesuyron, qui les soustiendroit. Tous les princes et seigneurs qui estoient dans la ville furent de la partie. Le seigneur Pierre approcha les ennemis le plus couvertement qu'il peut ; mais l'un des leurs, qui estoit en sentinelle tant à l'escart que Navailles n'y avoit peu arriver sans se perdre, voyant qu'un si grand nombre sortoit, leur en courut donner advis. Ils se voulurent du commencement retirer au pas vers le camp, puis à toute bride, se sentans pressez ; mais noz coureurs et les gens du seigneur Pierre se trouverent si pres, qu'ils se meslerent dans eulx, et fut tout ce corps de garde forcé et rompu, demeurans quelques uns sur la place, et trente trois retenuz prisonniers : tout le reste fut mis en routte. Ceste deffaitte fut à la veue du logis de l'Empereur, lequel incontinent commanda à ceulx de sa maison monter à cheval, et marcha sa cornette jusques au pont de Magny. Or, voyans M. le Prince et le seigneur Pierre leur entreprinse executée, et que de demeurer longuement entre les deux camps en pourroit venir inconvenient, feirent sonner la retraitte, à quoy fut obey d'un chascun, bien qu'il en restast en la campagne et à leur veue quelques charrettes et fourrageurs, sur lesquels noz gens commençoyent descocher(1); mais le commandement qu'en ceste et autres saillies avoit faict M. de Guyse d'obeir aux chefs de l'entreprinse les retint, comme sera tousjours fort requis qu'en tel affaire l'obéissance y soit entierement rendue. Ce jour les ennemis voulurent monstrer qu'ils n'estoyent encores à bout de leurs pouldres et boulets, et s'estoyent mis de bon matin à tirer dans la ville, de douze ou quinze pieces qui restoyent encore sur leurs cavaliers, plus fort qu'ils n'avoyent faict depuis la grande batterie. Continuans tout lendemain, jusques environ minuict, qu'ayans parfourny le nombre de quatorze mille coups de grosses pieces et plus, depuis le dixiesme novembre, oultre douze ou quatorze cens tirez du costé du marquis, osterent toutes leurs pieces des cavaliers, et les menerent à l'abbaye Sainct Arnoul, où, un peu devant le jour, ceulx de la garde des tranchées se retirerent; laquelle chose estant le matin recogneue, noz soldats allerent incontinent gaigner la premiere tranchée des harquebouziers au bort du fossé, et de ceste cy à la seconde, tant qu'ils coururent toutes celles de devant les cavaliers, où presque tout le jour ne cesserent d'harquebouzer les uns sur les autres, et y perdismes des nostres six ou sept soldats. On veit les quatre ouvertures des mines que les ennemis avoyent commencé, dont l'une respondoit desjà soubs la tour d'Enfer. Or, s'estoyent advisez les ennemis de fournir de nuict les ruines de Sainct Pierre, desjà abandonnées, d'un gros nombre de gens de pied et de cheval, et jecter le ma-

(1) *Commençoyent descocher* : commençoient à tomber.

tin quelques vaches paistre assez près de la ville vers ce costé, pour y attirer les nostres; mais M. de Guyse ne voulut qu'on y sortist, prevoyant l'entreprinse des ennemis, laquelle se descouvrit sur le soir qu'on veit retourner ces trouppes au logis. Quinze ou vingt chevaulx des nostres furent envoyez entre les deux camps essayer de faire quelque prinse sur tant de charroy et de gens qu'on veoyoit aller de l'un à l'autre; mais il s'y trouva si grosse escorte de cavalerie, que noz gens s'en retournerent sans rien faire. La nuict, voulant M. de Guyse donner advis au Roy de ce commencement de retraitte, feit sortir nombre d'harquebouziers par le pont des Mores, pour reculer les sentinelles des ennemis qui estoyent assises au bout d'iceluy, et après eulx jecta le messagier, lequel alla prendre le chemin de Thionville, et puis tourna où luy sembla meilleur pour se pouvoir seurement conduire. Sur le premier somme, le feu se print en une maison de la ville où le capitaine Lanque estoit logé, joignant laquelle y avoit quelque munition de pouldre, et les greniers du Roy n'en estoyent pas loing. L'alarme fut donnée, dont s'allerent les gens de guerre incontinent rendre aux breches et autres places ordonnées; et M. de Guyse vint au lieu du feu pour faire remuer les pouldres et pourveoir au demeurant; si bien qu'il n'y eut dommage que d'une partie de la maison. Il faisoit un tresmauvais temps, d'un vent impetueux, meslé de neige si espesse, qu'on ne se pouvoit voir ny ouyr: et, de peur que cela n'invitast les ennemis à quelque entreprinse, on se tint presque toute la nuict en armes. A quoy s'adjousta une nouvelle occasion de ce qu'une partie du rampar, qu'on avoit faict à main gauche de l'allée, entre la porte Champeneze et le boulevart, tomba; de quoy les ennemis eussent possible essayé s'en servir, s'il fust advenu quelque jour auparavant.

Lendemain après midy, pource que quelque nombre d'harquebouziers ennemis se monstroyent entre Sainct Arnoul et la ville, vers les dernieres tranchées, noz harquebouziers sortirent, et y eut une aspre escarmouche, ne laissans prendre advantage les uns sur les autres de plus de trois heures. A la fin les Espagnols se retirerent dans les ruines de l'abbaye, où estoit le fort de leur garde, et avoyent faict des canonnieres et petites ouvertures aux murailles, d'où ils tirerent encores quelques coups à seureté, et bien couverts, sur les nostres, et y fut blessé au bras le capitaine Pierre Longue, et aussi l'enseigne du capitaine Bethume, et cinq ou six soldats morts. Du costé de Pontiffroy, les seigneurs de La Rochefoucaud et de Rendan allerent battre les chemins vers Sainct Heloy, tirans à Thionville, par où une partie du camp s'en alloit, et trouverent des Espagnols malades, qu'on menoit en chariots, vers lesquels feirent tant d'humanité de les laisser passer sans leur faire sentir nouvelle infortune. Et se tenans encores sur le chemin, prindrent un page, un valet de chambre et un laquay du duc d'Albe, lesquels M. de Guyse renvoya depuis par honnesteté à leur maistre, et renvoya aussi un nommé Jaspar suisse, et deux chevaulx legiers espagnols, que Broilly et Mareval avoyent prins en une saillie du vingtseptiesme dudict mois.

Les deux jours ensuyvans se feirent force saillies de quinze et vingt chevaulx sur les routes de ceulx qui commençoyent s'en aller; et par quelques Espagnols et autres des leurs qui furent prins, sceusmes le deslogement de l'Empereur du chasteau de La Orgne, qui s'en estoit parti ce premier jour de l'an, et retiré à Thionville, avecques le malcontentement qu'on peut penser, de se veoir descheu de son esperance, et sa grande armée, qu'il avoit assemblé de divers endroits de la chrestienté, ruinée, son entreprinse tournée à neant, et luy quasi mis pour servir d'exemple à faire veoir au monde que la force et conseil des plus grands hommes n'est rien au regard de la providence de Dieu. Ce mesme jour une trouppe de noz gens de cheval sortit par le pont des Mores, pour aller donner jusques à la file de ceux qui passoyent soubz le mont Sainct Martin, et trouverent beaucoup de cavalerie espagnole qui luy faisoit escorte. Les nostres commencerent attaquer l'escarmouche; mais l'un des ennemis appela un de noz harquebouziers à cheval, pour s'enquerir que c'estoit que les François demandoyent; et comme il luy fust respondu qu'ils chercheoyent à combattre et donner coup de lance, l'Espagnol dist leur trouppe n'estre maintenant en estat pour respondre à cela, qu'ils se retiroyent, et qu'on les laissast aller en paix. Ce propos donna envie au nostre de sçavoir son nom, qui le luy dist, et se nomma le capitaine Sucre, lequel feit incontinent retirer ses gens.

Après le partement de l'Empereur, ses deux camps se leverent le deuxiesme de janvier, par un signe de feu qu'ils feirent de l'un à l'autre, sur les unze heures de nuict, et marcha celuy de la royne Marie jusques à Arcancy, lieue et demie de Metz, contre bas la Mozelle, et le grand soubs la conduite du duc d'Albe, par delà le pont des Moulins; sur la queue duquel deliberant M. le prince de La Rochesuryon faire lendemain une entreprinse avec sa compagnie et cent chevaulx de celle de M. de Guyse, ensemble les chevaulx legiers du seigneur de Rendan, messieurs d'Anguyen, de Condé, de Nemours, grand prieur de France, marquis d'Albeuf, duc Horace de Montmorency, vidame de Chartres, Danville, et autres seigneurs en voulurent estre. Et n'ayans autre yssue que par la poterne des moulins de la Seille, furent contraincts mettre pied à terre pour sortir. En quoy alla tant de temps, que les ennemis eurent cependant passé ce pont des Moulins, ayants laissé au bout d'iceluy, et à l'advenue de la ville, un gros nombre d'harquebouziers et de corselets, lesquels, pource qu'il estoit trop dangereux de les enfoncer là où ils estoyent, les nostres essayerent souvent les attirer à la campagne; mais ils n'y voulurent venir : dont s'en retournans, eurent le spectacle d'une si grande ruine de camp, qu'on eust plus tost jugé l'armée y avoir esté vaincue que s'en estre levée; tant d'hommes morts de quel costé qu'on regardast, beaucoup à qui ne restoit qu'un peu de vie, et une infinité de malades qu'on oyoit plaindre dans les loges, lesquelles à ceste occasion ils avoyent laissées entières; en chascun quartier cimitieres grands, et fraischement labourez, les chemins couverts de chevaulx morts, les tentes, les armes et autres meubles abandonnez, et generalement une si grande misere en tout, qu'elle esmeut à compassion ceulx mesmes qui leur estoyent justement ennemis. Ils trouverent d'avantage plus de douze mille pains et autres vivres gastez. Par où l'on peult cognoistre que la providence (¹) de l'Empereur estoit merveilleuse, d'avoir si longuement et en hyver entretenu un tel et si grand peuple, sans aucune disette, en pays desjà ruiné et destruit. Peult estre que si le rigoreux commandement de la guerre eust esté en main d'un prince non tant humain que M. de Guyse, qu'on eust envoyé incontinent mettre le feu par tout le camp, mais sa pitié ne le peult souffrir, ains envoya assembler les malades, ordonnant une charitable aulmosne pour les nourrir et guerir, et sepulture à ceulx qui estoyent desjà trespassez. Puis feit entendre au duc d'Albe que s'il vouloit envoyer de ses gens pour leur pourvoir, et les conduire à Thionville, il les accommoderoit voluntiers de batteaux bien couverts pour les y mener. Au moyen de quoy il adjousta à son nom (bien que tresgrand de beaucoup d'autres louables œuvres) encores ceste humanité, qui en rendra et la memoire, et luymesmes immortels. Dès le matin le duc d'Albe avoit envoyé vers luy un trompette, pour le prier de recevoir en la ville un gentilhomme espagnol, nommé le seigneur Rouméro, fort malade, afin d'y estre traicté, et qu'il luy pleust l'avoir en recommandation : ce que fut liberalement accordé, et ledict Rouméro receu avec ceulx qu'on luy avoit laissé pour le servir. Ce mesme jour le seigneur de La Brosse, avecques la compagnie de M. de Lorraine, celles du seigneur de Gounor et du capitaine Lanque, ensemble quelques soldats du capitaine Voguedemar, sortirent par la porte Saincte Barbe, pour aller donner sur la queue du camp de la royne Marie; mais il avoit tant cheminé depuis environ minuict, que le seigneur de La Brosse ne trouva autre chose, fors

---

(¹) *Providence* : prévoyance.

une pitié pareille à celle qui avoit esté veue de l'autre costé. Voguedemar avecques ses soldats descendit vers la riviere, et passa jusques au village de Malleroy, où il trouva sept ou huict vingts caques de pouldre, qui furent gardées quelque temps, soubz esperance de faire descendre des batteaux, et amener le tout dans la ville; mais sentant approcher la nuict, et que une longue attente seroit dangereuse, mesmes que beaucoup d'ennemis du camp du duc d'Albe n'en logeoyent pas loing, fut advisé d'y mettre le feu. Encores sur le hault, le seigneur de La Brosse veit les marques de beaucoup de pouldre bruslée par trainées, et grand nombre de boulets que les ennemis avoyent laissé, comme aussi en avoyent laissé beaucoup à l'autre camp, et mesmes en avoyent ensevely soubz terre, par où se descouvrit encores mieulx le grand appareil de guerre que l'Empereur avoit mené, et la licence qu'il s'estoit donné d'en prendre en passant par les villes d'Alemaigne. L'on a creu que les cinq cens milliers de pouldre dont ils nous menassoyent tant, furent à peu près employez ou gastez.

Quand il fut nuict, M. de Guyse despescha le seigneur Thomas Delveche, pour aller donner advis au Roy du succès de ce siege, et des termes en quoy les grands forces de l'ennemy estoyent reduictes; et lendemain un nombre de chevaulx fut envoyé vers Saincte-Barbe, sur le chemin que le seigneur de Brabançon et ceulx du Pays Bas tenoyent : et, apres les avoir suiviz tout le jour, ne les peurent attaindre, ny trouverent autre chose que quelques reliques de mors et malades, d'armes et bagage abandonnez par les chemins.

Le marquis Albert n'avoit encores rien remué, ains le jour precedent avoit tiré de dixhuict ou vingt pieces à toute oultrance dans la ville, comme pour descharger son charroy de ceste munition : et pource qu'on veit quelques harquebouziers espagnols en imboscade assez pres de son camp, M. de Guyse envoya trente chevaulx avecques Monserie par Pontiffroy, pour les recognoistre. Noz coureurs s'approcherent jusques à donner coups de harquebouze dans eulx, mais ils ne voulurent venir à l'escarmouche.

Le jour d'après, le marquis ne feit encores semblant de bouger, et y avoit par deçà son camp, le long de la plaine, en bataille, autre nombre de gens de cheval, qu'on sceut depuis estre Bohemoys, se tenants là comme pour escorte de quelque charroy, lequel, à juger de loing, on estimoit estre artillerie. Le seigneur de Biron eut commandement, avec trente chevaulx, d'aller veoir que c'estoit. Ainsi qu'il sortoit par le pont des Mores, huict chevaulx des ennemis, qui estoyent en sentinelle derriere la croix dudict pont, se monstrerent, lesquels le guydon de la compagnie de M. le prince de La Rochesuryon, avec trois chevaulx de noz coureurs, alla charger ; et, prevoyant le seigneur de Biron que le jeu viendroit estre mal party, mesmes que six chevaulx s'approchoyent encores de renfort aux ennemis, il envoya le seigneur de Dampierre et trois autres des nostres se joindre aux premiers qui estoyent desjà meslez : et avoit ledict guydon esté blessé, se trouvans les uns si avant dans les autres, que, venant autre trouppe d'ennemis bien forts, comme est leur coustume, et qui n'estoyent gueres loing de là, un des nostres ne se peut demesler, et, pour la faute de son cheval qui tomba, fut retenu prisonnier. Le demeurant print la cargue, et furent suiviz jusques sur les bras du seigneur de Biron, lequel, voyant les ennemis si près, encor qu'en grand nombre, comme de sept ou huict vingts, delibera les soustenir, de peur que, s'il se retiroit sans faire teste, ses coureurs fussent perduz, et que les ennemis se vinssent mesler dans sa trouppe, en danger de la rompre. Parquoy commanda qu'on chargeast, et tout à un coup les nostres donnerent dedans les ennemis; lesquels, après que leur opiniastreté eut duré quelque temps à coups de pistolet, ils furent à la fin contraincts tourner le doz, et furent chassez plus loing que le seigneur de Biron n'eust voulu, qui s'efforça retenir les nostres; mais il faisoit si beau suivre les autres, qu'ils furent menez battant plus de quatre à cinq cens pas, portans par terre et executans ceulx qui peurent estre attaints. Et, pource qu'il se monstroit autre trouppe d'ennemis bien serrez à main droicte, il meit peine de rassembler la sienne, et se retira peu à peu, monstrant plusieurs fois visage, jusques au pont, sans perte que d'un second prisonnier et d'un autre tué. Ceste escarmouche avoit prins un dangereux commencement, consideré la force des ennemis; mais la fin revint à estre bien et heureusement conduitte. Les seigneurs de Duras, de Bordeille, de Mortamar, de Sainct Supplice et La Couldre, s'y trouverent, qui feirent bien le devoir; et sceut lors M. de Guyse que ce camp du marquis n'arrestoit que pour l'artillerie de l'Empereur, laquelle n'estoit encores passée, et marchoit à grand peine, à cause que le temps estoit au degel, et la neige fondoit, par où le pays estoit rendu si mol et enfondré, qu'un cheval delivré (¹) avoit assez affaire à s'en retirer; mesmement que une partie de leurs pieces estoyent doubles canons ou basilics, et presque toutes de plus gros calibre que ne sont communeement les nostres. Ceste mesme cause avoit aussi contrainct et contraignoit encores le duc d'Albe tenir son camp au pont des Moulins à trop grande perte de ses gens, qui mouroyent tousjours : mais il ne vouloit avoir la honte d'abandonner l'artillerie. Ce jour le vidame de Chartres fut, avec quelque nombre de chevaulx, vers Saincte Barbe, et s'approcha de la riviere, où veit de l'autre costé la file de ceulx qui se retiroyent tousjours vers Thionville, sur lesquels il s'advisa d'une entreprinse, et considera la commodité du lieu pour l'executer. La nuict il y feit descendre deux bateaux, et luymesmes lendemain matin s'y trouva avec vingt cinq ou trente harquebouziers et autant de gens de cheval, et jecta de ces gens de cheval sur le costé des ennemis, autant que les deux bateaux en peurent passer pour une fois, ensemble dix harquebouziers pour la garde de chascun bateau ; lesquels chevaulx passez oultre, couvers sur les armes et croix de manteaux gabans (²), se saisirent premierement des trois ou quatre premiers charriots qu'ils trouverent, lesquels ils rangerent en forme de barriere devant les bateaux, pour saulver leur retraitte et se pouvoir embarquer, s'ils estoyent forcez de gros nombre de cavalerie; puis, retournans se pourmener le long du chemin, trouvoyent maintenant six, puis huict, tantost dix des ennemis, ausquels ils faisoyent entendre que leur plus court

---

(¹) *Delivré*: libre. — (²) *Manteaux gabans*. C'étoient des manteaux de feutre, dont on se servoit par le mauvais temps.

estoit passer le long de l'eaue, et y adjoustoyent la force quand ils n'y vouloyent aller de gré, ou, les ayant desvalizez, les envoyoient oultre, afin que ceulx qui venoyent après n'en eussent cognoissance. La file s'y adressa d'ellemesme si espesse, que les nostres estoyent assez embesongnez de les despescher, retenans ceulx qu'ils jugeoyent pouvoir payer quelque rançon. Ce passetemps dura environ deux heures sur trois ou quatre cens; et l'eust encores le vidame continué, sans un Espagnol mesmes prisonnier, lequel, l'ayant veu rendre une belle jeune femme à un Alemant qui disoit l'avoir espousée, meu de ceste honnesteté, l'advertit se retirer de bonne heure, et que toute la cavalerie espagnolle estoit logée aux environs, laquelle, en moins de rien, pourroit estre sur luy : dont prenant ce conseil, ne fut si tost repassé à son bort, que ceste cavalerie se monstra de l'autre part, laquelle ne luy peut faire plus grand mal que de luy en souhaiter.

L'apresdisnée deux gros esquadrons de gens de cheval furent veuz du costé du marquis, ausquels M. de Guyse envoya Navailles, avec vingt et cinq chevaulx, attaquer une escarmouche pour en attirer une partie, s'il pouvoit, vers la croix, où desjà s'estoyent jectez bon nombre d'harquebouziers et corselets pour les recevoir. Les ennemis se tindrent tousjours serrez, et n'envoyerent que quelque petit nombre de harquebouziers à cheval sur les nostres, non gueres loing de leur trouppe, qui se harquebouzerent un temps les uns les autres.

Or y avoit il une isle dedans la Mozelle qu'on appelle le Pré de l'Hospital, et venoit par l'un des bouts joindre bien près du pont des Mores, s'estendant puis apres contremont la riviere, jusques à trois ou quatre cens pas de l'abbaye Sainct Martin, et autant jusques au champ de Wassieux, où le bout des tranchées des ennemis respondoit. M. de Guyse avoit souvent pensé y jecter de l'artillerie pour tirer dans l'un des deux camps, ne fust l'inconvenient qu'il seroit tousjours battu de l'autre par le derriere : aussi estoit danger qu'avec nombre de batteaux, que les ennemis eussent aiseement recouvert et faict descendre, estans maistres du Pont à Mousson, vinssent jecter nombre de gens dans l'isle, et gaigner noz pieces : mais, à ceste heure qu'ils avoyent abandonné le Pont à Mousson, et n'avions plus ennemis que d'un costé, luy sembla estre temps de mettre à effect sa deliberation. Et premierement feit passer dans ceste isle deux bastardes, qu'on approcha le plus que l'on peut du camp du marquis, et essaya l'on d'en tirer à ces esquadres d'ennemis qui se tenoyent derriere les escarmoucheurs : toutesfois la haulteur du bort de la riviere de leur costé les couvroit, et garda qu'on ne les peut gueres offenser. Depuis on y passa un canon, une longue coulevrine et quelques faulconneaulx, afin de fascher le marquis dans son camp, et le contraindre de laisser le logis du mont Sainct Martin.

Cependant M. le duc de Nevers, qui s'estoit longuement tenu à Thoul avec bon nombre de chevaulx, pour garder que l'ennemy ne jouist de ce quartier de pays, et luy coupper tousjours les vivres, vint à Metz, où il n'eut peu de plaisir à veoir le bon estat de toutes noz choses, et l'ordre qui avoit esté mis pour repoulser l'ennemy. Estant l'apresdisnée du costé des ponts avecques M. de Guyse, pour veoir le camp du marquis, et recognoistre s'il y avoit moyen d'y rien entreprendre, M. de Nemours sortit avec quelques chevaulx de sa compagnie, et la compagnie du seigneur de Rendan, envoyant les seigneurs de Clermont, Suze, La Roue, Dampierre, Sombarnon, et trois ou quatre autres, donner jusques au camp, où les ennemis ne coururent à autres armes qu'à l'artillerie, qu'ils feirent tirer incontinent, sans donner à congnoistre qu'ils voulsissent sortir de leur fort, laissants aux nostres maistriser la campagne jusques auprès de leurs tentes. Encores le jour après, le comte de La Rochefoucault et le capitaine Lanque sortirent, afin que jamais on ne leur laissast prendre le repos qu'on leur pourroit oster, et allerent les coureurs tuer des Alemans jusques dans le camp, approchans à soixante pas de leur artillerie, sans que leurs gens de cheval se monstrassent. Et lendemain, au poinct du jour, les nostres, couverts d'une petite tranchée dans l'isle et Pré de l'Hospital, commencerent tirer à l'eglise et abbaye où le marquis estoit logé, et au long de son camp, qui nous estoit quasi tout en bute, lequel eut à souffrir cela jusques au soir; et non seulement tint on subjects ceulx cy, mais encores quelques squadrons de cavalerie que le duc d'Albe avoit envoyé en la plaine pour escorte de leur artillerie, qui marchoit tousjours vers le port d'Olizy, où l'on l'embarquoit pour de là la conduire à Thionville, lesquels, au passer et repasser du chemin qui est entre le mont Sainct Martin et noz pieces, se desbandoyent, courans sans attendre les uns les autres, pour se jecter hors de la portée. Les deux camps du duc d'Albe et du marquis se leverent lendemain matin, et eut leur cavalerie passé avant jour tant de la plaine que noz pieces pouvoyent battre, et s'alla renger en esquadrons au pied du cousteau, attendant les gens de pied, lesquels, laissants la plaine, feirent un chemin nouveau à travers et au pendant des vignes, pour s'asseurer du canon : puis vindrent regaigner les gens de cheval en la plaine. M. de Guyse feit sortir quinze ou vingt chevaulx de sa compagnie, et huict ou dix harquebouziers du capitaine Lanque, qui leur attaquerent l'escarmouche, et leur furent sur les bras jusques à midy, qu'on les envoya rafraischir de pareil nombre jusques à la nuict, que les nostres retournerent en la ville, et les autres prindrent logis aux premiers villages près d'Olizy. M. de Guyse visita les deux lieux de Moulins et du mont Sainct Martin, ausquels et à Longueville, Chazelles, Seyc et autres villages d'alentour, il trouva de merveilleuses restes de mors et malades, de sorte que nous jugions la perte d'hommes, qui pouvoit avoir esté aux trois camps, de environ vingt mille ; et beaucoup des leurs, qui tomberent depuis prisonniers ès mains des nostres, nous asseurerent que le nombre passoit jusques à trente, et possible trentecinq mille.

Quelque autre jour apres, M. de Guyse alla veoir le lieu où avoit esté le camp de la royne Marie, laissant dans la ville, pour ne demeurer despourveue de conseil et conduitte, M. le gouverneur (1) et quelques autres de qualité, ainsi qu'il avoit accoustumé faire toutes les fois qu'il sortoit dehors. Et furent trouvées des tranchées et flancs en ce camp, vers la venue de la ville, tout ainsi que si les ennemis eussent eu en teste une armée de pareille ou plus grande force à la leur.

---

(1) *M. le gouverneur :* Artus de Cossé, seigneur de Gonnort.

Il coula le long de l'eaue pour veoir le logis et port d'Olizy, que le duc d'Albe avoit prins, lequel estoit de l'autre bort en lieu hault, et dominoit la plaine basse et raze du costé de deçà, en laquelle ils avoyent relevé un fort de terre, et y tenoyent des harquebouziers pour la seureté du port, afin que les nostres n'empeschassent d'un bort à l'autre l'embarquement de leurs pieces, desquelles en avoyent cependant logé six bien à propos pour defendre les deux costez du fort; et veritablement le lieu estoit choisy en gens de guerre, et à bon avantage pour eulx. Le vidame de Chartres alla escarmoucher ces harquebouziers du fort, qui sortirent à la campagne soubz la faveur d'un gros nombre d'autres logez en un prochain village, qui leur vindrent au secours, et ne fut à la fin passé à gueres grand combat d'un costé n'y d'autre : bien fut remarqué par les nostres le moyen de surprendre dans le logis ces derniers venuz; mais eulx, craignans ceste entreprinse, repasserent des la nuict l'eaue, et ne les trouvasmes au village le jour d'apres, que M. de Guyse mesmes y fut avecques bon nombre de gens de pied et de cheval. De l'autre costé, les seigneurs de La Brosse et de Touchepres, avec quarante ou cinquante chevaulx, estoyent allez à la queue du camp, pour recognoistre l'ordre qu'il tenoyent à leur retraitte. Et furent jusques au chasteau de Donchamp, d'où ils furent descouverts, et sortit bon nombre de soldats les charger à coups de harquebouze, de fossé en fossé, comme le pays en est bien garny, qui fut cause de les faire retirer sans passer plus avant, et n'y eut rien perdu de nostre costé.

Apres cecy, M. le mareschal de Sainct André arriva

avec une trouppe de gendarmerie et cavalerie, lequel avoit tenu dix ou douze jours la campagne, pour fascher les ennemis et les garder de s'eslargir, comme aussi durant le siege il leur avoit tousjours defendu les terres de Verdun et des environs, mesmes faict plusieurs belles desfaictes sur eulx, et souvent avoit envoyé donner des alarmes jusques au camp qui estoit devant Metz. Or, nous trouvans pour sa venue beaucoup renforcez de gens de cheval, fut mis en conseil comme on pourroit offencer les ennemis; car nous voulions, à leur retraitte, essayer tous les moyens qui seroyent bons et asseurez pour le faire. Il fut trouvé que, à cause de la grande riviere qui leur flanquoit le costé droit, et la faveur que leur faisoit à gauche la forest de Brey, fort espaisse et bien advantageuse pour gens de pied, et qu'ils avoyent mis grand force d'harquebouziers avec leur cavallerie sur la queue, aussi beaucoup de mauvais passages et estroicts jusques à leur logis, on ne pourroit rien entreprendre sur eulx qu'à nostre trop grand desavantage : toutesfois le seigneur Paule Baptiste eut commandement d'aller encores veoir de pres si la commodité d'aucun lieu, ou quelque desordre d'entre eulx, nous pourroit bailler occasion de les aller visiter; mais il ne trouva autre chose en leur camp qu'un grand nombre d'affuts, flacques (1) et rouages d'artillerie laissez sur la place et sur le port, ayans eulx passé le pont de Rozemont et approché Thionville. Dont fut consideré, puisqu'ils s'estoyent acheminez, qu'ils marcheroyent lendemain encores par delà, et nous esloignerions par trop de la

---

(1) *Flacques* : flasques. Voyez la note de la page 364.

retraitte si on les poursuivoit si avant, parquoy M. de Guyse se donna repos de telle chose.

C'est à peu pres le sommaire de tout ce qu'est advenu en ce siege de Metz, grand et notable pour beaucoup de respects, soit pour la grandeur de l'Empereur, qui en avoit juré l'entreprinse, et pour le nombre des princes qui estoyent avecques luy, soit pour toutes ses forces et appareil de guerre qu'il y avoit amené, et pour la longueur du temps qu'il a campé devant; d'aultre costé, l'importance de la ville, en laquelle consistoit un grand advantage de la guerre commencée entre ces deux princes; les personnages de qualité qui estoyent dedans pour la garder; la louange que noz gens de guerre se peuvent donner de l'avoir fortifiée, avitaillée et defendu pour le Roy en cinq mois. Oultre tant d'autres belles et grandes choses qui s'y sont faictes, où, si la vaillance et le bien faire d'aulcuns ne s'y trouvent recitez comme ils meritent, ils soyent asseurez qu'il n'a tenu à l'avoir voulu, mais à ne l'avoir sceu, ou ne l'avoir sceu bien faire : ce qui les venge assez de moy, en ce que mon ignorance revient à punition de mon default, et souhaiterois, pour le reparer à la faveur de ceulx qui pourroyent avoir occasion de se plaindre, avoir aussi peu obmis de la verité comme suis trescertain n'y avoir rien adjousté.

Lendemain dimenche, quinziesme du mois, fut faicte une procession generale, à laquelle s'assemblerent toutes les eglises, couvents et colleiges de la ville, et y assista M. de Guyse, ensemble les autres princes, seigneurs et gens de guerre, en toute devotion, rendans graces à Dieu de nous avoir tenu la main à la defence de la ville, et à nous saulver de la puissance des ennemis. Et pource que M. Guyse fut adverti qu'en plusieurs lieux de la ville il y avoit des livres contenants doctrine reprouvée, M. de Guyse les feit, sans scandale d'aucun, touts assembler en un lieu et y mettre le feu, donnant ordre que les habitans eussent pour l'advenir à suyvre un train de meilleure vie qu'auparavant qu'ils eussent esté receuz à la protection du Roy.

Le lundi fut publié une ordonnance de par luy, pour le retour des habitans, commettant des capitaines et aultres personnages de qualité, à s'enquerir par tous les quartiers s'il y avoit esté faict aucun desordre par les soldats, dont on peut sortir plainte raisonnable, afin d'y pourveoir au mieulx qu'il seroit possible.

Et les jours apres il regarda à la police des citoyens et habitans, que le trouble du siege avoit aucunement alterée et changée, pour la remettre en mesme estat qu'auparavant; aussi à la fortification de la ville, pour redresser les breches et ruines que le canon y avoit faictes, avecques la poursuite des autres choses qui avoyent esté mises en desseing. Puis feit faire la monstre generale aux gens de guerre, tant de pied que de cheval, avec payement de tout le temps qu'ils avoyent servi et qui leur estoit deu. En quoy la liberalité du Roy se monstra, de ne precompter en rien les vivres qu'ils avoyent eu et qui leur avoyent esté distribuez durant le siege; offrant en oultre M. de Guyse d'obtenir pour eulx autres plusieurs biensfaicts et particulieres graces du Roy, selon la cognoissance qu'il avoit des merites d'un chascun, ainsi que depuis il s'y employa tresvoluntiers. Et ayant ordonné du nombre des gens de guerre qui demeureroyent par apres dans la ville, la laissa en la garde du seigneur de Gounor, gouverneur d'icelle ; et, le vingtquatriesme jour dudict mois, s'en retourna vers le Roy.

Estant le precedant discours sur la presse, l'imprimeur, d'adventure, a recouvert un roole des princes, seigneurs, capitaines et autres gentilshommes et gens de guerre, qui estoyent dans Metz durant le siege, et l'a adjousté icy, pensant que telle chose sera bien convenable à la suitte des autres que l'autheur y a couchées : en quoy, si le rang n'est observé selon la dignité de ceulx qui y sont nommez, il sera excusé, pour n'avoir la particuliere cognoissance de la plus grande partie d'iceulx, ayant suyvy en cela le Memoire qui luy en est tombé entre mains.

Monsieur le duc de Guyse, lieutenant de Roy, avec sa compagnie de cent hommes d'armes, et les seigneurs d'Antragues, de Sainct Phale et de Sainct Luc, lieutenant, enseigne et guydon d'icelle.

M. le prince de La Rochesuryon, avec sa compagnie de quarante hommes d'armes ; et les seigneurs de Biron, de Guron et de Montreud, lieutenant, enseigne et guydon d'icelle.

Le seigneur Pierre Strozzi, chevalier de l'Ordre, ayant avec luy un nombre de personnages de bon service.

La compagnie de M. de Lorraine, de quarante hommes d'armes ; et les seigneurs de La Brosse, de Lemont et de Chastelet, lieutenant, enseigne et guydon d'icelle.

M. de Nemours, avec sa compagnie de deux cens chevaulx legiers; et le seigneur Paule Baptiste Fregoze son lieutenant, le seigneur de Pailiez son enseigne, après la mort duquel le filz du conte de Lude la porta.

Le seigneur de Gounor, gouverneur de la ville, avec sa compagnie de cent chevaulx legiers; et les seigneurs de Saincte Gemme et de Mebertin, lieutenant et enseigne d'icelle.

Le conte de La Rochefoucault, avec sa compagnie de cent chevaulx legiers; et les seigneurs de La Faye et de Touchepres, lieutenant et enseigne d'icelle.

Le seigneur de Rendan, avec sa compagnie de cent chevaulx legiers; et les seigneurs de Montpha et de Fayoles, lieutenant et enseigne d'icelle.

Le seigneur de Lanque, avec sa compagnie de cent harquebouziers à cheval, et le chevalier de Lanque et le jeune Lanque, lieutenant et enseigne d'icelle.

Bandes de gens de pied, et premierement celles qui furent laissées dans Metz quand le Roy marcha en Alemagne; sçavoir, des capitaines

Haucourt.	Cauzere.	Pierre Longue.
Biques.	Verdun son frere.	Aboz.
Bahus.	Soley.	Sainct Houan.

Trois qui furent envoyées apres que le camp fut rompu, au retour de Haynault; des capitaines

Gordan.	Ambres.	La Granche.

Sept envoyées depuis, pour la garde de la ville, quand M. de Guyse y arriva; sçavoir, des capitaines

Glenay, qui fut depuis maistre de camp, apres la mort du capitaine Favars.

Choqueuse.	Sainct Aubin.	Maugeron.
Sainct-André.	Bethune.	La Mole.

26.

Aultres quatre que M. le connestable envoya depuis; des capitaines

Favars, maistre de camp. Laquelle, luy mort, fut baillée au jeune Cornay son lieutenant.

Salcede. Voguedemar. Cantelou.

Commissaires ordinaires des vivres dans Metz :

Les seigneurs de Piepape et de Sainct Belin.

Commissaires de l'artillerie, et gens experts au faict des fortifications :

Le seigneur de Sainct Remy, le seigneur d'Ortobie, le seigneur de Popincourt, Camille Marin.

Nombre des princes, seigneurs et gentilshommes qui vindrent pour leur plaisir au siege :

Messieurs d'Anguien.	De Montpesat.
Prince de Condé.	De Brosses et son frere.
Grand prieur de France.	De Crevecueur.
Marquis d'Albeuf.	D'Ouarty.
De Montmorency et Danville frères.	De Boysdaulfin.
	De Canaples, deux freres.
Duc Horace Farnez.	De Rocofeuilh.
Vidame de Chartres.	De Lucé.
Conte de Martigues, et marquis de Bauge freres.	De La Chapelle des Ursins.
	De Rufec et son frere.
Conte de Benon.	De Suse.
Conte de Charny.	Du Lucey.
Conte de Creance.	De Rochebaron de Borgoigne.
Conte de Nantueil.	
Les seigneurs de Mezieres.	De Clermont.
Vidame d'Amiens.	De Soubize.
De La Palice.	De Dampierre.

Du Parroy.
Le viconte du Mont Nostre Dame.
De Navailles.
De Silhy.
De La Roue.
De Rouville.
De Tourcy.
De Bordeille, deux freres.
D'Achon.
De Lorges.
De Duras.
De Mailly pere et filz.
De Verrigny.
De Bugueno.
De La Malherée.
De Maligny.
De Cayluz.
De Joyeuse.
De Mortemar.
De Chatenieray.
De Gamaches.
De Sainct Supplice.
De Levy.
De Cessac.
Le viconte d'Ochy.
De Amanzey.
D'Ambres.
De Estrée le jeune.
De Carrouge.
De Fosseuse.
De Estauges.

De Sombarnon.
De Sandricourt.
De La Rochechalez.
De Charluz le jeune.
De Matignon.
De Riberac.
De Malicorne.
De Clemont.
De Sainct Severin.
Le baron de Tinteville.
De Belenave.
De Orbec.
De Senetayre.
De Montgey.
De Murat.
De Auradé.
Le baron de Maignac.
De Fovion.
De La Curée.
De Nantoillet.
De Piepape.
De Sault le jeune.
De Montsalez.
De La Roche du Maine.
De Sainct Geniez.
De Sainct Stephe.
De Tranchelion.
De Argence, deux freres.
De Rhotelin.
De Vitry.
De Beuilh.
De La Freté.

De Haraucourt.
De Bule.
Les enfans de Borbonne.
De Teors.
De Harbouville.
De Caubioz.
De Marigny.

Et autres plusieurs gentilshommes, tant de la maison du lieutenant du Roy que des autres princes et seigneurs, desquels leur nom n'estoit au Memoire qui me fut baillé.

Nombre des capitaines et autres gens de nom qui sont morts audict siege.

Les seigneurs de La Palice.
De Paliez.
De Oradé.
De Marigny.
De Mompha.
De Cambioz.
Le capitaine Vate.
L'enseigne du capitaine Gordan.
L'enseigne du capitaine Soley.
Camille Marin.
De Boysherpin.
De Eynerie.
De Fayoles.
De Fonterailles.
De Rocquefeuilh.
L'enseigne du capitaine Glenay.
De La Roche Chalez.
Le baron de Treves.
De Fovion.
Le capitaine Favars, maistre de camp.
De Harbouville.
De Cornay l'aisné.
Le baron de Tinteville.
Le capitaine Poledre, italien.

Ensemble quelques hommes d'armes, chevaulx legiers et harquebouziers à cheval qui ne sont icy mentionnez, et environ deux cens cinquante soldats de toutes les bandes.

FIN DU SIÉGE DE METZ.

DISCOURS

DE

GASPAR DE COLLIGNY,

SEIGNEUR DE CHASTILLON, ADMIRAL DE FRANCE,

OU SONT SOMMAIREMENT CONTENUES LES CHOSES QUI SE SONT PASSÉES
DURANT LE SIEGE DE SAINCT QUENTIN.

NOTICE

SUR COLIGNY ET SUR SES MÉMOIRES.

Gaspard de Coligny naquit à Châtillon-sur-Loing, le 16 février 1517, du maréchal Gaspard de Coligny, et de Louise de Montmorency, sœur du connétable de ce nom. Son frère aîné, Odet de Coligny, étant entré malgré lui dans l'Eglise, la crainte d'éprouver la même contrainte lui fit interrompre des études commencées avec beaucoup d'éclat. Il voulut suivre la même carrière que d'Andelot son autre frère, plus jeune que lui de trois ans, voué aux armes dès sa première enfance, et qui s'étoit déjà distingué dans les guerres d'Italie. Ces trois frères, dont la vie devoit être aussi brillante qu'orageuse, furent constamment unis par l'amitié la plus tendre : doués chacun de talens supérieurs, mais différens, ils se prêtèrent un mutuel appui; et, devenus les principaux chefs d'un parti qui vouloit anéantir l'ancien système religieux et politique de la France, ils rendirent les plus signalés services à cette cause, pour laquelle ils périrent.

Comme toute l'histoire de Gaspard de Coligny, pendant les guerres de religion, se trouve dans l'Introduction aux Mémoires relatifs à cette époque [1], nous

[1] Introduction aux Mémoires sur les règnes de Henri II, de François II, de Charles IX, de Henri III et de Henri IV, tome xx, première série.

nous bornerons à retracer ici la partie de sa vie la moins connue, celle qui comprend ses premiers exploits, son avancement progressif, et son changement de religion.

Ayant abandonné, à l'âge de vingt-deux ans les études sérieuses auxquelles on l'avoit appliqué, il parut à la Cour de François 1 en 1539, peu de temps avant la disgrâce du connétable Anne de Montmorency son oncle. Il y trouva le jeune François de Guise, qui devoit devenir si célèbre sous les règnes suivans; et ces deux hommes, destinés à suivre, dans leur carrière politique, une route si opposée, contractèrent alors la liaison la plus intime. Ils accompagnèrent le Roi dans la campagne pénible de 1543; et si Guise y déploya un courage fougueux et brillant, Coligny s'y fit remarquer par un sang-froid qui sembloit appartenir à un grand capitaine. Il fut blessé au siége de Montmédy et à celui de Bains. L'année suivante il partit avec d'Andelot pour l'armée d'Italie, dont le comte d'Enghien avoit le commandement : s'étant distingués l'un et l'autre dans cette campagne fameuse, le général les arma chevaliers sur le champ de bataille de Cerisolles.

A la nouvelle que Charles-Quint et Henri VIII faisoient une invasion en Champagne et en Picardie, et menaçoient la capitale, Coligny revola vers François 1. Il servit sous le Dauphin, chargé du commandement de l'armée de Champagne; et, après la retraite de l'Empereur, il accompagna le maréchal de Biez au siége de Boulogne, dont les Anglais s'étoient emparés. Cette entreprise ne réussit pas : mais Coligny, auquel un régiment d'infanterie étoit confié, donna le premier l'exemple d'assujétir cette arme à une discipline qui en double la force.

François I étant mort, et Henri II étant monté sur le trône, le connétable de Montmorency quitta son exil, et fut plus en faveur que jamais. Il fixa l'attention du monarque sur Coligny, dont jusqu'alors les talens n'avoient pas été appréciés, et proposa de lui donner le commandement de l'armée qu'on envoyoit en Italie pour secourir Octave Farnèse, duc de Parme; mais le crédit de Diane de Poitiers fit obtenir la préférence à Brissac qu'elle aimoit. D'Andelot, qui s'étoit engagé dans cette expédition, croyant que Coligny en auroit la direction, s'enferma dans la ville de Parme, menacée d'un siége, fut fait prisonnier dans une sortie, et subit à Milan une longue captivité.

Pendant qu'il gémissoit de son inaction, et de l'oubli dans lequel on laissoit son frère, une nouvelle occasion se présenta de récompenser dignement cette famille. L'âge avancé du seigneur de Taïs le rendant peu propre à la charge de colonel général de l'infanterie que François I avoit créée pour lui, elle fut donnée à Coligny, qui la remplit avec un zèle aussi ardent qu'éclairé (1). Son caractère ferme et inflexible brisa tous les obstacles; il parvint à extirper des abus qui existoient depuis des siècles; « et ce fut lui, observe « Sainte-Marthe, qui policia l'infanterie, et fit les or- « donnances militaires qu'on observe aujourd'hui. » Peu de temps après, l'amiral d'Annebaut étant mort, Coligny eut encore cette charge importante, à laquelle

---

(1) Lettres patentes du 25 novembre 1552. Elles portent que Coligny *sera colonel et capitaine général de tous les gens de pied français qui sont et seront, delà en avant, tant deçà que delà les Monts.*

il donna autant de soin qu'à celle de colonel de l'infanterie. Pendant cette année, il avoit fait avec le Roi la campagne de Lorraine, où les Trois-Evêchés furent irrévocablement réunis à la France.

Deux ans après (1554) il alla en Flandre avec Henri II, qui avoit pris la résolution de livrer bataille à Charles-Quint. Les deux armées vinrent aux mains près du château de Renty, et la victoire se déclara pour les Français. François de Guise voulant s'en attribuer l'honneur, Coligny le lui disputa; et ces deux guerriers, qui, depuis qu'ils avoient fait ensemble leurs premières armes, étoient unis par l'amitié la plus tendre, conçurent l'un contre l'autre une haine implacable (1).

Après cette campagne glorieuse, d'Andelot obtint sa liberté. Coligny, charmé de revoir un frère qu'il chérissoit, fit sentir au Roi que ses services devoient être récompensés; et, comme il n'y avoit alors aucune grande charge vacante, il eut la permission de se démettre en sa faveur de celle de colonel général de l'infanterie. Pendant les loisirs de sa prison, d'Andelot avoit beaucoup lu; et son esprit grave l'avoit porté à préférer les livres relatifs aux controverses religieuses qui agitoient presque toute l'Europe. Les déclamations énergiques des protestans le séduisirent; il se laissa entraîner par leurs sophismes, et il sortit du château de Milan, non-seulement décidé à embrasser la nouvelle religion, mais dévoré du désir de lui faire des adeptes. Il essaya d'abord son zèle sur ses deux

---

(1) L'auteur de la Vie de Coligny dit que la haine de ces deux rivaux s'accrut encore en 1556, parce que le duc de Guise fit rompre la trêve de Vauxcelles, négociée par l'Amiral.

frères. L'Amiral, qui, comme on l'a vu, avoit, dans sa jeunesse, acquis une instruction assez grande, quoique incomplète, ne refusa pas d'examiner ce qui avoit été écrit pour et contre : il apporta dans cet examen les préventions de d'Andelot, et il fut bientôt subjugué par son fanatisme. Odet de Coligny, cardinal et évêque de Beauvais, opposa encore moins de résistance aux sollicitations pressantes de son frère : aimant le monde et les plaisirs, il n'avoit embrassé que malgré lui l'état ecclésiastique; et une passion pour une dame distinguée par sa beauté, le disposoit naturellement à briser les entraves qui s'opposoient à ce qu'il l'épousât (1).

D'Andelot ne tarda pas à déclarer publiquement qu'il avoit embrassé la nouvelle religion, ce qui le priva de la faveur de Henri II, et l'auroit probablement perdu sans le crédit de son oncle, le connétable de Montmorency : quelque temps après il fut dépouillé de sa charge de colonel général de l'infanterie, qui fut donnée à Blaise de Montluc. Ses deux frères montrèrent beaucoup plus de retenue : tant que Henri II vécut, ils dissimulèrent leurs sentimens, et se bornèrent à protéger secrètement les protestans persécutés.

En 1557, après la funeste journée de Saint-Quentin, qui ouvroit aux généraux de Philippe II la route de Paris, Coligny, chargé de la défense de cette place, alors démantelée, y fit des prodiges de valeur. Ce fut là qu'il déploya ce caractère indomptable, cette cons-

(1) Cette dame étoit Elisabeth d'Hauteville. Odet l'épousa pendant la première guerre civile. Il vécut avec elle jusqu'à sa mort, et on l'appeloit *la comtesse de Beauvais*. Devenue veuve, Elisabeth réclama son douaire. Cela donna lieu à un long procès, et sa demande fut rejetée par un arrêt du parlement de 1602.

tance à toute épreuve et cet esprit fécond en ressources, qui le rendirent si célèbre dans les guerres civiles. Secondé par d'Andelot, il soutint plusieurs assauts, refusa de se rendre, ne céda qu'à la force, et tomba entre les mains des ennemis, qui l'enfermèrent dans le château de l'Ecluse. Il y composa la relation de ce siége, la seule production historique qui nous reste de lui.

Mis en liberté moyennant une rançon de cinquante mille écus, il s'éloigna de la Cour, et ne parut s'occuper que de ses fonctions de grand-amiral. Protégeant toujours les protestans, il essaya d'en former des colonies dans le Nouveau-Monde. Ces entreprises, qui eurent lieu successivement dans le Brésil et dans la Floride, échouèrent l'une et l'autre, soit par la division des chefs, soit à cause des forces supérieures que les Espagnols opposèrent aux nouveaux colons.

Après la mort de Henri II, Coligny et l'évêque de Beauvais levèrent le masque : non-seulement ils embrassèrent la religion nouvelle, mais ils se mirent, avec d'Andelot, à la tête des sectaires ; leurs actions, depuis cette époque, appartiennent, comme nous l'avons observé, à l'histoire générale. L'Amiral se fit remarquer par une habileté extraordinaire à tirer parti des situations les plus désespérées, d'Andelot par une impétuosité de caractère qui n'excluoit pas les combinaisons les plus adroites de la prudence, et l'évêque de Beauvais par un talent rare pour les négociations. Tous trois poussèrent très-loin cette réserve qu'affectent les hommes d'Etat : ils étoient impénétrables pour ceux-mêmes qui étoient admis dans leur intimité. « De « leur nature, dit Brantôme, ils estoient si posés que

« mal aisement se mouvoient-ils; et, à leur visage,
« jamais une subite et changeante contenance ne les
« eust accusés. »

L'Amiral eut le malheur de perdre ses deux frères dans les guerres civiles. D'Andelot mourut à Saintes, le 27 mai 1569, des suites de la fatigue qu'il avoit éprouvée en dirigeant la retraite des protestans après la bataille de Jarnac. L'évêque de Beauvais, qui avoit été envoyé en Angleterre pour négocier au nom du parti, étant rappelé dans sa patrie par la paix de 1570, fut empoisonné à Hampton par son valet de chambre, le 14 février 1571. L'Amiral ne lui survécut qu'un an et quelques mois, ayant péri, à l'âge de cinquante-cinq ans, dans la matinée de la Saint-Barthélemy, 24 août 1572.

L'unique ouvrage de l'Amiral est, comme nous l'avons dit, la relation du siége de Saint-Quentin. Cette production, qui révèle tous les secrets du caractère de son auteur, se distingue par une clarté et une précision bien rares à cette époque. « On y remarque, dit « M. Anquetil, beaucoup d'élégance, et des tours de « phrase qui ont enrichi la langue. » Elle parut, pour la première fois, en 1643, sous le titre de *Discours de Gaspard de Coligny, amiral de France, où sont sommairement contenues les choses qui se sont passées durant le siége de Saint-Quentin* (1), et fut placée à la suite d'une Vie de Coligny, traduite du latin de Jean de Serres par Jean Hotman, seigneur de Villiers, in-4º, Amsterdam. On l'imprima ensuite dans les Preuves de l'histoire généalogique de la maison de Coligny, par Du Bouchet, in-folio, Paris, 1662; puis Barbin en

(1) C'est le texte de cette édition que nous avons suivi.

donna une édition séparée, Paris, 1665, sous le titre de *Mémoires de Coligny*.

Il paroît que l'Amiral avoit composé dans ses loisirs des Mémoires beaucoup plus étendus. Voici ce qu'en dit Brantôme (¹) : « Il fut trouvé à sa mort un très-beau
« livre qu'il avoit lui-mesme composé des choses plus
« mémorables de son temps, et mesme des guerres
« civiles. Il fut apporté au roy Charles IX, qu'aulcuns
« trouverent très-beau et très-bien faict, et digne
« d'estre imprimé. Mais le mareschal de Retz en des-
« tourna le Roy, et le jeta dans le feu, et le fit brus-
« ler, envieux du profit et récréation que le livre eust
« pu apporter au monde, ou envieux de la mémoire
« de cet illustre personnage. » L'auteur de la Vie de Coligny prétend qu'il ne commença ce grand ouvrage qu'après la paix de 1570, deux ans avant sa mort. « Depuis cette époque, dit-il, il ne laissa passer
« un seul jour que, devant que se coucher, il n'eust
« escrit de sa main dans son papier journal les choses
« dignes de mémoire qui étoient arrivées dans les
« troubles. » On doit regretter vivement la perte de ces Mémoires, qui auroient jeté une grande lumière sur l'histoire du parti protestant, pendant les règnes de Henri II, de François II et de Charles IX.

(¹) Tome III, page 302, édition in-8°. Paris, 1823; Foucault.

DISCOURS

DE

GASPAR DE COLLIGNY.

Il pourroit estre qu'il y en auroit aucuns qui, pour n'avoir leu ce petit discours tout au long, et avoir mis le nez dedans seulement, ou par faute de bon jugement, estimeroient que je l'eusse fait par forme de justification; mais devant que d'entrer plus avant à la lecture d'iceluy, je supplie un chacun d'oster cela de son opinion, pour deux raisons principales : la première, qu'il n'est pas besoin de se justifier quand l'on n'est accusé de personne, et que je me sens si net en ce qui touche mon honneur, que je ne crains point le pouvoir estre. La seconde est que, quand je le serois d'aucun, je sens mon cœur assis en assez bon lieu pour le pouvoir deffendre, comme il appartient à un gentilhomme, homme d'honneur et de bien, et pour en pouvoir respondre à un chacun selon la qualité, sans venir aux escritures ny en faire un procez, comme font les advocats. Je veux bien aussi declarer la raison qui m'a meu à faire ce petit discours afin qu'un chacun l'entende : c'est que, me retrouvant prisonnier après la prise de la ville de Sainct-Quentin, me souvenant que nous n'avons rien de certain en ce monde que la mort, et au contraire rien de si incertain que l'heure d'icelle, j'ay bien voulu mettre par escrit comme toutes choses se sont passées sous ma charge, depuis le jour que je partis de Pierrepont, où je laissay M. le connestable avec l'armée, jusqu'à celuy que ladite ville fut prise d'assaut; car il me semble qu'il n'est rien plus raisonnable que ceux qui sont employez aux charges en rendent eux-mesmes compte fidelement, et ne fust ce que pour une seule raison; laquelle est qu'il advient ordinairement que ceux mesmes qui ont esté en mesme lieu en parlent différemment; les uns pour faire penser que rien ne leur estoit caché; les autres, qui sont si aises de parler, que de ce mesme dont ils ne savent rien ils en veulent rendre compte. Il y en a d'autres qui en parlent selon leur passion, soit qu'ils veulent bien ou mal aux personnes; d'avantage, qu'il y a tant de sortes d'escriveurs, et mesme aux pays estranges, qu'il ne se faut point esbahir si ceux-là sont bien souvent mal informez des affaires qui passent loin d'eux, quand mesme ceux qui sont sur les lieux en parlent diversement, pour les raisons cy-dessus declarées.

Parquoy, tout bien consideré, il me semble estre plus raisonnable que ceux qui tiennent la queue de la poësle redigent telles choses par escrit, que nuls autres, afin qu'ils mettent la vérité toute nue, sans la farder ou couvrir; autrement ils devroient avoir grand honte si en aucune chose ils sont desdits ou ne sont trouvez veritables; car cela pourroit faire penser qu'en tout le reste de ce qu'ils auroient mis par escrit il y pourroit avoir du deguisement. Je proteste donc que tout ce qui s'ensuit est fidelement escrit; et s'il y a quelque omission, il me semble que ce n'est point des principales choses ny de celles qui importent; et si aucunes y en a, je prie ceux qui liront ce present discours, ou qui l'ouïront lire, de m'en vouloir advertir. Je n'y ai point spécifié les journées, pour n'en estre asseurement memoratif, et pour ne point errer.

Je dis donc qu'après que les ennemis eurent passé le trou Feron, et que La Chapelle et Guise furent pourveues de ce qu'il y falloit, je dis à M. le connestable qu'il sçavoit comme toute la frontiere de Picardie estoit demeurée despourvue, et que, s'il lui sembloit bon, je m'acheminerois avec quelque bonne troupe de gendarmerie, et que cela ne pourroit que grandement favoriser ladite frontiere; lui ramentevant aussi les advertissemens que je luy avois dit que journellement me faisoient messieurs de Villebon et Senarpont, qui portoient que les ennemis devoient faire leur effort du costé de Picardie. Et ce qui me fortifioit encore le plus en cette opinion, c'estoit que les bandes espagnolles qui estoient dans le nouveau fort de Hedin, n'estoient point deslogées, et que je m'asseurois qu'ils ne s'attacheroient point à une place sans celles-là; car c'estoient les plus vieilles et meilleures bandes qu'ils eussent, et sur lesquelles ils faisoient plus de fondement. Il trouva bon que je m'y acheminasse, et pourtant le deuxiesme d'aoust, l'an 1557, je partis de Pierrepont à la pointe du jour, et devant que de partir je parlay audit sieur connestable, qui me dit que je me hastasse de m'aller mettre à Sainct-Quentin.

Je partis à l'heure mesme avec ma compagnie, celles de messieurs le comte de Haran (1), de Jarnac, de La

---

(1) *Le comte de Haran*: Jacques Hamilton, comte d'Arran, proche

Fayette, et les bandes de chevaux-legers des capitaines Miraumont et Tenelles, françois, et Achisson, escossois, et m'acheminay droit à La Fere, pource que je ne pouvois prendre autre chemin, à raison que les ennemis, avec toutes leurs forces, estoient entre Sainct-Quentin et Moüy, comme il se descouvroit aisement par les feux qu'ils mettoient dedans des forts et villages. Mais, pour estre mieux asseuré du chemin qu'ils tenoient, je mis les chevaux-legers, tant françois qu'escossois, de leur costé, et leur fis entendre le chemin que je tenois, pour me mander souvent de leurs nouvelles; et pource que le capitaine Tenelles estoit du pays, et qu'il le cognoissoit bien, je le fis donner plus avant que tous les autres.

Estant arrivé à La Fere, il vint bientost après le sieur de Coucy, qui me dit que M. le connestable me mandoit que je m'hastasse de m'aller mettre dans Sainct-Quentin. Or n'avois-je encore nulles nouvelles de mes coureurs, et ne pouvois penser où pourroient estre lesdits ennemis : qui fut cause que j'envoyay d'autres gens à cheval pour les reconnoistre, et je pris resolution, avec ceux qui connoissoient bien le pays, de m'en aller droit à Han, pource que de là il m'estoit plus facile d'entrer audit Sainct-Quentin, à raison qu'il eust esté mal aisé qu'encore que lesdits ennemis se fussent voulu là arrester, qu'ils l'eussent si estroitement enveloppée, que par l'autre costé de l'eau je n'y fusse entré; et davantage je leur gagnois le devant pour couvrir Peronne et tout le reste de la frontiere. Il y avoit bien quelque apparence qu'ils ne se

---

parent de Marie Stuart. Henri II l'avoit appelé en France en 1551, et lui avoit donné le duché de Châtellerault.

vouloient pas arrester là, car ils brusloient et villages et fourrages, ce qui n'est pas accoustumé à gens qui veulent conquerir et garder un pays.

Il y avoit cinq bandes de gens de pied dedans La Fere, des capitaines Caumont, qui en avoit deux, Sainct-André, Rambouillet et Poy, ausquelles commanday de partir incontinent pour s'en aller droit à Han, encore que Sainct-André et Rambouillet fussent ordonnez pour aller au Castelet, et que pour cet effet fussent partis dudit Pierrepont le soir precedant que moy à l'assiette de la garde; mais ils n'y pouvoient plus aller, pour leur estre empesché le chemin par lesdits ennemis.

Le sieur de Coucy fut present à toutes les deliberations que je fis, parquoy je le priai de s'en retourner devers M. le connestable pour luy faire le tout entendre, mesme que je ne laissois dedans La Fere que le sieur de Wallon avec sa bande, considerant que nostre camp venoit coucher à trois lieues de là, et qu'il seroit aisé d'y remedier et y mettre d'autres enseignes.

M'estant acheminé par Han, environ à demie lieue de La Fere, j'eus nouvelles de mes coureurs que les ennemis se logeoient devant Sainct-Quentin, et avoient desjà veu quelques tentes dressées près la maladerie du fauxbourg d'Isle, mais qu'il sembloit qu'une partie de leur armée couloit le long de l'eau, tirant audit Han; parquoi les gens de pied et le bagage qui prenoient ce chemin, je les fis prendre à la main gauche par Genly, pour aller plus seurement, et moy allay droit le chemin, mettant gens devant moy pour estre adverty; car le pays estoit assez advantageux pour prendre tel party que j'eusse voulu, au nombre d'ennemis que j'eusse trouvé.

Enfin j'arrivay à Han, et à l'entrée je rencontray Vaulpergues avec une lettre de creance du capitaine Breul, gouverneur de Sainct-Quentin, qui me fit entendre le grand estonnement qui estoit dans cette ville là, et qu'il estoit de besoin de la secourir bien promptement, ou elle estoit en grand danger. Après m'estre informé du chemin, et qu'il m'eust dit qu'il se faisoit fort de me mettre dedans cette nuit-là, mais qu'après ce ne seroit pas sans grande difficulté, je me resolus d'y entrer cette mesme nuit, et sans que personne se desarmast. Je les fis tous advertir qu'ils fissent tous manger une mesure d'avoine à leurs chevaux, et que je voulois partir dedans demie heure, les voulant bien informer d'une chose, qui estoit que je priois les chefs et capitaines de se passer au moins de valets qu'ils pouroient; et quant aux gendarmes, qu'ils n'y menassent point plus d'un valet chacun, et entre deux archers un, et que je m'en allois à Sainct-Quentin, pour y attendre le siege, où je ne leur ferois pas bailler vivres pour davantage de personnes. Et pource que j'eusse bien voulu y pouvoir conduire cette mesme nuit-là les cinq enseignes de gens de pied que j'avois fait partir de La Fere, m'estant enquis où elles estoient, je trouvay qu'il n'estoit encore arrivé que celle du capitaine Poy, si lasse et si harassée, pour venir fraischement de Gascogne, que quasi la moitié estoit demeurée par les chemins. D'autre part, le capitaine Caumont estoit demeuré derriere à La Fere, pour faire delivrer les armes de ses soldats, qui estoient encore encaissées sur des chariots : en sorte que, tout consideré, de toutes ces cinq bandes je ne me pus servir que des deux du capitaine Sainct-André et Rambouillet ; et encore qu'elles fussent bien loin derriere, si est-ce que je donnay ordre, avant que de partir, pour les faire marcher incontinent qu'elles seroient arrivées.

Ainsi que je donnois ordre à mon partement, les sieurs de Jarnac et Luzarches me vinrent dire ensemblement qu'il ne leur sembloit pas bien raisonnable que je m'enfermasse dedans Sainct-Quentin, pource que je pourrois faire plus de service estant dehors ; mais, si je voulois, qu'eux et tous les capitaines qui estoient là avec moy s'y en iroient, et qu'ils s'accorderoient tous si bien ensemble, que le service du Roy n'en demeureroit point. Je leur respondis, en peu de paroles, que je les remerciois du conseil qu'ils me donnoient, mais que j'estois commandé d'y entrer, et qu'à cette intention estois-je venu là, et que j'aymerois mieux avoir perdu tout ce que j'avois vaillant que d'y avoir failly : pour le moins seroient-ils tesmoins que je ferois mon devoir d'y entrer.

Et apres avoir adverty mondit sieur le connestable de toute ma resolution par le sieur de Borran, qui s'en retournoit devers luy dudit Han, je montay à cheval environ une demie heure de soleil, mettant mon mareschal des logis devant moy avecques cinquante bons chevaux et de bons guides, auquel je commanday de marcher cent pas devant moy seulement, et quoy qu'il trouvast en son chemin qu'il le chargeast sans le marchander. Aussi advertis-je tous les capitaines et leurs troupes de ma resolution, et de ce qu'ils avoient à faire.

Je n'eus pas gueres marché que je trouvay l'abbé de

Sainct-Prins, lequel estoit sorti ce soir là, environ les quatre heures, de Sainct-Quentin; qui me dit qu'il s'en alloit trouver le Roy, et qu'il esperoit estre le lendemain à son lever. Après que je me fus enquis de luy du logis des ennemis, et sommairement des autres choses, je le priay de presenter mes très-humbles recommandations à la bonne grace du Roy, et luy dire qu'il m'avoit trouvé avec une bonne troupe, qui faisions tous nostre compte, Dieu aydant, d'entrer cette mesme nuit dedans Sainct-Quentin, où j'esperois que nous luy ferions un bon service. Aussi y arrivay-je à une heure après minuit, où il entra avec moy, de la quart partie (1), les trois de la gendarmerie pour le plus; les autres, ou pour s'estre perdus par les chemins à une allarme que nous y eusmes, ou par faute de bonne volonté, n'y entrerent point. Quant aux chevaux-legers françois et escossois qui estoient partis du camp avec moy, il n'y en avoit un seul arrivé quand je partis de Han; aussi n'entrerent-ils point à Sainct-Quentin. Des deux bandes de gens de pied qui partirent de Han, comme je l'avois ordonné, il en entra cette mesme nuit environ six vingts, conduits par le lieutenant du capitaine Remboüillet; car environ avecques autant d'autres le capitaine Sainct-André s'estoit perdu la nuit, lequel toutesfois y entra le jour à quatre heures après midy. En somme, que, pour le plus, de ces deux bandes il y entra deux cent cinquante hommes.

Or, estant arrivé là de nuit, comme le poinct du jour

. (1) *La quart partie*. De trois mille hommes de cavalerie que Coligny commandoit au siége de Saint-Quentin, il n'en entra tout au plus que sept cents.

fut venu, je m'en allay au faubourg d'Isle, où je trouvay que nos gens le jour precedant avoient abandonné le boulevart qui y avoit esté fait nouvellement, et s'estoient retirez à la vieille muraille, s'excusant que, pour n'y avoir point de parapet audit boulevart, et estre la terre de dehors aussi haute pour le moins que le dedans dudit boulevart; d'autre part, que, pour avoir gagné les Espagnols des maisons sur le bord du fossé, qui leur estoient à cavalier (¹), et enfin, pour le peu d'hommes qu'ils avoient pour le deffendre, ils avoient esté contraints de ce faire.

M'estant enquis des gens de guerre qui y estoient, je trouvay que la compagnie de monseigneur le Dauphin y estoit quasi complette : quant à la compagnie du capitaine Breul, qui en estoit gouverneur, il me dit que la fleur de ses hommes estoient à Bohain, où il y avoit une esquadre des meilleurs hommes qu'il eust, principalement d'harquebusiers. Cela estoit aisé à croire, car le demeurant estoit fort pietre. Il estoit excusable d'une chose, c'estoit qu'il n'y avoit pas plus de dix jours qu'il estoit entré en cette place ; et sçay bien qu'il avoit perdu beaucoup de ses soldats au partir d'Abeville.

Voyant de quelle importance nous estoit de garder ce fauxbourg, je pris l'opinion de tous les capitaines pour savoir ce que nous y pourrions faire. Pour le plus expedient, il fut conclud que sur le soir nous ferions faire une sortie pour mettre le feu dans les maisons qui nous faisoient le dommage, et qu'ayant osté les ennemis de là, nous ferions faire une tranchée tout le long du boulevart, qui serviroit de parapet. Cependant,

(¹) *Qui leur estoient à cavalier* : qui leur servoient de cavalier.

pour ne perdre point de temps, je fis travailler à deux flancs, pour regarder la pointe dudit boulevart, ce qui se trouvoit en faisant ouverture à la muraille tant qu'il en falloit pour l'embouchure d'une piece d'artillerie; et si fis-je travailler à une trenchée, d'où le rempart avoit esté osté quand M. le mareschal de Sainct-André estoit d'advis de faire retrancher ce fauxbourg; car en cet endroit l'on pouvoit faire breche en moins d'une heure, qu'il n'y eust eu homme qui eust osé s'y presenter, pource que le dehors estoit beaucoup plus haut que le dedans, et estoit le rempart du tout osté.

Ces choses ainsi ordonnées, je m'en allay faire le tour de toute la haute ville, pour veoir ce qui y seroit à faire, départir les quartiers, et faire que chascun commençast à y travailler, sans attendre la necessité. Et cependant je manday à ceux de la ville qu'ils s'assemblassent en leur hostel commun, où ils appelleroient tous les plus notables de tous les estats pour entendre ce que j'avois à leur dire. Ayant donc recogneu le tour de ladite ville, et que je fus venu là où desjà ils estoient assemblez, je leur dis tout ce que je pouvois penser qui pourroit servir pour les asseurer, comme pour lors ils en firent grande demonstration; ce que toutefois ne leur dura guère. Et outre cela je fis mettre par memoire ce à quoy il me sembloit estre bon de pourvoir, et dont il falloit qu'ils fissent prompte et diligente recherche; comme de tous les hommes qu'ils avoient en leur ville, ayans armes et qui les pourroient porter; aussi de ceux qui pourroient travailler, tant hommes que femmes; et que, pour cest effect, il falloit faire une recherche de tous les outils, hottes et paniers, pour faire le tout apporter à leur maison de ville, afin que plus facilement on les peust là trouver quand on en auroit affaire, et qu'en une si grande ville il y avoit grand nombre d'ouvriers pour en pouvoir faire bonne quantité; pourtant qu'ils les advertissent continuellement : et pource que je ne doutois pas qu'il n'y eust une fort grande quantité de bouches qu'il falloit sçavoir dequoy nous les nourririons, qu'ils fissent donc une description de tous les grains, vins et bestail qu'ils avoient en leur ville, et que tout ce qu'ils trouveroient par les maisons, qu'ils le missent en garde de ceux mesmes à qui le bien appartiendroit; et, afin qu'il ne s'en fist point de degast, je ferois faire une defense à toutes personnes de n'y toucher sur la vie, attendant que j'eusse mis un ordre pour la distribution, aussi de me sçavoir dire quelle quantité d'artillerie, poudre et boulets il y avoit, et quelles gens pour la manier et pour en tirer.

Et pource que, faisant la ronde de leur ville, j'avois veu user grande amonition sans propos, j'avois donné la super-intendance de toute l'artillerie au capitaine Languetot, et sous luy deux gentilhommes de chacune compagnie de gendarmes, qui estoient dix en tout, afin qu'il les peust départir par quartiers et le soulager; et pourtant que ceux qui la manioient eussent à luy obeyr, et que je voulois sçavoir tous les soirs quelle quantité de poudre se seroit tirée le jour; et ainsi qu'ils eussent à lui montrer toutes les poudres qu'ils avoient et les lieux où ils la retiroient, pour me rapporter si elles seroient point en lieu dangereux.

Davantage, je n'avois point de connoissance qu'ils eussent plus de deux moulins en toute leur ville, l'un à eau, l'autre à vent, et quel moyen ils avoient de moudre si ceux là leur failloient. Ce furent les principaux points de l'ordonnance que je leur fis pour lors, leur disant que de ce qui me surviendroit je le leur ferois à toutes heures entendre ; et leur monstray des gentilshommes que j'avois à l'entour de moy, lesquels je leur envoyerois quand besoin seroit, et qu'ils satisfissent tousjours promptement à ce que je leur manderois pour eux. Et, pource qu'ils avoient tout pris par memoire, ils me dirent qu'ils s'en alloient pour y satisfaire promptement, et puis m'en advertiroient ; bien me dirent-ils sur l'heure mesme qu'ils avoient quinze ou seize moulins à chevaux, qu'ils faisoient desjà travailler en toute diligence. Je leur fis mettre plusieurs petites choses par escrit aux memoires qu'ils firent, afin d'y donner ordre, dont il ne me souvient pas bien, car auparavant j'en avois dressé un bien ample : je mets ce qui est le principal et le plus necessaire.

Estant allé de là à mon logis, je fis assembler tous les capitaines, ausquels je fis entendre l'occasion qui m'avoit là amené, l'ordre que j'avois donné à ceux de la ville, et ce qui me sembloit estre le plus necessaire pour lors, c'estoit de départir les quartiers, et que nous allassions tous ensemble pour veoir ce qui seroit bon de faire, afin que puis après chacun fist travailler à son endroit. D'une chose les suppliois-je tous, c'estoit que ce que chascun connoistroit, ou penseroit estre bon de faire, qu'il m'en advertist, et que je le recevrois tousjours de bien bonne part; mesmes pour ce qu'il y avoit des gens de bien et experimentez dedans les compaignies, et qui s'estoient trouvez en d'autres sieges, que l'on leur dist qu'ils me feroient plaisir de m'advertir de ce qu'ils penseroient pouvoir servir.

De là nous en allasmes départir les quartiers, et commencer à l'heure mesme à faire travailler aux lieux qu'il fut advisé. Ainsi ordonnay-je à tous capitaines, tant de cheval que de pied, qu'ils m'eussent à bailler le nombre de leurs hommes par roolle, tant pour veoir ce que j'avois pour le combat, que pour, selon cela, faire faire la distribution des vivres.

Et pour ce qu'en me promenant, il y avoit grande quantité de jardins jusques sur le bord des fossez, plains d'arbres, principalement du costé de la porte Sainct Jean, à l'ombre desquels les ennemis pouvoient venir tout à couvert jusques sur le bord dudit fossé; encore qu'il fust tard, j'envoyay querir tous les charpentiers qui se peurent trouver, que je fis conduire par deux archers de ma compagnie, afin d'employer le reste de la journée à couper arbres pour faire fassines, et qu'ils continuassent tous les jours; ce qui fut fait tant que l'on peut, mais non pas tant que ce qui y demeura du costé de la porte de Remycourt ne nous apporta à la fin grand dommage.

Or, pource qu'il avoit esté conclud de faire cette sortie, comme il a esté dit cy-dessus, pour brusler les maisons qui nous nuisoient, et pour essayer de regagner notre boulevart d'Isle, je priay messieurs de Jarnac, Telligny et de Luzarches, de la faire faire ainsi et jusqu'au lieu que je leur monstray, cependant que je m'en allois au clocher de la grande eglise pour reconnoistre l'assiette du guet des ennemis, et voir par où l'on pourroit nous faire venir du secours afin que je le mandasse, et mesme fisse voir à Vaulpergues, que j'envoyois exprès pour cela, pource qu'il me sembloit que cela estoit le plus nécessaire, et que plus on attendroit, plus seroit il difficile. Je fus plus d'une grande heure et demye pour luy monstrer le lieu par où il auroit à venir si on luy bailloit des gens à conduire : lequel eust esté plus aisé que celuy par lequel il les amena; car, au lieu qu'il donna à la teste d'un corps de garde de gens de pied, et en lieu fort desavantageux pour ceux qui vouloient entrer, il eust donné entre deux corps de garde, l'un de gens de pied et l'autre de gens de cheval, où ils n'eussent trouvé que des sentinelles; et avant que le corps de garde eust pensé à ce qu'ils avoient à faire, ceux qui eussent voulu entrer pouvoient gagner une colline le long des vignes, par où le capitaine Sainct André estoit entré en plein jour, pouvoient eux aussi entrer en despit de tout le monde; car estant nuit obscure, comme elle estoit, il eust esté mal aisé qu'un corps de garde se fust déplacé pour les venir chercher, pour le moins qu'ils n'eussent esté en lieu de seureté; car c'estoit fort prez de la ville.

Cependant que j'estois sur ce clocher, la sortie se fit; mais nos gens trouverent les ennemis si forts, qu'ils ne peurent executer tout ce qu'ils vouloient; et encore qu'ils bruslassent quelques maisons, ce ne furent pas celles qui nous nuisoient le plus. Et fallut que nos gens se retirassent, estans poursuivis de si près des ennemis, que quasi furent-ils en danger d'entrer avec eux pesle-mesle; et ne peut on si bien faire que devant que partir de là ils ne bruslassent le tappecul, par où l'entrée dudit boulevart leur estoit aisée; car il ne restoit plus qu'une petite porte que l'on eust aisemen rompue d'un coup de pied; et du boulevart pour entrer au fauxbourg il n'y avoit qu'une muraille environ de sept ou huit pieds de haut, où il y avoit encore deux grandes breches, par où l'on portoit la terre sur une platte-forme, qui n'estoient bouchées que de clayes et quelques balles de laine. Parquoy toute la nuit, et en la plus grande diligence que je pus, je fis faire une tranchée pour amuser les ennemis le plus long-tems que je pourrois; car je voulois attendre le plus tard que je pourrois à abandonner ce fauxbourg, encores que j'eusse beaucoup d'opinions contre moi; et y avoit deux raisons principales à quoy je ne pouvois contester : l'une, que par les marets on y pouvoit venir par deux endroits et prendre nos gens par le derriere, et qu'on seroit en danger, en les voulant retirer ou secourir, de perdre la ville avecque le fauxbourg; l'autre, que, j'avois si peu d'hommes, que je devois plutost regarder à les conserver qu'à les hasarder; et mesme que j'avois veu qu'à cette sortie j'avois perdu ou estropié quinze ou seize des meilleurs hommes que j'eusse, entre lesquels estoit le capitaine Sainct-André. Enfin, pour ne demeurer point opiniâtre en une chose deraisonnable et contre l'opinion de tous les capitaines, je dis que quand je verrois plus grande occasion je me retirerois, mais que cependant il falloit faire aussi bonne mine que si nous ne le voulions point abandonner, et cependant y faire bonne garde, et principalement par les endroits par où on disoit qu'ils pouvoient venir par les marets, afin de n'estre point surpris par là s'il estoit possible; et surtout qu'il ne fust point divulgué que je voulusse abandonner ledit faubourg.

Le second jour que je fus arrivé audit Sainct Quentin, je dis aux capitaines qu'encores que les ennemis eussent bien eu connoissance de quelque secours qui estoit entré dans la ville, si estoit-il bien mal aisé qu'ils fussent bien assurez de ce qu'il y avoit, et pourtant que j'avois envie de faire sortir quarante ou cinquante chevaux, pour donner sur l'un des logis qui estoit un peu plus avant que le village de Remycourt, et assez escarté des autres ; et que selon qu'ils se gouverneroient nous adviserions le moyen qu'il y auroit de dresser quelque entreprise. Et pource qu'ils avoient eu desjà connoissance de la compagnie de monseigneur le Dauphin, je dis à M. de Telligny que je le priois de donner cette charge à quelque sage homme de sa compagnie, qui surtout se donnast bien de garde de s'attacher ny de s'amuser à combattre, et que la sortie que je faisois faire pour lors n'estoit que pour essayer de dresser quelque meilleure entreprise. Il me pria de me reposer sur luy de la charge que je luy baillois, et qu'il la mettroit entre les mains de personnage si suffisant, et auquel il feroit si bien entendre ce qu'il auroit à faire, qu'il m'assuroit qu'il ne gasteroit rien. Or avois-je une si grande douleur de teste, que je fus contraint de me mettre sur un lict au logis de M. de Jarnac, où j'estois pour lors. Et cependant ledit sieur de Telligny s'en alla pour faire monter ses gens à cheval, et leur ordonner ce qu'ils auroient à faire : mais devant que de partir d'avecques moi je ne me contentay point de luy dire une douzaine de fois que je ne voulois point qu'il sortist, ce qu'il m'asseura. Il fut fort diligent à faire sortir ses gens, car je ne fus point demie-heure à me reposer, que je ne me levay pour aller voir comme tout se portoit à cette sortie ; et, m'y acheminant, je trouvay messieurs de Jarnac et de Luzarches, qui venoient de la porte par laquelle ladite sortie avoit esté faite, et me conterent le grand desordre qu'il y avoit eu en disant que les premiers coureurs avoient tres-mal executé ce qui leur avoit esté commandé, et que M. de Telligny voyant cela, encores qu'il ne fust point armé, et sur un bien mauvais courtault, estoit voulu aller pour les faire retirer, laissant le sieur de Cuzieux avec cinquante ou soixante chevaux aupres du moulin qui est hors la porte Sainct Jean, et que quand il estoit arrivé où estoient ses coureurs, les ennemis leur avoient fait une charge où il avoit esté enveloppé et porté par terre, et qu'on ne savoit s'il estoit mort ou vif; sinon qu'il y en avoit qui disoient qu'il n'estoit point encore mort, selon ce qu'ils en avoient peu appercevoir, bien que les ennemis l'eussent despouillé, et qu'il estoit demeuré pres la place dudit moulin. Voyant qu'il estoit si pres de nos murailles, je dis que je le voulois avoir mort ou vif, et commanday aux autres chefs de la compagnie de mondit seigneur le Dauphin de monter à cheval, et semblablement aux autres qui se trouverent pres de moy. Et en m'acheminant vers ladite porte, il vint un soldat à pied me dire que s'il me plaisoit il essayeroit de l'aller querir : je luy promis un bon present s'il le pouvoit faire, ce qu'il fit fort bien, et le rapporta avecques quelques siens compagnons. Quand ledit sieur de Telligny me vid, il me pria de luy pardonner, et qu'il savoit bien qu'il m'avoit offensé; et me reitera ce langage par cinq ou six fois. Je luy dis qu'il n'estoit plus tems de demander pardon aux hommes, et qu'il le falloit demander à Dieu : car je le voyois si fort blessé et en tant d'endroits, que je ne regardois que l'heure de luy voir rendre l'esprit; si vescut-il encore une heure et demie après avoir esté rapporté en la ville, et ne fut pas petite perte que ce gentilhomme-là (¹); car il estoit hardy et advisé, et s'employoit volontiers: et davantage il parut bien depuis en cette compagnie que le principal estoit mort. Or, ce que je trouvay de plus mauvaise digestion quand il fut blessé, de quoy il mourut, c'est que gens de bien et d'honneur m'ont dit que les ennemis n'estoient point plus de dix-huit ou vingt à la charge qu'ils firent à nos gens, et les nostres estoient bien autant de coureurs, et le sieur de Cuzieux, qui outre cela n'estoit point à cent pas du lieu où il fut porté à terre, et nonobstant il fut massacré et despouillé sans estre jamais secouru de nul des siens. Ledit sieur de Cuzieux dit, pour son excuse, qu'il avoit exprès commandement dudit sieur de Telligny de ne partir point du lieu où il estoit, que luy-mesme ne le vint querir: et aussi qu'il ne pouvoit avoir connoissance de ce que leurs coureurs faisoient, à cause d'un petit haut qui estoit au devant de luy.

Après cela il se passa deux ou trois jours que les ennemis ne faisoient grand chose, sinon que du costé du bourg d'Isle ils nous pressoient le plus qu'ils pouvoient, et firent quelques tranchées au lieu des maisons qu'ils souloient tenir, où le feu avoit esté mis avec quelques artifices de feu par l'invention d'un Ecossois de la compagnie du comte de Haran: cependant il ne se perdoit point de temps dedans la ville; car on y travailloit à tous les endroits qu'il avoit esté advisé, et dehors la ville on coupoit des arbres autant que la commodité le pouvoit porter. Et de ma part je sollicitois ceux de la

(¹) *Que ce gentilhomme-là.* Charles de Téligny laissa un fils qui épousa en 1571 Louise de Coligny, fille de l'Amiral.

ville à toutes heures, pour sçavoir quelle quantité de tous vivres ils trouvoient, et pour me satisfaire sur les articles que je leur avois baillez par memoire. Enfin ils me baillerent un estat desdits vivres, que je trouvai bien petit; car, à vivre assez estroitement, à peine en pouvois-je avoir pour trois semaines. Et pource que je me doutois que cette recherche n'avoit pas esté bien faite, je donnai charge à un homme d'armes de ma compagnie de l'aller faire tout de nouveau et n'exempter une seule maison, et qu'il prit deux ou trois de ceux de ma compagnie avec luy, de sa connoissance, et des plus suffisants pour cette charge, afin d'en estre soulagé; car aussi l'avois-je commis pour faire saler le bestial qui estoit là dedans, dont il y avoit si petit nombre et si peu de moyen de les faire vivre, que je fus à la fin contraint d'en departir par les compagnies, tant de pied que de cheval, pour certains jours que je leur limitay. Aussi avoit-il en charge de faire departir le pain et le vin, et s'acquitta si bien de sa charge et commission, qu'au lieu que ceux de la ville ne m'avoient donné connoissance de vivres que pour trois sepmaines, il en trouva pour plus de trois mois, et s'y descouvroit tous les jours quelque chose de nouveau.

Pour revenir maintenant à ce que faisoient les ennemis, apres qu'ils eurent fait une tranchée du costé du bourg d'Isle, comme dessus est dit, une nuit ils approcherent les pieces pour tirer en batterie; et ainsi que je venois de faire une ronde à l'entour de la haute ville, ceux qui estoient en garde au bourg me manderent que lesdits ennemis estoient dedans les fossez dudit bourg, qui y sappoient, et qu'ils me prioient de leur mander ce qu'ils auroient à faire. Je m'y en allay, et apres avoir bien escouté, j'entendis bien qu'ils ne sappoient point dedans le fossé, et que c'estoient pieces qu'ils approchoient. Parquoy, suivant ce qui avoit esté resolu par l'advis de tous les capitaines, je fis commencer à retirer quelques pieces d'artillerie qui estoient là, et grande quantité de boulets de plusieurs calibres, pouldres à canon, balles de laine, piques, outils à pionniers et plusieurs autres choses : ensorte que lesdits ennemis, quand ils furent entrez, ne se pouvoient vanter d'avoir trouvé aucune chose estant à nous, qui nous eust peu servir. Aussi fis-je accoustrer les maisons afin que le feu s'y mit plus aisément quand nous nous retirerions; car quant aux meubles desdites maisons, ils avoient tous esté portez en la haute ville. Quand il fut une demie heure de jour, la premiere volée commença à tirer : lors j'appellay les capitaines qui estoient là en garde, et leur dis qu'ils regardassent à faire retirer leur gens tout doucement, ne voulant point attendre plus tard, pour crainte que j'eusse eu que le peu d'hommes que j'avois eussent eu à ce commencement quelque effroy, et qu'il me les eust puis apres fallu retirer en desordre et confusion, et que sur tout le feu fust mis partout; ce qui fut bien executé, reservé en l'abbaye d'Isle où le feu ne pust prendre, encore que j'eusse mis grand peine à la faire bien accoustrer, ce me sembloit. Apres avoir retiré tous les gens de guerre et ce qui estoit dedans ledit faubourg en la haute ville, je fis commencer à ramparer cette porte là, pource que cet endroit estoit fort mauvais; et environ une demie heure apres que j'eus commencé à y faire travailler, il vint un homme de la ville me dire qu'il seroit bon de faire oster quelque quantité de poudres à canon qui estoit dedans deux tours qui estoient en ladite porte, dont il n'avoit jamais esté parlé auparavant, mesme au capitaine Lanquetot, auquel j'avois donné la charge de les visiter toutes, et les endroits où il y en avoit. Je fis incontinent lever les serrures des portes, pource que les clefs ne s'en trouvoient point, et estoient les caques de ladite poudre si pourries, qu'aussi-tost qu'on les touchoit elles s'en alloient en pieces; de sorte qu'on ne les pouvoit aussi transporter, et falloit avoir des linceuls pour les mettre dedans. Voyant que toutes choses se portoient bien là, et que des gentilshommes des miens que j'y laisserois, pourroient faire continuer ce que j'y avois commencé, apres y en avoir ordonné trois ou quatre, je m'en allay faire la ronde de toute la ville, afin que les habitans n'en fussent point estonnez parce qu'on avoit abandonné ce faux-bourg. Et comme j'eus quasi achevé tout le tour, estant pres de la plate forme de la tour à l'eau, je vis le feu qui se prit aux poudres qui estoient à la dite porte, où je courus le plus diligemment que je peus, et trouvay que la ruine avoit fait une breche pour y venir vingt ou vingt cinq hommes de front. Je rallie ce que je peus promptement de gens aupres de moy pour la deffence de ladite breche, pource que les ennemis avoient desjà gagné le faux-bourg, et leur eust esté dès cette heure là aisé d'emporter la ville, n'eust esté que le feu et la fumée des maisons qui brusloient leur ostoit la cognoissance; car je fus une bonne demie heure et plus sans que j'eusse plus de sept hommes avec moy, pour pouvoir defendre la dite breche, s'il y fust venu affaire. Je n'en donne point de tort aux gens de guerre ; car, comme ils virent la porte fermée et quasi remparée, chacun se retira en son logis pour repaistre et se rafraichir ; et l'inconvenient qui advint estoit trop inesperé. Les uns pensoient que ce fussent des bluettes de feu des maisons qui brusloient ; les autres, que ce fust une piece d'artillerie qui tira au dessus de la porte. Il se perdit là trente cinq ou quarante personnes, entr'autres cinq gentilshommes des miens, fort gens de bien et de service, lesquels j'avois là laissez pour faire diligenter les ouvrages attendant que je fusse de retour.

Pour revenir à mon propos de ce que j'eus pour un temps si peu de gens avec moy, apres qu'un chacun en fut adverti, veritablement tous se diligenterent de venir, en sorte que la breche fut bien bordée ; et y fut fait telle diligence à la ramparer par haut et par bas, qu'en moins de deux heures elle fut rendue quasi aussi forte qu'elle estoit auparavant. Le jour mesme que le fauxbourg fut abandonné, les ennemis commencerent à nous approcher de plus près à la haute ville, qui fut cause aussi de nous faire diligenter nos ouvrages dedans la ville, ce fut à faire ramparts ou à accoustrer plattes formes ; car à cette heure là un chacun, tant des gens de guerre comme ceux de la ville, s'employoient fort volontiers aux ouvrages. Or, de tout ce que je faisois, ou pour le moins de ce que je pouvois, j'en advertissois M. le connestable.

Il se passa ainsi un jour ou deux, que les ennemis ne nous donnoient pas grand empeschement, et cependant je regarday à donner le meilleur ordre que je peus pour les vivres ; tant à les faire retirer ensemble le plus qu'il m'estoit possible, qu'à pourvoir qu'il ne s'en fist point de degast par les maisons privées ; aussi de faire retirer chacun à son quartier, pource qu'à faute de cela il y avoit de la confusion. Il fut aussi ordonné certaines personnes avecques quantité de chariots, pour mener fients et fassines où il en estoit de besoin. D'autres qui furent ordonnez à faire transporter les immondices qui estoient par la ville, à cause du grand nombre de bestail qui se tuoit journellement : et generalement pour toutes choses dont de moy mesme je me pouvois adviser, ou dont l'on m'advertissoit, j'y faisois mettre le meilleur ordre et le plus prompt que je pouvois. Et pour gratifier plus ceux de la ville, j'allois ordinairement en leur hostel de ville où je faisois assembler les principaux, et là je resolvois des choses que je voulois bien qu'ils sceussent. Je ne dois point obmettre sur ce propos, que je ne vis jamais de son estat un plus affectionné ny diligent serviteur, qu'estoit le major de la ville (1), nommé Gibercourt, tant pour le service du Roy, que pour le bien et conservation de la ville ; mais il n'y en avoit point d'autres qui le secourussent.

Environ ce temps-là, le sieur de Luzarches, mon lieutenant, devint malade, qui le fut tant que ce siege dura : ce me fut un fort grand desplaisir, car c'estoit un sage gentilhomme et advisé, et duquel j'eusse peu estre grandement secouru. Quelques jours apres que j'eus abandonné le faux-bourg et que je me fus retiré dans la ville, le secours que M. d'Andelot amena faillit à y entrer, dont ceux de la ville commencerent un peu à s'estonner ; mais je fis tant que je les remis pour cette fois-là, en leur remonstrant que je n'estois

(1) *Le major de la ville* : le maire de la ville. Ce magistrat s'appeloit Jean Varlot de Gibercourt.

point venu là pour me perdre, et que j'y avois amené tant de gens de bien, qu'avecques ceux là et ceux de la ville, quand bien il n'y en entreroit point d'autres, nous estions suffisants pour nous bien defendre contre toute la force qu'avoient nos ennemis, mais que je les asseurois que M. le connestable tenteroit tous les moyens du monde pour nous secourir. Je fus alors adverty qu'entre ceux qui s'estoient retirez dedans Sainct Quentin, de l'allarme qu'avoient donné les ennemis marchans par pays, il y avoit plusieurs bons hommes de la frontiere qui avoient accoustumé de faire la guerre en de petits forts où ils se tenoient. Parquoy, pour me servir de tout ce que je pouvois, je donnay charge à deux gentils-hommes du pays, l'un nommé *Collincourt*, et l'autre *Amerval*, d'arborer chacun une enseigne, et, comme ceux qui les connoissoient mieux que nuls autres, qu'ils eussent à retirer sous eux la plus grande partie et les meilleurs hommes qu'ils pourroient trouver, et les mieux armez ; qu'apres les avoir enroolez ils les fissent assembler en la grande place, et que moy mesme irois faire leur montre, et leur ferois bailler à chacun un escu, ce qu'ils firent bien promptement et ce mesme jour, et me monstrerent tous deux deux cent vingt hommes assez bien armez et en bon esquipage pour le lieu ; je les fis payer comme je leur avois promis, et puis je leur baillé un quartier.

En me promenant par la ville, je voyois plusieurs pauvres personnes qui s'estoient retirez des villages, et lesquels, pour quelque commandement que j'eusse fait, ne vouloient point aller travailler ; pourtant fis-je une publication, que toutes personnes qui se seroient retirez des villages eussent à aller travailler aux réparations, sur peine d'estre fouettez par les carrefours la premiere fois qu'on les trouveroit defaillants, et pour la seconde d'estre pendus, sinon qu'une heure devant la nuit ils se tinssent prets à la porte de Han, et que je leur ferois ouvrir la porte pour sortir hors de la ville.

Il en sortit pour cette fois là environ sept à huit cens, ce qui me fut autant de décharge ; car il falloit les nourrir ou les faire mourir de faim, qui eust pu apporter une peste dans la ville. Ce mesme jour je fus aux quartiers de la ville où il y avoit grande confusion ; car encores qu'il y eust seize hommes de la ville deleguez pour cela, si s'acquittoient-ils si mal de leur charge, que c'estoit temps perdu de leur rien commander. Et pourtant je deleguay seize gentilshommes de ceux qui estoient residans en la ville ordinairement, pour avoir cette charge des quartiers, et me savoir rendre compte, tant de leurs gens que des armes qu'ils avoient en leur logis. Quand je vis que le premier secours n'estoit point entré, la chose à quoy je prenois le plus garde tous les soirs et matins, estoit à l'assiette des guets que nos ennemis faisoient, pour voir s'il y auroit moyen d'y en faire entrer, et d'en advertir M. le connestable. Et apres avoir bien tout consideré il me sembloit faisable ; comme aussi faisoit-il à ceux ausquels j'en communiquois, et principalement pour n'avoir point encore lesdits ennemis pris les logis qui plus nous pouvoient incommoder à cela. Pour ceste cause je depeschay trois archers de ma compagnie qui estoient de ce pays là, et leur fis bien au long entendre ma conception, et leur monstray trois endroits par l'un desquels ils ne pouvoient faillir d'entrer, et leur fis entendre trois signals, afin que par cela ils peussent cognoistre par où ils auroient à venir, et l'endroit qui seroit le plus aisé à entrer. Cela faisois-je pource que lesdits ennemis pouvoient ou faire un nouveau logis ou un guet non accoustumé, dequoy je ne pourrois si promptement advertir ceux qui viendroient.

Le premier soir que je voulus faire sortir lesdits archers, ils ne purent, pour avoir esté descouverts desdits ennemis; mais si firent-ils bien le lendemain que lesdits ennemis aussi deslogerent, et se vindrent mettre aux endroits que je craignois le plus, dont lesdits archers peurent bien avoir cognoissance; car ils marcherent au travers d'une partie de l'armée qui marchoit. Mais je ne voulois pas me fier à cela; car par un autre moyen j'advertis à l'heure mesme M. le connestable qu'il ne me pouvoit plus secourir par les endroits que je luy avois mandé par mesdits archers. Dès cette heure-là les ennemis commencerent à faire leurs trenchées et nous approcher du costé de la porte de Remycourt, ce qui leur estoit aisé à faire à cause de la grande quantité de hayes et arbres qu'il y avoit sur le bord du fossé, où je n'avois peu jusques-là faire travailler, pource que les ouvriers que j'avois, avoient esté employez en des endroits que je doutois encore plus que cettuy-là.

Des le commencement je m'apperçeus que leurs pionniers jettoient grande quantité de terre en un mesme lieu; ce qu'il estoit aisé à juger que c'estoit plustost une mine qu'une trenchée : pour en avoir meilleure connoissance, je montay au clocher, et y menay avec moy Lauxfort, anglois, lequel estoit aussi mineur, qui fut bien d'opinion que c'estoit le commencement d'une mine. Mais de bonne fortune il y avoit desjà deux ou trois jours qu'il avoit commencé de contreminer en lieu si à propos, qu'après avoir tout veu et bien considéré, il me dit que je ne me donnasse point de peine de ce qu'ils faisoient, et qu'il m'asseuroit qu'il leur gagneroit tousjours le devant, et pourtant que je pourveusse au reste; comme aussi faisois-je le plus diligemment que je pouvois. Or, l'une des choses en quoy j'avois le plus de pensement, et comme aussi celle qui estoit la plus necessaire, estoit un moyen par lequel je peusse estre secouru. Enfin je n'en trouvay point de plus expedient que par un marets où il y avoit certains petits passages creux qu'il falloit rabiller pource que l'eau y estoit profonde, lesquels je fis rabiller. Et apres qu'il me fut rapporté qu'il y auroit moyen de faire venir gens par là, j'en advertis incontinent M. le connestable, et du jour que je tiendrois lesdits passages prets; lequel me manda que j'avois eu connoissance de sa cavallerie qui estoit venue bien pres de Moüy, mais que dedans le jour que je luy avois mandé il m'approcheroit bien encore de plus pres, et que cependant je me pourveusse de ce qui avoit donné moyen au capitaine Sainct-Romain d'entrer dedans Sainct Quentin : me donnant assez à entendre par là que c'estoient des basteaux desquels je ne pouvois recouvrer, et avois seulement deux ou trois petites nasselles où il ne pouvoit pas tenir plus de deux ou trois hommes à la fois, encore estoit-ce avec grande difficulté.

Cependant les ennemis travailloient fort à leurs tranchées, et commencerent à approcher nostre fossé, à quoy je ne pouvois remedier; car je n'eusse sceu avoir cinquante harquebusiers de quoy faire estat, n'estant entré encores dedans la ville, sinon ce que j'ay dit cy-devant des bandes du capitaine Sainct-André et Rambouillet. D'harquebuses à croc, quand j'entray dedans la ville, entre bonnes et mauvaises, je n'en trouvay que vingt et une; l'on peut par-là juger combien j'en pouvois mettre ensemble. Je n'avois une seule platte-forme qui eust connoissance du lieu où ils travailloient: parquoy d'artillerie je ne m'en pouvois non plus ayder. De faire sortir gens il n'estoit pas raisonnable, vu le petit nombre que j'en avois, et qu'il eust esté besoin de mettre une bande d'harquebusiers pour soustenir et dedans et dehors ceux qui eussent fait execution de la sortie, ce que je n'avois pas. En somme, je ne leur pouvois pas donner grand empeschement, dequoy j'estois fort marry, et ma principale occupation estoit de faire remparer les lieux qui en avoient besoin; mais encore en estois-je grandement diverty par des pieces que les ennemis avoient logées sur la platte-forme du bourg d'Isle, qui voyent tout le long de la courtine où il me falloit travailler; et, pour ceste raison, ne pouvois plus recouvrer d'ouvriers, si ce n'estoit à coups de baston : et, pource que jusqu'à ceste heure-là tous ceux qui avoient travaillé c'avoit esté volontairement, je fus lors contraint de faire un roole de pionniers, ausquels je promettois de les nourrir, et, outre cela, de leur bailler argent chacun jour, pource que les vivres commençoient à estre fort courts, et pour la friandise d'un peu d'argent; cela fut cause qu'il s'en enroola environ trois cens, qui me servirent assez bien pour quelque temps; et neantmoins je ne laissay pas outre cela de faire venir de ceux de la ville, tant hommes que femmes, tout ce que je pouvois.

Sur ces entrefaites, M. le connestable s'en vint presenter du costé du marets pour faire passer le secours qu'il me vouloit envoyer, et estoit l'entreprise avec ces batteaux l'une des plus belles qui fust jamais faite, n'eust esté que lesdits batteaux ne pouvoient approcher du rivage à raison de la vase, et que les soldats, desireux d'entrer, les chargerent tant, qu'apres ils ne pouvoient desborder (¹).

Je n'entreray point plus avant aux particularitez de ladite entreprise, pource que je n'y estois point; seulement diray-je que cette nuict-là je fis tenir les passages que j'avois mandé prets, jusqu'au point du jour que les fis rompre, afin que les ennemis n'en eussent point de connoissance; car, tant que le jour duroit, ils ne bougeoient de se promener par les marets avec des nasselles. J'avois commis le capitaine Sainct-Romain et quelques soldats avec luy pour recueillir et conduire ceux qui m'eussent esté envoyez; lequel me dit à son retour que les passages à quoy je l'avois commis estoient si bien rhabillez, qu'il pensoit me pouvoir mettre dans la ville dix mille hommes avant qu'il eust esté jour. Aussi diray-je que M. d'Andelot, mon frere, y entra avec une troupe de quatre cens cinquante à cinq cens soldats, fort bons hommes, et quinze ou seize capitaines fort suffisants. Il y entra aussi quelques gentilshommes pour leur plaisir, mais bien peu, comme le vicomte du Mont-Nostre-Dame, le sieur de La Curée et Matas. Aussi y entra le sieur de Sainct-Remy, homme fort experimenté en fait de mines, et lequel s'estoit au-

(¹) *Desborder*: avancer.

paravant trouvé en sept ou huict places assiegées. Aussi y entra un commissaire d'artillerie et trois canonniers, qui estoit une chose dont j'avois grandement affaire, car je n'en avois un seul auparavant, sinon de ceux de la ville, qui estoient tels quels. Or, encor que toute la trouppe qui estoit ordonnée pour entrer dans la ville avec ledit sieur d'Andelot, n'y fust pas venue pour l'empeschement qu'elle eust des ennemis, si peut-on penser quel plaisir j'eus en voyant ce qui estoit entré, et principalement ledit sieur d'Andelot, pour y avoir un second moy-mesme, et sur lequel je me pouvois tant reposer, encores que veritablement j'y eusse auparavant des gens de bien.

Apres qu'il se fut seiché, car il avoit esté fort mouillé en entrant, aussi tous les autres, et qu'il eut esté reconnoistre tout le tour de la ville, nous despartismes les quartiers aux gens qu'il avoit amenez : semblablement, apres que ledit sieur de Sainct-Remy eut bien tout veu, et mesmes la contremine que Lauxfort, anglois, faisoit, il me monstra les lieux où luy sembloit contreminer, et pourtant, dès l'heure mesme, nous mismes les gens en besongne qu'il falloit pour cela. D'autre part, j'envoyay querir le capitaine Lanquetot pour remettre la charge de l'artillerie entre les mains du commissaire qui estoit entré; dont je me repentis bien puis apres, car elle estoit bien mieux menée tandis que ledit Lanquetot la gouvernoit, qu'elle ne fut depuis. Je fus deux jours que je ne sçavois pas certainement la deroute de M. le connestable, sinon que quelques soldats qui avoient esté pris eschapperent du camp des ennemis, et se vinrent jetter dedans les fossez de nostre ville, qui me conterent comme tout estoit passé. Aussi vis-je pour suffisant tesmoignage quelque nombre d'enseignes de celles qui avoient esté prises, que lesdits ennemis mirent en parade sur leurs tranchées, pour nous en donner la veue dedans la ville.

Or, cette nouvelle estonna et descouragea si fort tout le peuple de ladite ville, voire, si j'ose dire, une bonne partie des gens de guerre, que j'avois bien affaire à les assurer. Aussi d'ouvriers je n'en pouvois plus quasi trouver, car ils se cachoient dedans les caves et greniers, et pource qu'aux plus importans lieux on n'y pouvoit travailler que la nuit, à cause du grand dommage que nous faisoit l'artillerie; et quand les ouvriers avoient esté mis en besongne, et que l'on y avoit mis des guets de tous costez, si ne pouvoit-on faire en sorte qu'en moins d'une heure tout ne se desrobast. L'une des choses dequoy nous avions le plus affaire, estoit de traverses, pource que la courtine en laquelle les ennemis adressoient leurs batteries estoient si vues par flanc des pieces qu'ils avoient logées sur la platteforme d'Isle, qu'il y avoit bien peu d'endroits où l'on ne fust descouvert depuis le pied jusqu'à la teste. Si remedioit-on à tout le mieux qu'on pouvoit; et ne dois point, sur ce propos, obmettre une invention que trouva M. d'Andelot, de lever une traverse qui nous estoit de grande importance. Ce fut qu'il se servit de vieux batteaux, qui avoient été autrefois faits pour passer les rivieres quand une armée marchoit; lesquels il arrangeoit les uns sur les autres à force de bras d'hommes, et les faisoit remplir de terre; en sorte qu'en un jour il eut fait tout ce que nos ouvriers n'eussent pas fait en un mois. Or, non point en cela

(1) *Lever* : construire.

seulement, mais à toutes autres choses il s'employoit et faisoit mettre la main comme personne de jugement. Et si ce n'estoit qu'il est mon frere, et d'autre part assez cogneu, je dirois davantage de luy que je ne fais. Bien puis-je dire que sans luy je fusse demeuré sous le faix, car je n'eusse peu satisfaire seul à la peine qu'il falloit avoir, de laquelle il prit la meilleure part depuis qu'il fut entré dans la ville.

Pour revenir au principal de mon discours, quand je vis que M. le connestable fut pris, je voulus hasarder quelques hommes pour sçavoir à qui j'aurois à m'adresser, pour faire entendre mes necessitez. Je sceus que c'estoit à M. de Nevers, et que M. de Bordillon estoit à La Fere, auquel de là en avant je faisois toutes mes adresses, pource qu'il estoit plus pres de moy, et pource que je voyois le grand appareil que faisoient nos ennemis, de tranchées et de gabions, et mesmes que je voyois arriver un grand train d'artillerie, outre celuy qui pouvoit desjà estre en leur camp, je regardois et pensois principalement au moyen qu'il y auroit de faire entrer des gens de guerre, et nommement des harquebusiers. Enfin, par l'advertissement de quelques pescheurs, je sceus qu'il y avoit un endroit dedans les marets qui n'estoit gueres plus creux que jusqu'à la ceinture d'homme; et, pour en estre plus certain, je l'envoyay recognoistre par les soldats, qui me le rapporterent ainsi. Parquoy je l'escrivis plus certainement à M. de Bordillon pour le faire entendre à M. de Nevers, et luy mandois la facilité qu'il y avoit de me secourir, le besoin que j'en avois, et, s'il avoit à m'envoyer des gens, le moyen qu'il avoit à tenir avec les guides qui les conduiroient. M. de Nevers se trouva à La Fere quand ledit sieur de Bordillon receut mes lettres, lequel me fit luy-mesmes responce, et me manda qu'il m'envoyeroit trois cens harquebusiers, qui estoit tout ce qu'il pouvoit faire, et me mandoit le jour. Lequel venu, je les attendis au lieu par lequel ils devoient entrer, pour faire donner le signal que je leur avois mandé quand il seroit temps; et, environ une heure après minuit, j'ouys l'alarme qui se donna au guet des ennemis, par lequel il falloit qu'ils passassent, et, sans point de doute, messieurs d'Andelot et de Jarnac et moy, qui estions là ensemble, jugions bien le nombre desdits ennemis estre petit et avec effroy; mais, après s'estre recogneus, et voyant qu'il n'y avoit personne des nostres qui les chargeassent, ils donnerent sur eux et les rompirent, en sorte que, de trois cens harquebusiers qui avoient esté ordonnez, il n'en entra que six-vingts, encore tous desarmez et gens nouveaux, qui ne m'apporterent pas grand faveur. Quant aux chefs qui les conduisoient, il n'en entra point, mais un sergent seulement. Je ne pensois pas qu'ils deussent venir si mal accompagnez; car ayant veu asseoir le guet des ennemis deux ou trois fois ensuivant, j'avois entre autres choses mandé audit sieur de Bordillon, par l'advis des capitaines qui estoient avec moy, qu'il falloit envoyer des gens de cheval avec des gens de pied, qui eussent donné l'alarme ausdits ennemis, à gauche et à droite du passage, cependant que ceux qui devoient entrer dedans la ville passeroient, ce qu'on pourroit faire sans danger; car il n'y avoit point trente hommes desdits ennemis au guet, et environ soixante ou quatre-vingts hommes de pied, et il ne falloit point craindre qu'il vinst force de l'ennemy sur leurs bras; car il n'y avoit que les enseignes qui estoient logées dedans ledit faux-bourg d'Isle, qui estoient six ou sept, bien loin dudit passage : tout le reste estoit passé l'eau, qui n'eussent pas sceu passer sitost de nuit les destroits des chaussées que nos gens de cheval ne se fussent retirez; et cependant, s'il y eust eu moyen de nous envoyer plus grande force, il fussent encor plus aisement entrez que ne firent les autres, car ils n'eussent trouvé aucun empeschement. Toutesfois, je ne doutois pas que ce que M. de Nevers fit, il le fit avec bonne et meure deliberation de beaucoup de capitaines, gens de bien, qu'il avoit avec luy : ce que j'en dis est pour faire entendre la maniere par laquelle j'avois mandé que les hommes pouvoient entrer, et que je n'avois point mandé cet advertissement sans premierement avoir bien recogneu quelle difficulté il y pourroit avoir. Ce fut le dernier secours que j'eus; car, depuis cettuy-là, je n'en voulus plus demander, pource que M. de Nevers m'avoit escrit qu'il m'envoyoit tout ce qu'il avoit peu mettre ensemble, qu'encore avoit-ce esté avec grande difficulté, et aussi que de là en avant il ne me fut plus possible de faire sortir gens pour mander de mes nouvelles et faire entendre nos necessitez. Ce qui ne tint point à essayer par plusieurs endroits et diverses personnes; mais le guet estoit si grand, que nul n'y pust passer, et entre les autres y en eut un pris, qui estoit lieutenant du capitaine Lestang, nommé *Brion*, qui me sembloit homme bien resolu, et lequel me promit qu'il passeroit outre ou qu'il seroit pris.

Il ne me falloit donc plus penser qu'à me bien deffendre avec ce que j'avois, sans plus attendre de secours. Pourtant mettois-je toute la peine que je pouvois de faire travailler, et remedier aux lieux où il estoit plus de besoin, et entre les autres à nos contremines, qui me servoient à deux effets, l'un pour gagner le devant à nos ennemis, s'ils vouloient faire leur effort par-là, l'autre que, par lesdites contremines, il nous falloit essayer de gagner un moineau (1) qui estoit dedans nostre fossé, lequel nous pouvoit beaucoup servir, et aussi l'entrée de nos tours, pource qu'il n'y en avoit point que par le haut : lequel estant abattu, les ennemis en demeuroient mieux maistres que nous, et si par ce moyen il ne nous demeuroit un seul flanc; ce dont nous nous apperceusmes bien mieux puis après. Or, la contremine que nous eussions la plus advancée et de la plus grande importance, estoit celle de Lauxfort, anglois; mais il me sembloit qu'il ne s'y faisoit pas telle diligence que j'eusse bien voulu : aussi connoissois-je que ledit Lauxfort commençoit à s'estonner, dont je ne luy faisois toutesfois aucune demonstration ny en visage ny en parole; au contraire, je luy disois que je me tenois tousjours asseuré de son costé, et qu'il me tiendroit promesse de gagner tousjours le devant aux ennemis. Il commença à se plaindre de la grande peine qu'il avoit euë, et me demanda quelqu'un pour le soulager, dont je fus fort aise; car je ne luy en osois bailler auparavant, craignant qu'il ne pensast que j'eusse deffiance de luy : aussi estois-je bien aise de luy bailler quelqu'un pour apprendre ce qu'il faisoit, encore qu'il ne se passast jour que je n'y allasse une fois pour le moins.

Le sieur de Saint-Remy travailloit continuellement

---

(1) *Moineau* : espèce de fortification où les soldats étoient à couvert.

de son costé et faisoit une extresme diligence, mais il travailloit en cinq ou six endroits; aussi estoit-il secouru des compagnies de gendarmes au quartier desquels il travailloit, car il y avoit tousjours gens ordonnez à solliciter les ouvriers sous luy. Tant plus j'allois en avant, et moins j'estois secouru de ceux de la ville, et principalement pour avoir des gens pour remparer; de sorte que, pour les intimider davantage, je fis faire une revue de ceux qui ne travailloient point, et en fis sortir de cette fois-là bien cinq à six cens, lesquels, au veu de ceux de ladite ville, estoient assez mal traitez des ennemis, et les asseurois que j'en ferois autant des autres que je connoistrois qui ne travailleroient point : mais quand j'en eusse fait escarteler, je croy qu'aussi peu j'en eusse esté secouru.

Les ennemis estoient arrivez devant Saint-Quentin le deuxiesme jour d'aoust, et, depuis ledit jour jusques au vingt et uniesme dudit mois, ils ne firent autre chose que se retrancher, tant pour la seureté de leur artillerie, que pour approcher et gagner nostre fossé; et nous cependant ne leur pouvions pas donner grand empeschement pour faire sorties, à raison du petit nombre d'hommes que j'avois. Toutes les sorties que je faisois faire n'estoient que pour prendre langue, afin d'estre adverty de ce que faisoient lesdits ennemis, et principalement que je doutois qu'ils ne nous fissent quelque mine de laquelle je ne peusse avoir cognoissance. Quelques fois que j'ay fait faire lesdites sorties, M. de Jarnac s'est présenté à moy pour y aller, ce que je ne luy voulois permettre, pource qu'il ne me sembloit pas raisonnable. Or, après que lesdits ennemis eurent sejourné devant nous jusqu'au vingt et uniesme dudit mois, cedit jour ils commencerent à tirer en batterie au poinct du jour (car ce qu'ils avoient tiré auparavant estoit de la platte-forme du bourg d'Isle, aux lieux où ils nous voyoient travailler), et continuerent à tirer sept jours, non pas en un lieu seul, car il ne se passoit guieres nuict qu'ils ne changeassent de lieu à leurs pieces pour faire nouvelle batterie. Je croy que l'une des choses qui fit autant differer lesdits ennemis à commencer leur batterie, ce fut qu'ils vouloient attendre que les entrées qu'ils faisoient pardessous terre, pour venir gagner nostre fossé, fussent faites; car, du premier ou second jour, nous eusmes connoissance qu'ils commençoient à percer la terre du fossé par leur costé, et bientost après ils assirent des mantelets pardessous lesquels ils passoient ledit fossé pour venir de nostre costé, sans que nous leur peussions faire mal : car nous n'avions nuls flancs qui eussent connoissance d'eux ny dudit fossé, et toutes les pierres qu'on leur jettoit ne les pouvoient endommager, à cause desdits mantelets. Ils commencerent leur batterie à l'endroit du moulin à vent qui est près la porte Saint-Jean, et continuerent depuis cet endroit-là jusqu'à la tour à l'eau; de sorte qu'il ne demeura une seule tour qui ne fust abbatue, et bien fort peu de courtines, et fusmes tous deceus en une chose : car nous pensions la massonnerie de nos tours et courtines beaucoup plus forte qu'elle n'estoit, pource que le parement estoit de grès, et l'epaisseur des murailles bonne; mais les matieres estoient si mauvaises, qu'aussi tost que le dessus estoit entamé, tout le reste tomboit quasi de luy-mesme; qui fut cause que nous eusmes beaucoup de gens tuez et blessez des parapets.

Sur le troisiesme ou quatriesme jour de leur batterie, ils passerent dix ou douze pieces du costé du bourg d'Isle, et les assirent en l'abbaye qui estoit audit bourg, dont ils battirent la porte où j'ay dit cy-dessus que le feu qui s'estoit mis dedans les pouldres avoit fait si grande ruine. Jusques à ce que lesdits ennemis se fussent faits maistres de nostre fossé, je vis le sieur de Saint-Remy en bonne esperance de faire quelque chose de bon par les contremines; mais depuis qu'il les eut veus là logez, il me dit qu'il ne pouvoit plus leur mal faire, et qu'ils avoient gagné le dessous de luy, me disant par plusieurs fois qu'il n'avoit jamais mis le pied en une si mauvaise place, et qu'il y avoit long-temps qu'il en avoit adverty le feu Roy. Ce que j'en dis n'est pas pour le blasmer, comme si je l'avois veu estonné pour peur qu'il eust; mais il estoit plustost fasché de ne trouver quelque remede, tel qu'il eust bien voulu : car je l'ay veu au demeurant homme fort resolu, et avec contenance d'homme asseuré. Je ne diray pas cela de Lauxfort, car plus il alloit en avant, et plus me sembloit-il estonné, et ne vouloit plus aller aux contremines quasi que par acquit.

Depuis le premier jour que la batterie commença jusques à la fin, M. d'Andelot mon frere, et moy, avec ledit sieur de Saint-Remy, allions tous les soirs reconnoistre le dommage que l'artillerie pouvoit avoir fait le jour, et resolvions avec les capitaines aux quartiers desquels la chose touchoit ce qu'ils avoient à faire, et puis les sollicitoit-on afin que ce qui avoit esté ordonné fust vivement et diligemment executé.

Après que ladite batterie eut continué trois ou quatre jours, il se mit un certain effroy entre plusieurs, tant de ceux de la ville que mesme d'aucuns gens de guerre, dont j'ay eu connoissance en me promenant de nuict, que l'on ne me voyoit point, et toutesfois je faisois le sourd et l'aveugle, en donnant courage à ceux mesmes qui me sembloient les plus estonnez ; et, pour remedier à cela, j'avois tenu un langage quelques jours auparavant où estoient quasi tous les capitaines et plusieurs soldats, qui estoit en substance, que j'estois bien resolu de garder cette place avec les hommes que j'avois, et que si l'on m'oyoit tenir quelque langage qui approchast de faire composition, que je les suppliois tous qu'ils me jettassent comme un poltron dedans le fossé par dessus les murailles ; que s'il y avoit quelqu'un qui m'en tint propos, je ne luy en ferois pas moins.

Et ne veux sur ce point obmettre à satisfaire à aucuns qui s'esbahissoient que je n'assemblois plus souvent les capitaines ; car ce qui m'en gardoit estoit que, hors de ma presence, il se tenoit des langages si estranges et si contraires à ma resolution, que j'eusse eu crainte qu'il m'en eust esté mis quelque chose en avant. Je ne crains point aussi qu'il y ait capitaine ny soldat qui puisse dire que je ne l'aye escouté, à quelque heure du jour ou de la nuict qu'il aura voulu parler à moy ; et si c'a esté de chose à quoy il ait fallu pourvoir, que je n'y aye esté et mené de ceux en qui je me fiois le plus pour en resoudre, sans user de plus grande longueur, comme l'on est contraint de faire quand il faut appeler tant de gens : aussi qu'il ne se passoit jour que deux ou trois fois, en passant par les quartiers, je ne demandasse aux capitaines leurs opinions, et mesme que je ne leur conferasse de ce qui se faisoit aux autres ; d'autre part, que la premiere harangue que je leur avois faite estant entré de dans la ville, estoit qu'un chacun eust à m'advertir de ce qu'il jugeoit pouvoir servir à la conservation de la place, ainsi que je l'ay mis cydevant.

La batterie donc des ennemis continua jusques au sixiesme jour, environ les deux heures après midy, que nous les avions aussi en plusieurs endroits dedans nostre fossé, et jusques à nos parapets, à la longueur des picques. A cette heure-là, le guet que j'avois dedans le clocher de la grande eglise, m'advertit que de toutes parts il voyoit l'armée desdits ennemis se mettre en armes, et que plusieurs gens de pied s'acheminoient aux trenchées : ce que je fis entendre à tous les endroits et quartiers de la ville, afin que chacun eust à se tenir sur ses gardes, estimant que ce mesme jour ils nous vinssent donner l'assaut; et moy-mesme allay à trois ou quatre des breches les plus prochaines de moy, pour voir l'ordre qui y estoit tenu, où c'est que je trouvay un chacun monstrant semblant de vouloir bien se deffendre. Le semblable entendis-je de tous les autres endroits où j'avois envoyé des gentishommes, qui fut cause que je m'en retournay bien content à la breche que je deliberois deffendre, qui est celle que j'estimois que lesdits ennemis feroient leur principal effort, pource qu'ils estoient fort opiniastrez à battre cet endroit-là, et à ne nous laisser aucune chose qui eust peu servir de flanc, mesme que c'estoit vis-à-vis de l'entrée qu'ils avoient faite en nostre fossé.

Comme nous estions tous attendants l'assaut, lesdits ennemis mirent le feu en trois mines, lesquelles, toutes trois, entroient sous nostre rempart, dont les principales furent au quartier de monseigneur le Dauphin;

mais le dommage ne fut pas si grand comme, à mon advis, ils esperoient, et croy que cela fut cause qu'ils ne donnerent point l'assaut ce jour-là; aussi ne firent ils pas grand effort en autres choses, et ils se contenterent de venir reconnoistre les breches de mon costé, et de descendre dedans le fossé à l'endroit que gardoit M. d'Andelot mon frere.

Après que lesdits ennemis se furent retirez, je m'en allay voir l'effet qu'avoient fait lesdites mines; mais je trouvay que par-là nous ne pouvions pas recevoir grand dommage. Si y falloit-il toutefois travailler, ce que je remis quand il seroit nuict, pource qu'on ne le pouvoit faire de jour, pour estre en veue desdits ennemis. Le feu s'estoit mis deux jours auparavant en des maisons qui estoient couvertes de chaume, derriere les Jacobins; et, en moins de demie heure, il y en eut vingt-cinq ou trente de bruslées; et, de malheur, le vent estoit fort grand ce jour-là, qui chassoit droit au cœur de la ville. Je m'y encourus soudainement avec un gentilhomme ou deux seulement, n'ayant voulu souffrir qu'il m'en suivist davantage; et mesme ceux que je trouvois des gens de guerre, je les renvoyois dans leurs quartiers, craignant que, sur cette occasion, les ennemis ne voulussent entreprendre de faire quelque effort, encore que pour l'heure il n'y eust pas grande apparence. Ma presence ne servit pas de peu pour remedier à ce feu; car ils estoient tous si estonnez, qu'ils ne sçavoient qu'y faire : je fis rompre deux ou trois maisons au devant, et fis tant que ledit feu fut arresté.

Quand ce vint sur la nuit, je m'en allay, comme de coustume, pour voir ce qui se pourroit faire en chacun endroit. Il y en avoit trois principaux qui estoient au quartier de la compagnie de monseigneur le Dauphin, celuy que M. d'Andelot gardoit, et la porte d'Isle. L'on travailla toute la nuict le plus que l'on put; et entre autres endroits je trouvay que M. de Cusieux avoit fort bien travaillé cette nuit là; car ladite compagnie de monseigneur le Dauphin estoit departie en deux, et le plus grand dommage que les mines eussent fait, c'estoit à l'endroit que gardoit le sieur de Cusieux. Quand ce vint un peu après le point du jour, le sieur de Saint Remy me vint dire qu'il venoit de la porte d'Isle, et qu'il ne trouvoit pas qu'on y eust fort travaillé, davantage qu'il luy sembloit que les gens de guerre se refroidissoient fort à leur besogne, et qu'ils trouvoient difficile tout ce qu'on leur proposoit; enfin, que leur contenance ne luy plaisoit point, et qu'il me conseilloit d'aller jusques là, ce que je fis incontinent et le menay avec moy. En y allant, il commença à me dire qu'il me plaignoit merveilleusement, pour la peine qu'il voyoit que je prenois nuict et jour, voire en une place si mauvaise, qu'il ne voyoit pas que j'y peusse faire un tel service que je desirerois, tant pour la debilité de la place, que pour me defaillir le principal dequoy il eust esté besoin d'estre pourveu, qui estoit d'hommes; me voulant en outre bien advertir que de si peu que j'en avois, encores y avoit-il la pluspart de mauvaise volonté. Ce propos fut un peu long, de sorte qu'ainsi qu'il achevoit j'arrivay à la porte d'Isle; qui fut cause que je luy dis que je ne luy ferois point de responce pour cette heure, et que nous regardassions à ce qu'il falloit faire. Il me dit qu'il l'avoit desjà monstré au capitaine Sallevert et aux capitaines de gens de pied qui estoient-là; et, après leur avoir monstré encore une fois, je fis mettre la main à l'œuvre, tant aux capitaines qu'aux soldats. Il y eut bien quelque capitaine qui me dit qu'il y avoit des soldats qui se faschoient pource que l'artillerie leur faisoit grand dommage. Je fus là quelque temps à deviser avec eux, en sorte qu'il me sembloit que je les laissois en bonne volonté. Je m'en allay de là passer où estoit M. d'Andelot mon frere, pour luy dire qu'il seroit bon qu'il commist quelqu'un pour commander à la bande du capitaine Sainct-André, pource que luy estoit fort blessé, et ne bougeoit de son logis. Son lieutenant avoit aussi esté blessé cette nuit-là, et son sergent tué : de sorte qu'il ne demeuroit plus en cette bande-là pour commander que son enseigne, qui estoit un jeune gentilhomme et avec peu d'experience. Il me fit response qu'il avoit entendu que le capitaine Sainct André se portoit assez bien, et qu'il s'en iroit passer par son logis, et, s'il trouvoit que ledit capitaine n'y peust vacquer, qu'il y en commettroit un autre. Nous nous en allasmes ensemble, car c'estoit aussi mon chemin, et, après avoir parlé audit capitaine Sainct André, il se fit porter en une chaire là où estoit ladite bande.

Ce jour-là, dès le point du jour, qui estoit le septiesme que les ennemis avoient commencé leur batterie, ils commencerent à tirer de plus grande furie et de plus grand nombre de pieces qu'ils n'avoient encores fait auparavant; de sorte qu'il estoit à juger que ce jour là ils vouloient faire quelque grand effort. Quand je fus de retour où estoit mon quartier, je pris mon frere et le sieur de Sainct-Remy, les tirant à part, et dis lors audit Sainct-Remy que je le priois me dire son advis sur l'entreprise qu'il voyoit que les ennemis faisoient sur nous de leurs mines, et le moyen qu'il y auroit d'y remedier. Il me fit responce qu'il n'estoit pas à cette heure là à y penser, mais qu'il n'y trouvoit un seul remede, pour autant qu'estant maistres de nostre fossé, ils pouvoient pied à pied venir gagner nostre parapet, lequel n'avoit que cinq ou six pieds d'espaisseur, et qu'en moins de rien ils le nous leveroient (1), et que le rempart demeuroit si estroit, qu'il n'y avoit point de lieu pour se retirer : qu'aussi peu y en avoit-il de se retrencher par le derriere, pource que ledit rempart estoit si haut qu'il maistriseroit de beaucoup le retrenchement que l'on pourroit faire, et que je sçavois ce qu'il m'avoit dit un peu auparavant, et d'autres fois semblablement, c'estoit qu'il n'avoit jamais mis le pied en une si mauvaise place. Quant aux contremines qu'il avoit commencées, qu'il s'en alloit pour en fermer deux, et les tenir prestes à y mettre le feu ; mais qu'il craignoit que l'une, qu'il estimoit la principale, ne fist tomber le reste d'une tour, et que la ruine ne fist eschelle à l'ennemy ; mais que s'il voyoit qu'il y eust quelque danger en cela, qu'il n'en prendroit que ce qu'il luy en faudroit pour nous servir.

Quand il eut achevé, je commençay à dire que je leur voulois dire une chose que je tiendrois comme non dite, pource que l'un estoit mon frere, et l'autre je l'estimois tant mon amy, que cela ne passeroit point plus avant : c'estoit que je me retrouvois en grande peine d'entendre qu'il ne se trouvoit point de remede pour rompre le dessein de l'ennemy, et que la chose que j'avois moins de regret, estoit de sacrifier ma per-

(1) *Ils le nous leveroient* : il nous l'enleveroient.

sonne pour le service du Roy et de ma patrie, et que je connoissois assez combien importoit, non seulement les jours, mais les heures que nous pourrions garder cette place; mais qu'une chose se presentoit devant moy, que j'avois ouy dire après la prise de Terouenne; c'estoit qu'après que M. de Montmorency vit que les ennemis s'estoient faits maistres du fossé, et qu'ils commencerent à sapper son parapet, voyant qu'il ne se pouvoit plus trouver de remede pour sauver la ville, il devoit chercher de faire quelque honneste composition, à quoy l'on disoit que les ennemis l'eussent volontiers receu s'il eust parlé pluslost; adjoustant à cela que l'on voyoit tous les jours ceux mesmes qui faisoient bien, encore trouvoit-on à redire sur eux, et que de moy je craignois que l'on me pust imputer que j'aurois eu bien peu de considération, de mettre en hasard de perdre la force que j'avois là dedans, qui estoit la principale du royaume de France pour lors, principalement de gendarmerie, puisque je me voyois reduit à telle necessité, et que cela eust bien servy à conserver d'autres places et tout le royaume; mais que j'avois pensé en une chose : c'estoit que nous pouvions juger qu'après la furieuse batterie que faisoient les ennemis, ils voudroient tenter à nous emporter d'assaut; pourtant qu'il falloit penser à nous bien deffendre, et que si nous les avions bien battus la premiere fois qu'après ils essayeroient de nous emporter à la longue, et quand je voirois cela, que lors je pourrois par parlement essayer d'envoyer quelque gentilhome vers le Roy, pour luy faire entendre mes necessitez, et cependant gagner autant de temps. D'une chose les voulois-je bien asseurer : que j'aymois beaucoup mieux mourir qu'il me sortist une parole de la bouche dequoy je peusse avoir honte ; que je connoissois bien veritablement que j'avois beaucoup de gens de mauvaise volonté, mais qu'il leur falloit faire accroire qu'ils estoient la moitié plus hardis qu'ils ne pensoient. La conclusion de mon propos fut : « Vous voyez comme les ennemis renforcent leur batterie, et est à croire qu'ils feront aujourd'hui un grand effort ; je vous prie que chacun se prepare de les bien repousser et recevoir cette premiere fois, et puis Dieu nous conseillera ce que nous aurons à faire. »

Nous nous despartismes, et chacun s'en alla pour donner ordre à ses affaires. Devant que passer plus avant, il faut que je declare combien nous avions de breches, et le nombre d'hommes de guerre que nous pouvions avoir pour les deffendre. La premiere estoit celle du capitaine Breul, capitaine de la place, qui avoit sa bande. La seconde du capitaine Humes, lieutenant du comte de Haran, avec sa compagnie. Il faut que je porte cet honneur aux chefs et aux soldats de ladite compagnie, que je n'en vis point, tant que le siege dura, qui s'employassent mieux et plus volontiers qu'eux, ny qui montrassent visage plus assuré. La troisiesme du sieur de Cusieux, avec une partie de la compagnie de monseigneur le Dauphin. La quatriesme du sieur de La Garde, avec autre partie de ladite compagnie. La bande du capitaine Sainct-André estoit departie en trois, à sçavoir avec les capitaines Humes, Cusieux et de La Garde. La cinquiesme estoit la mienne, avec partie de ma compagnie, et le capitaine Gordes avec quelques harquebusiers. La sixiesme y avoit autre partie de ma compagnie, et le capitaine

Rambouillet. La septiesme, M. de Jarnac avec sa compagnie, et le capitaine Bunon avec ce qu'il pouvoit avoir de sa bande. La huitiesme, les capitaines Forces, Oger et Soleil, avec ce qu'ils pouvoient avoir de leurs bandes, et quatorze ou quinze archers, avec quelques gens d'armes que j'avois baillé à Vaulpergues pour les commander. La neufiesme, M. d'Andelot y estoit avec trente-cinq hommes d'armes, que je lui avois baillez de toutes compagnies, et quelques gens de pied et harquebusiers de Sainct-Roman, qui se faisoient bien paroistre entre les autres. La dixiesme, le capitaine Lignieres, avec ce qu'il pouvoit avoir de sa bande. L'onziesme, le capitaine Salvert, avec la compagnie de M. de La Fayette, et les capitaines La Barre et Saquenville, avec ce qu'ils pouvoient avoir de leurs bandes. Et faut noter que, pour toutes les dites breches, je n'avois point huit cens hommes de guerre pour les deffendre, tant bons que mauvais, entre gens de pied et de cheval : car je n'y avois point voulu mesler les gens de la ville, les ayant departis aux autres endroits, afin que si nous eussions esté assaillis par eschelles, où il n'avoit point esté fait de batterie, nous eussions eu gens par tout pour nous deffendre. Il y avoit eu beaucoup d'hommes tuez et plusieurs autres blessez ou malades, desquels je n'estois non plus secouru que s'ils eussent esté morts. Je sçay bien qu'en la breche que je gardois, le capitaine Gordes y avoit du commencement plus de cinquante soldats des siens. Je les fis compter le matin dont nous fusmes assaillis l'après disnée : il ne s'en trouva plus que dix-sept, encore en eus-je cinq de ceux là tuez en sentinelle devant que l'assaut se donnast, et fus contraint de mander à M. d'Andelot, mon frere, qu'il me secourust de quelque nombre des siens, encore qu'il m'en faschast bien ; car il estoit en lieu où il en avoit bien affaire pour luy mesme ; neantmoins ne laissa il pas de m'envoyer ce qu'il put.

J'ay dit cy dessus comme les ennemis dès le matin redoubloient fort leur batterie; ce qu'ils continuerent jusques environ les deux heures après midy, que nous leur voyons cependant faire tous leurs préparatifs de toutes parts pour nous venir donner l'assault. De ma part, j'allois et envoyois de tous costez, afin qu'un chacun fust prest à les recevoir, et enfin je me donnay de garde que, sans bruit et sans sonner tambour, je vis trois enseignes au pied de nostre rempart. Lors je fis presenter un chacun pour combattre; mais ils ne nous enfoncerent point par mon endroit, et commencerent à couler et à monter file à file à une tour qui avoit esté fort battue de l'artillerie au coin du quartier du sieur de La Garde. Quand je vis qu'ils prenoient ce chemin-là j'en fus bien aise, car ils montoient fort mal aisement; et si du lieu où j'estois je les voyois un peu par le flanc, et leur faisois tout l'ennui que je pouvois, avec trois harquebusiers que j'avois, et pensois veritablement qu'il fust impossible de nous forcer par cet endroit là. A la fin je vis six enseignes qui montoient au haut de la tour et se jettoient à bas; mais je pensois que ce fust dedans une tranchée qui estoit devant le parapet pour estre plus à couvert, jusqu'à ce qu'on vint me dire que les ennemis forçoient cette breche-là. Lors je commençay à me tourner, et dire à ceux qui estoient auprès de moy qu'il la nous falloit secourir. Et sur cela vint le sieur de Saragosse, qui me demanda ce que je voulois faire, et où je voulois aller. Je lui dis que je voulois aller secourir cette breche que l'on forçoit, et qu'il falloit là tous mourir, et en repousser les ennemis; et sur cela je commençay à descendre du rempart. Il faut sçavoir que je n'estois pas loin de la tour par où lesdits ennemis entrerent; mais il y avoit une grande traverse qui m'empeschoit de pouvoir juger ce qui s'y faisoit. Quand je fus au pied du rempart, je fus bien esbahi quand je vis le drapeau de l'enseigne de la compagnie de monseigneur le Dauphin à l'endroit des Jacobins, qui s'enfuyoit, et beaucoup de ceux de ladicte compagnie, si encore ils n'estoient devant. Quand j'eus marché huit ou dix pas plus avant, je vis tout ce quartier là abandonné, sans qu'il y eust un seul des nostres, mais assez des ennemis, ausquels il estoit aisé d'entrer, puisqu'ils ne trouvoient point de resistance. Et, pour dire verité, je vis de toutes parts un chacun s'enfuir: de sorte que je demeuray accompagné de trois ou quatre seulement, entre lesquels estoit un page, enveloppé d'ennemis de tous costez. Voyant qu'il n'estoit plus en ma puissance de remedier à ce desordre, et que la ville estoit perdue, aussi que desjà les ennemis et les Allemans entroient en grande furie, je taschay de tomber entre les mains d'un Espagnol, comme je fis, aimant mieux attendre au lieu où j'estois, fortune bonne ou mauvaise, que de m'enfuir. Celui qui me prit, après m'avoir fait un peu reposer au pied du rampart, me voulut emmener en leur camp, et me fit descendre par la breche mesme que je gardois, par où il n'estoit encore entré un seul ennemy. De là me fit entrer en une des mines qu'ils avoient faites pour gagner nostre fossé, où je trouvay à l'entrée le capitaine Alonze de Cazeres, maistre de camp des vieilles bandes espagnoles, où survint incontinent le duc de Savoye, lequel commanda audit Cazeres de me mener en sa tente. Quand je fus monté en haut, je vis dans les tranchées, à l'endroit de la breche que M. d'Andelot, mon frere, gardoit, qu'on s'y combattoit à grande furie; mais pource que de cet endroit là, ny des autres que je n'ay point veus, je n'en pourrois escrire qu'au dire d'autruy, je m'en tairay. Car aussi bien n'ay-je deliberé de traicter dès le commencement que des choses dont je voulois et pouvois bien respondre. J'en diray une que l'enseigne du capitaine Sainct André m'a dite depuis que je suis prisonnier, lequel estoit à l'endroit mesme par lequel les premiers ennemis entrerent. C'est que quand lesdits ennemis se vindrent presenter en cette breche, tous ceux de la compagnie de monseigneur le Dauphin qui estoient là pour la deffendre, et semblablement tous les soldats de son capitaine, la desemparerent et s'enfuirent sans jamais donner un seul coup de picque ny d'espée. Je diray pour conclusion que c'est un grand malheur pour un gentil-homme qui est assiegé en une place où toutes choses luy defaillent qui luy sont necessaires pour la garder, et principalement devant les forces d'un grand prince, quand il se veut opiniatrer devant, et mesme quand c'est que l'on a à combattre aussi bien les amis que les ennemis, comme j'ay eu dedans Sainct Quentin. Tout le reconfort que j'ay, c'est celui qu'il me semble que tous les chretiens doivent prendre, que tels mysteres ne se jouent point sans la permission et volonté de Dieu, laquelle est tousjours bonne, sainte et raisonnable, et qui ne fait rien sans juste occasion :

dont toutesfois je ne sçay pas la cause, et dont aussi peu je me dois enquerir, mais plustost m'humilier devant luy en me conformant à sa volonté. Fait à l'Ecluse le 28 de decembre 1557.

FIN DU SIÉGE DE SAINCT-QUENTIN.

MÉMOIRE

DU VOYAGE DE M. LE DUC DE GUISE EN ITALIE,

SON RETOUR,

LA PRINSE DE CALLAIS ET DE THIONVILLE;

1556 ET 1557.

PAR M. DE LA CHASTRE.

NOTICE

SUR LA CHASTRE ET SUR SES MÉMOIRES.

Claude de La Chastre, à qui nous pensons que ces Mémoires doivent être attribués, naquit en 1526. Après avoir été page du connétable Anne de Montmorency, il s'attacha aux Guise, dont il fut l'un des partisans les plus dévoués. Il se distingua en 1558 au siége de Thionville, et en 1562 à la bataille de Dreux.

Devenu, par le crédit de ses protecteurs, gouverneur du Berri, il leur rendit de grands services pendant les trois premières guerres civiles. L'année qui suivit le massacre de la Saint-Barthélemy, il fut chargé de faire le siége de Sancerre, ville de son gouvernement, l'une des places de retraite que les Protestans avoient obtenues à la paix de 1570. Ce siége dura huit mois ; et si La Chastre y déploya les talens d'un habile capitaine, les assiégés, animés par les prédications de leurs ministres, montrèrent jusqu'où peut s'élever la constance humaine. Privés de toute espèce de communication, ils manquèrent bientôt de subsistances, et ils supportèrent la plus affreuse famine avec un courage que le zèle religieux peut seul inspirer. On ne peut lire sans frémir, dans la grande histoire de de Thou, le détail des ressources qu'ils employèrent pour prolonger leur malheureuse existence. Les objets les plus dégoûtans et les plus malsains furent long-temps leur unique nourriture; et, pour comble d'horreur, on vit un père et une mère déterrer leur enfant, mort de faim, pour le dévorer. « Ainsi, observe de Thou, le « siege de Sancerre peut servir de preuve à ce que les « auteurs sacrés rapportent de celui de Samarie, à ce « que Josephe a écrit de celui de Jérusalem, et à ce « que l'histoire romaine nous apprend de celui de « Numance, où la famine poussa les assiégés à des ex- « trémités qu'on a peine à se persuader. » Enfin les habitans de Sancerre se rendirent le 19 août 1573, après avoir obtenu de La Chastre une capitulation avantageuse.

Sous le règne de Henri III, La Chastre, toujours fidèle aux Guise, se montra l'un des plus ardens ligueurs. Après la mort de ce monarque il fut nommé maréchal de France par le duc de Mayenne, qui joignit à son gouvernement de Berri celui de l'Orléanais. Il fit la guerre à Henri IV, et fut l'un des derniers chefs de la Ligue qui consentirent à le reconnoître. Pour prix de sa soumission, il reçut neuf cent mille livres, conserva ses gouvernemens, et fut confirmé dans sa charge de maréchal de France. Depuis cette époque, il fut aussi dévoué à Henri IV qu'il l'avoit été aux Guise. Lorsqu'un attentat imprévu eut enlevé ce grand prince à la France, il fut chargé par Marie de Médicis, devenue régente, d'exécuter une partie de ses derniers projets. De concert avec Maurice de Nassau, il reprit la ville de Juliers, et la remit au marquis de Brandebourg et au duc de Neubourg, à qui l'archiduc Léopold l'avoit enlevée. La Chastre survécut peu à cette campagne glorieuse : il mourut le 18 décembre 1614, âgé de soixante-dix-huit ans.

Les Mémoires de La Chastre furent publiés en 1744 par l'abbé Lenglet du Fresnoy, qui les inséra au commencement du troisième volume du *Journal de Henri III*. Ils avoient fait partie des manuscrits recueillis par Brienne, et étoient à la Bibliothèque du Roi. Les éditeurs de l'ancienne collection des Mémoires sur l'histoire de France, qui les ont admis dans leur recueil, observent qu'il existoit, à l'époque des guerres civiles, trois La Chastre, savoir : Claude de La Chastre dont nous venons de retracer la vie, Jacques de La Chastre de Sillac son frère, Gaspard de La Chastre leur cousin ; et ils ne savent auquel de ces trois seigneurs il faut les attribuer.

Nous pensons qu'ils appartiennent à Claude de La Chastre, d'abord parce qu'ils respirent un grand enthousiasme pour le duc François de Guise, ensuite parce que ce seigneur s'est exercé plus d'une fois dans le genre historique; en effet, il avoit publié en 1558 une relation du siége de Thionville, ouvrage qui paroît avoir été fondu dans les Mémoires que nous lui attribuons; et plus tard il a composé un discours sur le voyage de Mayenne en Guienne en 1586, lequel fait partie des pièces recueillies par Lenglet du Fresnoy dans le *Journal de Henri III*. (Tome III, page 273.)

MÉMOIRES
DE LA CHASTRE.

[1556] L'E Roy, pour satisfaire au traité de la Ligue faite et conclue avec nostre saint pere le Pape, Paul quatriesme, et respectivement ratifiée d'une part et d'autre en l'an 1555, par lequel il estoit tenu et obligé, toutes et quantes fois qu'il seroit assailly dans ses pays, de le secourir avec une armée de dix mille hommes de pied, moitié Suisses et moitié François, cinq cens hommes d'armes et six cens chevaux legers, avoit au mois de novembre 1556, à l'instante sollicitation que ledit Pape luy faisoit de le secourir contre l'armée que le duc d'Albe tenoit aux portes de Rome, envoyé M. le duc de Guise, son lieutenant général en Italie, à son secours avec quatre mille François sous vingt-quatre enseignes, six mille Suisses sous vingt-quatre enseignes que conduisoit le capitaine Frulich, cinq cens hommes d'armes sous sept compagnies; c'est à sçavoir : la sienne de cent lances; celles de messieurs les princes de Ferarre, des ducs de Nemours, de cinquante; du duc d'Aumalle, de cent, et prince de Salerne, de cinquante; celles de messieurs de Montmorency et de Tavannes, chacune de cinquante; six cens chevaux-legers sous quatre compagnies, qui estoient celle de M. le marquis d'Elbœuf, de deux cens; celle des sieurs de

Sipierre, de deux cens; de Biron et de La Rocheposay, de chacune cent; luy ayant baillé, pour l'accompagner et soulager, M. le duc d'Aumalle son frere, qui menoit l'avant-garde; M. de Nemours, qui étoit colonel des bandes françoises, et M. le marquis d'Elbœuf, des Suisses; le sieur de Tavannes, chevalier de l'Ordre, qui étoit marechal-de-camp de l'armée, et le sieur de Sipierre, mestre-de-camp de ladite cavalerie legere, qu'il conduisoit en l'absence de M. d'Aumalle, qui estoit occupé à l'avant-garde; et, outre ce, un bon nombre de seigneurs et gentilshommes de la chambre, et autres de la jeunesse qui estoit accourue à ce voyage, tant pour l'esperance d'y voir et apprendre quelques choses, comme le François est naturellement curieux, que pour estre mondit sieur de Guise merveilleusement aimé et suivi de toute la noblesse.

Lequel, après avoir traversé toute l'Italie [1557] avec infinies incommoditez, et conduit son armée jusques ès confins du royaume de Naples, au lieu où le Pape le vouloit employer, avoit trouvé la foy de ceux qui luy devoient assister et luy donner moyens d'executer l'entreprise commencée, suspecte et incertaine, leurs actions et deportemens si estranges, qu'il ne s'en devoit rien promettre de bon, et finalement toutes choses, dont il esperoit tirer quelques faveurs, entierement defavorables; de façon qu'ayant une armée en teste, et de gens de pied et de cheval, deux fois plus grande que la sienne, après avoir tenté tous les moyens possibles pour l'attirer à la bataille, et l'estre allé chercher luy-mesme jusques dans son fort, luy defaillant toutes choses pour mener et conduire la guerre, avoit été contraint pour ne perdre ses hommes, qui commençoient jà à devenir malades de la grande chaleur et intemperie de l'air, de se retirer et departir ses forces par les garnisons, par les terres de l'Eglise, où il avoit été tellement travaillé, que si sa vertu, prudence, dexterité et grande patience n'eust vaincu les necessitez dont il étoit combattu, il ne se pouvoit esperer de cette petite armée autre issue qu'une pareille ruyne qu'avoit eue celle de M. de Lautrec, et de tous les autres chefs qui avoient été devant luy en Italie; de quoy il avoit conceu tant d'ennuis et de deplaisir, qu'avec la saison fort fascheuse une fievre le surprit, qui le mit en grand danger de sa vie; et de pareille maladie tous les princes, seigneurs, gentilshommes, et quasi tous les soldats particulierement étant en son armée, s'en sentirent et en furent persecutés.

Du costé du Piedmont M. le marechal de Brissac, qui avoit été si longuement favorisé de la fortune en toutes les guerres passées, et qui, de fraische memoire, luy avoit, s'il se peut dire, de sa franche et pure faveur mis Valfresnier et Guerasse (1), deux places quasi imprenables, entre ses mains, se trouvoit avoir esté contraint, après avoir peu heureusement assailly Conis, et y avoir perdu un grand nombre de ses meilleurs hommes, de s'en retirer; et depuis, tenant le marquis de Pesquieres dans Fossano, avec une partie des forces de l'estat de Milan, assiegé et reduit à telle extremité, ou qu'il luy falloit combattre avec desavantage, ou bien d'y mourir de faim, l'avoit par une pure defaveur de la fortune, contre toutes les raisons qui se pouvoient imaginer, perdu, s'étant ledit marquis sauvé inopinement par des chemins incogneus; de façon

(1) *Valfresnier*: Valfenera. *Guerasse*: Quieras.

qu'il se pouvoit clairement voir, en ce quartier-là, une face de la fortune entierement tournée, et dissemblable à celle de deux mois auparavant.

En ce mesme temps, étant le Roy à Compiegne, mal fortuné de tous ces deux costés, et trouvé avoir son armée qui estoit en Picardie, en laquelle estoit toute son esperance, estoit defaite, son lieutenant-general, M. le connestable, personnage de grande experience et de sage conduite, comme tout le monde sait, et auquel estoit toute l'assurance de nostre salut, prisonnier, et avec luy messieurs les ducs de Montpensier et de Longueville, le sieur Ludovic de Gonzague, M. le marechal de Saint André, le comte Rhingrave, colonel des lansquenets, et infinis chevaliers de l'Ordre et capitaines; M. le duc d'Etouteville et M. le vicomte de Turenne, morts avec infinité d'autres gentilhommes; ses ennemis avec plus grande armée que n'eut jamais son pere, victorieux en ce royaume; luy sans nulle force de pied ni de cheval, pour avoir été en cette rencontre toute sa gendarmerie, qui étoit dejà ruinée et defaite; ses places de frontieres près Saint-Quentin depourvues entierement de chefs, d'hommes et de vivres; ses peuples si etonnez et eperdus, qu'il n'y avoit homme qui sceut ce qu'il devoit faire; et les gens de guerre si etonnez qu'on ne les pouvoit rasseurer.

Voilà l'état auquel se trouvoient lors les affaires du Roy, le mercredi onziesme jour d'aoust 1557, qu'il eut la malheureuse nouvelle de la plus grande playe que ce royaume aye receu il y a plus de deux cens ans, advenue le jour precedent, feste de Saint Laurent, devant lequel deux jours auparavant, comme s'il eust preveu le malheur qui luy devoit advenir, avoit envoyé la Reine avec messieurs de son conseil privé à Paris, pour voir s'il y avoit moyen de trouver quelques deniers, et l'eloigner d'autant plus du peril qu'il sentoit, avoit depesché M. du Mortier, conseiller au conseil privé, à Senlis et à Paris, pour recouvrer deux cens muids de bled, pour les acheminer droit à Compiegne, afin de là les envoyer à celle de ses villes qui en auroit le plus de besoin.

M. l'evesque d'Amiens étoit allé pour le mesme effet à Rheims, afin d'en pouvoir recouvrer de là et des environs pareil nombre pour envoyer à Guise, qui etoit fort menacée; et le sieur de Voulzay, maistre des requestes dudit seigneur, étoit semblablement allé à Soissons, pour de là et des lieux circonvoisins en envoyer à La Fere la plus grande quantité qu'il pourroit; et, afin que rien ne demeurast en arriere, l'on avoit envoyé faire une levée de six mille lansquenets sous le colonel Roqueroch; toutes lesquelles choses servirent plus en la necessité où l'on se trouva par après que, quand elles furent commandées, on ne pouvoit penser qu'elles pussent faire, comme l'on verra par le discours de ce Mémoire.

Incontinent donc après cette mauvaise nouvelle, annoncée au Roy à son lever par le sieur Descars, au mesme instant, au lieu de perdre le temps en regrets et plaintes inutiles, et avoir appellé Dieu en son aide, comme celuy de qui il reconnoissoit cette verge luy estre envoyée, et pour ses pechez et pour ceux de son peuple, desquels, avec eux, il luy falloit egalement supporter la penitence, il prit une vertueuse resolution de donner tout l'ordre possible pour remedier à l'inconvenient present, esperant qu'après avoir fait tout ce que les hommes peuvent faire, Dieu feroit le reste, et, l'ayant auparavant tant favorisé, ne l'abandonneroit pas en cette necessité, comme bientost il en montra de grands et evidens signes.

La premiere chose qu'il fit, fut de bailler à M. le cardinal de Lorraine, lors étant seul auprès de luy, la charge et le maniement de ses affaires, pour l'experience qu'il sçavoit estre en luy, pour le long temps qu'il y avoit été nourri, et pour l'asseurance qu'il avoit de sa suffisance et de sa fidelité ; et d'autant qu'une des principales choses qui luy defailloit, et dont il avoit le plus de besoin, étoit d'un chef qui eust le sens, l'experience et la vaillance pour conduire le fait de la guerre sous luy, et manier un si grand faict comme est la machine de cette monarchie, où le plus habile homme se trouve bien empesché s'il ne l'a accoutumé, et sur lequel il se puisse reposer, comme il faisoit sur M. le connestable, il depescha le sieur Scipion, son ecuyer d'ecurie, pour aller querir mondit sieur de Guise, comme celuy en qui il sçavoit très-bien estre toutes les parties qu'un bon, grand et digne capitaine peut avoir, l'advertissant du desastre qui lui étoit advenu, et le priant de donner tout l'ordre qui luy seroit possible aux affaires de par de là, afin de le venir retrouver en bonne diligence, et emmener avec luy le plus de princes, capitaines et gentilshommes qu'il seroit possible, qui étoient en son armée; et pour cet effet depescha un courrier voltant devers le baron de La Garde, par lequel il luy mandoit qu'il eust à faire sortir du port de Marseille dix ou douze galeres, pour aller querir mondit sieur de Guise et la troupe qu'il ameneroit avec luy; il depescha aussi le sieur de Vyneuf, piedmontois, devers M. le marechal de Brissac, pour faire venir M. de Termes avec sa compagnie, et M. Damville avec la sienne de chevaux-legers, et dire audit sieur marechal qu'il avisast de se mettre sur la defensive, et departir ses forces dans les places, et luy envoyer quatre mille Suisses de ceux qu'il avoit en Piedmont. Fut mandé au sieur de Sainct Laurent (¹), ambassadeur en Suisse, qu'il eust à faire acheminer du costé de deçà les six mille Suisses qui avoient été levez; et de bonne fortune ils étoient prets pour marcher en Italie au secours de mondit sieur de Guise. Fut pareillement envoyé devers la Reine, qui arrivoit à Paris, le sieur de Fresne-Forget, pour luy dire ce qu'il sembloit au Roy qu'elle devoit faire pour contenir le peuple en l'obeissance, et, en attendant sa venue, commencer à donner ordre au recouvrement de deniers, comme la chose la plus necessaire en telles necessitez. Laquelle, apres avoir entendu ce que dessus, tant s'en faut qu'elle se fust laissée vaincre à la juste douleur qu'elle portoit, tant de l'ennuy qu'elle sentoit souffrir au Roy, que du malheur qu'elle jugeoit devoir advenir audit seigneur et au royaume de cette perte, que, se resolvant avec un cœur viril et magnanime, elle assembla le conseil du Roy son seigneur, qui estoit avec elle, et envoya querir au mesme instant les principaux de la ville, lesquels elle pria tous vouloir, en la nécessité presente, montrer le service qu'ils vouloient faire au Roy, et rendre preuve de leur affection et fidelité; et le lendemain se trouva à l'Hostel-de-Ville, en pleine assemblée du peuple, où elle leur parla avec tant d'eloquence, et leur fit si bien et dignement entendre ce malheur, qui se présen-

---

(¹) *Sainct-Laurent* : Bernardin Bochetel, abbé de Saint-Laurent.

toit, commun autant à eux comme au Roy, et le grand besoin qu'il avoit de l'aide et secours de ses bons et feaux serviteurs, qu'ils lui accorderent trois cens mille francs, pour soldoyer dix mille hommes de pied trois mois durant.

Fut aussi depesché en Allemagne, pour avancer les levées que le colonel Rocquerocq estoit allé faire, et ecrit à Reiffleberg pour essayer de recouvrer deux ou trois mille pistoles. Si l'on avoit usé de toutes les diligences possibles pour être secouru des forces qui étoient les plus lointaines, et à écrire, par tous les endroits de la chrestienté, aux provinces amies et alliées du Roy, la fortune qui luy étoit survenue, l'on n'en fit pas moins à tous les capitaines, ministres et officiers du Roy, qui estoient en quelques lieux d'importance, tellement qu'avant le deuxiesme jour on eut satisfait à tout ce que dessus, et furent faites plus de deux cens depesches differentes.

Cependant l'ennemy ayant eu une telle et si inesperée victoire, se contenta de poursuivre le siege de Sainct Quentin, sans passer plus oultre, où le roy d'Espagne, voyant le jeu si sur qu'il n'y avoit plus de dangers, s'en vint trouver son camp, et fit faire, quinze ou seize jours durant, tous les efforts qu'il fut possible pour la force, et le Roy ne perdit point de temps de son costé pour remedier aux lieux où estoit le feu voisin, qui avoit le plus besoin de secours; car s'estant M. de Nevers de bonne heure sauvé de cette rencontre, et retiré à Laon pour rassembler ce qu'il pourroit d'etrangers et de François, tant de pied que de cheval, et M. le prince de Condé avec luy, qui avoit la charge de la cavalerie legere, M. de Montmorency à

Soissons, M. de Bourdilloh à La Fere, et M. le comte de Sancerre à Guise, et estant M. de Humieres demeuré dans Peronne, le Roy envoya à M. de Nevers un pouvoir de lieutenant-general pour commander à toutes ces frontieres de là, luy semblant qu'il ne pouvoit faire une meilleure election, ne plus digne, ne semblablement plus utile, pour sauver les places qui luy restoient, y commettre de plus dignes personnes que les sieurs dessusdits, qui de bonne fortune s'étoient retirés de la route de la bataille; lesquelles places demeurant en sa puissance, il y avoit apparence que le mal ne devoit pas être si grand comme il auroit pu, et que l'on craignoit, comme par effet il s'est pu voir depuis.

Mais pource qu'il n'y avoit en pas une desdites places ni forces ni vivres, hormis à Peronne, où il y en avoit assez bonne quantité, il se fit une extresme diligence d'y mettre telle abondance de vins et de bleds, de ceux qu'on avoit peu auparavant commencé à rassembler, qu'en moins de dix jours elles en furent bien et suffisamment pourvues; et cependant l'on donna ordre d'y envoyer, tant de ceux qu'on avoit recueillis de cette affaire, que d'autres bandes qui se trouverent de bonne fortune marchant au camp, que d'autres qu'on fit venir des places de Champagne, et si bon nombre d'hommes, que ledit seigneur y demeura fort asseuré.

Le Roy estant à Paris, où il vint le lendemain qu'il eut eu advis de cette defaite, pour estre le lieu de Compiegne si voisin de l'ennemi que sa personne n'y estoit en seureté, il se trouva grandement travaillé, d'autant qu'il luy fallut non-seulement faire l'office de roy, mais de capitaine et de conseiller, ayant auprès de luy peu d'hommes de guerre, et nul de qui il se pust servir en si grande chose ; de façon qu'estant M. le cardinal de Lorraine grand et digne, et pourvu d'une grande connoissance des affaires d'Etat, si est-ce qu'honnestement il pouvoit ignorer beaucoup de choses qui n'estoient de son gibier, où il falloit que le Roy prit de luy-mesme l'expedient et la resolution, l'on proceda à la cotisation pour lever les trois cens mille livres octroyées par la ville, où il se trouva de grandes difficultés ; car ayant esté besogné par supputation, et ne pouvant le plus riche payer plus de cent vingt livres, et le plus pauvre moins de vingt livres, il y eut infinies plaintes, les uns pour estre trop cotisez, et les autres pour voir ceux qui avoient cent fois mieux de quoy qu'ils n'avoient, ne payer non plus qu'eux, ce qui amena une telle longueur, qu'encore que promptement il s'en tirast une bonne et notable somme, il s'est vu par experience que qui voudra promptement recouvrer deniers d'une ville, il n'y faut nullement suivre ce chemin, comme plein de grande longueur et de beaucoup de difficultez : aussi ne fut-ce de l'opinion de mondit sieur le cardinal, et de quelques-uns des plus avisez.

Et fut escrit à toutes les villes du royaume de France, et envoyé gens pour les solliciter de vouloir ayder à Sa Majesté, et suivre l'exemple du secours que ceux de Paris luy avoient fait en l'affaire presente ; en quoy les peuples se monstrerent si affectionnez, qu'il se tira une bonne quantité de deniers, qui vinrent bien à propos, d'autant que, si avec cette infortune l'argent fust failly, il n'y avoit nulle esperance de ressource.

L'on fit lever un grand nombre de gens de pied françois, où encore qu'il fust employé des hommes qui en autre tems n'eussent esté receus, si est-ce que pour la necessité il s'en falloit servir, pour lesquels armer et semblablement ceux qui étoient echappés de cette defaite, qui estoient demeurez nuds, sans armes, il fit faire un grand nombre de corselets, morions et harquebuses, qui furent departies par les compagnies, de façon qu'en peu de tems elles commencerent à se r'habiller et armer; et pource qu'il y avoit grand besoin de cavalerie, le Roy fit dix compagnies nouvelles de gendarmerie, chacune de cinquante lances, faisant toutes le nombre de cinq cens hommes d'armes pour avoir esté sa gendarmerie à la bataille devalisée, et n'avoir esperance d'avoir celle qui étoit en Italie, à tems; les capitaines qui eurent lesdites compagnies furent M. le marquis d'Elbœuf, M. Dampville, M. de Randan, M. de La Trimouille, M. Deschevets, M. de Beauvois-Nangis, M. le comte de Charny, messieurs d'Humieres, de Chaulnes et Morvilliers.

Apres toutes ces provisions données à ce qui se pouvoit, il me semble n'estre hors de propos de dire qu'en ce tems-là le Roy tint un conseil, où il assembla tous ceux qui estoient aupres de luy de quelque experience, pour sçavoir d'eux leurs opinions de ce que leur sembloit qu'il avoit affaire; où il y en eut qui furent d'opinion qu'il se devoit retirer à Orleans, d'autant que si l'ennemy marchoit, il luy faudroit avoir cette honte d'abandonner Paris: lequel conseil, comme prince vertueux et magnanime, il rejetta, deliberé de mourir plutost que suivre ce parti plein de honte et d'infamie, estimant sa demeure en ladite ville autant honorable et pleine de seureté pour la conservation de tout l'Estat, comme il se connut par experience qu'elle étoit; en laquelle resolution il fut grandement fortifié par le sieur cardinal, qui n'estoit d'opinion qu'on abandonnast Paris.

M. l'Amiral, et ceux qui estoient dans Sainct Quentin, encore qu'ils eussent vu la victoire que les ennemis avoient eue, et qu'ils eussent eu peu de secours, et nulle esperance d'en avoir, si est-ce qu'ils ne perdirent le courage pour tant de malheurs, d'autant qu'ils voyoient en eux reposer le seul but de l'esperance de la conservation de ce royaume; mais, comme un digne et vaillant capitaine qu'il est, donna si bon courage à un chacun, que tous d'une voix se delibererent d'y mourir avant que de parler de composition; et environ le vingtiesme du mois d'aoust, M. de Bourdillon y fit entrer, par dedans le marais, cent vingt harquebusiers de deux cens qui estoient destinés, françois : le reste fut tué ou noyé; et avec cela, et ce qu'ils purent faire depuis la defaite de M. le connestable, tinrent encore la place dix-sept jours.

Cela donna un peu d'esperance au Roy que, pendant que ledit Sainct Quentin tiendroit, l'ennemy ne passeroit outre, et cependant il auroit le loisir d'assembler les grandes forces qu'il preparoit : mais cette esperance ne luy dura gueres; car, le vingt-septiesme du mois d'aoust, Sainct Quentin fut forcé et emporté d'assaut, pource qu'estant les ennemis maistres du fossé, pour estre ladite ville bastie à la vieille mode, de laquelle encore que le fossé soit profond et le rempart grand, si est-ce que, n'y ayant nuls flancs pour le defendre, il leur fut aisé de le gagner, comme ils firent; où estant logez, ils se mirent à sapper et ruyner le pied du rempart, où ils besognerent si bien huit ou dix jours durant, qu'ils le demolirent avant qu'ils eussent commencé leurs batteries, quelque loisir et peu d'empeschement qu'ils eussent, qu'avec l'extresme secheresse, que durant sept jours continuels ils firent neuf breches si grandes, qu'estant défendues avec si peu d'hommes, comme de huit cens en tout, et mesmement d'arquebusiers, dont ils n'en avoient pas deux cens, que ne pouvant tout ensemble (estant arrangez les uns aupres des autres) border lesdites breches, et étant combattus d'un grand nombre d'hommes, ils furent aisement forcez ; M. l'Amiral fut pris, messieurs d'Andelot et de Jarnac, et tué beaucoup de capitaines qui y étoient entrez avec M. d'Andelot, comme Sainct-Romain, Gordes, Bimo, et plusieurs autres. Ledit sieur d'Andelot, la nuit mesme qu'il fut pris, se sauva, pour parler bon espagnol, et passa au travers le marais dans l'eau jusqu'à la gorge, où il se pensa noyer, et vint trouver le Roy ainsi comme il venoit d'avoir la nouvelle de la perte de ladite ville.

Le vingt-neuvieme jour d'aoust 1557, le Roy reçut encore cette mauvaise nouvelle, qui empiroit grandement la premiere; car jusques-là nous n'avions point senti la cônsequence d'une bataille perdue, si ainsi se doit nommer la defaite du jour Sainct-Laurent, d'autant qu'étant lors l'ennemy maitre de la ville, ses forces gaillardes et victorieuses, il pouvoit et devoit passer outre droit à Paris ; mais Dieu ne luy fit pas la grace de prendre si bon conseil, voulant, comme sa bonté l'a toujours démontré, conserver la France, et s'opposer à sa ruine : je dirai, par parenthense, comme le sieur de la Roche du Maine, vieil et experimenté capitaine, ayant esté pris à la bataille, bien reconnu comme il étoit des vieux capitaines espagnols, allemans et italiens, pour s'estre toujours trouvé à toutes les batailles, rencontres, sieges de villes, qui se sont faits de son tems, l'on fit recit au roy Catholique de son merite, et comme en ses discours il estoit prompt et hardi ; Sa Majesté catholique le voulut voir, et lui demanda entre autres choses combien il pouvoit encore avoir de journées depuis Sainct-Quentin jusqu'à Paris. Ledit sieur de La Roche luy fit reponse que l'on appelloit les batailles bien souvent journées, et que s'il l'entendoit comme cela, il en trouveroit encore pour le moins trois, la France n'estant point si dépeuplée d'hommes, mesme de noblesse, que le Roy son maitre avoit encore pu mettre ensemble de plus grandes forces que celles qui avoient esté defaites.

Avec toutes les provisions susdites que l'on faisoit en toute diligence, même M. de Guise, qui s'avança devant les forces qu'il amenoit, arriva près du Roy, qui en reçut un extrême plaisir et allégresse. Sa Majesté se déchargea sur ce prince de toute la pesanteur et fardeau de la guerre ; de façon que ledit sieur duc de Guise et le cardinal son frère commandoient tout, l'un aux affaires et finances, l'autre aux gens de guerre ; et comme il étoit très-prudent, brave et heureux, bien aimé des gens de guerre, chacun prend espérance de revoir les affaires en bon état ; et ce prince, pour ne frustrer la bonne opinion qu'on avoit de luy, ne faisoit qu'imaginer en son esprit toutes sortes de moyens de pouvoir faire quelques actes remarquables qui pussent rabattre l'orgueil de cette superbe nation espagnole, et relever le courage aux siens ; et estima que les choses que les ennemis tenoient les plus asseurées seroient les moins gardées. Il est vrai que, quelques années auparavant, le sieur Senarpont avoit donné quelques avis à M. le connestable que l'on pouvoit faire entreprise sur Calais assez negligemment gardé, et la place n'etant d'elle-mesme pas bonne, ayant beaucoup d'incommodités qui empeschoient la fortification; ledit sieur de Guise donc mit cette entreprise en avant, la fait entendre au Roi, suppliant Sa Majesté n'en communiquer à nul autre, et la supplia lui permettre de tenter cette entreprise, ce que le Roy trouva bon.

Ledit sieur de Guise donc, accompagné de tous les princes et noblesse de France qui restoient de la bataille, avec quelques troupes ralliées, fraisches et de bons hommes, tant capitaines que soldats, fait semblant de rassembler l'armée, plustost pour entreprendre sur la coste de Champagne ou ailleurs, et tout à un coup tourne vers Calais, ce que les ennemis n'eussent jamais pensé, tenant cette place imprenable, et prest d'être secourue par la mer : toutefois la diligence dudit sieur de Guise fut telle, que marchant, le premier jour de janvier 1558, droit au pont de Nieulé qui est frontiere du pays d'Oye, et le passage de la riviere pour venir à Calais, la place fut prise et forcée avec peu de resistance; le capitaine Gourdan eut la jambe emportée d'un coup de canon. Ce passage pris, l'armée marche droit aux dunes le long de la mer, où elle se logea; le lendemain force le risban, qui est la forteresse du havre de Calais; cela fait, entre ledit risban et le château, dans la mer mesme, furent mis douze canons, qui battoient ledit chasteau lorsque la mer estoit basse, et quand elle estoit en pleine marée, il falloit quitter et abandonner l'artillerie et les gabions, qui estoient si bien liez et attachez et retenus d'ancres et de pieux que la mer ne les ebranloit nullement; et lorsque la mer etoit retirée l'on retournoit à la batterie; mais cela ne dura gueres, car y ayant quelques bien petites breches audit chasteau, ladite breche fut reconnue, et bien que non jugée raisonnable, la hardiesse françoise pour le desir que chacun, tant les grands que les petits, avoient d'effectuer quelque coup notable, jugerent y devoir donner, et que, si l'on attendoit au lendemain, ladite breche seroit renforcée et mise en état plus forte que devant. Tous les capitaines supplierent M. de Guise de les y laisser donner. Ledit sieur, jugeant quelque apparence à leur dire, se fiant aussi à la grace de Dieu et en sa bonne fortune, consent et donne charge à M. d'Aumalle son frere d'y conduire ses troupes, qui estoient d'environ trois mille soldats, mais des bons et choisis, et grande quantité de noblesse, qui se mit parmi eux. Ledit sieur de Guise donna charge à M. d'Aumalle son frere qu'ayant gagné ladite breche, s'il la trouvoit trop difficile, il s'y logeast seulement et empeschast que les ennemis ne remparassent; mais le tout succeda si heureusement, qu'apres peu de danger, et moins de resistance, ladite breche fut forcée; et toute cette troupe se rendit maistre, et logea dans le chasteau, qui est le lieu où est maintenant la citadelle.

Le milord Wentworth, qui commandoit dans ladite ville de Calais, sachant la perte du chasteau par le bruit qu'il entendit, et le temoignage de ceux qui s'estoient sauvés dans ladite ville, se resolut la nuit, comme homme desesperé, et qui se voyoit ainsi quasi perdu, de faire, à la faveur de la nuit, une batterie de six canons à la porte qui entre de la ville audit chasteau, le fossé n'en etant gueres bon, et aussi que de secours de l'armée il ne falloit point que ceux du chasteau en esperassent qu'apres que la mer se seroit retirée; ledit milord fit donc sa batterie forte et furieuse, perçoit de chacun coup la muraille non ramparée de ce costé là, et fit tous efforts de tirer à force ceux qui estoient dedans; mais estant une troupe aussi mal aisée à forcer comme de l'estonner, et laquelle en pleine campagne eut combattu deux fois autant d'hommes comme ils estoient, de façon que ce pauvre milord, voyant cette brave resistance, eut recours à demander s'il devoit espérer une composition, qui luy fut accordée telle qu'il s'est vu; et la ville, deux cens ans apres sa perte, retourna françoise par l'astuce, diligence et bonne conduite du duc de Guise, qui fit cette genereuse execution en huit jours.

Ce bel exploit executé remit toute la France en bon espoir; le Roi mesme en fut extresmement rejoui, en rendit graces à Dieu, tant en particulier qu'en processions et actions de graces publiques. Son lieutenant le duc de Guise ne voulant pas demeurer en si beau chemin, pense et repense de faire encore quelque coup memorable; et d'une extremité à l'autre (1) conduit son armée à Thionville, place que l'on tient comme imprenable, à cinq ou six lieues de Metz, qui incommodoit fort ladite ville de Metz, et la tenoit sujette. Ayant donc planté le siege devant Thionville, il se

(1) *D'une extremité à l'autre.* Le duc de Guise s'empara de Guines, après avoir pris Calais. Il mit ensuite ses troupes en quartier d'hiver, et ne marcha sur Thionville qu'au printemps.

trouva plusieurs difficultez à cause d'une riviere qui bat les rives des courtines de ladite ville d'un costé ; et neanmoins la prise d'une tour, qui fut emportée en plein jour, non sans la perte de plusieurs bons capitaines et soldats, et la mort du marechal Strosse, parlant dans les tranchées audit sieur de Guise qui lui tenoit lors la main sur l'espaule; qui fut dommage et perte pour le service du Roy, car il estoit bon capitaine et vaillant de sa personne.

Cette tour donc prise et forcée, nonobstant toutes les difficultez qui s'y trouverent, les ennemis voyant qu'elle commandoit fort à la courtine et de pres, et qu'il se preparoit une breche qui estoit fort en vue de ladite tour, commencerent à perdre courage, et demanderent appointement, ce qui leur fut accordé, et se rendirent, laissant la place entre les mains du lieutenant du Roy.

Ces deux exploits faits sur une armée et prince victorieux d'une bataille, où toutes les forces qu'avoit le Roy avoient esté perdues et dissipées, tant par la mort de la plupart de l'infanterie que de la noblesse et des chefs, estant morts ou retenus prisonniers.

En ce mesme temps, un peu auparavant, le marechal de Termes, de tout temps estimé fort sage et prudent, bien avisé et experimenté au fait de la guerre, à qui l'on avoit donné une petite armée à commander pour asseurer le pays conquis ès environs de Calais, que l'on repeuploit et r'habilloit-on les breches de la ville, la fortifiant au mieux que l'on pouvoit, s'avança jusqu'à Dunkerque, qu'il prit, força et saccagea la ville, puis fit sa retraite, ou la pensoit faire à Calais, sentant le comte d'Aiguemont s'approcher avec beaucoup plus de forces qu'il n'en avoit; mais, à cause de la mer qui remplit de douze en douze heures le canal qui est entre ledit Dunkerque et Calais, ses troupes ayant commencé de s'acheminer, les uns passerent de bonne heure ledit canal, et se sauvant; les autres ne le pouvant, les autres combattant mal par necessité, furent defaits, l'infanterie taillée en pieces, et la cavalerie, les uns pris et les autres morts sur la place, et ledit marechal mesme fut pris. Il pouvoit avoir en son armée cinq ou six mille hommes de pied, et huit cens chevaux de la gendarmerie du Roy : la plupart furent tuez ou devalisez, comme l'infanterie presque toute.

L'hiver survenant, il fallut retirer les armées tant de part que d'autre aux garnisons; le roy d'Espagne à Bruxelles, le Roy à Paris, et de l'un à l'autre on commença à traiter d'une paix generale, laquelle enfin se conclut [1559] par les noces du roy d'Espagne avec madame Elisabeth, et de madame Marguerite, sœur de Sa Majesté, avec le duc de Savoye, avec la reddition de M. le connestable et autres prisonniers payant leur rançon; et lors ne fut plus qu'allées et venues de tous les princes françois et grands de ce royaume, et de toute la jeunesse de la Cour à aller voir le roy d'Espagne à Bruxelles, où chacun estoit reçu, bien traité et festoyé; comme aussi estoient ceux de ce costé-là qui venoient à Paris, où enfin les noces promises se paracheverent, où arriva le malheureux coup (1) pour la France de la mort du meilleur roy, plus doux, affable et gracieux qu'elle ait jamais eu,

(1) *Le malheureux coup.* On a vu que Henri II fut blessé à mort en rompant une lance avec Montgommery le dernier juin 1559.

et qui a causé tous les malheurs que nous avons depuis veu en France, par les guerres civiles qui y sont arrivées.

J'apporteray ici, par parenthese, un acte qui arriva à un des freres du sieur de La Bourdaisiere, lors maistre de la garderobe du Roi, qui se nommoit le sieur de Vouillon, lequel avoit esté pris à Sainct Quentin, et commandoit une compagnie de gens de pied françois. La faveur de son frere le faisoit estimer plus grand seigneur qu'il n'estoit, et luy demandoit-on une grosse rançon; luy s'excusoit, et disoit qu'il estoit cadet, et ne pouvoit tant payer : enfin il promit de sa rançon jusques à deux mille escus, avec une clause que, s'il ne pouvoit trouver parmi tous ses moyens et amis moyen de fournir ladite somme, il se viendroit rendre prisonnier entre les mains de M. de Savoye, lequel, à ces conditions, luy donna congé sur sa foy à tel terme qu'il luy plut limiter de se representer. Ledit sieur de Vouillon vint à Paris, parla à ses amis ; pour ne faillir au temps qui luy étoit ordonné, prend des chevaux de poste, et fit telle diligence, mesurant le temps à son dessein, qu'il arriva à Bruxelles ainsi comme le duc traitoit et festoyoit à disner une troupe de seigneurs françois qui s'y estoient acheminés. Vous pouvez penser que lors ledit sieur de Savoye, la paix estant resolue, son mariage arresté, ne pensoit qu'à l'avenement d'iceluy et à son retablissement dans ses pays, se souciant peu de ce qui estoit convenu entre luy et ledit sieur de Vouillon, qui se presente à luy comme il estoit à table : il fut benignement reçu, et ayant fait entendre audit duc qu'il n'avoit pu trouver pour le rachat de sa liberté les deux mille escus par luy promis, et, pour ne manquer à sa foy, il s'estoit venu remettre entre ses mains, pour recevoir de luy ce qui luy plairoit ordonner, en s'acquittant de sa foy promise, ledit duc respondit qu'apres disner il en ordonneroit ; sans plus en parler, s'amusa à boire d'autant à la compagnie et faire bonne chere : cependant le sieur de Vouillon, qui avoit autre dessein, et qui pensoit s'estre honnestement acquitté de sa foy, se demesle de la presse, et, sortant, trouva ses chevaux de poste à la porte ; comme ses gens estoient bien instruits, monte dessus et s'en recourt à Paris, et pretend s'estre bien acquitté de sa foy, estre quitte de sa rançon. L'affaire est mise en deliberation devant les capitaines, tant françois qu'espagnols, à ce appellés, par lesquels cette subtilité fut approuvée, et jugé que tout prisonnier gardé comme l'avoit toujours esté ledit de Vouillon jusqu'à ce qu'il eut la licence de M. de Savoye, comme dit est, sur sa foy de se representer comme il fit dextrement, il fut tenu quitte de sa rançon, que M. de Savoye paya à son maistre, pour ce qu'il fut dit que le sieur de Vouillon s'estant acquitté de sa foy, et representé devant luy en estat de subir la prison ou garde, il n'avoit fait que ce que chacun peut faire, de rechercher sa liberté. Ceci pourra servir à la posterité.

FIN DES MÉMOIRES DE LA CHASTRE.

MÉMOIRES

DE MESSIRE

GUILLAUME DE ROCHECHOUART,

SEIGNEUR

DE JARS, BREVIANDE ET LA FAYE,

PREMIER MAISTRE D'HOSTEL DU ROI CHARLES IX, ET CHEVALIER DE SON ORDRE.

AVERTISSEMENT

SUR LES MÉMOIRES DE ROCHECHOUART.

Ce petit ouvrage, après avoir été enseveli plus de cent soixante ans dans les archives du château de Châtillon-le-Roi, appartenant à la maison de Rochechouart, fut découvert par Jean Godefroy, qui l'inséra dans la troisième édition des Mémoires de Castelnau, commentés par Le Laboureur (tome 3, page 238). Il contient une courte récapitulation de la vie de Guillaume de Rochechouart, qui, pendant une carrière de soixante-onze ans, servit sous les rois Louis XII, François I, Henri II, François II, et qui, dans le commencement du règne de Charles IX, affoibli par l'âge et les infirmités, quitta les affaires au moment où la première guerre de religion alloit éclater. Ces Mémoires, que Guillaume de Rochechouart n'avoit composés que pour sa famille, offrent quelques particularités curieuses. Leur auteur mourut en 1568. Il s'étoit marié deux fois : sa première femme fut Louise d'Autry, d'une maison illustre de Berri ; la seconde, Antoinette d'Yancourt, veuve d'Antoine de Pisseleu : il eut neuf enfans de ces deux mariages.

MEMOIRES

DE

GUILLAUME DE ROCHECHOUART.

Je, Guillaume de Rochechouart, seigneur de Jars, de Breviande et de La Faye, fils unique et seul heritier de Jean de Rochechouart, seigneur de Jars, et d'Anne de Bigny, fus né l'an de grace 1497, le 6 janvier. Un mois après trespassa mon pere, duquel j'en fus seul heritier; et, au bout de l'an, madite mere se remaria avec Pierre de Bonnay, seigneur de Bonnay et de Demoret; au moyen de quoy je fus nourry avec Charles de Bigny, seigneur d'Aisnay, de Bigny et de Preveranges, mon ayeul maternel, jusques à l'age de douze ans, que je fus mis page du duc François d'Angoulesme (1), par le moyen de François de Rochechouart, seigneur de Chandenier, mon oncle paternel, qui pour lors estoit gouverneur de Gennes. Et tost après, ledit seigneur d'Angoulesme fut envoyé lieutenant pour le roy Louis XII en Guyenne, contre le duc de Nagera, qui avoit une armée pour le roy d'Espagne: et à son retour, ledit seigneur d'Angoulesme m'envoya avec ses grands chevaux en Ast, cuidant passer les monts. Et tost après [1514] la reine

---

(1) *François d'Angoulesme.* C'étoit l'héritier présomptif de la couronne, qui fut depuis François I.

Anne (1) mourut, le corps de laquelle fut conduit par mondit seigneur d'Angoulesme à Paris, et de là à Sainct Denis, et, après l'enterrement fait, espousa madame Claude, fille aisnée du Roy, qui en mesme temps espousa Marie, sœur du roy Henry d'Angleterre : et furent les noces faites à Abbeville, et de là ladite dame vint faire son entrée, et prendre sa couronne à Paris, où je sortis hors de page.

Six mois après, ledit roy Louis mourut, et luy succeda au royaume mondit seigneur d'Angoulesme, qui fut l'an 1514 (2), et tost après fut sacré à Rheims et fit son entrée à Paris : et l'année ensuivante [1516] on entreprit la conqueste du duché de Milan, et estois lors de sa compagnie, qu'il donna depuis qu'il fut roi à M. René, Bastard de Savoye ; et après la bataille de Marignan et ladite conqueste faite, le Roy envoya mondit seigneur le Bastard de Savoye, avec six cens hommes de cheval et six mille hommes de pied, au service des Venitiens, pour leur aider à reprendre Bresse et Veronne, que l'empereur Maximilien tenoit. Et estant ledit Bresse assiegé, ledit Empereur vint avec grosse armée qui leva le siege, et se retira l'armée du Roy jusques à Milan, où avoit intelligences ledit Empereur, desquelles ne put avoir faveur, et se retira. Et depuis, le seigneur Jean Jacques Trivulce alla r'assieger ladite ville de Bresse, qui fut lieutenant du Roy en ladite armée, et s'en retourna mondit seigneur le Bastard de Savoye en France : et fusmes audit siege tout

---

(1) *La reine Anne :* Anne de Bretagne, femme de Louis XII. Elle mourut le 9 janvier 1514. — (2) *L'an* 1514. L'auteur suit l'ancienne manière de compter. Louis XII mourut le 1er janvier 1515. François I fut sacré le 15 du même mois.

l'hyver, et là laissa sa compagnie. Et sur le renouveau, M. de Lautrec fut envoyé lieutenant pour le Roy en ladite armée, et fut rendue ladite ville par composition, et mise ès mains des Venitiens. De là allasmes au siege de Veronne, qui tint six mois, et après se rendit par composition. Ce fait, fut remise ès mains des Venitiens, et les garnisons assises, et m'en revins en France trouver mondit sieur Bastard de Savoye, qui me retint de sa maison.

En ce temps, dernier jour de fevrier 1517, nasquit à Amboise M. le Dauphin, qui fut nommé François, et fut tenu sur les fonts, au nom du pape Leon, par le duc d'Urbin son neveu (1), lequel espousa le lendemain mademoiselle de Boulogne; duquel mariage est issue madame Catherine de Medicis, à present reine : et pour les solemnitez susdites, furent faits grands tournois, desquels je fus avec la bande de M. le Bastard de Savoye : et tost apres [1520] le Roy et le roy d'Angleterre se virent à Ardres avec grande magnificence, et peu après [1521] ledit seigneur Empereur assiegea Mezieres ; au moyen de quoy le Roy leva une grande armée pour faire lever ledit siege, et donna charge à M. le comte de Brienne, Charles de Luxembourg, de lever cent hommes d'armes et quatre cens chevaux legers : ce qu'il fit aisement, car il estoit grand seigneur et bien aimé : lequel me retira d'avec M. le Bastard de Savoye, pour lors grand maistre de France, et me promit ledit comte de Brienne de me faire son lieutenant; ce qu'il ne put pour lors faire, parce qu'il en avoit pourvu son frere bastard, agé de soixante et dix ans, et pendant me donna son enseigne, et la

(1) *Le duc d'Urbin son neveu* : Laurent de Médicis.

conduite de ladite compagnie, pour cause de la vieillesse de sondit lieutenant. Ladite armée levée, le Roy leva le siege dudit Mezieres [1], et entra en Hainaut, suivant l'armée dudit eleu empereur jusques à Valenciennes, et de là tira à Hedin, qui fut prise.

Ce fait, ledit seigneur rompit son armée, et fut reduite la compagnie dudit sieur de Brienne à cinquante hommes d'armes ordinaires, et fus envoyé avec ladite compagnie à Terrouenne, où je demeuray tout l'hyver. Et l'an 1523, l'Empereur mit siege devant Hedin; et après avoir esté trois semaines devant, ne le pouvant prendre, se leva et tira vers la frontiere, où il fit beaucoup de maux; et fus mandé, estant audit Terrouenne, pour ramener ladite compagnie au camp où estoit mondit sieur de Brienne, et passa l'armée de l'Empereur la riviere de Somme à Bray, où estoit pour lors lieutenant pour le Roy M. de La Tremouille, lequel envoya M. de Pontdormy ou Pontdremy avec trois cens hommes d'armes, pour conduire et mettre le sieur de Rochebaron avec sa compagnie et autres bandes dedans Montdidier, pour la garde d'icelle; duquel nombre j'estois avec ma charge; et à nostre retour fusmes chargez de la part des ennemis, qui estoient toute leur cavalerie, et, après avoir soustenu plusieurs charges, fusmes contraints nous retirer avec peu de perte de quinze ou vingt hommes d'armes, qui furent pris avec M. de Canaple, neveu dudit sieur de Pontdremy, et fut prise ladite ville de Montdidier.

Et après, ledit seigneur de Brienne fut envoyé avec

---

[1] *Leva le siege dudit Mezieres.* La valeur de Bayard, qui commandoit à Mézières, contribua plus à la levée du siége que le secours tardif qui fut amené par le Roi.

sa compagnie dedans Guise, pour la garde d'icelle, parce que les ennemis tiroient cette part; et assiegerent les ennemis le chasteau de Bohain, qu'ils prirent, et ne s'oserent arrester à Guise, attendu la grande froideur qui pour lors estoit, et fut à l'heure quant les bleds gelerent à la Sainct Martin. Et les ennemis estans retirez, prismes sur eux ledit Bohain, et le sieur de La Tremouille se retira, et demeura mondit sieur de Brienne lieutenant pour le Roy : et demeuray toujours avec luy en la charge susdite depuis que la paix fut conclue [1526]; au moyen de quoy me retiray à ma maison pour regarder à mes affaires et deltes, et quittay ladite charge, et fus en repos l'espace de dix ans, que l'Empereur dressa de rechef une armée pour venir en Provence [1536] : et le Roy pour aller contre luy fit plusieurs bandes de gens d'armes nouvelles, et en donna cinquante à M. de Vendosme, cinquante à M. de Nevers, cinquante à M. le marquis de Rothelin, cinquante à M. de Longueville, et les pourvut de chacun un lieutenant : et lors mondit sieur de Nevers m'envoya son enseigne jusques en ma maison, et commission pour luy lever sa compagnie, me faisant entendre qu'il me feroit mieux à l'avenir.

Le Roy l'avoit pourvu de lieutenant du sieur d'Orades, et menay ladite compagnie complette en Avignon, où le Roy dressa son camp : laquelle compagnie fut levée six semaines après la commission depeschée, qui fut trouvée fort belle et complette : et ce voyant, ledit sieur d'Orades ne voulut accepter l'estat, et demeuray lieutenant de ladite compagnie. L'Empereur s'estant retiré, le Roy m'envoya avec ladite compagnie en Picardie, parce que le siege estoit lors devant Peronne, lequel siege se leva. Estant adverty de la retraite de l'Empereur, et, peu de temps après, les princes susdits voulurent mettre des lieutenans à leurs faveurs, comme ledit sieur de Nevers; dont le Roy fut marry, et leur osta à tous ceux qu'ils avoient mis, et leur en bailla d'autres, et donna audit sieur de Nevers le sieur de Dampierre. Ce voyant, me retiray vers le Roy, qui me retint près de sa personne, me mettant en l'estat des gentilshommes servans, où j'ay servy long-temps ordinairement, et me fit ledit seigneur de Nevers son chambellan, avec quatre cens francs d'estat, et cinq chevaux defrayez, et quatre valets, et lors me commanda le Roy estant à Grenoble m'en aller en Piedmont avec M. le Dauphin, pour lever le siege de Pignerol et le pas de Suze. Et, le siege levé [1537], les ennemis furent chassez jusques à Montcalier; et ce fait, le Roy vint en Piedmont, et de là depescha M. le cardinal de Lorraine et M. le grand-maistre de Montmorency pour aller à Veate (1) près de Perpignan, pour traiter quelque accord avec Crenes (2), grand-commandeur majeur d'Espagne, et le sieur de Granvelle, commis de l'Empereur, et me commanda le Roy leur faire compagnie : et au retour mondit sieur le grand-maistre fut fait connestable de France.

[1538] Après, le Pape, le Roy et l'Empereur se trouverent pres de Nice pour traiter quelque accord, et ne se virent l'Empereur ny le Roy, et se departirent. Le Pape s'en retourna à Rome, et l'Empereur vint en ses galeres à Aigues-Mortes, où se trouva le Roy, qui

---

(1) *Veate* : Leucate. — (2) *Crenes*. Ce nom est estropié. Le plénipotentiaire espagnol qui accompagna Grandvelle aux conférences de Leucate fut don François de Los Cabos, grand commandeur de Léon.

le reçut honnorablement : et sembloit qu'ils se cherchassent d'amitié d'une part et d'autre. Bien-tost après [1539] ledit Empereur passa par France pour s'en aller en Flandre, où on le reçut honnorablement par tout, et tost après la guerre recommença, et dressa le Roy deux grosses armées : l'une à Perpignan, que monseigneur le Dauphin conduisoit, où le Roy me commanda aller; l'autre fut envoyée à Luxembourg, que conduisoit monseigneur d'Orleans. Et l'an après [1542] ledit sieur dressa une autre armée, où il estoit en personne, et fut en Hainaut, où il prit la ville de Landrecy, qu'il fortifia, et me donna charge d'une partie de la fortification : et incontinent ledit Empereur la vint rassieger. Le Roy s'estant retiré avec son armée en ce pays, la rassembla soudain pour venir secourir ladite ville, se vint loger à Chasteau-Cambresis, y attendant la bataille et forces de l'Empereur par trois jours : et n'y auroit eu nulle perte, mais auroit toujours gardé l'advantage sur son ennemy. Et l'année après [1644] l'Empereur dressa une fort grande et grosse armée, avec le ban d'Allemagne et toutes les forces de l'Empire, et vint en France, prit Commercy, Ligny en Barrois, et vint assieger Saint-Disier, où il demeura par l'espace de quarante-trois jours qu'elle fut prise par composition.

Lors le Roy me despecha avec le sieur de Boutieres, pour nous en aller avec M. de Nevers dedans Chaalons, attendant y avoir le siege ; et estant là, mondit seigneur de Nevers et les autres capitaines adviserent de m'envoyer en poste devers le Roy, qui estoit pour lors à Villers-Cotterez, pour luy remonstrer les necessitez, et ce qu'il faisoit pour la garde de ladite ville, et aussi pour conduire un moine espagnol qui faisoit quelque pratique de la paix. Et ayant obtenu partie de ce que j'avois demandé, m'en retournay audit Chaalons, et le lendemain l'Empereur vint passer par-devant la ville, et se vint loger à la portée du canon, et le lendemain deslogea dès le point du jour, pour venir trouver l'armée du Roy qui estoit à Jaslon (1). Ce voyant, mondit sieur de Nevers partit de ladite ville pour s'en aller audit Jaslon avec deux cens hommes d'armes, et quatre mille hommes de pied, pour se trouver à la bataille : et neantmoins ledit Empereur ne nous voulut assaillir, et passa outre à Espernay, et fut fait accord entre l'Empereur et le Roy : et à mon retour, ledit seigneur me fit son maistre-d'hostel ordinaire, et m'envoya en Lorraine, à Toul, Verdun et Metz, pour aucunes ses affaires, et revins trouver ledit seigneur en Bourgogne.

[1547] Me partant de là, le Roy commençoit à estre malade, et s'en revint à Rembouilliet, où il deceda, et luy succeda à la couronne M. le Dauphin Henry II, à present roy, lequel me retint à son service en mesme estat; l'accompagnay à son sacre à Reims, et de là visita toutes les frontieres de Picardie et de Champagne; et, l'an après, alla visiter les pays de Piedmont, et fis tout le voyage. Quelque temps après, la guerre commença entre l'Empereur et luy à Parme et autres lieux des frontieres, et leva le Roy une grosse armée pour aller en Allemagne : et luy, estant à Sarebourg [1552], me renvoya à Nancy et en Lorraine, pour aucunes de ses affaires et negoces; et à son retour, l'allay trouver à Rodemac, à Luxembourg, et de là, passant par ledit pays, alla prendre Damvilliers, Mon-

(1) *Jaslon :* Jaillon.

medy et Ivoy. En l'an d'après [1553], l'Empereur leva une grosse armée, et assiegea Terrouenne et Hedin, et les prit. Le Roy leva aussi une fort grosse armée pour aller contre luy, et s'estant mis à la campagne, l'Empereur se retira vers Cambray, ayant toujours le Roy à sa queue; et se retira à un fort près Valenciennes, où luy fut presenté la bataille et tiré canonnades dans son fort, dont les ennemis ne voulurent oncques sortir, et se retira le Roy avec son armée, l'hyver approchant. Et l'an suivant [1554], ledit seigneur Roy leva une grosse armée, et en personne delibera d'entrer dans le pays ennemy par le costé du Liege, assiegea et prit Dinant, Bovines, et de là se retira près le pays de Hainaut, et à Binche qu'il mit en ruine, et vint à grandes journées jusques à Crevecœur en Cambresis, pour recouvrer des vivres dont il avoit besoin. Et de là m'envoya ledit seigneur à Saint-Quentin, à Peronne, à Corbie et à Amiens, et l'allay trouver près Hedin, et de là tira ledit seigneur vers le chasteau de Renty; l'Empereur nous costoyant toujours à deux lieues près avec grosse armée, où il estoit en personne, et ne nous osa assaillir.

Le Roy alla assieger ledit Renty, qui fut battu par deux jours, et l'Empereur se vint loger à une lieuë près de là, pour secourir ladite place; et cessa la batterie dudit Renty au tiers jour, par faute de poudres; et le quatriesme jour après, l'Empereur envoya quelque quantité d'arquebusiers pour gagner le logis de la forest de Foucamberg, et gagner ledit bois, ce qu'ils firent; toutefois ne sçurent gagner ledit logis pour ce jour, et le lendemain ledit Empereur se mit en bataille pour venir y loger, ou bien pour bailler la bataille. Le Roy pareillement se mit en ordre pour l'attendre, et vint l'avant garde dudit Empereur outre le bois, laquelle fut chargée et renversée, et le logis et le bois regagné; où il fut defait vingt-deux enseignes de gens de pied, et quatre cornettes de gens de cheval, et six pieces d'artillerie prises; et furent renversées jusques à la bataille, où estoit ledit Empereur: lequel voyant cela, se retira en son logis d'où il estoit party, et là se fortifia le lendemain. Le Roy luy fit encore presenter la bataille, et pour l'attirer tira plusieurs coups de canon en son camp; lequel ne voulant sortir, le Roy se retira près Montreuil, parce qu'il avoit faute de vivres, et n'avoit poudres pour faire batterie audit chasteau de Renty: auquel lieu il attendit encore quatre ou cinq jours, voir si l'Empereur viendroit donner bataille, parce que l'on disoit qu'il n'attendoit que trois mille Espagnols que le prince d'Espagne avoit amenez d'Angleterre; et voyant qu'il n'y venoit, ny faisoit semblant de revenir, sa personne s'en revint en France, et laissa M. le connestable chef de son armée pour huit ou dix jours, et m'en revins avec ledit seigneur, parce que j'estois en mon quartier et temps de service.

Et après avoir iceluy temps achevé, ledit seigneur m'a voulu mettre chambellan de messeigneurs le Dauphin, duc d'Orleans et d'Angoulesme ses enfants, non qu'il aye voulu que j'aye laissé son service et estat de maistre d'hostel; mais, voyant m'approcher de soixante ans, a voulu me mettre en l'estat pour à l'advenir estre en repos. Ce considerant, et que besoin estoit laisser ma maison pour ledit service, ay deliberé mettre ordre ès partages de mes enfans, à ce qu'ils pussent demeurer à l'advenir en paix. Aussi ay voulu disposer de mon ame, le tout en la forme contenuë en mon testament.

[1557] Depuis, le roi Philippe dressa une armée, et vint en Picardie, et assiegea Saint-Quentin; et pour le secourir, le connestable fut devant ledit Saint-Quentin pour y mettre gens, où il fut destruit le jour de Saint Laurens, et grand nombre de seigneurs. Depuis fut traitée paix entre lesdits Rois [1558], à condition que le Roy rendroit le pays de Piedmont à M. de Savoye, espousant madame Marguerite, sœur du Roy, et aussi le roy d'Espagne rendroit les terres prises des dernieres guerres; et espousa ledit roy d'Espagne la fille du roy Henry, par le duc d'Albe. Et pour solemniser les nopces [1559], fut dressé un tournois, où fut blessé d'un eclat de lance ledit Roy, qui mourut dudit coup le onzieme après; et fut dommage, parce que c'estoit un bon et benin prince, lequel je vis trespasser et ouvrir, et fis mettre en son cercueil. Et luy succeda François II, son fils, agé de seize ans, qui, après avoir fait son enterrement, me retint à son service ausdits estats que j'avois eus.

[1560] Dès-lors, il voulut que j'eus la charge et gouvernement de messeigneurs ses freres, et depuis ledit Roy mourut à Orleans, et m'envoya au bois de Vincennes d'où il me fit capitaine, ayant la charge de monseigneur d'Anjou, son frere, où je fus jusques à son decès. Auquel succeda Charles IX, son frere, lequel me continua en mesdits estats, et davantage me fit gentilhomme de sa chambre, avec les livrées de livres, comme les autres gouverneurs; à raison que je suis vieil, ne pouvant plus la prendre, et aussi voyant les troubles et affaires qui estoient en ce royaume, tant du fait du gouvernement que de la religion, commençay à me retirer à ma maison pour regarder à mon petit menage, bastir et edifier, comme ont fait les anciens.

Et après avoir fait entendre où j'ay employé mes jours, je veux bien faire entendre en quel bien j'en ay fait le commencement. Comme dit est, mon pere me laissa en l'age de six semaines, avec quatre cents livres de rente, qui estoient affectez à un nommé Jean des Champs, sur quoy falloit payer à ma mere Anne de Bigny, par chacun an, huit vingt quinze livres; parquoy ne me restoit plus que deux cens vingt-cinq livres de rente, sans logis ny meubles, parce que, par la coustume, l'ayeul et l'ayeule, ou oncle ballistre (1), faisoit les meubles et levées siens, sans en rendre aucun compte. Et si à present lesdites terres valent mieux, faut entendre que le boisseau de bled lors ne valoit que quatre blancs, et à present il vaut six sols. Aussi les baux des dixmes et terrages est augmenté des deux parts, et aussi pareillement la despense : et si j'ay eu quelque domaine à Jars, c'est d'eschanges en la plus grande part, dont je me suis accommodé; et nonobstant mon vieil age, ledit seigneur ne me voulut laisser au voyage qu'il entreprit l'an 1564, pour aller visiter son royaume, tant pour faire demonstration de sa religion, que pour voir comme justice estoit administrée, ensemble l'edit de la pacification. Et partit de Fontainebleau, le lundy huitieme mars audit an 1564, pour s'en aller en Brie, Champagne et Bourgogne : et passant à Dijon, je trouvay messieurs de Chandenier, de mon nom et de mes armes, qui avoient plusieurs

---

(1) *Oncle ballistre*. Il faut lire *baillistre*. Ce mot signifie tuteur, administrateur légitime des biens d'un mineur.

procès, desquels j'en accorday vingt-deux; et de là ledit seigneur tira à Lyon, en Dauphiné, Provence et Languedoc; et, passant par Toulouse, je trouvay les enfans du feu seneschal de Toulouse, lesquels j'accorday, comme il sera à plein dit cy-après; et audit lieu de Toulouse, il plut audit seigneur Roy, le jeudy huitieme fevrier 1565, de m'honnorer et me faire chevalier de son Ordre, et de là, il vint en Guyenne, où à Bayonne il vit la reine d'Espagne sa sœur, et de là s'en revint par Perigord, Angoulesme et Coignac; duquel lieu je luy demanday congé de venir en ma maison, attendu quil y avoit deux ans que je n'y avois esté; ce qu'il m'accorda; et voulant derechef reconnoistre mes services, voulut que ma livrée du bureau, qui est de soixante sols par jour, me fut comptée, tant present comme absent, tant que je vivrois, et me fit expedier lettres.

En partant dudit Coignac, je fus voir la maison de Rochechoüart, dont je suis sorty, et où je n'estois jamais allé, et aussi fus voir M. de Mortemar, mon parent de nom et d'armes, et autres; où je connus que ceux de nostredite maison avoient quatre-vingt mille livres de rente, dont j'estois le moindre; qui est pour faire entendre que la maison n'a commencé de moy, comprenant ausdits biens le vicomté de Rochechoüart, la maison dudit sieur de Mortemar et de Montpipeau, celle de Chandenier et de Saint-Amant, et la mienne. Faut entendre que, passant par Toulouse, je trouvay les heritiers de feu M. de Saint-Amant, en son vivant seneschal de Toulouse, en divorce, lesquels j'accorday; et ne demeura que les deux petites filles de feu Antoine de Rochechoüart, seigneur de Saint-Amand, qui n'y avoient leur tuteur ny homme pour eux, et aussi que leurs biens estoient mal administrez; tous leurs parens ensemblement, et jusques au nombre de trente, comme appert par leurs signatures, me prierent avoir pitié desdites filles, et sauver cette pauvre maison, attendu que j'avois le moyen, et que leurs biens estoient près de Jars, et aussi qu'à moindre frais j'y pourrois vacquer, et qu'ils estoient d'advis que lesdites deux filles fussent mariées à mes deux petits garçons; sçavoir, à mon fils du second mariage, et au fils de mon fils aisné, pour la conservation des armes de la maison; attendu qu'ils estoient de si près parens qu'avec petite dispense on les peust assembler; à quoy je fis reponse que j'estois vieil, approchant de soixante et dix ans, ayant charge en la maison du Roy, et plusieurs enfans, que je n'en pouvois porter telle charge; bien, pour l'amitié de ladite maison et mon sang, je me transporterois à Paris, avec les contracts et memoires des affaires, et que si mon pouvoir satisfaisoit, que j'accepterois volontiers le contenu cy-dessus, pourvu que le tout fut pacifié avec les parens, sans autre forme de procès : car je ne voudrois point embrouiller ma maison ny la laisser chargée.

Et le quinziesme novembre 1565, je fus audit Paris; où je trouvay par conseil que, nonobstant la volonté desdits parens, estoit besoin de faire bailler autre tuteur ausdites filles, ou bien que, par l'advis de la tutrice provisionnelle, lesdites filles fussent mariées ausdits deux petits fils, nonobstant leur jeune âge; et par ainsi je pourrois administrer le bien desdites filles; et, quant à la disposition de mes biens et de ma maison, je trouvay par conseil que je devois asseurer le fils de mondit fils sur les biens qui luy devoient escheoir de ma maison, qui est la maison principale de Jars, et la moitié du revenu, à ce que ladite fille de Saint-Amand luy fut donnée en mariage, et l'autre moitié demeurant à mon fils aisné, pour les enfants qu'il pourroit avoir du second lit, sans aucunes charges de leurs sœurs ny dettes; et aussi que j'avois donné à mon fils du second mariage la terre et seigneurie de Chastillon-le-Roy, et autres terres contenues ès lettres de ce faisant mention, sans aucunes charges de sesdites sœurs ny autres dettes. Et quant à mes filles, je leur donnay à chacune dix mille francs, pris sur mes meubles et conquets, hors desdites terres, laissant le contract de mariage de ma femme d'à present en sa force et vigueur. Et du depuis, le Roy voulut encore m'honorer de la charge de son premier maistre d'hostel, où je sers il y a trois mois.

FIN DES MÉMOIRES DE ROCHECHOUART.

TABLE DES MATIÈRES

CONTENUES

DANS LE TRENTE-DEUXIÈME VOLUME.

SUITE DES COMMENTAIRES DE F. DE RABUTIN.

Neuviesme livre.	Page 1
Dixiesme livre.	137
Onziesme livre.	173

LE SIEGE DE METZ PAR CHARLES V.   237

Notice sur Fénélon et sur ses Mémoires.	239
Epistre à messire Jean-Jacques de Gournay, etc.	247
Au roy.	253
Roole des princes et seigneurs, capitaines, et autres gentilshommes et gens de guerre qui estoyent dans Metz durant le siege.	402

DISCOURS DE GASPAR DE COLLIGNY.   407

Notice sur Coligny et sur ses Mémoires.   409

MEMOIRES DE LA CHASTRE.   469

Notice sur La Chastre et sur ses Mémoires.   471

MEMOIRES DE GUILL. DE ROCHECHOUART.   497

Avertissement sur les Mémoires de Rochechouart.   499

FIN DU TRENTE-DEUXIÈME VOLUME.

www.ingramcontent.com/pod-product-compliance
Lightning Source LLC
Chambersburg PA
CBHW051130230426
43670CB00007B/751